Ulrich Liebe
verehrt verfolgt vergessen

Meinen liebevollen Eltern gewidmet

Ulrich Liebe

verehrt verfolgt vergessen

Schauspieler als Naziopfer

BELTZ
Quadriga

Neu ausgestattete Ausgabe 1995
Lektorat: Claus Koch
Satz: Fotosatz Horst Kopietz, Hemsbach
Druck: Druckhaus Beltz, Hemsbach
Herstellerin: Iris Müller
Umschlaggestaltung: Dieter Vollendorf
Printed in Germany
ISBN 3-88679-247-1

Inhalt

Vorwort

Dieses Buch erzählt von deutscher Vergangenheit, einer Vergangenheit, die kaum zu bewältigen ist, denn was zwischen 1933 und 1945 geschah, ist eigentlich nicht zu bewältigen. Unauslöschbar sind die Spuren des Unrechts und der Gewalt – in den Herzen und Seelen der Opfer wie der Täter. Und auch der Unbeteiligten, weil manchmal nur teilnahmslos war, wer unbeteiligt blieb. Ebenso kann es keine »Wiedergutmachung« geben, wenn mehr als zwölf Jahre Untertanengeist und Unrecht über Menschenwürde und Menschenrecht triumphierten.

Mit allen Kräften ist dieses Land nach dem Krieg wieder aufgebaut worden, für die Trauer angesichts der in deutschem Namen geschehenen Schandtaten blieb dabei keine Zeit. Im Zweifelsfalle betonen die Uneinsichtigen eigenes in Kriegs- und Nachkriegszeit erlebtes Leid. Auch deswegen blieb »fruchtbar noch der Schoß, aus dem das kroch«, und so wird wieder deutschgetümelt, mitunter sogar gehetzt und geschlagen. Da rächen sich Versäumnisse der Nachkriegszeit, zeigt sich die letztlich wenig erfolgreiche »Vergangenheitsbewältigung«. Wenig erfolgreich deswegen, weil sich oftmals nur diejenigen kritisch mit der Nazizeit auseinandersetzen und sich mit dieser Materie beschäftigen, die etwas schmerzt oder die es einfach etwas genauer wissen wollen. Allzuviele wollen nun endlich von alldem nichts mehr sehen und hören, meinen genug zu wissen oder wollen gar nichts wissen – eigentlich wie damals. Aber wo blieb seinerzeit die jüdische Familie aus dem Nachbarhaus, der jüdische Juwelier aus der Metropole, der kommunistische Arbeitskollege? Schulterzucken. »Abgeholt...«. Wer kennt sie noch, erinnert sich ihrer?

Es gibt etliche, die damals in aller Munde waren. Wer erinnert sich an sie, die jeder kannte? Schauspieler, Theatergrößen und Filmstars! »Dem Mimen flicht die Nachwelt keine Kränze«. Das war einmal, heute wird sehr wohl geflochten, und das ist gut so. In Autobiographien lassen betagte Schauspieler ihr Leben Revue passieren und ihr Publikum daran teilhaben, Fachautoren nehmen sich derer an, die vor ihrem Ableben keine Memoiren hinterließen. Bekannte Namen und vertraute Gesichter garantieren genügend Interesse, wird doch dem geneigten Leser ein Blick hinter die Kulissen der Film- und Theaterwelt, gar in das Privatleben ermöglicht. Da hat vor mehr als zwei Jahrzehnten ein »geschenkter Gaul« eine Lawine losgetreten, die immer noch rollt. So gibt es mittlerweile Hunderte von Schauspielerbiographien, die, wenn auch der Informationswert oft gering ist, doch einen gewissen Unterhaltungswert haben. Denn wer ist in der Öffentlichkeit ein Begriff, wenn nicht der prominente Schauspieler? Da interessiert der Werdegang, die Arbeit, das ganze Leben. Da spannt sich dann oft ein Bogen von der Weimarer Republik durch das »Dritte Reich« bis in unsere Zeit. Denn jene Biographierten haben es überlebt, das »Dritte Reich«, den Zweiten Weltkrieg. Sie galten in der Heimat als unabkömmlich, übten ihren Beruf aus, spielten. Daß ihnen während dieses »Dritten Reiches« nach und nach fast fünfzig Kollegen abhanden kamen, findet kaum

Erwähnung. Das waren Kollegen, die auch nur ihren Beruf ausüben und spielen wollten. Dann aber verschwanden sie, oft über Nacht, kamen am nächsten Tag nicht mehr zur Probe oder ins Atelier. Hat sie jemand vermißt, nach ihnen gefragt, sich für sie eingesetzt? Wie konnte es geschehen, daß man sie zuerst nicht mehr spielen und schließlich nicht mehr leben ließ? Sehr bekannte Gesichter, teilweise populäre Stars, verfolgt, gequält, eingesperrt, in den Tod getrieben, gehenkt, erschlagen, erschossen und vergast. Ausgemerzte Kultur, deren Spuren schon beinahe völlig verweht sind, fast schon vergessen.

Doch das Nachforschen lohnt sich, ist notwendig, nicht um anzuklagen, sondern um sich zu erinnern, festzuhalten. Vier Jahre Arbeit gegen das Vergessen, Spurensuche, Detektivarbeit, Recherchen in acht Ländern. Es gibt kein Adreßbuch für Naziopfer und deren wenige Hinterbliebene, ihre Verwandten und Freunde. Beharrlichkeit und die Früchte: Zu Robert Dorsay fand sich ein Vetter zweiten Grades, der ganz privat einiges über seinen Verwandten gesammelt hatte. Zu Kurt Gerron eine Cousine in New York, einzige Überlebende einer einstmals mehr als fünfzigköpfigen Familie. Zu Joachim Gottschalk ein Neffe in Chemnitz, der im Jahre 1941, als die Gottschalks starben, geboren wurde. Zu Fritz Grünbaum ein rühriger Verwalter seines literarischen Nachlasses in Wien. Zu Paul Morgan ein Teil seines Nachlasses in den Händen eines Historikers, der das Material zu einem Beitrag für ein Lexikon der Emigranten verarbeitet hatte. Zu Hans Otto allerdings existieren einige (!) Bücher, erschienen in der ehemaligen DDR, wo man den kommunistischen Schauspieler als Märtyrer feierte. Wie hätte sich der freigeistige Hans Otto wohl in der stalinistischen DDR verhalten? Zum mehrmals verheirateten Otto Wallburg gaben sein ältester Sohn René, seine Tochter Ellen sowie seine dritte Frau Charlotte bereitwillig Auskunft. Schließlich sehr vereinzelt Angehörige der weiteren kurz beschriebenen Opfer. Ansonsten etliche ehemalige Kollegen, von denen einige sich erinnern mochten (siehe Danksagung), und nahezu ebensoviele, die es als »zuviel verlangt« empfanden. Letztendlich Institute und Archive, die mal mehr mal weniger ergiebig waren sowie hilfreiche Freunde, Sammler, Fachleute usw.

Das Resultat: sieben Biographien und vierzig Kurzbiographien, in denen

- fast jedes Faktum überprüft wurde, ehe es Verwendung fand;
- manchmal trotz intensiver Recherche bei bestimmten Einzelheiten letzte Zweifel nicht ausgeräumt werden konnten. Hier wurden dann Formulierungen gewählt, die das jeweilige Detail eingrenzen, ohne es festzuschreiben;
- wörtliche Rede nur dann verwendet wird, wenn jene Äußerungen verbürgt sind, um nicht die Glaubwürdigkeit zugunsten einer besseren Lesbarkeit zu opfern.

Dies alles, um den Biographierten gerecht zu werden und ihnen ein spätes Denkmal zu setzen. Die Freude und die Betroffenheit, ja Trauer, während dieser Arbeit sind in jeder Phase mit eingeflossen, ich habe sie weder unterdrücken noch ganz sachlich außen vor lassen wollen. »Sachlich sein heißt deutsch sein«, läßt Heinrich Mann seinen »Untertan« sagen, und sachlich und scheinbar unbeteiligt gingen seinerzeit die Täter vor, nur so sind solche Taten zu erklären.

Aber die qualvolle Verfolgung und der elende Tod dieser Schauspieler haben nichts Sachliches. Diesen Künstlern, die oft nicht einmal ein Grab fanden, schulden wir Würdigung und Erinnerung.

Ulrich Liebe, im Januar 1992

Robert Dorsay

Robert Dorsay

Berlin 1937. Direkt am Bahnhof Friedrichstraße liegen zwei der größten und bekanntesten Amüsierstätten der Reichshauptstadt. Auf der einen Seite, rechterhand in Richtung Unter den Linden, der »Wintergarten«, ein 3000-Plätze-Varieté mit Tausenden von Glühbirnen, die in der Decke über dem Zuschauerraum eingelassen sind. Wenn sie abends matt erglühen, sitzen die Besucher wie unter einem Sternenhimmel und bekommen artistische Leistungen mit Weltklasseniveau geboten. Auf der anderen Seite der Eisenbahnbrücke liegt der »Admiralspalast«, einst ein Eispalast, eine Möglichkeit zum Eislaufen zu jeder Jahreszeit, in den Zwanziger Jahren dann Schauplatz der berühmten Haller-Revuen, deren Handlung durch die spärlichst bekleidete Girl-Truppe bereichert wurde. Das ist lange vorbei. Herman Haller, den die Nazis mit dem Kompliment »Revue-Jude« bedachten, hat Deutschland längst verlassen. Wer jetzt nackte Brüste sehen will, dem müssen Arno Brekers steinerne Figuren genügen. Im »Admiralspalast« des Direktor Walter Hochtritt wird derartiges – wie im ganzen Reich – nicht mehr in aller Öffentlichkeit dargeboten. Im ehemaligen Eispalast in der Friedrichstraße wird jetzt die einheimische Operette gepflegt: die unverwüstliche »Fledermaus«, die berlinischste Operette Paul Linckes, »Frau Luna«, Rudolf Kattnigs »Kaiserin Katharina«, schließlich Theo Mackebens beschwingte Neubearbeitung der uralten »Dubarry«. So sieht das gediegene Programm der zurückliegenden Jahre aus. Jetzt, im Spätherbst 1937, läßt man die Operettenseligkeit hinter sich. »Revue-Operette« ist die treffende Bezeichnung für die Novität des Hauses. Zwischen den mächtigen Eingangssäulen des Theaters im »Admiralspalast« prangt in Riesenlettern der Titel »Heut' bin ich verliebt«. Der Text stammt von Robert Dorsay und Walter W. Espe, die Musik von Victor Corzilius. Einer der drei Schöpfer dieser brandneuen Revue-Operette wirbelt allabendlich höchstpersönlich über die Bühne des Theaters: Robert Dorsay, ein relativ kleiner, rundlicher Mann mit einer für seine Körperfülle erstaunlichen Wendigkeit, ein eleganter Tänzer und darüber hinaus ein Sänger, der – ohne großartige stimmliche Mittel – zu begeistern weiß. Die Art seines Vortrages ist Berliner Schnoddrigkeit der besten Sorte, seine ausgeprägte Musikalität bringt die teilweise etwas »schräge« Musik vortrefflich zur Geltung. Daran mag es liegen, daß dieser Mann – keine ausgesprochene Schönheit – so erfolgreich offeriert: »Komm, tanz mit mir Swingtime«. Swingtime? Ist denn nicht in den Tanzlokalen das Swingtanzen verboten? Im Rundfunk das Senden von Swing-Musik ausdrücklich untersagt? Und hier steht der kleine quirlige Dorsay mit Swing im Blut und singt und swingt: »Komm, tanz mit mir Swingtime, my Darling beim Swingtime, da küsse ich dir, and you kiss me«. Szenenapplaus! Da capo! Nur zu gerne kommt Robert Dorsay dieser Forderung des Publikums nach, ihm macht es ungeheuren Spaß zu singen, zu tanzen, zu swingen. Daß er damit immer wieder aneckt, stört ihn wenig. Er versucht gar nicht erst, sich im Zaum zu halten. Die Leisetreterei vieler seiner Kollegen ist ihm fremd. Jeder weiß, was dieser Robert Dorsay denkt und fühlt.

Natürlich weiß es auch der allmächtige Propagandaminister Goebbels. Noch genießt Robert Dorsay Narrenfreiheit. Wer einen solchen Erfolg hat, wird so schnell nicht ernsthaft belangt. Doch es gibt Warnzeichen – Robert Dorsay nimmt sie kaum als solche wahr. So kommt eins zum anderen, so genügt knapp sechs Jahre später ein abgefangener Brief, um den Schauspieler einzusperren und vor Gericht zu stellen. Und so kommt es, daß fast auf den Tag genau sechs Jahre später, am 1. November 1943, wieder der Name Robert Dorsay auf einem großen Plakat steht, diesmal an einer Litfaßsäule unweit des »Admiralspalastes«, nein, gleich auf allen Litfaßsäulen Berlins. Rot ist dieses Plakat, das mit dicken schwarzen Lettern verkündet: »Robert Dorsay hingerichtet wegen Wehrkraftzersetzung«. Allzu oft, allzu lange, allzu öffentlich hat der Schauspieler wider den Stachel gelöckt, nun hat ein ganz privater, offenherziger Brief an einen Freund ihn das Leben gekostet...

Am 16. 8. 1904 kommt Paul Ferdinand Theodor Robert Stampa in Bremen zur Welt. Seine Eltern sind der Schauspieler und Sänger Paul Stampa und dessen Frau, die Schauspielerin und Sängerin Dora Stampa-Dorsay, geborene Weiss. Zwei Jahre zuvor, im Frühjahr 1902, sind die beiden frisch vermählten Künstler bei einem Gastspiel mit Ernst von Wolzogens »Überbrettl« erstmals in die Hansestadt gekommen. Nachdem sie bei dieser Visite große persönliche Erfolge verbuchen konnten, verpflichten sie sich 1903/04 für eine Spielzeit am Deutschen Theater in Bremen. Paul Stampa ist der erklärte Liebling des Operettenpublikums und sorgt stets für ein volles Haus. Seine Frau, die sich Dora Dorsay nennt, wird nicht nur als Gattin quasi mit in Kauf genommen, sie ist als Sängerin ebenfalls beliebt und übt ihren Beruf mit großem Engagement aus. So steht sie schon 14 Tage nach der Geburt des Sohnes Robert wieder auf der Bühne. Die Bremer Nachrichten schreiben über das Künstlerehepaar: »Wir wünschen nichts lebhafter als daß das Deutsche Theater stets über solche Kräfte verfügen möge, dann wird es auch an Besuch nicht fehlen. Bedeutenden Leistungen wird bei uns in Bremen noch immer die vollste Anerkennung zuteil.« Trotz dieser Lorbeeren wechseln die Stampas 1905 zum Stadttheater in Brünn. Ende 1906 geht es dann für zwei Jahre an das Breslauer Schauspielhaus. Der kleine Robert lernt früh das unstete Herumziehen kennen, das das Schauspielerleben mit sich bringen kann. Oft wird nur in Pensionen oder zur Untermiete gewohnt, da sich ein ganz wesentlicher Teil des Familienlebens im Theater abspielt. So schnuppert Robert schon als Kleinkind Theaterluft, denn seine Mutter ist natürlich weiterhin in ihrem Beruf tätig.

Ende 1908 geht die kleine Familie nach Würzburg, die Eltern sind am Stadttheater engagiert. Der kleine Robert feiert seinen sechsten Geburtstag während des Urlaubs der Familie auf der Insel Rügen. Den Vater, Paul Stampa, zieht es Ende 1911 von Würzburg an ein Theater im fernen Amsterdam. Dora Dorsay ist zu dieser Zeit eine anerkannte und sehr begehrte Schauspielerin und Sängerin. So übernimmt sie Mitte September 1911 von Fritzi Massary die Titelrolle in Max Reinhardts Münchner Inszenierung der »Schönen Helena« im Künstlertheater. Im Herbst 1912 spielt sie, wieder unter Reinhardts Regie, im Wiener Theater in der Rotunde in dem Schauspiel »Das Mirakel«. Während dieser Zeit trennen sich die Eheleute Stampa auch privat endgültig, Robert bleibt bei seiner Mutter. Während des Ersten Weltkrieges leben sie in Wien, wo Dora Dorsay an der Volksoper auftritt. Obwohl sie ihren Sohn allein aufziehen muß und ihr Beruf sie stark beansprucht, setzt sich die Schauspielerin für Hilfsbedürftige ein. Dafür wird ihr 1916 das Ehrenkreuz II. Klasse mit Kriegsdekoration vom Roten Kreuz verliehen.

Bald nach dem Ende des Ersten Weltkrieges zeichnet sich ab, daß der junge Robert Stampa beabsichtigt, in die Fußstapfen seiner Eltern zu treten. Talent hat er ganz offensichtlich von ihnen geerbt, es muß nur geformt und ausgebildet werden. Am Theater in Linz sammelt er Mitte der Zwanziger Jahre bei kleinster Gage seine ersten Erfahrungen. Er beschließt seine Lehrjahre in Wien, wo seine Mutter lebt.

Das erste »richtige« Engagement mit Jahresvertrag und fester Gage findet Bob Stampa-Dorsay, wie er sich nun nennt, im Spätsommer 1927 in München. Im renommierten Theater am Gärtnerplatz wird der Dreiundzwanzigjährige als Schauspieler und Sänger eingesetzt. Hier wird die Operette gepflegt, gibt man »Zarewitsch« und »Friederike«, gastieren Richard Tauber und Vera Schwarz. In diesem Metier der leichten Muse fällt Robert Dorsay auch durch seine tänzerische Begabung auf, die ihm zusätzliche Aufgaben einbringt; bald schon ist er für die choreographische Einrichtung bedeutender Aufführungen verantwortlich. So auch beim Gastspiel der Sängerin Mizzi Zwerenz und des Dirigenten und Komponisten Erich Wolfgang Korngold im April 1928. Im Programm zur Operettenaufführung »Cagliostro in Wien« von Johann Strauß erscheint dann der Name des jungen Dorsay gleich zweimal. »Tänze Bob Dorsay« heißt es dort, außerdem singt und spielt er noch den »Blasoni«. Die engagierte Arbeit und die künstlerische Präsenz des jungen Mannes werden durch beachtliche persönliche Erfolge belohnt. Diese Erfolge wiederum veranlassen den Direktor des Theaters am Gärtnerplatz, Dr. Hans Warnecke, seinem Buffo den Vertrag zu verlängern und – zu erweitern. Mit Beginn der neuen Spielzeit am 1. 9. 1928 fungiert er nun auch als Ballettmeister. Der neue Ballettmeister legt sich mächtig ins Zeug. Fast ein Dutzend Operetteninszenierungen hat er während dieser Spielzeit zu betreuen. Natürlich steht er meistens auch noch auf der Bühne. Großartige Kollegen wie Richard Tauber gastieren immer wieder im Theater am Gärtnerplatz. Das sind Kollegen, von denen der Nachwuchs etwas lernen kann, Vorbilder. Aber der Sänger Robert Dorsay nimmt sich – bei allem Respekt – den Sänger Richard Tauber nicht zum Vorbild. Tauber verfügt über eine makellose Stimme, die Stimme Robert Dorsays reicht eben aus. Tauber ist ein fülliger Tenor, der Hauptrollen singt, Dorsay hat dankbare Bufforollen. Etwas füllig wird der Mittzwanziger allerdings auch schon, aber er erhält sich eine hinreißende Beweglichkeit als Tänzer. Außerdem ist er ein Erzkomödiant, im Kollegenkreis wie beim Publikum sehr beliebt. Auch die Kritik erwähnt ihn lobend, soweit er seinem Typ entsprechend eingesetzt wird. Wenn er allerdings in »Der fidele Bauer« einen Bauernburschen darzustellen hat, wird angemerkt, daß »... Bob Dorsay (Vincenz) eher alles andere als ein Bauerndarsteller ist und deshalb in der kurzen Wichs keine sehr glaubhafte Figur machte«.

Familie Stampa im Urlaub auf Rügen, Sommer 1910

7. 4. 1928

Konditorei Kaffee HAG Residenzstr. 26 Geöffnet bis nachts 12 Uhr

Gastspiel Mizzi Zwerenz und E. W. Korngold
vom Theater an der Wien in Wien (als Dirigent)

Cagliostro in Wien

Operette in drei Akten von F. Zell und Richard Genée — **Musik von Johann Strauß**

Für die Bühne neu eingerichtet: Textlich: Dr. Ludwig Herzer / Musikalisch: E. W. Korngold

Musikalische Einstudierung: Fritz Redl

Insceniert von Martin Lindemann — Tänze: Bob Dorsay — Dirigent: E. W. Korngold

Alexandro Graf Cagliostro	Martin Lindemann	Frau Pfannberger	Annemarie Bail
Lorenza Feliciani	Franzi v. Dobay	Fürstin Krakowaczka	Hedwig Hans
Baron Istvan Fodor von Telekháza	Emil Graf	Jean, ihr Lakai	Ernst Ziegler
Die reiche Wirtin „zum blauen Igel"	**Mizzi Zwerenz a. G.**	Pankraz, Diener bei der Wirtin	Georg Fleischmann
Mizzi, ihre Tochter	Annemarie Troian	Ein Dienstmädchen	Inge Walter
Severin, Besitzer einer Zauberbude	Rudolf Seibold	Ein alter Herr	Adolf Schubert
Blasoni, Cagliostros Faktotum	Bob Dorsay	Poldl, Kellner	Anton Hackel
Beppo } im Dienste Cagliostros	Oskar Maurer	1. Mädchen	Susi Vielweib
Emanuele } im Dienste Cagliostros	Otto Koch-Gaarden	2. Mädchen	Erna Langschied
Danninger, ein Wiener Bürger	Heinrich Altmutter	1. Bube	Georg Selder
Frau Danninger	Else Grahn	2. Bube	Hans Schmidt
Pfannberger, Magistratsrat	Hans Pokorny	Führer der Kommission	Franz Wagner

Musikanten, Soldaten, Bürger, Bürgerinnen, Zigeuner, Zigeunerinnen, Volk, Mädchen in Gold, allegorische Figuren. — Zeit: Wien 1783

Der 1. Akt spielt auf der Türkenschanze, der 2. Akt spielt bei Cagliostro, der 3. Akt spielt in der Villa der Wirtin.

Perücken: Karl Kunst, Gärtnerplatz

Pausen von je 10 Minuten nach dem 1. und 2. Akt — Textbücher sind an der Theaterkasse zu haben — Ende gegen 11 Uhr

Der Erfrischungsraum befindet sich im 2. Rang

Robert Dorsay als Choreograph und Darsteller im Münchner Theater am Gärtnerplatz, 1928

Die Zeit am Münchner Theater am Gärtnerplatz geht für Robert Dorsay nach fast drei Jahren zu Ende. Ab Mitte 1930, zur Zeit der großen Wirtschaftskrise, hat der Schauspieler, Sänger und Tänzer kein festes Engagement. Fast zwei Jahre tingelt er durch die Lande, von Fall zu Fall verpflichtet, ohne geregeltes Einkommen. Eine schwere Zeit. Aber bei mehr als sechs Millionen Arbeitslosen in Deutschland kann man sich schon glücklich schätzen, wenn man von Fall zu Fall verpflichtet wird.

Endlich, Mitte 1932, findet Robert Dorsay am Intimen Theater in Nürnberg wieder ein Engagement, wirkt hier erstmals auch als Dramaturg und Spielleiter. Er hat also keinen Grund, dem Manne zu huldigen, der im Januar 1933 die Regierungsgeschäfte im Deutschen Reich übernimmt und Arbeit und Brot für alle Erwerbslosen verheißt. Von diesem Adolf Hitler erwarten nicht nur die Arbeitslosen ihr Heil, selbst vielen Gutbürgerlichen spricht der »böhmische Gefreite« mit seinen eher simplen Thesen aus dem Herzen. Robert Dorsay allerdings hat mit »seinem Führer« und Reichskanzler höchstens die Stationen Linz, Wien und München gemeinsam. Nürnberg, der künftigen »Stadt der Reichsparteitage«, kehrt er 1933 den Rücken, um im Berliner Kabarett »die Macht zu ergreifen«, wie er den verblüfften Nürnberger Kollegen erklärt.

Im Berlin des Sommers 1933 ist der Aderlaß der deutschen Kultur durch die rigorosen Maßnahmen der neuen Machthaber zu spüren. Gerade das Kabarett büßt etliche seiner besten Kräfte ein. Siegfried Arno und Curt Bois, Felix Bressart und Max Ehrlich, Kurt Gerron und Paul Graetz, Fritz Grünbaum und Max Hansen, Paul Morgan, Rudolf Nelson, Szöke Szakall und Otto Wallburg

Robert Dorsay um 1934

haben das Land bereits verlassen oder bereiten ihre Abreise, besser gesagt ihre Flucht, vor. In Windeseile ist mit diesen Künstlern die kabarettistische Vielfalt Berlins verschwunden. Nur ganz wenige bleiben. Zum Beispiel Werner Finck, der in seiner „Katakombe" stets ein volles Haus hat, weil er auch jetzt noch eine kesse Lippe riskiert. Die Leitung des renommierten »Kabaretts der Komiker« übernimmt anstelle des davongejagten Kurt Robitschek Dr. Hanns Schindler. Er engagiert Robert Dorsay für das Unternehmen, das dringend neue Kräfte braucht. Der durch seine »Überbrettl«-erfahrenen Eltern vorbelastete junge Mann bewährt sich auf Anhieb. Er macht Conférencen, schreibt Sketche, spielt und singt. Das Berliner Publikum wird schnell auf das neue Sternchen am Kabaretthimmel aufmerksam. Das kurz »Kadeko« genannte Theaterchen gibt auch Gastspiele, so tritt man Anfang 1934 mit dem Programm »Revue der Abenteuer« im »Battenberg Varieté« in Leipzig auf. Mitte 1934 bekommt Robert Dorsay ein Angebot der Komischen Oper in der Friedrichstraße, man will ihn als Ballettmeister und Darsteller engagieren. Erfreut unterzeichnet er den Vertrag, der ihm nicht nur eine interessante Tätigkeit bietet, sondern nebenbei noch Zeit läßt für Gastspiele am Mellini-Theater in Hannover. Dem »Kadeko« wird er trotz dieser neuen Verpflichtungen nicht untreu. Dessen Programm beginnt zumeist erst dann, wenn die normalen Theatervorstellungen beendet sind. »Die große Lachparade« heißt es im »Kadeko« im November 1935, es spielen der Conférencier Hellmuth Krüger, die Chansonnière Trude Hesterberg, der Tonfilmliebling Paul Heidemann, der Altmeister Paul Schneider-Duncker – und natürlich der pfiffige Robert Dorsay.

Anfang 1936 erfüllt sich ein lang gehegter Wunsch Dorsays, er bekommt seine erste Filmrolle. Der tschechische Regisseur Carl Lamac, der den Schauspieler schon seit dessen Münchner Jahren kennt und schätzt, gibt ihm die Rolle des »Alex« in dem Film »Flitterwochen«. Neben Anny Ondra und Hans Söhnker, die das Liebespaar darstellen, gelingt Robert Dorsay eine sehr ansprechende Gestaltung seiner Rolle. In einer Besprechung heißt es: »Oha! – Das ist ein prachtvoller, humoriger Kerl, der nicht nur zeigt, wie man Zigaretten raucht, nachdem man sich das Rauchen ›gänzlich abgewöhnt‹ hat, sondern sogar beweist, daß ein ›Scheidungs‹-anwalt gleich beide, gegnerische Parteien vertreten und wieder – zusammenbringen kann. Ein wunderbarer Junge ist das! Es erhöht die frohe und gute Stimmung nur, wenn Alex mit Ingeborgs Freundin ›Brigitte‹ (Carsta Löck) das zweite glücklich gefundene Paar dieses vergnügten Liebesfilms wird.« Nach diesem ersten Erfolg verpflichtet Carl Lamac seine Neuentdeckung gleich für seinen Film »Ein Mädel vom Ballett«. Die Produktionsfirma Ufa setzt ihn dazu ins rechte Licht: »Robert Dorsay, der nach ›Flitterwochen‹ auf dem besten Weg zum Publikumsliebling ist, findet als der bewegliche Komiker Max den rechten Ton, um auch seinerseits deftigen Berliner Humor zu zündender Wirkung zu bringen. Das bedeutet aber bei Dorsay keineswegs jene ›berühmte‹ schnoddrige Keßheit, sondern er brilliert mit dem gedankenschnellen, schlagfertigen Witz und der natürlichen Komik eines frischen Jungen, der recht gut in die Welt paßt!« In der Deutschen Allgemeinen Zeitung vermerkt der Kritiker Friedrich Luft: »Robert Dorsay ist ein Komiker, wie ihn sich jedes Revuetheater nur wünschen kann in Stimme, Deutlichkeit und Temperament.«

Robert Dorsay als Varietésänger »Bogroff« in dem Film »Es geht um mein Leben«, 1936

Der Regisseur und Produzent Richard Eichberg hat ebenfalls Verwendung für den vielseitigen, talentierten Schauspieler. In dem Streifen »Es geht um mein Leben« spielt er den »Bogroff«, seine erste Schurkenrolle. Er erhält die fürstliche Gage von 1500 Reichsmark und zeigt dafür sein ganzes Können. Die Gesangnummer »Liebling, wir verreisen« kommt gut an, das Lied »Können Sie schon fernsehn?«, eine musikalisch-humoristische Erläuterung der Weltneuheit auf der Funkausstellung, wird sogar zum Schlager. Der Schauspieler Robert Dorsay ist mit dieser einprägsamen Nebenrolle endgültig zum Begriff geworden, zum Publikumsliebling. Nur ein paar Jahre lang kann er diesen Erfolg genießen, dann wird man den harmlosen Komiker zum Verbrecher und »Volksfeind« erklären ...

Ende 1936 ist Robert Dorsay bestens im Geschäft, er hat einen Vertrag mit dem Theater im »Admiralspalast«, einen der Operettentempel Berlins; zudem sind für das kommende Jahr einige Filmprojekte geplant. Er dreht in verschiedenen Berliner Ateliers, außerdem in Prag und Warschau deutsche Versionen ausländischer Produktionen, insgesamt neun Filme sowie vier Kurzfilme. Endlich nimmt auch die Fachpresse von ihm Notiz, eine knappe halbe Seite in der vielgelesenen »Filmwelt« – immerhin. Ein unverdientes Lob krönt diesen Artikel: »Trotz der ausländischen Namen seiner Eltern ist Robert Dorsay ein guter Deutscher.« Der »gute Deutsche« ist im Kollegenkreise auch deswegen so beliebt, weil er immer die neuesten Flüsterwitze kennt und sie umwerfend komisch zu erzählen weiß: »Beim Einzug des Führers in eine Stadt stehen kleine Mädchen mit Blumen Spalier. Eines davon streckt dem Führer ein Grasbüschel entgegen. ›Was soll ich denn damit tun?‹ fragt Hitler. ›Essen‹, antwortet die Kleine. ›Die Leute sagen jeden Tag: Erst wenn der Führer ins Gras beißt, kommen bessere Zeiten.‹«

In dem Zarah Leander-Film »Zu neuen Ufern« kann man Robert Dorsay erleben, wie er scherzend und Anerkennung heischend in eine abendliche Runde platzt und sofort »Stimmung« macht. Es ist beinahe wie eine Szene aus seinem Privatleben. Auch hier gefällt er sich in der Rolle der Stimmungskanone im Kollegenkreis, den er wie eine verschworene Gemeinschaft empfindet. Er kommt nicht auf den Gedanken, daß nicht alle seine Zuhörer wohlmeinend und – was noch wichtiger ist – verschwiegen und vertrauenswürdig sind.

Die braven deutschen Operetten, in denen er zu spielen hat, reizen Robert Dorsay immer weniger. Seine Rollen in Nico Dostals »Clivia« oder Paul Linckes »Frau Luna« sind zwar immer einprägsam, oft auch witzig, doch die Musik könnte nach seinem Geschmack durchaus etwas »heißer« sein. Aber bei keinem Musikverleger findet sich etwas Passendes, man ist in dieser Hinsicht sehr vorsichtig geworden. Was tun? Bleibt nur, dem Althergebrachten etwas entgegenzusetzen, etwas, das den eigenen Vorstellungen entspricht. Also schreibt Dorsay mit Walter W. Espe und dem Komponisten Victor Corzilius eine eigene Operette. Aus einem amüsanten, abwechslungsreichen Textbuch und einer quirligen, teilweise bedenklich schrägen Musik wird die Revue-Operette »Heut bin ich verliebt«; den Titelschlager singt natürlich Robert Dorsay. »Komm, tanz mit mir Swingtime« animiert eines der anderen Lieder. Da geht nun jeden Abend diese Novität des »Admiralspalastes«, die große Revue-Operette in 14 Bildern, über die Bühne, reißt das Publikum mit, wird

Robert Dorsay mit Carsta Löck, Helmut Weiß, Anny Ondra (v. l.) in dem Film »Flitterwochen«, 1936

Robert Dorsay mit Anny Ondra und Paul Hörbiger in dem Film »Der Scheidungsgrund«, 1937

zur Attraktion! Da swingt Robert Dorsay, da tanzen die 24 Admiral-girls, da singen und spielen die laszive Charlotte Susa, die niedliche Gretl Theimer, der drollige Erwin Biegel, der schöne Walter Jankuhn, das Münchner Original Hans Stadtmüller und der Regisseur des Stückes, Kurt Seifert. Und der kleine wirbelnde Dorsay, der so traumhaft tanzen kann und der das Leben leicht nimmt, ist über Monate der Star des Abends. Schleunigst wird, zusammen mit dem Orchester Billy Bartholomew, eine Schallplatte herausgebracht, jeder der möchte, kann sich nun »Swingtime« nach Hause holen. Im Großdeutschen Rundfunk besteht ein Sendeverbot für Swing-Musik. Ob darunter auch Dorsays Platte fällt? Sie entspricht zwar nicht amerikanischem oder englischem Standard, aber sie swingt! Das fällt auf, mehr als Robert Dorsay lieb sein kann. Seine Freundin, Luise Mentges, hegt bereits den Verdacht, daß solche »Ausrutscher« genau registriert werden. Aber Robert Dorsay bleibt unbekümmert und gefährlich leichtsinnig. In dem Rühmann-Film »Fünf Millionen suchen einen Erben«, der teilweise in Amerika spielt, taucht eine flotte Nummer auf: »Ich tanz mit Fräulein Dolly Swing«. Dorsay bekniet sofort seine Plattenfirma Odeon: Das ist wie für ihn gemacht, diesen Titel muß er unbedingt aufnehmen! Schon wieder Swing! Schon wieder dieser Dorsay!

Zu Anfang des Jahres 1938 hat Robert Dorsay einige interessante Filmrollen. Zunächst steht er mit Olga Tschechowa und Attila Hörbiger vor der Kamera. Nach einem Drehbuch von Axel Eggebrecht entsteht unter der Regie von Hans Schweikart »Das Mädchen mit dem guten Ruf«. Gleich nach dessen Uraufführung geht das nächste Projekt ins Atelier: »Liebesbriefe aus dem Engadin«. Regisseur, Produzent und Hauptdarsteller in Personalunion ist der »Bergfex« Luis Trenker. Der schätzt den Dorsay als »lieben, lustigen Kerl« und zahlt ihm gerne stattliche 5000 Reichsmark als Gage. Die Außenaufnahmen in den Alpen

Liebesbriefe aus dem Engadin

Spielleitung: Luis Trenker

Mitregie: Werner Klingler / Drehbuch: Luis Trenker, Hanns Saßmann
Musik: Dr. Giuseppe Becce
Bild-Aufnahmen: Hans Ertl, Karl Puth, Walter Riml, Klaus von Rautenfeld
Aufnahmeleitung: Rudolf Fichtner, Hugo Lehner / Bauten: Fritz Maurischat, Arthur Schwarz / Schnitt: Waldemar Gaede / Ton-Aufnahmen: Robert Fehrmann / Kostüme: Herbert Ploberger
Fotos: Ernst Baumann, Eduard Wesel
Herstellungsleitung: **Heinrich Schier**

Darsteller

Toni Anewanter	Luis Trenker
Dorothy Baxter	Carla Rust
Anni Anewanter, Schwester von Toni	Erika von Thellmann
Constance Farrington	Charlott Daudert
Lord Horace Baxter, Bruder von Dorothy	Paul Heidemann
Jack, Kammerdiener bei Lord Baxter	Robert Dorsay
Thomas Viertinger, Hotelier	Otto Wernicke
Dr. Sacripanti	Umberto Sacripanti
Amtsrichter Rung	Anton Pointner
Germaine	Herti Kirchner
Rechtsanwald Podger	Reginald Pasch
Madlener, Hilfsskilehrer	Luis Gerold

Ferner wirken mit
Emmerich Albert, Rudolf Esseck, Otto Graf, Jens v. Hagen, Hilda Hofer, Hans Jamnig, Karl Kirchner, Ursula Nest, Heinz Rippert, Katja Specht, Paul Walther, Franz Weinberger
Kapelle: Oskar Joost

Ein Luis Trenker-Film der Terra Filmkunst

Herstellungsgruppe: Walter Tost / Tonsystem: Tobis Klangfilm

TERRA

mit dem spontan arbeitenden Trenker geraten fast zu einem Urlaub. Und das ganze Filmteam amüsiert sich königlich über Robert Dorsay auf Skiern. Nicht halb so amüsant gestaltet sich die Arbeit an »Tanz auf dem Vulkan«, der Regisseur Hans Steinhoff ist ein überzeugter Nazi und ohne jeden Humor. Aber die Zusammenarbeit mit großartigen Kollegen ist ein Erlebnis. Für den Film, der im revolutionären Frankreich um 1830 spielt, sind unter anderen Gustaf Gründgens, Sybille Schmitz, Gisela Uhlen, Ralph Arthur Roberts, Hans Leibelt, Theo Lingen, Erich Ziegel, Paul Bildt und Elsa Wagner engagiert. In den Drehpausen sorgt Robert Dorsay für Unterhaltung: »Kennt ihr den ...?«, natürlich nur, wenn Hans Steinhoff nicht in der Nähe ist.

Der Vollblutkomödiant hat in letzter Zeit seine alte Liebe, das Kabarett, etwas vernachlässigt. Im Spätsommer 1938 ändert sich das. Am 1. 9. 1938 feiert das »Kabarett der Komiker« Wiedereröffnung unter neuer Leitung. Der Altmeister Willi Schaeffers übernimmt das traditionsreiche Haus und kündigt »Festspiele der Kleinkunst« an. Da darf Robert Dorsay nicht fehlen, er singt und tanzt, spielt einen Sketch. Im zweiten Teil des Abends ist er in Helmut Käutners »Der Apfel ist ab« zu sehen. Er spielt den Teufel, Erik Ode und die kesse Charlott Daudert sind Adam und Eva, die hübsche Lizzi Waldmüller ist Lilith und Willi Schaeffers natürlich Petrus. Dieses »Paradeisspiel« ist die Kurzfassung eines Programmes aus Käutners Zeit als einer der »Vier Nachrichter«, das Original war 1935 verboten worden. An der etwas entschärften Fassung erfreut sich nun im »Kadeko« sogar der gefürchtete Propagandaminister Joseph Goebbels, der über Robert Dorsay ganz besonders lacht. Der dienstbeflissene Funktionär Hans Hinkel unternimmt daraufhin einige gutgemeinte Versuche, Dorsay zum

»Festspiele der Kleinkunst« im Kabarett der Komiker, 1938; untere Reihe (v. l.): Robert Dorsay, Dorothy von Bruck, Erik Ode, Maria Sazarina, Joe Furtner obere Reihe: Lizzi Waldmüller, Lore Sieben, Willi Schaeffers, Viola Zarell, Charlott Daudert

Eintritt in die NSDAP zu bewegen. Auf seine beständige Weigerung hin wird der dickköpfige Schauspieler mit einer Warnung bedacht: »Das wird Ihnen der Herr Minister sehr übelnehmen, Herr Dorsay!« Das »Übelnehmen« wird fünf Jahre später zu einem Todesurteil führen…

Am 1. 9. 1938 feiert das »Kabarett der Komiker« Wiedereröffnung. Neben Robert Dorsay mit dabei Erik Ode und Erwin Bootz, Pianist bei den von den Nationalsozialisten bereits verbotenen »Comedian Harmonists«, deren jüdische Mitglieder Auftrittsverbot erhielten und emigrierten

Zunächst einmal reißt die Erfolgssträhne ziemlich jäh ab. Festes Theaterengagement? Zur Spielzeit 1938/39 leider keines. Filmangebote? Ein einziges, eine ziemlich fiese Rolle in der antisemitisch angelegten Verfilmung der Posse »Robert und Bertram«, von einer Zeitung beschrieben als »eine negroide Unterwelttype der Diener Jack Robert Dorsays«. Es folgen nur noch zwei Kurzfilme. Einzig das »Kabarett der Komiker« hält den Künstler, der ansonsten im Moment ziemlich unerwünscht zu sein scheint. Im März und April 1939 heißt das Programm »Frühling = 10 Mädchen = Und kein Mann!« Das Programmheft enthält eine ganzseitige Portraitaufnahme von ihm, und mit seinem Auftritt »Dorsays tönende Witzeschau« erzielt er einen ungeheuren Lacherfolg.

Erfolg hat er auch bei seiner langjährigen Dauerfreundin Luise Mentges, am 25. 4. heiratet er die charmante und geistreiche Kollegin, die auf den Tag genau acht Jahre jünger ist als er. Statt einer Hochzeitsreise gehen beide im Mai mit dem »Kadeko« auf Tournee. »Festspiele der Kleinkunst« in Hamburg und Hannover, in Görlitz und Bad Nauheim und vielen weiteren kleinen und großen Städten des Reiches. Der Gaststar Rosita Serrano, die berühmte »Chilenische Nachtigall«, brilliert und Luise Dorsay, geborene Mentges, singt sehr gekonnt etwas verruchte Chansons.

Ein neues Engagement ist ab August 1939 mit dem Hamburger »Bronzekeller« abgeschlossen. Dort spielen die beiden Dorsays auf der Bühne des kleinen aber feinen Kabaretts in der Neustädter Straße. Am 16. 8. feiert Robert Dorsay in Hamburg seinen fünfunddreißigsten Geburtstag, zwei Wochen später beginnt der Zweite Weltkrieg. Obwohl die Traumfabrik Film auf Hochtouren weiterläuft, die Theater wie immer spielen, damit das Volk nicht zum Nachdenken kommt, wird es für den aufmüpfigen Schauspieler Robert Dorsay zunehmend schwieriger, Arbeit zu finden. In einem Branchenkatalog preist er sich an – als Ansager und Humorist. Er bekommt ein Engagement und geht mit seiner Frau ans Apollo-Theater nach Köln. Einige Zeit später nimmt die Organisation »Kraft durch Freude« den unerwünschten Komiker unter Vertrag. Die schlechtbezahlten Engagements sind bei anerkannten Künstlern sehr unbeliebt, aber Robert Dorsay hat keine Wahl mehr. So reisen die beiden Dorsays im weiteren Verlauf des Krieges auf KDF-Tourneen ihrem uniformierten Publikum in die besetzten Länder nach. Deutsche Soldaten in Belgien und Frankreich sehen und hören einen Robert Dorsay, der »entschärft« ist, der nicht mehr so reden kann, wie er will, wenn er nicht seine karierte Bühnenjacke gegen eine feldgraue Uniform eintauschen will. Doch alle Bemühungen nicht aufzufallen geraten zu halbherzig, denn der originelle Dorsay lebt vom »Auffallen«. Das hat er gelernt, das ist sein Stil; sich zu beherrschen, seine Zunge zu zügeln gelingt ihm nur unvollkommen. »Kulturschaffender« unter Goebbels zu sein ist eine Gratwanderung: Beim Film geht jedes Drehbuch zuerst durch die Hände des Ministers, auch beim Theater ist bekannt, was man besser unterläßt. Was aber »darf« Robert Dorsay im Fronttheater und vor allem – was »darf« er nicht? Ist erlaubt was gefällt? Offizielle Richtlinien existieren nicht, doch eine unsichtbare Grenze ist schnell überschritten. Dem Soldatenpublikum gefallen Dorsays Scherze, er kann sehr volkstümlich sein. Berlin und der unberechenbare, ja gefährliche Minister sind weit. Aber es gibt Spitzel, Zuträger. Er wird nach Berlin befohlen, wo man ihm knapp eröffnet, daß er ab sofort Auftrittsverbot für die KDF-Organisation habe. Gründe werden nicht genannt, aber hinter vorgehaltener Hand erfährt Dorsay später, einer seiner Tänze sei als »obszön« aufgefallen. Er fährt zurück nach Köln, wo seine Frau auf ihn wartet. Sie beschließen, in den umliegenden Ortschaften zu tingeln. Kurz darauf wird ihr kleines Zuhause bei einem der ersten großen Luftangriffe auf die Domstadt ausgebombt. Alles dahin! Zu allem Überfluß erhält Robert Dorsay gleich darauf auch noch einen Einberufungsbefehl. Er hat sich sofort in Osterode in Ostpreußen bei der »Kraftfahr-Ersatz-Abteilung 1« einzufinden. Seine Frau reist dem achtunddreißigjährigen Rekruten nach, und es dauert nicht lange, bis die beiden die Kameraden mit abendlichen Darbietungen beglücken. Nach Beendigung der Grundausbildung erhält Robert Dorsay von seinem Kommandanten als Dank für die »vielen Stunden der Erbauung« einen dreimonatigen Arbeitsurlaub. In Berlin gelingt es einer Gastspieldirektion, für den Beurlaubten eine Auftrittserlaubnis bei einer KDF-Tournee zu ergattern. Gleich beginnen die beiden Dorsays, ein Programm zusammenzustellen, »Sechs Mädchen und ein Mann« soll es heißen. Doch kurz vor der Abreise teilt die Gastspieldirektion mit, die Auftrittserlaubnis für Robert Dorsay sei »von höchster Stelle« annulliert worden. Nur ungern geht Luise Dorsay ohne ihren Mann auf die Tournee, aber die Verträge müssen eingehalten werden, und die Gage wird dringend benötigt. Mit fünf Kolleginnen gestaltet sie das Programm, das nun zwangsläufig »Sechs Mädchen und kein Mann« heißt. Robert Dorsay muß zurück zu seiner Einheit. Ende 1942 reicht er bei der Reichskulturkammer das Manuskript eines selbstverfaßten Stückes mit dem Titel »Das Schustermädel«

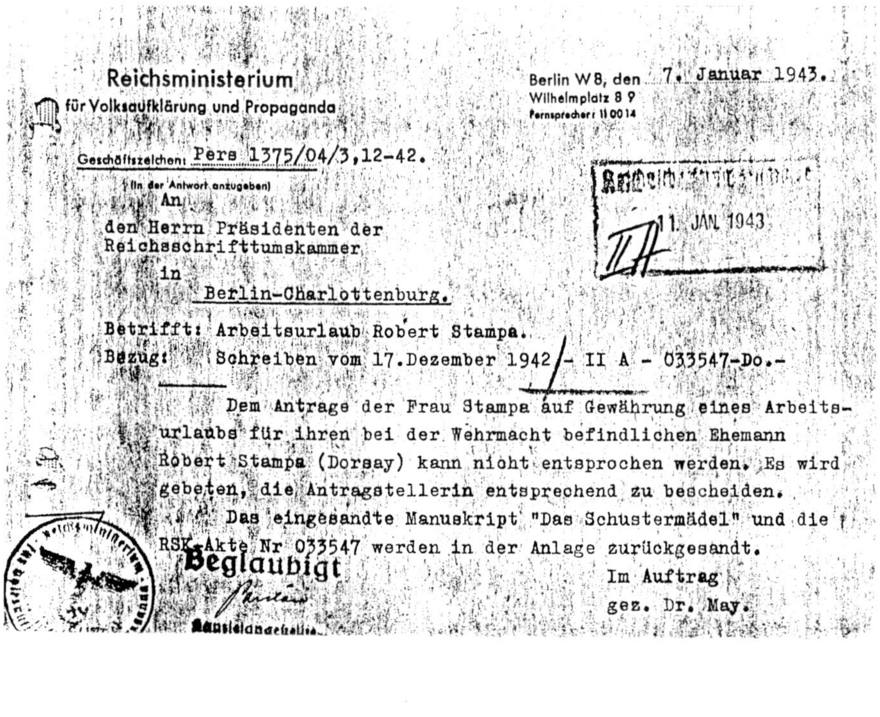
Reichsministerium für Volksaufklärung und Propaganda

Berlin W8, den 7. Januar 1943.
Wilhelmplatz 8 9
Fernsprecher: 11 00 14

Geschäftszeichen: Pers 1375/04/3,12-42.
(In der Antwort anzugeben)

11. JAN. 1943

An
den Herrn Präsidenten der
Reichsschrifttumskammer
in
Berlin-Charlottenburg.

Betrifft: Arbeitsurlaub Robert Stampa.
Bezug: Schreiben vom 17.Dezember 1942 - II A - 033547-Do.-

Dem Antrage der Frau Stampa auf Gewährung eines Arbeitsurlaubs für ihren bei der Wehrmacht befindlichen Ehemann Robert Stampa (Dorsay) kann nicht entsprochen werden. Es wird gebeten, die Antragstellerin entsprechend zu bescheiden.

Das eingesandte Manuskript "Das Schustermädel" und die RSK-Akte Nr 033547 werden in der Anlage zurückgesandt.

Beglaubigt

Im Auftrag
gez. Dr. May.

ein, er hofft, auf diese Weise einen Arbeitsurlaub zu bekommen. Der Urlaubsantrag wird abgelehnt. Nach einer Kiefernhöhlenoperation erhält er allerdings Genesungsurlaub, den er natürlich in Berlin verbringt, wo das Ehepaar in der Pension Hemann ein ständiges Quartier hat. Seine Frau ist noch auf Reisen, und Robert Dorsay verbringt die Abende in einer Clique von Gleichgesinnten. Da wird getrunken und gelästert, werden in der Kantine des Deutschen Theaters lauthals Führerwitze erzählt. Dorsay ist in seinem Element! Ein zufällig anwesender Regierungsrat schnappt einiges auf und denunziert die Runde. Die Mühlen des Unrechtsstaates setzen sich in Sachen Robert Dorsay unaufhaltsam in Bewegung.

Noch völlig ahnungslos, fährt Dorsay kurz darauf wieder an seinen Garnisonsstandort. Dort, in der Eintönigkeit des Militäralltages, muß er ohne Gleichgesinnte auskommen. Mangels Gesprächspartner schreibt Dorsay, der so gerne lästert, einen Brief, der all seine Bitterkeit, seinen Verdruß ironisch wiedergibt. Aber bei seinem Adressaten, dem Berliner Freund Eddy Haase, kommt dieses Schreiben nie an, es wird abgefangen. In einer Diktatur gibt es keinen Schutz des Privatlebens, auch kein Postgeheimnis. So können ein paar ganz vertrauliche Unmutsäußerungen zum Verhängnis werden:

Gericht der Wehrmachtskommandantur Berlin
St. L. X Nr. 836/43

Berlin NW 40, den 8. Juni 1943

ANKLAGEVERFÜGUNG UND HAFTBEFEHL

Gegen den Kraftfahrer Robert Stampa, Gen. Komp./Kraftf.-Ers.-Abt. 1
in Osterode Ostpr., geb. am 16. 8. 1904 in Bremen
wird die Anklage verfügt,
wegen der Beschuldigung, am 31. 3. 1943 in Osterode
öffentlich den Willen des deutschen Volkes zur wehrhaften
Selbstbehauptung zu zersetzen gesucht zu haben

SACHVERHALT

Der Beschuldigte schrieb an den Kaufmann Eddy Haase in Berlin, Invalidenstraße, folgenden Brief:

Mein lieber Eddy!
Nun sind schon 14 Tage vergangen, wo ich hier wieder diese Scheiße mitmachen muß. Zum Glück bin ich jetzt G. v. H. und in der Gen.-Komp. Eigentlich ärgere ich mich darüber, daß ich unserem geliebten Führer beim Endkampf nicht helfen kann, zu dumm – –!
Ich hätte so gern mein Leben eingesetzt für die herrliche Idee der NSDAP. Aber wir gewinnen auch so – – – die Überzeugung, wie man es nicht machen soll.
Das Leben ist lebenswert.

Besser wir gehen jetzt in den paar Jahren mit geflickten Kleidern herum – als wenn wir unser Leben in Lumpen verbringen müssen (Dr. Goebbels).
Hier wimmelt es jetzt nur so von neuen Rekruten.
Neue schon – aber alte –. Ich sehe sie schon im Kampf mit unseren Feinden – Gott werden die lachen.
Wann ist endlich Schluß mit dieser Idiotie. Idiotie.
Anders kann man es schon gar nicht bezeichnen.
Die ganze Angelegenheit wird immer lächerlicher.
Jetzt müssen wir sogar alles Extrazeug abgeben. Wir dürfen nur noch eine Kluft, für Wochen- und Sonntags haben.
Es ist alle.
Die jetzt, vorige Woche gekommenen Rekruten stehen treu und brav in ihren Civil-Klamotten auf dem Kasernenhof – und werden gedrillt. Es ist das Ende! – – –
Die bösen Engländer schein ja in Berlin großes Interesse zu haben. – Sie kommen ja immer häufiger, häufiger ist gut. Ich habe das ohrenbetäubende Gefühl – sie wollen wohl mit Gewalt in Berlin Trümmer erzeugen. – Na, ich kann sie nur warnen. – Wenn Göring erst böse wird und mit zwei Maschinen in London Rache nimmt – na, ich kann den Tommis sagen, selbst wenn sie von den zwei Maschinen eine abschießen, wird die eine bestimmt 3–7 Bomben in der Nähe von London abwerfen, und das wird furchtbar!
Weil wir eine Heldennation sind.
Bei Otto Gebühr hat die Katastrophe angefangen. Damals bei Kunnersdorf.
Das waren noch Zeiten.
Außerdem habe ich mit den 4 Millionen Toten Unrecht. Unser geliebter Führer hat es uns ja am Heldengedenktag gesagt: 540 000 Tote – – – ist nicht schlimm – – –.
Wenn ich diesen Brief beendet habe, mach ich mir eine schöne Stulle mit Adolf-Hitler-Gedächtnis-Crem (Kunsthonig) und lege mich ins Bettchen, denke an schöne Stunden in Berlin und lasse, durch das herrliche Essen hier in der Kaserne verführt, einen kräftigen Kommisbrotforz fliegen und scheiße auf die ganze Monarchie –.
Grüße Mag und die ganze Mischpoche und lasse Dich von mir im Geist umarmen –.

Deutschland erwache!
Dein Bobby

Verbrechen gegen § 5 Abs. 1 Ziff. 1 KSSVO –
Beweismittel: I. Geständnis des Beschuldigten B. 6 d. A.
II. Brief Bl. 2 d. A.
III. Die zu verlesenden Aussagen des Gefr. Dodt und Stein Bl. 6 u. 7 d. A.
Das Feldkriegsgericht ist nach § 9 KstVO. zu besetzen.
Der Beschuldigte ist in Untersuchungshaft zu nehmen, da militärische Belange dies erfordern.

Der Gerichtsherr	Der Untersuchungsführer
gez. Unterschrift	gez. Ditrichs
Generalleutnant	Kriegsgerichtsrat

Luise Dorsay kehrt ahnungslos von ihrer mehrmonatigen Tournee zurück und erhält in der Pension Hemann einen merkwürdigen Anruf; der Pfarrer des Gefängnisses Tegel richtet ihr Grüße ihres Mannes aus. Sie glaubt zunächst an einen schlechten Scherz, aber von jetzt an wird es im Zusammenhang mit Robert Dorsay keine Scherze mehr geben. Im August 1943 verurteilt ihn das Sondergericht des Reichskriegsgerichtes zu zwei Jahren Zuchthaus. Seine Verteidiger reichen sofort ein Gnadengesuch ein. Währenddessen wird Heinrich Himmler zum Innenminister ernannt, sämtliche noch nicht vollstreckten Urteile des Sondergerichtes werden deswegen aufgehoben. Sie könnten dem SS-Chef zu milde geraten sein!

Am 8. 10. 1943 wird der Fall Robert Dorsay erneut verhandelt. Der Verteidiger Dr. Puppe holt Luise Dorsay in ihrer Pension ab und bringt ihr schonend bei, daß er vorab erfahren habe, das Todesurteil sei bereits beschlossene Sache. Der Ehefrau ist es verboten, den Gerichtssaal zu betreten. Sie wartet auf dem Flur, das Gebrüll des Anklägers ist auch dort zu hören: »Dieser Mann ist der Sohn einer geschiedenen Schauspielerehe, hat also nie ein ordentliches Elternhaus gehabt. Er war vor 1933 fast ausschließlich an jüdischen Theatern engagiert, ist daher vollkommen jüdisch zersetzt; so etwas muß ausgemerzt werden! Ich beantrage daher das Todesurteil!« – – – »Dem Antrag wird stattgegeben.«

Robert Dorsay wird gefesselt abgeführt, auf dem Flur sehen sich die Eheleute das letzte Mal.

Luise Dorsay setzt nun alle Hebel in Bewegung, um ihren Mann zu retten. Sie zieht Kollegen ins Vertrauen; einige versprechen, sich für Robert Dorsay zu verwenden. Sie schreiben Eingaben – ohne Erfolg. Sie bittet den Kommandanten von Groß-Berlin, Generalleutnant von Hase, sich für ihren Mann einzusetzen, er verspricht sein möglichstes zu tun. Sie bemüht sogar den Alt-Parteigenossen Wilhelm Fanderl, einen einflußreichen Mann, bei Goebbels zu intervenieren. Der wird dort allerdings knapp beschieden: »Trösten Sie sich, Herr Fanderl, es kommen noch mehr Schauspieler dran!«

Am Freitag, den 29. 10. 1943, um 17 Uhr, wird der Schauspieler Robert Dorsay im Gefängnis Plötzensee hingerichtet. Am Tag darauf setzt man Luise Dorsay davon in Kenntnis:

Gericht der Wehrmacht-
kommandantur Berlin
Abteilung X
Berlin-Charlottenburg 5
Witzlebenstr. 4-10

Bln.-Charlottenburg 5, den 30.10.43
Witzlebenstr. 4-10
Fernruf: 30 06 81

St.L. X Nr. 2020/43a

Frau
Louise Stampa-Dorsay
Berlin W 62
Lutherstr. 21
Pension Hemmann

Anl.: 1 Brief.

Das am 8.10.43 ergangene Todesurteil ist nach Bestätigung am 29.10.43 vollstreckt worden.
Todesanzeigen oder Nachrufe in Zeitungen, Zeitschriften und dergl. sind verboten.

Ausgefertigt
[illegible]
Heeresjustizinspektor

I.A.
gez. Dr. Haas
Kriegsgerichtsrat

Die verbotenen Todesanzeigen erübrigen sich ohnehin. Im »Völkischen Beobachter« sowie in vielen anderen Zeitungen des Reiches, teilweise sogar auf der ersten Seite, kann es am 1. 11. 1943 jeder lesen:

Verrat mit dem Tode bestraft

dnb. Berlin, 1. November. Der Schauspieler Robert Stampa genannt Dorsay wurde wegen fortgesetzter reichsfeindlicher Tätigkeit im Zusammenhang mit schwerster Zersetzung der deutschen Wehrkraft zum Tode verurteilt. Das Urteil wurde bereits vollstreckt.

Und damit es auch ja niemand übersieht, prangen an den Berliner Litfaßsäulen – auch an der in der Nähe des »Admiralspalastes« – große rote Plakate mit der Bekanntmachung: »Robert Dorsay wegen Wehrkraftzersetzung hingerichtet!« Der Propagandaminister Goebbels will, daß es jeder erfährt. Alle sollen es wissen. Will es denn keiner wissen?

»... es kommen noch mehr Schauspieler dran!«

3229/1
(Atelier K. Schenker)
Kurt Gerron
Verlag

Kurt Gerron

Berlin, 31. August 1928, abends im Theater am Schiffbauerdamm. Große Premiere! Ein neues Stück von Bertolt Brecht! In einer Loge bangt der junge Direktor des Theaters, Ernst Josef Aufricht. Er hat sein ganzes Vermögen in dieses Unternehmen gesteckt. Wie wird Brechts Dreigroschenoper aufgenommen werden? Aufricht hat sehr viel riskiert mit der Annahme dieses revolutionären Stückes. Die Proben während der letzten vier Wochen waren von etlichen handfesten Krächen begleitet. Nun kommt es drauf an; heute abend wird das verwöhnte Berliner Publikum urteilen, entscheiden.

Hinter dem geschlossenen Vorhang: Erich Ponto aus Dresden, ein kleiner, fast dürrer Mann mit einer großen Nase in einem Gesicht, das gutmütig oder bitterböse wirken kann; er wird heute abend Peachum, der Chef einer Gruppe von Bettlern sein; Rosa Valetti, ein zerfurchtes, ja, häßliches Gesicht, erprobt und bekannt an allen Kabarettbühnen Berlins, wird Frau Peachum spielen; die kleine, zarte, fast zerbrechlich wirkende Roma Bahn wird Peachums Tochter Polly sein; Harald Paulsen, flink und geschmeidig, eigentlich eleganter Liebhaber, hier der gefährliche Macheath, Chef einer Bande von Straßenbanditen. Und Kurt Gerron, bewährter Filmschurke, ein dicker, feister Riese von massigem und unvorteilhaftem Äußeren, heute der korrupte Brown, der Polizeichef von London. Die Vorstellung beginnt; mit schnarrender Stimme singt Kurt Gerron nach der Musik von Kurt Weill »Und der Haifisch, der hat Zähne«, später mit anderen den Song »Soldaten wohnen auf den Kanonen«. Bald rast das Publikum, tobt, trampelt, verlangt ein Dacapo: »Soldaten wohnen ...«.

Diese Dreigroschenoper ist der Sensationserfolg der beginnenden Saison, die Schauspieler fallen sich in der Kulisse überglücklich in die Arme. Alle sind froh, durchgehalten zu haben; die entnervenden Proben mit dem zynischen Brecht sind vergessen. Die Zeitungen sind in den folgenden Tagen voll von begeisterten Kritiken. Es ist der absolute Höhepunkt im Theater der ausgehenden Zwanziger Jahre, einer Zeit überragender kultureller Vielfalt.

Der 31jährige Kurt Gerron hat nun endlich die Anerkennung, auf die er so lange gewartet hat. Fast zehn Jahre an kleinen und großen Kabaretts, am Theater, in belanglosen und wichtigen Filmen liegen hinter ihm. Jetzt ist er am Ziel, hat sich durchgesetzt als ernsthafter Schauspieler. Gut, er ist wieder der Schurke, nicht gerade ein Sympathieträger für das breite Publikum. Aber endlich gibt es Lob, Bestätigung, der Name ist ein Begriff, Kurt Gerron in aller Munde und in allen Blättern. Wie hat er darauf gewartet, gehofft, was hat er alles getan. Die Schallplatte hält die Erfolgssongs fest, Kanonensong in Schellack, für jedermann zu erwerben: »Soldaten wohnen ...«.

Sechzehn Jahre später »wohnt« Kurt Gerron, bewacht von SS-Soldaten, im KZ Theresienstadt. Hier darf er, nein, muß er noch einmal den Kanonensong singen. Hier darf er, nein, muß er noch einmal Regie führen: »Ruhe bitte! Licht!« Er ist Regisseur und Darsteller eines sogenannten »Dokumentarfilmes über eine jüdische Siedlung«. Man hat ihm Versprechungen gemacht, für seine Arbeit soll er verschont werden, ausgenommen von der »Endlösung«. So tritt der Künstler Kurt Gerron hinter Stacheldraht noch einmal in Aktion:

»... Soldaten wohnen auf den Kanonen vom Cap bis Couch Behar.
Wenn es mal regnete und es begegnete ihnen 'ne neue Rasse
'ne braune oder blasse, da machen sie vielleicht daraus ihr Beefsteak Tartar.«

Kurt Gerron ist im August 1944 in Theresienstadt, weil er einer ganz alten Rasse angehört, deren Ausrottung beschlossen ist und nun vollzogen wird. Eine Ausnahme wird es für ihn nicht geben, Ende Oktober 1944 fällt auch hinter ihm die eiserne Tür einer Gaskammer in Auschwitz ins Schloß. 47 Jahre hat sein Leben gedauert.

Am 11. 5. 1897 wird Kurt Gerson in Berlin geboren. Der Vater, Max Gerson, ist in der Konfektionsbranche tätig, betreibt ein gutgehendes Geschäft. Seine Frau Toni Gerson, genannt Wally, schenkt ihrem Mann nur dieses eine Kind; entsprechend behütet und umsorgt wächst Kurt Gerson auf. Er besucht die höhere Schule, macht schon 1914 sein Abitur, möchte Medizin studieren. Der gerade ausgebrochene Krieg macht diese Pläne zunichte. Kurt Gerson wird eingezogen und kommt nach kurzer Ausbildung an die Front. Er wird bei einem Angriff verschüttet und schwer verwundet. Nach seiner Genesung ist er nicht mehr waffentauglich und kann nun in Berlin sein Medizinstudium aufnehmen. Jetzt im Krieg wird für die medizinische Versorgung forciert ausgebildet. Der hochintelligente Kurt Gerson lernt schnell, vielleicht zu schnell. Schon nach den ersten medizinischen Prüfungen wird er wieder eingezogen. Als ganz junger Arzt zieht Kurt Gerson Ende 1917 wieder in den aussichtslos gewordenen Krieg. An der Front herrscht ein mörderisches Gemetzel, Pardon wird nicht gegeben, auf keiner Seite. Erschüttert versieht der humanistisch Gebildete seine im Angesicht des befohlenen Tötens und Zerstörens geradezu absurd erscheinende Arbeit. Sein Einsatz, seine Fähigkeiten als Arzt dienen hauptsächlich dazu, Menschenmaterial wieder verfügbar zu machen. Selbstverständlich tut er als guter Deutscher seine Pflicht, aber er entwickelt einen ganz privaten Pazifismus, eine Menschenliebe, die sein Leben fortan bestimmen wird. Als er Ende 1918 nach Berlin zurückkehrt, ist der Deutsche Kaiser verschwunden. Seinem Untertanen Kurt Gerson ist die vom Elternhaus vermittelte Kaisertreue schon lange vorher abhanden gekommen. Begeistert schließt er sich der Revolution an, will in seinem, dem medizinischen Bereich, Reformen verwirklichen helfen, arbeitet im Soldatenrat mit und studiert weiter.

»Eines Tages aber faßte ich den plötzlichen Entschluß zur Bühne zu gehen und wurde so ohne irgendwelche besonderen Zufälle Schauspieler« wird Kurt Gerson später über diese Zeit schreiben. Wie wird man kurz nach dem Krieg, im krisengeschüttelten Berlin, Schauspieler? Ohne Ausbildung, ohne Beziehungen? In der Budapester Straße an der Kaiser-Wilhelm-Gedächtniskirche gibt es ein Künstlerkaffee, kurz Küka genannt. Der Besitzer gibt jungen, unbekannten Künstlern und solchen, die sich dafür halten, Gelegenheit, auf dem winzigen Podium des Lokals aufzutreten. Hier betritt Kurt Gerson Ende 1919 zum ersten Mal die Bretter, die die Welt bedeuten, »ohne irgendwelche besonderen

Zufälle«. Initiative hat bestimmt dazu gehört, etwas Glück sicher auch, ganz gewiß aber ein starker Impuls. Nun braucht Kurt Gerson noch die Courage, seinen bürgerlichen Eltern beizubringen, daß er dieses neu entdeckte Talent weiter verfolgen will. Die gutsituierten Gersons lassen ihrem einzigen Kind seinen Willen, mehr noch, sie unterstützen ihn in diesen ersten kargen Jahren, in denen der Verdienst noch nicht zum Leben reicht. Der junge Schauspieler allerdings sieht aus, als würde es ihm an nichts fehlen; er wird immer dicker. Daß sich hier die Kriegsverletzung in Form von Drüsenfunktionsstörungen niederschlägt, wissen die wenigsten; Kurt Gerson wird zu einem Koloß. Er leidet zwar unter seinem Äußeren, aber für die Bühne ist er damit ein markanter Typ geworden, geradezu unverwechselbar, nicht zu übersehen, wie geschaffen für diese expressionistische Zeit.

Eine derart ausdrucksstarke Erscheinung läßt sich auch die Filmbranche nicht entgehen. Der Kintopp ist allerdings den Ruch des Jahrmarktsvergnügens noch nicht ganz losgeworden; anspruchsvolle und ehrgeizige Projekte sind die Ausnahme. Vor allem solche Streifen, die auf ein schnelles und in jeder Hinsicht billiges Vergnügen abzielen, garantieren den Produzenten einen sicheren Verdienst. So erhält Kurt Gerson 1920 seine ersten Rollen in Filmen wie »Spuk auf Schloß Kitay«, »Die Präriediva« und »Die Apotheke des Teufels«. Mutter Gerson ist zuweilen erschüttert, wenn sie ihren Sohn im Kino sieht. Der Vierundzwanzigjährige wohnt noch bei den Eltern, Rechenschaft ist er ihnen nicht schuldig. Aber welche Mutter sieht ihr Kind schon gerne in Filmen wie »Wege des Lasters« oder »Frau Sünde«?

Der erste Kabarettauftritt »Nachtspaziergang 1921«

Anfang 1921 begegnet Kurt Gerson der rührigen Schauspielerin und Sängerin Trude Hesterberg, die beabsichtigt, ein literarisch-politisches Kabarett zu gründen. Die Räumlichkeiten hat sie schon: Der leerstehende Keller im Theater des Westens bietet sich an. Nun sucht sie sich passende Akteure. Sie findet Isabel Herma, Annemarie Hase, Luise und Vicky Werckmeister, Hadrian Maria Netto, Robert Forster-Larrinaga, Albert Paulig. Und Kurt Gerson, der sich während der Proben mit altklugen Meckereien unbeliebt macht. »Die verdirbt uns das Ganze« urteilt er über Annemarie Hase, wohl deswegen, weil sie im Programm weit vor ihm kommt. Aber er macht trotzdem gerne mit. Die junge Direktorin Hesterberg bietet schließlich eine zur Gage gehörende warme Mahlzeit! Das wissen in diesen Notzeiten alle Beteiligten zu schätzen, bis hin zu den Textern Heller, Janowitz und Mehring und dem Komponisten Heymann. Kurt Gerson studiert drei Chansons ein: »Das Chanson des Kabaretts«, dann »Der Mörder« und schließlich »Nachtspaziergang 1921«, das er mit bleich geschminktem Gesicht und einem langen, schwarzen Gewand gespenstisch interpretiert. Damit es keine Verwechslung mit dem das Kabarett beliefernden Modeatelier Gerson gibt, bekommt Kurt Gerson von seiner Chefin einen neuen Namen verpaßt: Er nennt sich jetzt Kurt Gerron. Trude Hesterberg überläßt nichts dem Zufall, sie hat an alles gedacht, vor allem kräftig die Werbetrommel gerührt. Am Eröffnungsabend Mitte September 1921 ist die neue »Wilde Bühne« bis auf den letzten Platz besetzt. Viel Prominenz ist erschienen: Maria Orska, der Vamp, eigentlich heißt sie Riffke Blindermann; der schwerreiche Bankier Bleichröder; der Schauspieler Emil Jannings und dessen spätere Frau,

Wilde Bühne

Künstlerische Leitung: Trude Hesterberg
Regie: Hans Janowitz / Kompositionen: W. R. Heymann

Eröffnungsprogramm

1. Prolog . . . . Trude Hesterberg
   Text von Teobald Tiger

2. Der Roßdieb . . . . R. V. Blum
   Ein Spiel von Hans Sachs

3. Bänkel . . . . Annamarie Hase
   Millys Abenteuer (Leo Heller) / Ringelreihen (Leo Heller)

4. Balladen . . . . Isabel Herma
   Moralisches Glockengeläute (W. Mehring) / Der Matrose Siebenhaar (Leo Heller)

5. Die Liebesnacht des Casanova
   Ein Bild aus dem 18. Jahrhundert von Norbert Garai u. Richard Arvay

Casanova	H. M. Netto	Die Zofe	Luise Werckmeister
Ninetta	Isabel Herma	Sergeant	R. V. Blum

Pause

6. Wie ich wurde . . . . Vily Werckmeister
   Ballade vom abgeschnittenen Zopf (Hans Janowitz)

7. Weiber . . . . Hadrian Maria Netto
   Verse von Wedekind / Hans Adler / Hans Janowitz / H. M. Netto

8/9. Asphalt
   Berlin J. D. (janz draußen) . . Trude Hesterberg
   An den Kanälen (W. Mehring) / Mein Schorsch (Leo Heller) / Umzug (Leo Heller) / Der Boxer (Leo Heller)
   Nachtspaziergänge . . . . Kurt Gerron
   Das Chanson des Kabaretts (W. Mehring) / Der Mörder (Leo Heller) / Nachtspaziergang 1921 (Hans Janowitz)

10. Das Viech
   Eine Schaustellung ohne einheitliche Handlung von Emerich Földes

Der Graf	H. M. Netto	Sie	Trude Hesterberg
Der Baron	R. Forster-Larrinaga	Die Zofe	Evelyne Sylva
		Der Diener	Albert Paulig

✡

Bühnenbilder: Marcel Slodki
Literarische Beiräte: Walter Mehring, Eugen Szatmari
Am Flügel: R. Alexander

die Diseuse Gussy Holl; Paul Wegener zeigt seine »Asiatenphysiognomie«; Betty Stern, die einen der interessantesten Salons der Stadt in einer Etagenwohnung unterhält; Emil Faktor, der unerbittliche Kritiker vom Berliner Börsencourier; sogar Kurt Tucholsky, der Mann mit den »vier PS«. Das junge, spielfreudige Ensemble macht den Abend zu einem Erfolg, den das verwöhnte Publikum begeistert feiert.

Schon sechs Wochen später ist die nächste Premiere in der Wilden Bühne. Neu im Programm ist unter anderen Wilhelm Bendow. Die BZ am Mittag schreibt:

»Über Trude Hesterbergs ›Wilde Bühne‹ tobt Zeitgeist, säuselt die schöne Kindlichkeit vergangener Jahrhunderte. Freche, witzige Aktualität: Wenn Wilhelm Bendow am Telephonapparat steht und sich mit Max Klantes Zelle verbinden läßt, wenn er als tätowierte Dame die Berühmtheiten des Tages (und der Nacht) auf seinem Körper mit Worten illustriert, wenn Kurt Gerrons charakteristische Typen von der Friedrichstraße aufmarschieren und die Prinzipalin selbst, Trude Hesterberg, auf den Zeitgeschmack der Masse spekuliert.«

Auch Anfang 1922 bleibt Kurt Gerron im Ensemble der Wilden Bühne, unternimmt aber auch schon Abstecher zu anderen Etablissements. So trägt er das Chanson »Friedrichstraße«, das Megerle von Mühlfeldt eigens für ihn schreibt, in Rosa Valettis Kabarett »Größenwahn« erstmals vor. Für die Spielzeit 1922/23 bekommt Kurt Gerron den ersten Vertrag für ein festes Engagement an ein »seriöses Theater«, wie es seine Eltern nennen, an Eugen Roberts Theater am Kurfürstendamm. Nun brauchen die alten Gersons, die mit hingebungsvoller Liebe fast jede Vorstellung ihres einzigen Kindes verfolgen, nicht mehr in den Keller zu steigen, um ihren Sohn auf der Bühne zu sehen. Bei einem Gastspiel in Hamburg lernt Kurt Gerron 1923 Fräulein Olga Meyer, eine Röntgenassistentin, kennen. Die 26jährige Tochter eines Hamburger Juweliers ist emanzipiert genug, einem Beruf nachzugehen, was sie von vielen anderen höheren Töchtern unterscheidet. Als diese zierliche Person dem schwergewichtigen Kurt Gerron begegnet, ist es Liebe auf den ersten Blick. Eine Liebe, die das ganze kurze Leben dieser beiden Menschen halten wird. Es ist der Beginn eines gemeinsamen Weges bis an die Rampen von Auschwitz.

Wegen seiner jungen Liebe pendelt Kurt Gerron 1923/24 oft zwischen Berlin und Hamburg. Es braucht etwas Zeit und Geduld, bis man den gutsituierten Brauteltern den tingelnden Bräutigam schmackhaft gemacht hat. Am 16. 4. 1924 wird dann endlich in Hamburg geheiratet, und »Olly« geht mit ihrem Mann nach Berlin. Die Arbeit hat unter der regen Reisetätigkeit des Frischverliebten etwas gelitten. Es ist besser, wieder ständig in Berlin verfügbar zu sein. Die große Chance am Theater, das Kurt Gerron als seine ureigenste Heimat ansieht, muß sich doch endlich einstellen. Sie läßt auf sich warten.

Im November 1924 absolviert Kurt Gerron ein Gastspiel in Wien. Fritz Grünbaum, der geniale Wiener Conférencier, ein ständiger Reisender in Sachen Kabarett zwischen Berlin und Wien, hat ihn für den »Pavillon« engagiert. Die »Bühne« schreibt: »Hier bemüht sich Fritz Grünbaum nach wie vor, neue interessante Künstler aufs Podium zu stellen. Er etabliert da, wie er selbst in seiner wie immer witzigen und espritvollen Conférence erklärt, eine preußische Abteilung. In dieser treten jetzt Kurt Gerron und Elli Glässner auf. Gerron, eine massive Gestalt, breit und stark wie eine ›deutsche Eiche‹, bringt einige Chansons aus dieser Zeit von Walter Mehring zu wuchtigem Vortrag; es sind seltsame Lieder, nicht zarte, sondern harte Gebilde, Rufe in diese wilde Welt.«

Ende November ist Kurt Gerron zurück in Berlin. In der ehemaligen »Rakete« richten Paul Morgan und Kurt Robitschek ihre erste eigene Kleinkunstbühne ein, da darf der kabaretterfahrene Kurt Gerron nicht fehlen. In der Eröffnungsveranstaltung des Kabaretts der Komiker ist auch eine Parodie des aufkeimenden Nationalsozialismus Bestandteil des Programms: »Quo vadis?«. Der Kabarettkritiker Max Herrmann-Neiße bemerkt: »Kurt Gerron mimt drastisch den vielgestaltigen Chor.«

Im Januar 1925 ist er neben Curt Bois in dem musikalischen Schwank »Wild-West-Mädel« im Neuen Theater am Zoo zu sehen, »außerdem singt Gerron ein sympathisches Alkohollob«, beurteilt Max Herrmann-Neiße den Auftritt. Nach Schluß dieser Theatervorstellung singt er im Kadeko mit Jazzbandbegleitung eine »Berlin Symphonie«. Im gleichen Jahr wird Kurt Gerron erstmals von zwei renommierten Fimregisseuren eingesetzt; unter Ewald André Duponts Regie spielt er einen Hafenarbeiter in dem Film »Varieté«, dessen Stars Emil Jannings und Lya de Putti sind. Unter der Regie von Richard Oswald entstehen »Halbseide« und »Vorderhaus und Hinterhaus«. In beiden Filmen ist Kurt Gerron der Partner von Hans Albers, mit dem er sich anfreundet. Ein denkbar ungleiches Paar – der blonde Recke und der unförmige Dicke. Albers spielt die eleganten Schurken, Kurt Gerron aber Zuhälter oder Ringkämpfer; er ist auf die absolut negativen Typen festgelegt, eben halbseiden.

Am 14. 2. 1926 steht Gerron zum ersten Mal auf einer Bühne Max Reinhardts. Das Deutsche Theater hat eine einmalige Aufführung von Bertolt Brechts Frühwerk »Baal« angesetzt. Oskar Homolka, Paul Bildt, Gerda Müller, Sybille Binder, Hans Heinrich von Twardowski, Blandine Ebinger, Fritz Strehlen, Helene Weigel, Margo Lion und Leonard Steckel spielen unter der Regie des Autors.

Der Film wird immer wichtiger für Kurt Gerron, er dreht in diesem Jahr sechs Filme. Eine kleine Firma erfüllt einen lang gehegten Wunsch des Schauspielers und vertraut ihm seine erste Filmregie an: »Der Liebe Lust und Leid« heißt der Streifen. Er hat sehr um diesen Auftrag kämpfen müssen; fünf Jahre später ist er einer der erfolgreichsten Ufa-Regisseure. 1927 hat Kurt Gerron noch als Darsteller beim Film vollauf zu tun, nicht weniger als 25 Filme mit ihm entstehen im Laufe dieses Jahres, unter anderen »Feme«, Regie Richard Oswald; »Ramper«, Regie Max Reichmann; »Dr. Bessels Verwandlung«, Regie Richard Oswald; »Manege«, Regie Max Reichmann. Ein arbeitsreiches Jahr. Kurt Gerron tritt im Charlott-Kasino auf und in Friedrich Hollaenders Revue »Das bist du«. Am 16. 10. ist im Lessingtheater die Uraufführung von Carl Zuckmayers »Schinderhannes«. Herbert Ihering findet Kurt Gerron als Korporal Mauschka »ausgezeichnet«.

Programm vom Kabarett der Komiker, 1926

Uraufführung Uraufführung

Der Hofbankier

Ein Guckkastenbild aus alter Zeit
von Kurt Robitschek und Paul Morgan
Musik von Willy Rosen

Inszenierung: Kurt Robitschek
Bühnenbild und Kostüme entworfen von Hermann Krehan
Tänze: Bruno Arno
Kostüme: Theaterkunst J. Kaufmann, Berlin N 54
Schuhe: Reiß, Berlin, Schillstraße
Die Dekorationen sind in den Werkstätten des Deutschen Theaters, Berlin (Technische Leitung: Franz Dworsky) angefertigt

PERSONEN:

Fürst Wittgenstein	Siegfried Arno
Salomon Meyer Oppenheim	Kurt Gerron
Liselotte, seine Tochter	Hella Kürty
Nathan Rothschild	Max Hansen
Laura Pollini, Sängerin	Gerti Kutschera
Rosenstock	Paul Morgan
Jean Jaques, Kammerdiener bei Oppenheim	Hermann Hardy
Ursula, Zofe bei Oppenheim	Ilse Nast

Spielt um 1810 in Frankfurt am Main

Kurt Gerron und Hans Albers in dem Stummfilm »Halbseide«, 1925

Kurt Gerron selber aber hadert mit seinem Image. Anfang 1928 schreibt er in dem Buch »Filmkünstler. Wir über uns selbst«:

> *Mein Wunsch ist es, nicht auf einen Typ, etwa den Zuhältertyp, festgenagelt zu werden. Ich habe gezeigt, daß ich auch in sympathischen Rollen meinen Mann stehen kann.*
> *Einmal einen Film zu drehen, der auf mich gestellt ist, und in dem ich eine große, ernste und psychologisch tiefe Charakterrolle zu verkörpern habe, ist dasjenige, was ich vom Film erhoffe.*

Eine solche Rolle wird es für ihn nie geben. Der gerade Dreißigjährige firmiert in einem Filmführer als »Charakterdarsteller und Typ elegante Väter«. Er wirkt

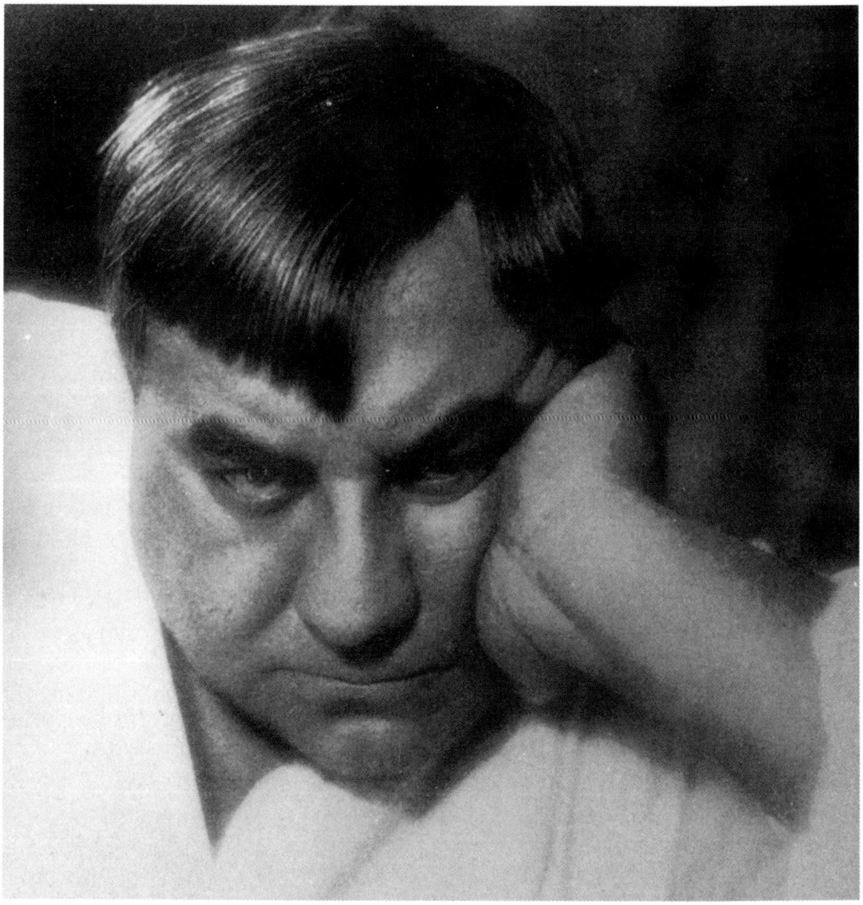

Kurt Gerron als Dreißigjähriger, 1927

tatsächlich wesentlich älter, als er ist, schleppt nun schon weit mehr als zwei Zentner mich sich herum. Ist dies ein Grund dafür, daß das gesellschaftliche Leben Berlins meist ohne die Gerrons stattfindet? Nicht, daß sie nicht eingeladen würden; sie gehen von sich aus recht selten zu größeren Festivitäten. Kultiviert wird der engere Freundeskreis, zu dem Otto Wallburg, Siegfried Arno, Hans Albers und Hansi Burg gehören. Die großen offiziellen Bälle jedoch meidet Kurt Gerron lieber; er haßt es, sich begaffen zu lassen. Die Gerrons beziehen eine schöne neue Wohnung in Kudammnähe, in der Albrecht-Achilles-Straße Nr. 8. Sie fahren im Sommer in Urlaub, im eigenen Wagen, es ist genug Geld da. Was fehlt, ist die künstlerische Anerkennung, der eigentliche Durchbruch.

Anfang August sind sie zurück in Berlin, Kurt Gerron hat einen Vertrag mit Ernst Josef Aufricht für eine Aufführung an dessen Theater am Schiffbauerdamm abgeschlossen. Direktor Aufricht hat lange nach einem passenden Stück zur Eröffnung der neuen Spielzeit gesucht und schließlich Bert Brechts Dreigroschenoper zur Uraufführung angenommen. Daß er sich damit eine Menge Ärger eingehandelt hat, ahnt er nicht. Während der vierwöchigen Proben geht so ziemlich alles schief, was am Theater nur schief gehen kann.

Kaum ein Schauspieler, der nicht irgendwann seine Rolle hinschmeißen will und beschwichtigt werden muß. Erich Engel führt einfühlsam Regie, Bert Brecht, wenig einfühlsam und ungefragt, die Oberregie. Der musikalische Leiter Theo Mackeben, der sehr auf Ausgleich bedacht ist, vermittelt immer wieder zwischen den streitenden Parteien. Buchstäblich bis zur letzten Minute wird am Tag der Uraufführung, dem 31. 8. 1928, noch gearbeitet, geändert, geprobt. Als sich um acht Uhr abends der Vorhang öffnet, sieht man Kurt Gerron singend an einem Leierkasten drehen, der keinen Ton von sich gibt – er ist nicht eingeschaltet! Zur zweiten Strophe setzt dann das Orchester ein; Gerron singt: »Und der Haifisch, der hat Zähne«, später »Soldaten wohnen auf den Kanonen« – und da plötzlich die erste Reaktion des Publikums: klatschend, trampelnd wird ein Dacapo verlangt. Das Eis ist gebrochen, jetzt geht das Publikum mit, trägt die Schauspieler bis zu einem überwältigenden Erfolg. Herbert Ihering schreibt:

»Die Aufführung unter der Regie von Erich Engel war im einzelnen nicht ganz fertig. Aber sie stellt wundervolle Schauspieler: Erich Ponto, der unter dieser Leitung alle chargierenden Drückerchen beiseite ließ und als Chef der Bettlerplatte eine Gestalt hinsetzte von einer Diskretion der Unheimlichkeit. Harald Paulsen, im Sprechen etwas nervös, im Musikalischen entzückend frei; Rosa Valetti von prachtvoller Drastik; Roma

Kurt Gerron mit Andrée La Fayette in dem Stummfilm »Glanz und Elend der Kurtisanen«, 1927

Theater am Schiffbauerdamm

Direktion: Ernst Josef Aufricht

Die Dreigroschenoper

(The Beggars Opera)

Ein Stück mit Musik in einem Vorspiel und 8 Bildern nach dem Englischen des John Gay.
(Eingelegte Balladen von François Villon und Rudyard Kipling)

Übersetzung: Elisabeth Hauptmann
Bearbeitung: Brecht
Musik: Kurt Weill
Regie: Erich Engel
Bühnenbild: Caspar Neher
Musikalische Leitung: Theo Makeben
Kapelle: Lewis Ruth Band.

Personen:

Jonathan Peachum, Chef einer Bettlerplatte	Erich Ponto
Frau Peachum	Rosa Valetti
Polly, ihre Tochter	Roma Bahn
Macheath, Chef einer Platte von Straßenbanditen	Harald Paulsen
Brown, Polizeichef von London	Kurt Gerron
Lucy, seine Tochter	Kate Kühl
Trauerweidenwalter	Ernst Rotmund
Münzmatthias	Karl Hannemann
Hakenfingerjakob	Manfred Fürst
Sägerobert	Josef Bunzel
Jimmie	Werner Maschmeyer
Ede	Albert Venohr
Filch, einer von Peachums Bettlern . . .	Naphtali Lehrmann
Smith, Konstabler	Ernst Busch
Huren	Kuffner, Jeckels, Helmke, Kliesch u. a.
Bettler	Schiskaja, Ritter, Heimsoth u. a.

Banditen, Huren, Bettler, Konstabler, Volk.
(Ort der Handlung: London.)
Eine kleine Pause nach dem 3. Bild.
Große Pause nach dem 6. Bild.
Die Walzen des Leierkastens wurden hergestellt in der Fabrik Bacigalupo.

Bahn da durchschlagend, wo sie ordinär sein konnte. Kurt Gerron köstlich als Polizeichef im Verbrecherbündnis; Kate Kühl eindringlich in einer Ballade und Lotte Lenja als Verräterjenny ausgezeichnet und vor allem im Stil am klarsten.«

Das ist der Durchbruch, die Sternstunde für Kurt Gerron, ein Erfolg, der ihn begleiten wird, bis er im KZ ein letztes Mal »Und der Haifisch, der hat Zähne« singt, kurz vor seinem Ende...

Kurt Gerron ist am Ziel seiner Träume, denn die neue Dreigroschenoper und sämtliche Mitwirkenden sind im Handumdrehen stadtbekannt, mehr noch, die Zeitungen sorgen dafür, daß diese Namen im ganzen Land zum Begriff werden. Monatelang, bis weit in das Jahr 1929 hinein, wird die Dreigroschenoper gespielt. Einige Rollen werden umbesetzt, Kurt Gerron bleibt Tiger Brown, Kurt Gerron ist Tiger Brown. Zum 1. April 1929 zieht die Inszenierung in das Komödienhaus um. Erich Ponto ist nicht mehr dabei, auch Harald Paulsen spielt nicht mehr den Mackie Messer. Den soll nun ein junger Schauspieler namens Theo Lingen darstellen, der vom Neuen Theater in Frankfurt eigens dafür nach Berlin kommt. Keiner der etablierten Schauspielerkollegen hält es für nötig, zu der für den Vormittag angesetzten Umbesetzungsprobe zu erscheinen – außer Kurt Gerron. Der probt dann mit Theo Lingen jede Stellung, die dieser auf der Bühne einzunehmen hat, jede Szene, weist ihn umsichtig ein. Die anderen Mitspieler lernen Theo Lingen erst am Abend bei der Vorstellung kennen. So spielt er die Dreigroschenoper eigentlich unter der Regie von Kurt Gerron.

»Die Dreigroschenoper«: Kurt Gerron, Roma Bahn, Harald Paulsen, Erich Ponto

Die schönste Form der Anerkennung ist die Fülle der Angebote, die nun ins Haus kommen. Die reizvollsten Aufgaben bieten die Theater Max Reinhardts: Am 20. 4. 1929, im Deutschen Theater »Paulus unter den Juden« von Franz Werfel, Regie Karl Heinz Martin mit Friedrich Kayssler, Theodor Loos, Hans Deppe, Ernst Deutsch, Leonard Steckel, Eduard von Winterstein, Mathias Wieman und Kurt Gerron als Marullus. Am 11. 6. 29 »Reporter« von Ben Hecht und Charles MacArthur im Berliner Theater, eine deutsche Erstaufführung unter der Regie von Heinz Hilpert mit Carl Jönsson, Hans Deppe, Leonhard Steckel, Rudolf Forster, Hubert von Meyerinck und »Kurt Gerron als der Verleger Walter Burns. Eine Mammutkomik des zärtlichen Despoten, des besorgten Sklavenhalters«, wie Herbert Ihering schreibt.

Für den 31. 8. 1929 steht dem Theater am Schiffbauerdamm wieder eine Brecht-Uraufführung ins Haus: »Happy End«. Bert Brecht versteckt sich allerdings hinter dem Pseudonym Dorothy Lane; vom Stück selbst, einem Abklatsch der Dreigroschengeschichte, sind bei Beginn der Proben erst zwei Akte fertig, der dritte läßt auf sich warten. Brecht teilt sich die Regie mit Erich Engel und will den letzten Akt während der Proben »entwickeln«. Die Schauspieler, deren Rollen somit unklar sind, murren. Es kommt zum Eklat, als Brecht Kurt Gerron während der Proben anfährt: »Sie fetter Arschkomiker, Sie Mißgeburt! Wenn Sie morgen mager werden, sind Sie brotlos!« Kurt Gerron kontert: »Sie hätten ein Stück schreiben sollen, anstatt sich hier auf der Bühne auszuscheißen.« Bei der Premiere geben sich Oskar Homolka, Carola Neher,

Helene Weigel, Theo Lingen, Peter Lorre und Kurt Gerron alle Mühe, die Schwächen des Stückes auszugleichen. Herbert Ihering, der konsequente Brecht-Förderer, schreibt: »Das Theatergenie Brecht zeigte sich erst in der Leitung der Schauspieler (mit und gegen Erich Engel)« und »Kurt Gerron, brutal, mit wildem Kulissenhumor, tosenden Beifall erzwingend«. Kurt Gerron hat zum letztenmal unter Brechts Regie gespielt; hassen werden sich die beiden noch, wenn sie sich im Pariser Exil aus dem Wege zu gehen versuchen.

Am 19. 10. 1929 arbeitet Kurt Gerron erstmals unter Max Reinhardts Regie in George Bernards Shaws »Der Kaiser von Amerika« mit Werner Krauß, Lina Woiwode, Maria Bard, Max Gülstorff, Egon Friedell, Hubert von Meyerinck, Eduard von Winterstein, Helene Thimig, Margo Lion, Otto Wallburg und Willi Forst. Bernhard Diebold schreibt: »Dann massig, tierisch, schmierig, wuchtig der Handelsminister Kurt Gerrons: die monumentale Blamage des hier waltenden demokratischen Geistes.« Über 200mal geht dieses Stück über die Bühne des Deutschen Theaters und damit das massig, tierisch, schmierige Klischee, das Kurt Gerron zu verkörpern hat. Ebenso beim Film: Im »Tagebuch einer Verlorenen« ist er Dr. Vitalis, ein Gast im Bordell; er drückt seinen breiten Schädel an den mädchenhaften Körper der süßen Louise Brooks. In »Die weiße Hölle von Piz Palü« ist Kurt Gerron ein Mann in der Bar. Nur selten erhält er Gelegenheit, sich anders zu zeigen, wie zum Beispiel in den sogenannten »Beef und Steak«-Komödien mit seinem Partner Siegfried Arno.

Der Film »Liebe im Ring« ist um die Jahreswende 1929/30 in Arbeit. Während der Dreharbeiten des noch stumm begonnenen Streifens wird beschlossen, ihn mit Text zu unterlegen. Der Boxer Max Schmeling hat damit allerdings große Probleme, sprechen ist wahrlich nicht sein Metier. Kurt

Kurt Gerron mit Emil Jannings in dem Film »Der blaue Engel«, 1930

Gerron hilft ihm kameradschaftlich über die Angst, vor der Kamera zu sprechen, hinweg. Sie nehmen sogar eine Schallplatte zusammen auf, Kurt Gerron und Hugo Fischer-Köppe singen den Text, Max Schmeling singt, oder besser spricht den Refrain: »Das Herz eines Boxers«.

Die Ufa plant inzwischen den ersten Emil Jannings-Tonfilm. Der große Star, immerhin Oscar-Preisträger, hat diverse Sonderwünsche: So wird als Regisseur eigens Josef von Sternberg aus Hollywood geholt. Als Sujet schwebt Jannings der Heinrich Mann Roman »Professor Unrat« vor. Der Roman wird stark verändert, das Drehbuch schreiben Carl Zuckmayer und Karl Vollmoeller. Wer wird nun neben dem großen Jannings agieren dürfen? Josef von Sternberg macht sich auf die Suche; kaum in Berlin eingetroffen, besucht er einige Theatervorstellungen, um die passenden Schauspieler zu finden. Er findet Hans Albers passend für die Rolle des Artisten Mazeppa. Er findet Kurt Gerron passend für die Rolle des Varietédirektors und Zauberkünstlers Kiepert. Und er findet Marlene Dietrich sehr passend für die Rolle der Tingel-Tangel-Sängerin Lola, die dem Professor Unrat zum Verhängnis wird. Die Dreharbeiten in Babelsberg beginnen Anfang November 1929 und dauern bis weit in den Januar 1930 hinein. Keiner der Beteiligten ahnt, daß hier ein Filmklassiker entsteht. Aber daß die erotische Komponente der sozialkritischen Vorlage hier ausgespielt wird, merkt jeder, der bei den Dreharbeiten dabei ist. Schon jetzt wird in den Ateliers gelästert, daß den Erfolg des Filmes wohl die gutgewachsenen Beine der Frau Dietrich ausmachen werden. Wieso eigentlich? Marlene Dietrich, mit zweifellos schönen Beinen, bestrapsten noch dazu, singt mit betont gleichgültigem Gesicht einige Chansons von Friedrich Hollaender: »Ich bin von Kopf bis Fuß auf Liebe eingestellt« und »Kinder, heut Abend, da such ich mir was aus«. Da gab es Frauen, die wesentlich mehr als nur Bein zeigten, schon vor Jahren in jeder James-Klein-Revue zu sehen. Bei der Dietrich kommt wohl das hinzu, was gemeinhin als »das gewisse Etwas« bezeichnet wird. Emil Jannings ahnt, daß dieser Jannings-Film wohl eher ein Dietrich-Film werden wird.

Kurt Gerron fühlt sich wohl im Ensemble des »Blauen Engel«. Mit Hans Albers ist er ja schon lange befreundet; Rosa Valetti, die seine Frau spielt, kennt er aus »Größenwahn«-Zeiten. Und die flotte Marlene trägt ihm während der Dreharbeiten das Du an. Aber das wichtigste ist natürlich seine Bombenrolle: Ganz drastisch legt er diesen Varietédirektor an, der den Professor Unrat zuerst hofiert, um ihn später als Objekt seiner Zauberkunststückchen der Lächerlichkeit preiszugeben, wenn er dann dem heruntergekommenen Lehrer rohe Eier auf dem Kopf zerschlägt und ihn zu demütigendem Krähen nötigt. Diese Rolle macht Kurt Gerron zum Begriff; diese Darstellung wird ihn überleben und für seinen Nachruhm sorgen.

»Der blaue Engel«, der bisher kostspieligste Ufa-Tonfilm, hat seine Premiere am 1. 4. 1930 im Berliner Gloria-Palast. Der große Aufwand – allein der Star Jannings hat eine Gage von 100.000 Dollar erhalten – hat sich gelohnt. Es wird ein rauschender Erfolg. Strahlend verbeugen sich die Hauptdarsteller, unter ihnen Kurt Gerron, der in der Besetzung an dritter Stelle genannt ist. Nun ist er auch im Film ganz oben. In einer Loge freuen sich seine Frau Olly und seine betagten Eltern mit ihm. Die Ufa, das heißt der umsichtige Produzent Erich

Pommer, sichert sich diesen markanten Typ gleich für den nächsten großen Film »Die Drei von der Tankstelle«, der im Juni begonnen werden soll.

Am Theater nimmt man sich der lautstarken Filmbranche an, hält ihr den Spiegel vor. Der passende Anlaß ist das 25jährige Jubiläum Max Reinhardts als Direktor des Deutschen Theaters im Mai 1930. Seit April wird für die Aufführung geprobt, die unter seiner Regie den Auftakt zu den Festvorstellungen bilden soll: »Phaea« von Fritz von Unruh. Der Titel des Stückes steht für »Photographische Akustische Experimental Aktiengesellschaft«, eine fiktive Filmgesellschaft. Es spielen Heinrich George und Grete Mosheim, Harald Paulsen und Michael Tschechow, Curt Bois und Hubert von Meyerinck sowie Kurt Gerron in der Rolle des Regisseurs Süßmilch in diesem Stück, das den Rummel der Filmindustrie gekonnt nachzeichnet. Heinrich George ist der allgewaltige Filmboß Samuel Morris; Curt Bois singt »Guck doch nicht immer nach dem Tangogeiger hin«, und »Gerron mit Bauch und Kugelkopf gab ohne einen Hauch von Charge den Regisseur des kleinen Welttheaters«, wie Bernhard Diebold in der Frankfurter Zeitung schreibt. Bis zum Juli spielt Kurt Gerron diese Rolle abends im Deutschen Theater, tagsüber dreht er »Die Drei von der Tankstelle« mit Lilian Harvey und Willy Fritsch, Heinz Rühmann und Oskar Karlweis. Er ist der Rechtsanwalt Dr. Kalmus, der den drei Freunden am Telefon mitteilt: »Also meine Herren, um es Ihnen schonend beizubringen, Sie sind bankrott.« Als daraufhin die drei am anderen Ende der Leitung an einen Scherz glauben, bekräftigt er: »Jawohl, bankrott. B wie Bettler, A wie alte Schulden, N wie niemand zahlt, K wie Konkurs, R wie Riesendallas, O wie Offenbarungseid und zwei T wie toi, toi, toi.« Dieser Musikfilm wird der größte geschäftliche Erfolg der Saison 1930/31. Die Ufa läßt Kurt Gerron nicht mehr los. »Dolly macht Karriere« heißt der nächste Film mit Oskar Karlweis, Alfred Abel, Paul Kemp und Theo Lingen. Die Titelrolle spielt die 20jährige Dolly Haas. Sie empfindet Kurt Gerron, der den Silbermann spielt, als eine Art Vaterfigur. Nur 13 Jahre älter als sie ist diese Vaterfigur, die »immer mit der ganzen Familie im Atelier« erscheint, wie Dolly Haas bemerkt.

Kurt Gerron als Familienmensch, seine Frau Olly nimmt lebhaften Anteil an der Arbeit ihres Mannes. Wenn der seiner Frau eine Pelzjacke schenkt, bekommt seine Mutter von ihm die gleiche. Wenn Besuch aus der Provinz nach Berlin kommt, zum Beispiel die kleine Cousine Ruth aus Erfurt, dann zeigt Kurt gerne, wie und wo er arbeitet, stellt die großen Kollegen vor. Dazu kleine Feiern im privaten Rahmen zu Hause in der Albrecht-Achilles-Straße oder bei guten Freunden, bei Toni und Theo Mackeben in der Brückenallee oder bei Hans Albers in der Lennéstraße. Bei sehr guten Freunden wie den Wallburgs schläft Kurt Gerron vor Erschöpfung nach den langen Arbeitstagen schon mal auf dem Sofa ein. Niemand nimmt ihm das dort übel.

Die Hoffnungen auf weitere bedeutende Rollen im Film, ähnlich der des Varietédirektors im »Blauen Engel« erfüllen sich nicht. Danach sind es eigentlich nur noch Nebenrollen, bessere Chargen, die er zu spielen bekommt. Beim Kabarett aber ist er alles andere als eine bessere Charge, hier ist er eine anerkannte Größe. Auch Rudolf Nelson, der ein feudales Kabarett am Kudamm betreibt, schätzt Kurt Gerron seit Jahren. Als er Anfang 1930 eine

Alfred Abel, Kurt Gerron, Dolly Haas, Theo Lingen (v. l.) in dem Film »Dolly macht Karriere«, 1930

neue Kabarettrevue plant, kommt ihm der ehrgeizige Schaupieler gerade recht. Der sprüht förmlich vor guten Ideen und möchte endlich einmal Regie führen. Nelson ist beeindruckt von seinen Einfällen und gibt ihm die Chance. Der Erfinder der Kabarettrevue braucht dringend wieder einmal einen richtigen Revueknüller, er hat in den letzten Jahren Konkurrenz bekommen. Spoliansky, Schiffer, Hollaender, die haben mit ihrem »Es liegt in der Luft« oder »Bei uns um die Gedächtniskirche rum« die großen Erfolge eingeheimst. Nelson, der dienstälteste Kabarettier, ist ein wenig ins Hintertreffen geraten, aber er hat immer noch eine Nase für Talente und ist außerdem ein guter Geschäftsmann. Er gewinnt Friedrich Hollaender und Marcellus Schiffer als Autoren, die Musik für die neue Revue »Der rote Faden« schreibt er natürlich selbst. Richard Tauber, der davon hört, daß die Finanzierung noch ungesichert ist, steuert ohne viel Aufheben 20000 Mark bei. Die Proben für die neue Nelson-Revue können beginnen. Wilhelm Bendow ist der Detektiv, der vergeblich den roten Faden sucht, Gustaf Gründgens der piekfeine Prince of Wales; Käthe Erlholz, Nelsons Gattin, und die spindeldürre Margo Lion, die Gattin von Schiffer, singen Chansons. Außerdem dabei: die Komiker Max Ehrlich und sein Zauberlehrling Walter Gross, die dralle Camilla Spira, der charmante Willi Forst, die »kesse Berlinerin« aus Hannover Grethe Weiser. Gerrons Regie ist behutsam und doch bestimmt, er fördert die jungen Talente Weiser und Gross, bremst den mitunter überschnappenden Bendow, formt ein Kabarettensemble aus dieser bunt zusammengewürfelten Truppe. Der Regisseur selber singt ein überaus originelles Chanson von Hollaender und Nelson. Es spielt auf einen Berliner Einbrecher an, der recht eigenartige Neigungen hat:

Das Nachtgespenst

Legt die Hausfrau nachts die Kette vor
Im Korridor
Steh ich davor.
Mit der Feile, ohne Eile, keck
Feil ich sie weg –
Da liegt der Dreck.
Während sich die Tochter grad entkleid't,
Tret ich bei ihr ein – sie tut mir leid.

Ich bin das Nachtgespenst,
Dein süßes Nachtgespenst:
Ich weck dich, wenn du pennst,
So lang, bis du mich Liebling nennst.
Sei bloß nicht so erschreckt,
Du wirst nur aufgedeckt,
Und wenn du aufgedeckt,
Dann wirst du wieder zugedeckt.
Steig ich durchs Fenster ein,
Reizt mich kein Edelstein,
Nein, nur dein Elfenbein
Reizt mich allein.
Ich nehm als Nachtgespenst
Kein Stückchen mit, was glänzt.
Ich brauche wirklich nur
Fahrgeld retour.

In der Presse stand, ich sei 'ne Qual
Und ein Skandal
Und nicht normal.
Ich bin selbst so traurig über mich.
Komm ich nach Haus,
Dann weine ich.
Denn bei Tag bin ich Regierungsrat,
Und nur nachts, da hab'n wir den Salat!
Ich bin das Nachtgespenst,
Dein süßes Nachtgespenst:
Ich weck dich...

Doch das Heulen nützt nichts, welch ein Graus.
Kaum sinkt die Nacht,
Schon muß ich raus.
Treppen rauf und runter, wohlbeleibt...
Wenn ich bloß wüßt,
Was mich so treibt!
Heute weiß ich's endlich ganz genau:
Das, wovor ich flieh, ist meine Frau!

Sie ist das Nachtgespenst,
Mein mieses Nachtgespenst!
Seh ich's bloß an, das Kind,
Dann weiß ich, was Gespenster sind!
Gott, hab ich mich erschreckt:
Sie hat sich aufgedeckt!
Kaum war sie aufgedeckt,
Hab ich sie wieder zugedeckt!
Da hilft nur, aufzustehn
Und etwas andres sehn,
Weil man sonst blind werd'n kann...
So fing es an!
Drum, wenn du Mitleid kennst
Mit dem armen Nachtgespenst,
Dann schließ' nicht ab die Tür,
Nein, öffne sie mir!

Mit »Nachtspaziergängen« fing Gerrons Kabarettkarriere 1921 an, nun macht »Das Nachtgespenst« Furore, wie der ganze »Rote Faden«: »Ungeheurer Erfolg der Premiere. Ausgezeichnete Spieler, zahlreiche Schlager, sehr viel Witz, fesche Musik«, steht am 8. 3. 1930 im Börsencourier.

»Ich liebe Revue so sehr, daß ich keinem anderen die Regie gönne. Darum inszeniere ich sie lieber allein«, schreibt Kurt Gerron im Programmheft zur nächsten Nelson-Revue »Quick« im September 1930. »Quick« wie Tempo, Tempo, das Motto dieser Weltstadt Berlin. Unter Gerrons Regie tummeln sich bei der Premiere am 19. 9. 1930 die Herren Wilhelm Bendow, Felix Bressart, Werner Finck, Walter Gross, Hubert von Meyerinck, die Damen Ursula van Diemen, Käthe Erlholz, Dolly Haas, Elisabeth Lennartz, Margo Lion, Eugenie Nikolaieva, Alexa von Porembsky. Und die Kritiker verfassen Hymnen: »Bleiben noch die Intimen zu rühmen. Kurt Gerron mit der Temporegie und einem handfesten Schlager«, schreibt Ernst Jäger. »Kurt Gerron packt einen Autoschlager an – großartig. Gerron führt Regie. Man merkt seinen Einfluß bei allem«, lobt Herbert Ihering.

Keine Frage, daß Gerron auch bei der nächsten Nelson-Revue Regie führt: »Glück muß man haben« kommt am 25. 12. 1930 heraus. Mit dabei sind: Ernst

Busch, der »Barrikaden-Tauber«, der elegante Gustaf Gründgens, der kauzige Paul Henckels, die sehr linksorientierten Schauspieler Reinholt Bernt und Gerhard Bienert sowie André Mattoni, Henry Berg, Filmstar Lee Parry, Nelson-Gattin und -Muse Käthe Erlholz, Genia Nikolajewa als Tänzerin, die quirlige Grethe Weiser und wieder Walter Gross.

Drei Kabarett-Regieerfolge in einem Jahr, das erregt schon einiges Aufsehen. Kurt Gerron erhält eine Einladung zu einem Gespräch bei der Ufa in Babelsberg. Er ist zu dieser Zeit von den Aufgaben, die ihm der Film bietet, reichlich enttäuscht. Gerade jetzt, im Januar 1931, kommen zwei Filme zur Uraufführung, die wiederum den üblichen Gerron zeigen. In »Ihre Majestät, die Liebe« ist er als ein Lebemann in einer Bar zu sehen; in »Der Weg nach Rio« als Direktor Barrera, Inhaber eines südamerikanischen Edelbordells. Der halbseidenen Rollen mehr als überdrüssig, geht Kurt Gerron zum Gesprächstermin bei der Ufa – und ist von dem Angebot sehr angenehm überrascht, das man ihm dort macht. Man plant eine Reihe von Kabarettkurzfilmen, die als Vorfilme verwendet werden sollen. Der Produzent Bruno Duday trägt Gerron die Regie an, weil dieser als Kabarettexperte gilt. In den ersten Monaten des Jahres 1931 entstehen nun seine sechs Kabarettkurzfilme mit Willi Schaeffers, Max Ehrlich, Hellmuth Krüger und Maria Ney als Conférenciers; es spielen, singen, tanzen neben anderen Siegfried Arno, Trude Berliner, Blandine Ebinger, Irene Eisinger, Paul Hörbiger, Kate Kühl, Kurt Mühlhardt, Eugen Rex, Oskar Sabo, Otto Wallburg, Hans Wassmann, Lotte Werkmeister und Marcel Wittrisch. Es ist eine Arbeit, die Kurt Gerron viel Freude macht; eigentlich sind es Fingerübungen für größere Aufgaben, denn die Ufa hat einiges mit ihm vor. Während diese Kurzfilme noch in Arbeit sind, erhält er einen Regievertrag für seinen ersten abendfüllenden Tonfilm: »Meine Frau, die Hochstaplerin«. Fürs Theaterspielen bleibt nun keine Zeit mehr. Er kündigt seinen Vertrag mit den Saltenburg-Bühnen. In der »Komödie«, wo er mit Curt Bois in dessen selbstverfaßtem Schwank »Dienst am Kunden« auf der Bühne steht, gibt er Ende Juni die Rolle des William McKelly ab. Kurt Gerron konzentriert sich ganz auf seine erste große Filmregie, arbeitet voller Elan und Ehrgeiz mit seinen Schauspielern Käthe von Nagy, Heinz Rühmann, Fritz Grünbaum, Hermann Vallentin, Alfred Abel und Maly Delschaft. Das Ergebnis fällt entsprechend aus; nach der Uraufführung vom 18. 9. 1931 liest man im Berliner Tageblatt: »Die Leute lachten fast unaufhörlich, und man begrüßte einen jener so seltenen deutschen Filmabende, an denen die Fettaugen des Witzes und der Komik nicht auf jener verteufelten, faden Brühe der Albernheit schwimmen. [...] Bravo, Gerron, diesmal war alles filmisch beschwingt... Das Drehbuch dreht sich wirklich. Ist es nun so schwer, könnte es nicht doch Mode werden?" Edith Hamann schreibt in der Filmwoche: »Kurt Gerron, der sich hier [...] als Lustspielregisseur von Format erweist.« Rudolf Arnheim bemerkt: »Mit nachsichtiger Heiterkeit belacht das Publikum Schiebungen, Schwindel und Luftgeschäfte in Kurt Gerrons »Meine Frau, die Hochstaplerin«, die Luft ist mit börsianischen Epigrammen geschwängert, Pleite mit Refraingesang, Hochstapelei als charmante Handarbeit für schöne Frauenhände, zehntausend Paar Würstchen und die eheliche Treue werden in derselben Valuta gehandelt. Hier lockt der Geist der Zeit.«

Kurt Gerron mit Heinz Rühmann in dem Film »Man braucht kein Geld«, 1931

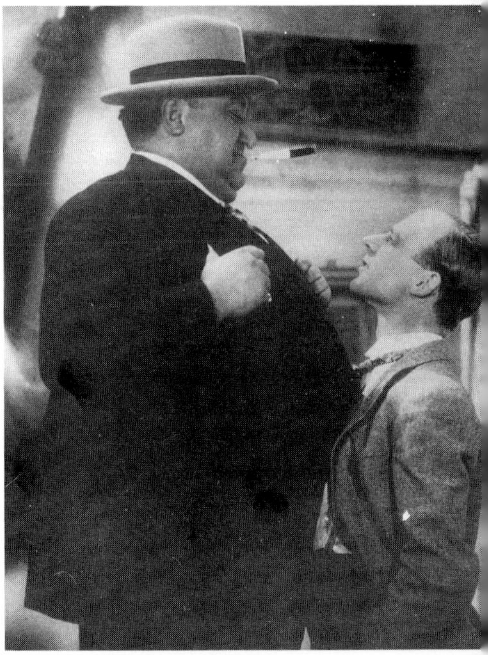

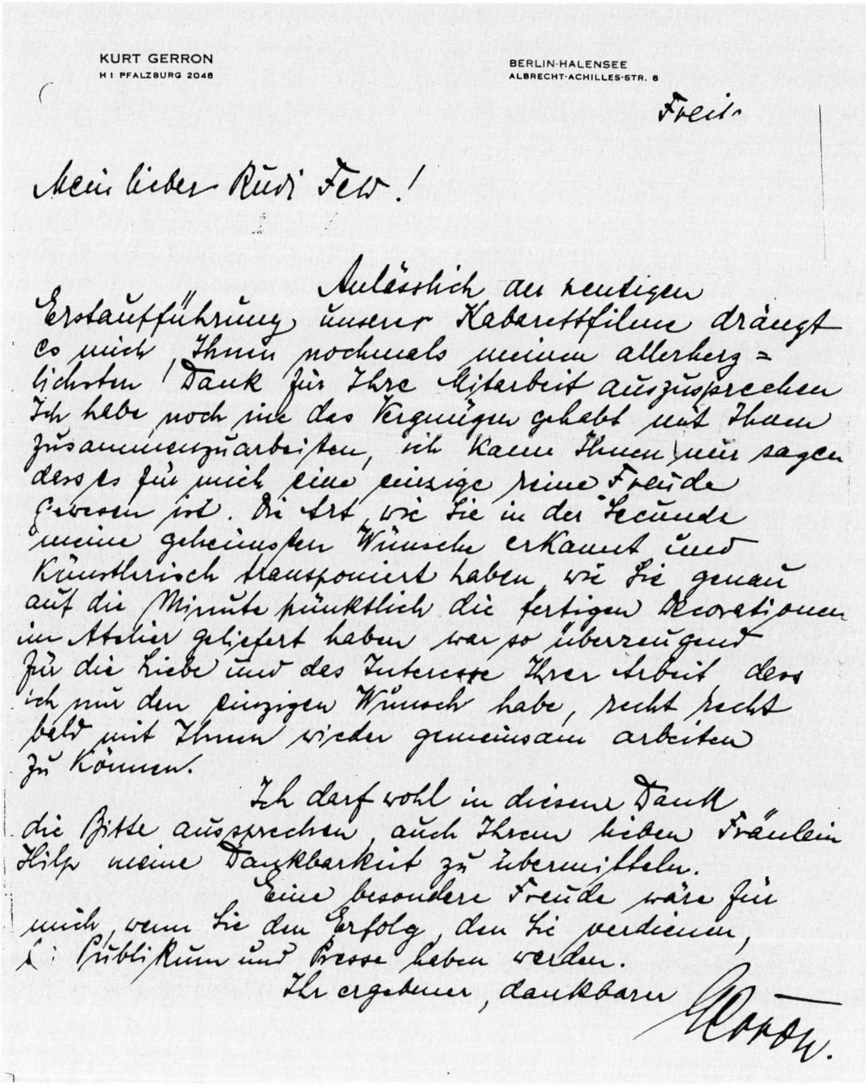

Mein lieber Rudi Feld!

Anlässlich der heutigen Erstaufführung unserer Kabarettfilme drängt es mich, Ihnen nochmals meinen allerherzlichsten Dank für Ihre Mitarbeit auszusprechen. Ich habe noch nie das Vergnügen gehabt mit Ihnen zusammenzuarbeiten, ich kann Ihnen nur sagen dass es für mich eine einzige Freude gewesen ist. Die Art wie Sie in der Secunde meine geheimsten Wünsche erkannt und transponiert haben, wie Sie genau auf die Minute pünktlich die fertigen Decorationen im Atelier geliefert haben war so überzeugend für die Liebe und das Interesse Ihrer Arbeit, dass ich nur den einzigen Wunsch habe, recht recht bald mit Ihnen wieder gemeinsam arbeiten zu können.
Ich darf wohl in diesem Dank die Bitte aussprechen, auch Ihrem lieben Fräulein Hilp meine Dankbarkeit zu übermitteln.
Eine besondere Freude wäre für mich, wenn Sie den Erfolg, den Sie verdienen, bei Publikum und Presse haben werden.

Ihr ergebener, dankbarer
Gerron.

Dankesbrief von Kurt Gerron an Rudi Feld, der die Bauten zu den Kabarettkurzfilmen anfertigte, 1931

Dieser »Geist der Zeit«, den Arnheim wohl gerne filmisch attackiert sähe, bestimmt alle Ufa-Filme, nicht nur die Kurt Gerrons. Mit einem Alfred Hugenberg als Aufsichtsratsvorsitzendem findet bei der Ufa Zeitkritik nicht statt – hier wird Geld verdient, von allen Beteiligten. Es gehört zur Funktion der Unterhaltungsfilme, daß Probleme schließlich in einem Happy End münden.

Im Laufe des Jahres 1931 entstehen noch drei Filme, in denen Kurt Gerron als Schauspieler mitwirkt. In »Bomben auf Monte Carlo« spielt er den Casinodirektor, der sich weigert, einem Kriegsschiffkapitän das verspielte Geld zurückzuzahlen, woraufhin der von Hans Albers gespielte Kapitän damit droht, das Casino zu bombardieren. In E. A. Duponts »Salto Mortale« ist Kurt Gerron der alte Artist Grimby, der eine Todesschaukel konstruiert. Im Herbst 1931 reist er mit Joe May nach Paris, um dort in den Pathé-Studios »Zwei in einem Auto« als deutsche Fassung des französischen Originals zu drehen. Dies ist der letzte deutsche Film, der den Schauspieler Gerron zeigt. »Einmal einen Film drehen, der auf mich gestellt ist, und in dem ich eine große, ernste und psychologisch tiefe Charakterrolle zu verkörpern habe, ist dasjenige, was ich vom Film erhoffe.« Dieser Wunsch, 1928 nach sieben Jahren als Stummfilmschurke geäußert, hat sich nicht erfüllt.

Kurt Gerron tauscht den Platz im Scheinwerferlicht endgültig mit dem hinter der Kamera. Die Ufa, das heißt vor allem der Produktionsleiter Major a.D. Bruno Duday, schätzt die Zuverlässigkeit und den Ehrgeiz des Preußen Gerron. »Liebe mit Bewährungsfrist« soll der nächste Film heißen. Dolly Haas, seit »Quick« mit Kurt Gerron gut bekannt, Heinz Rühmann, dieser Komiker mit dem Charme der Schüchternheit, der dicke Oskar Sima, wieder der Kollege vom Kabarett Fritz Grünbaum, der schöne Ungar Ernst Verebes und die pfiffige Jessie Vihrog sind dabei. Dolly Haas hat ein Liedchen zu singen: »Es wird schon wieder besser.« Das sei ein viel passenderer Titel für den Film, bestimmt Kurt Gerron. Am 6. 2. 1932 ist die Uraufführung, und die Zeitung »Der Film« schreibt: »Der Regisseur war Kurt Gerron. Seine Arbeit trägt den Stempel sauberer Exaktheit. In der Führung der Szenen zeigt er Zurückhaltung, in der Führung der Schauspieler den sicheren Instinkt des vom Mimen zum Inszenenten avancierten Talents.« Der mittlerweile prominente Gerron erhält in der »Lichtbild-Bühne« die Gelegenheit, sich über seine Arbeit zu äußern:

> *Wenn ich sehr streng meine Vergangenheit unter die Lupe nehme, so muß ich bekennen, ich bin 1931er Nachwuchs – als Tonfilm-Regisseur. Gerron Nachwuchs? werden manche denken.*
> *Ich habe doch vor Jahren ... Richtig, verehrteste Freundin, Sie haben vor Jahren einen mehr oder minder schurkischen Herrn namens Gerron vor der Leinwand bemerken dürfen. Das war damals, da stand ich berufsmäßig v o r der Kamera.*
> *Mit »Meine Frau, die Hochstaplerin« begann meine Tätigkeit. Meine unsichtbare und unhörbare Tätigkeit, hinter der Kamera und unbelauscht vom Filmmikrophon, als Regisseur. Damals wie heute bei meinem zweiten Ufa-Tonfilm »Es wird schon wieder besser« unter der Produktionsleitung Dudays. Schon bei der Hochstaplerin hat es mir besondere Freude gemacht, daß ich ein Tonfilmsujet bekam, das in seiner ideellen Grundlage lebensnah dem heutigen Menschen war. Wir sind ein halbes Jahr älter, die Zeiten sind schwerer geworden und die Devise »Es wird schon wieder besser« notwendiger denn je.*

Nur noch ein Jahr, dann wird alles schlimmer, viel schlimmer ...

Kurt Gerron und Curt Bois in »Dienst am Kunden«, Komödie am Kurfürstendamm, 1931

Kurt Gerron pflegt im Atelier nach seinem »Stoßtrupp«, nach seiner »Leibstandarte« zu rufen, wenn er die Aufnahmeleitung meint. Eine Filmatelierbelegschaft ist keine eingeschworene Gemeinde wie ein Kabarettpublikum, das derartige Scherze verstehen würde. Beim Film gibt es jetzt schon Nazi-Sympathisanten, die gerne als Spitzel fungieren. In der ersten Ausgabe der nationalsozialistischen Zeitschrift »Der deutsche Film« steht 1932 der Satz: »Es ist ein Skandal, der zum Himmel schreit, daß bei der Ufa deutsche Künstler und

Musiker keine Möglichkeit haben, beschäftigt zu werden, aber es wimmelt von Ausländern wie Ucicky, Gerron, Liebmann…«. Gustav Ucicky ist 1899 in Wien geboren, Kurt Gerron 1897 in Berlin, Robert Liebmann 1890 in Berlin.

Der Berliner Kurt Gerron dreht weiter deutsche Filme. Die Außenaufnahmen für seinen dritten Ufa-Film finden im März 1932 in St. Moritz statt; hier entsteht nach einem Drehbuch von Philipp Lothar Mayring und Dr. Fritz Zeckendorf »Ein toller Einfall«. Dieser Einfall besteht darin, ein unrentables altes Schloß in ein florierendes Hotel umzuwandeln. Diese Komödie hat eine tolle Besetzung: Willy Fritsch, Dorothea Wieck, Rosy Barsony, Max Adalbert, Jakob Tiedtke, Harry Halm, Heinz Salfner, Leo Slezak, Ellen Schwanneke, Wilhelm Bendow, Fritz Odemar, Paul Hörbiger, Theo Lingen, Adele Sandrock und Oskar Sima. Und sie hat einen tollen Erfolg:

»… wenn die sorgsam geführte Regie Kurt Gerrons, von hundert glücklichen Einfällen gesegnet, auf ein mustergültig durchgearbeitetes Drehbuch gestützt, die Handlung in klingende Episoden auflöst, die Darsteller zu höchsten Leistungen bringt, […] so mußte das Publikum in die glänzendste Stimmung kommen, und der starke Beifall am Schluß konnte nicht ausbleiben«, schreibt »Der Film«.

Im Sommer 1932 wird der vierte Gerron-Film gedreht: »Der weiße Dämon«, eine Rauschgiftschmugglergeschichte. Seit Stummfilmtagen sind der Hauptdar-

Wirksame Reklame schon im Vorfeld. Der Film kam 1932 unter dem Titel »Der weiße Dämon« in die Kinos

Produktionsleiter Duday tritt mit 36 „Mann" die Reise an Bord des Motorschiffes „General Osorio" der Hamburg-Amerika-Linie nach Portugal und Spanien zu Aufnahmen für den Ufa-Tonfilm „Rauschgift" an. Jean Murat (1), Hans Albers (2), Trude von Molo (3), Kapitän Alers, der Führer des Schiffes (4), Produktionsleiter Duday (5), Kameramann Karl Hoffmann (6), Tonmeister Walter Rühland (7), Peter Lorre (8), Raoul Aslan (9), Zeckendorf (10), Dr. Philipp Manning (11), Kurt Gerron (12). Phot. Hapag

steller Hans Albers und Kurt Gerron befreundet, nun begibt sich der blonde Draufgänger erstmals in die behutsamen Hände des Regisseurs. Hans Albers ist wie immer etwas textlahm; Kurt Gerron befürchtet künstlerische Einbußen durch das notwendige Stieren auf den »Neger«, die große schwarze Tafel, auf die der Text geschrieben wird, – nur für ganz große Stars natürlich! Aber eben nicht bei Kurt Gerron! Albers verkündet: »Laß man gut sein, Kurtchen, bis Du es Dir anders überlegt hast, geh' ich in die Kneipe. Aber warte nicht zu lange, soviel vertrag ich nun auch wieder nicht.« Albers bekommt seinen »Neger« und Kurt Gerron einen sehr präsenten Hauptdarsteller, der sogar alle Actionszenen ohne Double drehen will. Albers läßt sich auch nicht austricksen; als hinter seinem Rücken der gefährliche Sprung vom Schiff doch mit dem Double gedreht wird, besteht er darauf, daß die Szene mit ihm wiederholt wird. Nach der Uraufführung vom 19. 11. 1932 schreibt »Der Film«:

»Wie alle Albers-Drehbücher, so fängt auch dies von Mayring und Zeckendorf verfaßte überaus lebendig und interessant an und es scheint bei den ersten Akten, als käme da ein schmissiger und starker Film zustande. Aber nach dem ersten Viertel schon springt die Welt ins Reich der pfiffigsten Phantasie über und es wird aus einer Heldenmär eine Dutzendgeschichte...

Der Regisseur Kurt Gerron läßt denn auch den Ereignissen ihren fabelfreudigen Verlauf und fabuliert voller Fröhlichkeit mit, aus Schauspielerlaune heraus. Was Wunder, wenn er das Spiel über den Darstellern vergißt? Er setzt seine einzigen Trümpfe ein und weiß sie auszunutzen, den heftig extemporierenden Albers, der sich auslebt und (wenigstens auf der Leinwand) noch nie Disziplin gekannt hat, dieses saftige, blutkräftige Temperament, den hervorragenden Lorre, der mit packender Verhaltenheit spielt (raffinierter Besetzungstrick), die diesmal überraschend gute Gerda Maurus... Die überragenden schauspielerischen Leistungen sicherten dem Film lebhafte Zustimmung.«

Am 30. 1. 1933 ziehen uniformierte Kolonnen zu zackiger Marschmusik durch Berlin; sie jubeln ihrem Führer und neuen Reichskanzler Adolf Hitler zu. Zur gleichen Zeit ertönt heiße Jazzmusik in einem Studio, in dem Kurt Gerron seinen Film »Heut kommt's drauf an« dreht. Hans Albers spielt den Leiter einer Jazzband, bestens verkörpert von den »Weintraub Syncopaters«. Sie begrüßen das »Dritte Reich« mit dem Schlager »Mein Gorilla hat 'ne Villa im Zoo«. Dieser »kulturbolschewistische Jazz« mit seinem Ulktext ist wie ein Abgesang auf die Zwanziger Jahre, die jetzt endgültig zu Ende gehen. Am 17. 3. 1933 ist im Berliner Gloria-Palast die Uraufführung von »Heut kommt's drauf an«. Kurt Gerron steckt schon mitten in den Arbeiten an dem Ufa-Film »Amor an der Leine«. Ende März geht der Film ins Atelier Babelsberg; vor der Kamera: Wolf Albach-Retty, Magda Schneider, Otto Wallburg, Ida Wüst, Julius Falkenstein, Lissy Arna, Paul Otto und Grethe Weiser.

Am 28. 3. 1933 hält Dr. Joseph Goebbels im Hotel Kaiserhof eine programmatische Rede vor Filmschaffenden: »Allerdings ist der Publikumsgeschmack nicht so, wie er sich im Innern eines jüdischen Regisseurs abspielt«, meint er. Kurt Gerron sagt während der Dreharbeiten zu Otto Wallburg: »Wenn das hier gut geht, will ich Moritz heißen.«

Am 1. 4. 1933 findet ein organisierter Boykott jüdischer Geschäfte statt; Kunden und Inhaber werden beschimpft und belästigt, SA-Horden skandieren »Deutsche wehrt euch, kauft nicht bei Juden« und »Deutschland erwache, Juda verrecke«. Am gleichen Tage betritt der Produktionsleiter des Filmes »Amor an der Leine« das Atelier und verkündet: »Wer hier nicht reinarischen Blutes ist, verläßt sofort das Studio.« Kurt Gerron erstarrt; er schaut sich noch einmal hilflos um, dann wendet er sich ab und geht langsam mit schweren Schritten zum Ausgang; sein Körper bebt, er weint. Alle Juden? Was ist mit Otto Wallburg und Julius Falkenstein? Sie haben eine vorläufige Arbeitserlaubnis. Gehen muß als einziger der ›Bilderbuchjude‹ Gerron, der so aussieht, wie die Herren vom »Stürmer« in ihren gehässigen Karikaturen Juden darstellen. Kurt Gerron hat einen rechtsgültigen Vertrag mit der Ufa, auf dessen Erfüllung er bestehen könnte; noch ist der Terror der neuen Herren ja nicht gesetzlich abgesichert. Kurt Gerron wehrt sich nicht. Er berät sich mit Freunden. Theo Mackeben gibt der neuen Regierung nicht lange, er rät zur vorübergehenden Emigration: »Du kannst ja später wiederkommen.« Hans Albers ist selbst betroffen, wenn auch nur indirekt; seine jüdische Freundin Hansi Burg will Deutschland verlassen. Dem strahlenden Helden wird klar, wie sehr er diese Frau an seiner Seite braucht. Otto Wallburg kämpft vor dem Schiedsgericht gegen die Ufa; es geht um seinen Jahresvertrag, um viel Geld. Kurt Gerron kämpft nicht.

In der Zeitschrift »Der Film« steht am 22. 4. 1933: »›Heut kommt's drauf an‹ hat sich zu einem der besten Kassenschlager der Saison entwickelt. Der Film fand überall im Reich ausgezeichnete Aufnahme.« Der Regisseur des Kassenschlagers ist ohne Beschäftigung. Das Telefon Pfalzburg 2048 klingelt jetzt oft spät nachts. Anonyme Anrufer geifern dem Juden Kurt Gerron ihre unflätigen Beschimpfungen in die Ohren. Am 11. 5. hat er sechsunddreißigsten Geburtstag, gefeiert wird nicht. In der »Filmwelt« vom 7. 5. kann er einen Bericht über den Fortgang der Dreharbeiten von »Amor an der Leine« lesen: »Regie Hans Steinhoff« steht zwischen den Werkfotos. Der ist ein 150prozentiger Nazi, der gerade sein Entré ins »Dritte Reich« vorbereitet: »Hitlerjunge Quex«. Der wird noch im besetzten Prag filmen, wenn Kurt Gerron nicht weit davon entfernt im KZ Theresienstadt sitzt...

Als am 26. 6. 1933 der Film »Amor an der Leine« unter seinem neuen Titel »Kind, ich freu mich auf dein Kommen« im Ufa-Theater am Kurfürstendamm uraufgeführt wird, ist in den Ankündigungen und Programmen zu lesen: »Spielleitung und Leitung Kurt Gerron und Erich von Neusser«. Neusser und Hans Steinhoff haben den Film mehr schlecht als recht fertiggestellt. In einem der Nazi-Hetzblätter ist zur selben Zeit ein besonders unvorteilhaftes Bild Kurt Gerrons unter der Überschrift »Juden sehen dich an« erschienen. Der Spielleiter a. D. packt ein paar Koffer und reist mit seiner Frau Olly nach den Niederlanden. Sie haben dort einen guten Freund, einen schwerreichen Geschäftsmann, der ihnen weiterhelfen will. Pro forma wird Kurt Gerron in der Pariser Filiale des Unternehmens eingestellt. Die Gerrons reisen weiter nach Paris und Kurt tritt dort in einem Kabarett auf. Seit dem Joe May-Film »Zwei in einem Auto«

hat er außerdem Beziehungen zu Filmkreisen in Frankreich. So bekommt er die Gelegenheit, bei dem Film »Une Femme au volant« gemeinsam mit Pierre Billon Regie zu führen.

»Die Abneigung gegen die in Paris eingetroffenen ›deutschen‹ Filmemigranten ist in französischen Fachkreisen weiter im Steigen begriffen, weil diese Filmleute wohl Ideen, aber kein bares Geld aufzutreiben wissen«, höhnt die deutsche »Filmwoche« zu dieser Zeit. Kurt Gerron rechtfertigt auch in Paris seinen guten Ruf als Filmregisseur; ein zweiter Film entsteht unter seiner Leitung: »Incognito«. Dann sind die Möglichkeiten erschöpft. Mit der Zunahme des Emigrantenstromes verstärkt sich die Abgrenzung der französischen Filmindustrie. Kurt Gerron geht Anfang 1934 nach Wien. Hier haben sich die meisten Emigranten aus Deutschland eingefunden. Er läßt seine betagten Eltern aus Berlin nachkommen. Die Eltern seiner Frau wollen Hamburg nicht verlassen. Vor zehn Jahren war Kurt Gerron von Fritz Grünbaum ans Wiener Kabarett geholt worden, wurde damals stolz vorgestellt als preußische Abteilung. Bald wird der in Berlin geborene Preuße von den deutschen Behörden ausgebürgert.

Karikatur aus dem Nazi-Wochenblatt »Die Brennessel«. Neben Thomas Mann und Kurt Gerron werden Albert Einstein, Alfred Kerr u.a. verhöhnt

Bei der Firma Tobis-Film macht man im Spätsommer 1934 mit Kurt Gerron einen Regievertrag. Bald darauf entsteht in den Ateliers am Rosenhügel und in Sievering die Liebeskomödie »Bretter, die die Welt bedeuten«. Die emigrierten Komiker Szöke Szakall und Otto Wallburg spielen die Hauptrollen. Mit dabei ist auch die Tauber-Freundin Mary Loseff. 1930 hatte Richard Tauber die Nelson-Revue »Quick« nicht zuletzt deswegen mitfinanziert, weil er Mary Loseff aus ihrem Vertrag mit Nelson lösen wollte; er mochte nicht allein in Urlaub fahren. Jetzt ringen die Emigranten um jedes Engagement, alle müssen sehr rechnen, Urlaub ist ein Fremdwort geworden. Sie alle sind heimatlose Reisende.

Kurt Gerron unternimmt Abstecher nach Prag und Karlsbad; eine dauerhafte Arbeit findet sich dort jedoch nicht. Er hat in Wien einen Regievertrag mit der Tobis-Sascha-Film, nur hat man keine neue Arbeit für ihn. Die von deutschen Emigranten gedrehten österreichischen Filme können nicht nach Deutschland weiterverkauft werden. Ein schweres Manko, da die Auswertung im Inland alleine meist ein Verlustgeschäft ist. Viel zu viele Emigranten bevölkern die Stadt, Kurt Gerron gehört nicht gerade zu den einigermaßen beliebten wie Szöke Szakall oder Max Hansen, die immer wieder Theater spielen oder kleine Filmrollen bekommen.

Gerrons Mutter Toni zeigt jedem Besucher einige stets gepackte Koffer. »Wir können jederzeit weiter«, sagt sie ängstlich. Es dauert gar nicht lange, bis es soweit ist. In Österreich versteht man es hervorragend, Menschen wie Gerron – in aller Freundlichkeit – zu schneiden und zu meiden. Das kleine gastfreundliche Holland soll ein recht sicherer Hafen für Emigranten sein. Rudolf Nelson ist mit seinem eigenen Ensemble schon seit 1933 dort und berichtet in Briefen nur das beste. Es ist eine lange Reise von Österreich in die Niederlande, wenn man Deutschland umgehen muß; durch die reiche Schweiz, die jetzt viele solcher Transitreisenden sieht und genau darauf achtet, daß es beim Transit bleibt. Weiter geht es durch Frankreich und Belgien, bis die Gerrons im

Kurt Gerron bei den Dreharbeiten zu »Merijntje Gijzen's jeugd« 1936 in Holland

Sommer 1935 in Den Haag ankommen. Der Produzent Loet Barnstijn gibt Kurt Gerron einen Vertrag für eine Filmregie. Im August 1935 beginnen in der Filmstadt Wasenaar die Dreharbeiten zu dem Film »Het mysterie van de Mondscheinsonate«. Der deutsche Regisseur spricht kaum niederländisch, aber er macht sich verständlich, spielt vor, setzt sich ein, führt seine Schauspieler mit väterlicher Behutsamkeit. Seine Verhaltensweise trägt ihm prompt einen Spitznamen ein: »Papa Gerron« wird er nun genannt. Während der Aufnahmen wird er von einer Filmzeitschrift interviewt, und er erzählt von seinem Werdegang, seinen Erfolgen in Deutschland. Kein Wort über die Umstände, wie man ihn davongejagt, entrechtet hat. Währenddessen ist man in Deutschland bemüht, jede Erinnerung an den Juden Kurt Gerron auszumerzen. Einen Tag vor Weihnachten erlebt ein ehemaliger Stummfilm aus dem Jahre 1929 seine zweite Uraufführung als nachträglich vertonter Film: »Die weiße Hölle vom Piz Palü« mit Leni Riefenstahl, Gustav Diessl und Ernst Udet. Im Original von 1929 war Kurt Gerron hier noch als Mann an der Bar zu sehen; in der neuen Fassung sind alle Szenen mit ihm herausgeschnitten worden.

Im kleinen Holland, das nur eine unbedeutende Filmindustrie hat, ist man anscheinend froh, einen Könner vom Format Gerrons zu bekommen. Nach der Uraufführung von »Het mysterie van de Mondscheinsonate« wird seine versierte Arbeit als ein Schritt zur Überwindung des Film-Provinzialismus gelobt. Nach diesem erfolgreichen Einstand erhält er gleich seinen zweiten Auftrag. Der Film »Merijntje Gijzen's jeugd« entsteht im Sommer 1936. Die Geschichte ist eine poetische Schilderung der Freundschaft zwischen einem kleinen brabantischen Dorfjungen und einem Vagabunden. »Papa Gerron« macht seinem Namen alle Ehre, wenn er eigens die Dreharbeiten unterbricht, um mit den Kinderdarstellern, weil sie Hunger haben, zum Essen in die Kantine zu gehen. Mehr noch als die sorgfältige Arbeit nimmt so etwas alle Beteiligten für ihren Regisseur ein. Es entsteht ein leiser, melancholischer Film. Nach der Uraufführung im September 1936 schreibt ein Kritiker, Kurt Gerron habe die Welt wirklich und wahrhaftig mit Kinderaugen gesehen und lasse sie voller Wunder erscheinen. Aber Wunder gibt es nicht, auch nicht in Holland. Schon regt sich in Filmkreisen Widerstand gegen den allzu erfolgreichen deutschen Emigranten. Man neidet ihm den Erfolg, einige einheimische Filmleute fühlen sich benachteiligt. Deren Protest zeigt bald Wirkung; der nächste Auftrag ist ein belangloser Dokumentarfilm über die holländische Rundfunkgesellschaft: »Een dag bij de A. V. R. O.«. Im Sommer 1937 entsteht in den Studios von Cineciatta in Rom der Film »I tre desideri«, von dem gleichzeitig eine holländische Version gedreht wird. »Drie Wenschen« ist hier der Titel, und die Regie hat Kurt Gerron, der außerdem noch eine kleine Rolle spielt. Es ist der letzte Spielfilm des ehemaligen Ufa-Regisseurs.

Nach Holland zurückgekehrt, läßt man ihn noch ein letztes Mal in seinem Metier arbeiten – im Dunkel eines Synchronstudios. Gerron leitet die holländische Synchronisation des ersten abendfüllenden Zeichentrickfilmes von Walt Disney: »Schneewittchen und die sieben Zwerge«. Zwei dieser Zwerge werden von Otto Wallburg und seiner Frau Charlotte gesprochen. Nachdem diese Arbeit beendet ist, gibt es kein neues Angebot aus der Filmbranche. Ein Vertrag für einen Werbefilm über die Fluggesellschaft KLM kommt wegen der Proteste einheimischer Filmkreise nicht mehr zum Abschluß.

Da man ihn in der Filmproduktion nicht mehr beschäftigt, plant Kurt Gerron 1938, mit dem Drehbuchautor de Jong eine Filmschule zu gründen. Er hat ja durchaus Kenntnisse und Fähigkeiten, die er weitergeben könnte. Aber die finanziellen Mittel reichen für das ehrgeizige Vorhaben nicht aus. Kurt Gerron hat auf einmal viel Freizeit, mehr als ihm lieb ist. Ohne Ablenkung durch eine Arbeit wird dem Emigranten seine Misere immer bewußter; er leidet entsetzlich unter Heimweh. Seine Heimatstadt Berlin geht ihm nicht aus dem Kopf, ist immer wieder Gegenstand von Erzählungen. Aber im Künstlertreffpunkt Café Schiller in Amsterdam, wo er sich gelegentlich zeigt, spricht man nicht so gerne mit ihm über seine glorreiche Vergangenheit, weil dem Riesen mit dem Kindergemüt dann bald die Tränen kommen.

Kurt Gerron im Kreise von Kollegen in Amsterdam um 1936

Eine alte Freundschaft bewährt sich in dieser schweren Zeit; Kurt Gerron kommt in Rudolf Nelsons Ensemble unter. Er führt hier Regie, tritt zeitweise auch mit auf. Man spielt teilweise sogar in holländischer Sprache, »Ik will von jou een foto« heißt eine dieser Aufführungen. Bei einer Probe legt er dem Pianisten Martin Roman zwei Cents auf den Flügel mit den Worten: »Das ist für Deine schönen Arrangements«. Noch als Regisseur kleinster Revuen zeigt Kurt Gerron die gleiche Großzügigkeit wie früher.

1939 tritt er in Willy Rosens »Kabarett der Prominenten« auf. Siegfried Arno, Kurt Lilien, Szöke Szakall und Otto Wallburg sind diese Prominenten. Meistens kann der kleine, geniale Willy Rosen am Flügel strahlend verkünden »Text und Musik von mir«, natürlich nicht, wenn Kurt Gerron Otto Reutters Couplet »Der Überzieher« singt. Das ist ein Stück aus dem alten Berlin, aus vergangenen Zeiten.

Der von Adolf Hitler angezettelte Zweite Weltkrieg beginnt am 1. 9. 1939 mit dem Überfall auf Polen. Kurt Gerron hat immer noch große Pläne. Sein Freund und Hausgenosse Otto Wallburg schreibt am 14. 3. 1940 aus dem Krankenhaus Wilhelmine Gasthuis an seinen Sohn Reinhart: »Sehr freundschaftlich benimmt sich Kurt Gerron zu mir, der keine Sprechstunde versäumt. Er hofft wieder auf eine Filmregie – aber die Leute wollen kein Geld mehr wagen.« Zwei Monate später sind die deutschen Truppen in den Niederlanden. Jetzt haben die imperialistischen Herrenmenschen ihre ehemaligen Mitbürger eingeholt und sorgen dafür, daß diese nun mit deutscher Gründlichkeit erfaßt und registriert werden. Theater spielen dürfen die jüdischen Künstler jetzt nur noch vor jüdischem Publikum. Kurt Gerron spielt mit anderen im Theater Shouwburg, das jetzt »Joodsche Shouwburg« heißt. Gerron mit seinem ausgeprägten Gerechtigkeitsgefühl, der sich immer besser für andere als für sich selbst einsetzen kann, erfährt manche Enttäuschung. Es kommt zum Eklat, als auf einer Tournee durch die Provinz nur einer der beiden Klavierspieler des Theaters, Jo Spiers, mitgenommen werden soll. Die andere Kraft, eine mit einem Juden verheiratete Pianistin, braucht die Gage ebenso nötig; sie ernährt davon ihre ganze Familie. Kurt Gerron setzt sich vergeblich für sie ein. Er schreibt an Jo Spiers, der aus Solidarität gekündigt hat:

Lieber Jo Spiers,

entschuldigen Sie, wenn ich deutsch schreibe, aber ich wuerde zu viele Fehler machen.
Es ist mir ein Beduerfnis, nachdem Ihre Mitarbeit an der »Hofloge« unter so betrueblichen Umstaenden beendet ist, Ihnen nochmals meinen allerherzlichsten Dank auszusprechen fuer all Ihre Muehen und Sorgen, mit denen Sie mich in der besten Weise unterstuetzt haben. Die Zusammenarbeit mit Ihnen war mir ein sehr grosses Vergnuegen und Sie koennen davon ueberzeugt sein, dass ich – in anderen Zeiten – alles tun werde, um recht bald wieder mit Ihnen arbeiten zu koennen. Sie wissen, wie sehr ich die Unstimmigkeiten bedauere, aber es war mir leider nicht moeglich, sie zu verhindern. Ich habe meine persoenlichen Consequenzen aus diesem Vorfall gezogen und betrachte »Hofloge« nun nur noch aus rein geschäftlichen Gesichtspunkten – das Vergnuegen ist weg. Schade.
In jedem Fall aber haben Sie mir mit Ihrem herrlichen Klavierspiel sehr viel Freude bereitet. Bitte wollen Sie Ihrer Partnerin ebenfalls meinen Dank uebermitteln.

Mit den allerbesten Gruessen
stets Ihr
Gerron

Das Vergnügen ist weg.

Die deutschen Besatzungsbehörden sorgen dafür, daß das niederländische Volk im nationalsozialistischen Sinne belehrt wird. In der Zeitung »De Telegraf« steht am 26. 8. 1941:

»Der Generalsekretär des Amtes für Volksaufklärung und Kunst verpflichtet alle Unternehmen, die Lichtspieltheater in den Niederlanden betreiben, dazu, in der Zeit von Freitag, den 29. August 1941 bis einschließlich Donnerstag, den 30. April 1942, in ihren Spielplan, den sie laut Anordnung des Niederländischen Lichtspiel-Theater-Verbandes aufzustellen verpflichtet sind, den nachstehend genannten Film in öffentlichen Vorstellungen aufzuführen: ›Der ewige Jude‹, der unter der Nummer 1931 zur Vorführung in den Niederlanden zugelassen worden ist.«

In diesen infamen Pseudodokumentarfilm, der Stimmung gegen die Juden machen soll, ist auch der »Filmjude Gerron« zu sehen, nun zum allerletzten Mal in einem deutschen Film.

1942 spielt Kurt Gerron in »Joodsch Kleinkunst Ensemble« in dem Programm »Kaap de Goede Hoop«. Eine der letzten Aufführungen hat den Titel »Het loopt toch anders dan je denkt«. Ja, es kommt doch anders als man denkt! Die »Säuberungen« Hollands beginnen. Dieses kleine, saubere Land wird nun von den »Untermenschen« gereinigt. Einheimische und eingewanderte Juden stellen diesen Schmutz dar, der nach Lesart der »Herrenmenschen« entfernt werden muß. Unter den ersten, die es trifft, sind die hochbetagten Eltern Gerrons; kurz vor seinem sechsundvierzigsten Geburtstag Anfang Mai 1943 werden sie deportiert.

In der »Joodschen Shouwburg« wird nicht mehr Theater gespielt; man hat dort eine Sammelstelle für die Deportationen eingerichtet. Kurt Gerron versucht, seinen Lebensunterhalt durch Schauspielunterricht zu verdienen. Als eine seiner Schülerinnen an einem Nachmittag im September 1943 zum Unterricht erscheint, ist die kleine Wohnung der Gerrons leer. »Alle Wege führen nach Westerbork«, hat ein führender SS-Mann den Juden in Holland angekündigt. Auch der Schauspieler und Regisseur Kurt Gerron und seine Frau Olly landen in diesem Lager in einer einsamen Gegend nahe der ehemaligen Grenze zu Deutschland. Dort gibt es eine »Bühne Lager Westerbork«; Lagerleiter Konrad Gemmecker, der sich wohl in der Rolle eines Kunstmäzens hinter Stacheldraht gefällt, hat sie einrichten lassen. Der Komiker Max Ehrlich ist der Leiter dieser Bühne; Willy Rosen verkündet auch hier »Text und Musik von mir«, er schreibt sogar ein Westerbork-Lied. Kurt Gerron tritt schon kurz nach seiner Ankunft in einem der Programme auf; es heißt »Bravo! Da Capo!«. Die Lagerbühne bedeutet Ablenkung vom elenden Lageralltag, von Hunger und Tod, von der Tatsache, daß Westerbork nur eine Sammel- und Durchgangsstation für den Weitertransport nach Osten ist, in die Vernichtungslager, oder, wenn man prominent genug ist, in das Vorzugslager Theresienstadt. Diese Prominenten, denen noch ein Aufschub gewährt ist, die noch »aufgehoben« werden, stehen auf einer Liste für »Zivilverdienstjuden«. »Namentliche Liste von Juden mit Verdiensten um das Reich und sonstigen Zivilverdiensten nebst ihren Angehörigen«, darunter »Gerson, gen. Gerron, Kurt, geb. 11. 5. 1897 in Berlin mit Ehefrau, staatenlos, israelitisch. Bekannter Filmkünstler, Produktionsleiter und Regisseur, außerdem Frontkämpfer 1914/18«.

Anfang 1944 gehen die Gerrons auf ihre letzte Reise quer durch das Deutsche Reich, von Westerbork in Holland nach Theresienstadt in der Tschechoslowakei, sie sind im Transport vom 25. 2. 1944. Theresienstadt ist eine regelrechte kleine Stadt, deren Einwohner umgesiedelt wurden, um Platz für ein Prominenten-KZ zu schaffen. Es ist das Vorzeigelager für ausländische Delegationen, die sich anhand dieses Musterstädtchens davon überzeugen sollen, wie gut die Juden in Deutschland behandelt werden. Gerade sind Maßnahmen zur »Stadtverschönerung« angeordnet worden, um eine perfekte Täuschung zu gewährleisten. Der »Zivilverdienstjude« Kurt Gerron ist dem Lagerleiter Rahm hochwillkommen, er fühle sich geehrt, Gerron zu treffen, sagt er. Der Gefangene darf sich nützlich machen, ein Kabarett gründen. Diesem Auftrag kommt er gerne nach; so entsteht »Das Karussell«. Der ehemalige Berliner Krawattenfabrikant Manfred Greifenhagen schreibt die Texte, und Martin Roman, schon in Amsterdam oft an Gerrons Seite, komponiert die Musik. Kurt Gerron führt Regie, trägt Chansons vor, organisiert. Im Lager gibt es eine jüdische Selbstverwaltung, mit der der Lagerkabarettist einen regen Briefwechsel führt. Da wird beantragt, ersucht, informiert; alles muß seine Richtigkeit haben, auch und gerade im Konzentrationslager. So etwas braucht man dem Preußen Kurt Gerron, der ja schließlich »gedient« hat, nicht lange zu erklären, das weiß er. Alles tut er, solange man ihn nur arbeiten läßt. Alles? Vom Reichsführer SS Heinrich Himmler kommt im Sommer 1944 der Befehl, einen Film über Theresienstadt zu drehen. Es soll natürlich kein authentischer Dokumentarfilm werden, Ziel der Aktion ist vielmehr, ein geradezu paradiesisches Lagerleben vorzugaukeln. Und – Kurt Gerron soll Regie führen. Die Talente des ehemaligen Ufa-Regisseurs kann man sich doch noch einmal zunutze machen, diesmal sogar kostenlos!

Seine Gage wird der Tod sein...

Kurt Gerron zögert, fragt beim Ältestenrat der jüdischen Selbstverwaltung nach. Soll er annehmen, und wenn nicht, kann er diesen Auftrag überhaupt ablehnen? Man macht ihm klar, daß es in dieser Situation kaum eine Möglichkeit zur Ablehnung gibt. Außerdem – solange der Film entsteht, wird man die Lagerinsassen wahrscheinlich gut behandeln und kaum weiter deportieren. Kurt Gerron übernimmt die Regie. Er packt sein letzte Arbeit an, mit der ihm eigenen Gründlichkeit, mit Elan – auch mit Freude?

Theresienstadt wird zum Potemkinschen Dorf. In Zusammenarbeit mit der jüdischen Selbstverwaltung des Musterlagers wird alles bestens vorbereitet. Es entstehen Einrichtungen für diese Filmaufnahmen, die ein normales Leben vortäuschen sollen: ein Kaffeehaus, eine Bibliothek, eine Badeanstalt, Werkstätten, ein Konzertsaal, eine Bankfiliale usw. Kurt Gerron hat alle Hände voll zu tun, er schreibt, beantragt, berichtet, organisiert mit Akribie:

Kabarett im KZ Theresienstadt; Kurt Gerron auf der Bühne des »Karussell« (Zeichnung von Fritz Fritta), 1944

Kurt Gerron *Theresienstadt, den 11. Aug. 44*

An die
Leitung der Freizeitgestaltung

Herr Dr. Eppstein überbrachte mir heute Mittag einen Auftrag des Herrn OSTF Rahm, für den Reportagefilm eine Reihe von optischen Varieté-Nummern vorzuschlagen und in Bereitschaft zu halten.

Ich erlaube mir, Ihnen die folgenden Nummern vorzuschlagen:
1. Streta als Chaplin
2. Otto Löwitt, Zauberer
3. Lisl Hofer, span. Tanz
4. Hanka Lederer, Solotanz aus der Revue »Die Welt von oben«
5. Lederer-Bernstein, tschech. Tanz
6. den Akrobaten Drattler mit seiner Partnerin Hilde Goldstein.

Ich gestatte mir, vorzuschlagen, diese Artisten möglichst sofort zu benachrichtigen und zu veranlassen, daß sie, soweit es nötig ist, ihre Darbietungen startklar machen und sich in Bereitschaft halten. Ich werde von Herrn OSTF Rahm benachrichtigt werden, wann er diese Nummern hintereinander zu sehen wünscht. Selbstverständlich werde ich Sie von den weiteren Besprechungen auf dem Laufenden halten.

Ja, eine Kabarettvorstellung darf natürlich nicht fehlen, vor allem, wenn der Obersturmführer Rahm es wünscht. Am 16. 8. 1944 ist der erste Drehtag. Der immer freundliche Kurt Gerron findet abends noch Zeit, dem Leiter der Feuerwehr für den Einsatz zu danken:

Kurt Gerron *Theresienstadt, am 16. 8. 1944*

An den Leiter der Feuerwehr, Herrn Holzer

Sehr geehrter Herr Holzer,
Darf ich Ihnen ganz privat meinen herzlichsten Dank aussprechen dafür, daß Ihre Feuerwehr in grandioser Weise bei den Aufnahmen heute gearbeitet hat. Es war mir eine besondere Freude, daß dies unter den Augen der Herren geschah. Ich versichere Sie, daß die technischen Mitarbeiter aus Prag bei diesem Film außerordentlichen Respekt vor der Schnelligkeit Ihrer Jungen hatten. Ich schließe mich diesem an und danke Ihnen sehr für die großartige Unterstützung.
Mit ergebenem Gruß
(Kurt Gerron)

Alles während der Dreharbeiten geschieht unter den Augen der Bewacher. Es wird genau darauf geachtet, daß keine Elendsgestalten im Bild erscheinen. Gut genährte Menschen sollen das Bild des Musterlagers bestimmen:

2. Drehtag, Donnerstag, am 17. August 1944

Treffpunkt war 6 Uhr 30 am 3. Hof der Magdeburger. Von dort aus gingen wir nach dem Bauschowitzer Kessel auf die Getreidefelder. Es regnete, Oberscharführer Baumgarten fuhr zur Dienststelle zurück und kam mit dem Auftrag wieder, wir könnten nach Hause gehen, heute würde nicht gedreht werden. Vorsichtshalber sagte ich ihm trotzdem, daß wir uns um 2 Uhr am 3. Hof der Magdeburger versammeln würden, um bei Wetteränderung bereit zu sein. Ich gab als Zeitpunkt den Mitarbeitern 1 Uhr 45 an. Um 1/2 1 Uhr erhielt ich die Mitteilung, die Dienststelle wünsche, daß wir bereits um 12 Uhr 45 zusammenkämen, da das Wetter sich gebessert habe. Mit ganz kurzer Verspätung ist auch das geschafft worden.
Auf den Getreidefeldern wurde mit 2 Apparaten der gesamte Komplex der Ernte fertig gedreht. Es wurden wieder sehr viele und sehr schöne Aufnahmen gemacht, weit mehr Einstellungen als im Dispositionsplan vorgesehen waren. Nach den bisherigen Erfahrungen darf ich ruhig sagen, daß unsere Filmarbeit reichliches Material liefern wird, um einen international erstklassigen Reportagefilm zu garantieren. Herr SS Obersturmführer Rahm erschien im Laufe des Nachmittages bei den Aufnahmen und war anscheinend mit dem Fortgang der Arbeit sehr zufrieden. Da wir trotz der vielen Einstellungen früher als erwartet fertig waren, gingen wir noch zur Zentralwäscherei und drehten dort die große Drehmaschine im Betriebe. Auch hier wieder absolut gute Arbeit. Dann fuhren wir noch zu den Tomatenfeldern und erledigten auch dieses Pensum.
Abends 21 Uhr Besprechung der Mitarbeiter
Kurt Gerron

Kurt Gerron im KZ Theresienstadt mit Judenstern auf dem Mantel, Herbst 1944

Sehr schöne Aufnahmen, absolut gute Arbeit – der Regisseur Kurt Gerron ist noch einmal in seinem Element. Auch Außenaufnahmen finden statt; im Drabschitzer Kessel unweit Theresienstadt ist eigens ein bühnenartiges Podium errichtet worden. Das Publikum sieht noch einmal Kurt Gerron in seiner Glanzrolle, er singt den Kanonensong.

Theresienstadt, am 25. 8. 1944

Sehr geehrter Herr Kozower!

Wie heute mündlich mit Ihnen besprochen, teilen wir Ihnen hierdurch mit, daß wir morgen, d. i. am 26. 8. in dem besprochenen Punkte Innenaufnahmen bei Ihnen filmen werden. [...]
Wir bitten Sie nochmals, dafür Sorge zu tragen, daß wir möglichst viele Pakete aus aller Herren Länder für Großaufnahmen vorfinden. Desgleichen benötigen wir ein Paket mit Zulassungsmarke und die Technik der Bestätigungskarten.
Wir haben in jedem Falle 200 Personen Publikum bestellt, die wir aber nicht auf dem Posthof versammeln werden, um den Hochbetrieb am Samstag nicht zu stören.
Mit bestem Dank für Ihre freundliche Mitarbeit.

Freizeitgestaltung
Abt. Film (gez.) G.

Pakete aus aller Herren Länder; gibt es etwa einen Fundus wie in Babelsberg, aus dem sich alles beschaffen läßt?

Kurt Gerron, C III *Theresienstadt, am 21. 8. 1944*

Herrn Arnold Reimann, Hauptstraße 22/129

Lieber Herr Reimann,
haben Sie schönen Dank für Ihren lieben Brief. Ich möchte Sie aber doch bitten aus dieser Selbstverständlichkeit nicht so viel Wesens zu machen. Ich bin ehrlich begeistert über die von Ihnen geleistete Arbeit. Da man ja in der heutigen Situation nie wissen kann, wozu solche Sachen später noch einmal gut sein können, so hielt ich es für meine einfache Pflicht, Herrn OSTF Rahm auf Sie aufmerksam zu machen. Er war schon beim Eintreten in das Theater ganz überrascht, so etwas Geschmackvolles vorzufinden und äußerte sich mir gegenüber verschiedentlich mit den Worten: »Das ist ja großartig« und »das habe ich ja gar nicht gewußt, daß Ihr es so hübsch habt hier« und später in der Magdeburger sagte er noch: »Das muß so hübsch werden, wie die Bühne in der Dresdner Kaserne«.
In jedem Fall finde ich es schön, daß ich Ihnen damit eine Freude gemacht habe, denn das war der Zweck der Übung.
Hoffentlich können wird bald wieder die Proben zur »Gesellschaft« fortsetzen und ich freue mich schon auf unsere Zusammenarbeit.
Mit den besten Grüßen stets

Ihr
Kurt Gerron: (gez.) G.

Ganz der alte Gerron, dankbar und doch geschäftig.

Freizeitgestaltung *Theresienstadt, am 25. 8. 1944*
Abt. Film, Z. 152

Sehr geehrter Herr Dr. Friedmann!

Wir bestätigen Ihnen unsere heutige mündliche Unterredung und rufen Ihnen folgende Punkte ins Gedächtnis:
a) Um 8 Uhr früh im Herrenbekleidungsgeschäft einer Ihrer Herren mit ungefähr 15.000 Th.K.
b) Wir drehen Ihr Zimmer und den Kassenraum.
c) Der an Ihrer Tür stehende Geldschrank wird wie besprochen hergerichtet.
d) Bitte bereiten Sie einen Korb mit Geldscheinen vor, die wir auf einen Tisch streuen können.
e) Wir werden sicherlich eine Großaufnahme einer Sparkarte machen, wollen Sie bitte auch hier vorsorgen.
Mit bestem Dank für Ihre freundliche Mitarbeit.
Freizeitgestaltung
Abt. Film: (gez.) G.

Ein Korb mit Geldscheinen; ein perfekter Selbstbetrug wird zur filmischen Wahrheit.

Freizeitgestaltung *Theresienstadt, am 31. 8. 1944*
Abt. Film

An die Arbeitszentrale
An die Innere Verwaltung

Soeben erhalten wir Dispositionen von seiten der Dienststelle, laut der damit zu rechnen ist, daß morgen, den 1. 9. 1944 um 3 Uhr in HV ein Fußballmatch »Ligasieger gegen Pokalsieger« gefilmt wird. Wir brauchen dazu 3.000 Zuschauer, genaue Dispositionen sind erst im Laufe des morgigen Vormittages möglich und werden sich nach der Wetterlage richten. Wir legen Wert darauf, daß unter den Zuschauern auch sehr viel Jugendliche sich befinden. Bitte aber in keinem Fall alte Leute. Nötigenfalls müßten wir während der Mittagspause in den Kasernen und Ubikationen das notwendige Publikum zusammentrommeln lassen.

Kurt Gerron

Der Sportsgeist wird gepflegt.

Freizeitgestaltung *7. 9. 1944*
Abt. Film, BV/29b

Geehrter Herr Dr. Hahn!

Wir haben eine kleine Umdisposition vorgenommen u. zw. werden wir die Zahnambulanz in der Hohenelbe drehen, weil wir dort 5 Stühle zur Verfügung haben. Ferner möchte ich Sie bitten, eine Höhensonne mit einigen niedlichen, aber nicht etwa blonden! Kindern in die chirurgische Ambulanz bringen zu lassen, allwo wir dieselben auf der Chaise-longue aufnehmen können. Selbstverständlich werden wir die Kinder erst kurz vor der Aufnahme kommen lassen. Für alle Ärzte eine niedliche Schwester bitte, das Gleiche gilt selbstverständlich für den unterzeichneten Filmregisseur.

Kurt Gerron: (gez.) G.

Keine blonden Kinder, niedliche Schwestern; ein kleiner Scherz ist sicher erlaubt im »Hollywood der Konzentrationslager«.

Mitte September sind alle Aufnahmen im Kasten. Kurt Gerron hat noch einmal ganze Arbeit geleistet; nun fertigt er noch ein Schnittbuch an. Bald darauf weht wieder ein anderer Wind im KZ Theresienstadt. Stadtverschönerung, Freizeitgestaltung, der Film – vorbei, fast schon vergessen. Eine Illusion zerbricht, jetzt wird die »Endlösung« vollzogen. Im Oktober 1944 werden fast täglich Transporte in das Vernichtungslager Auschwitz zusammengestellt. Die russischen Truppen rücken immer näher, da sollen die dortigen Todesfabriken noch einmal ganze Arbeit leisten.

Kurt Gerron läuft ziellos im Lager Theresienstadt herum, der Trainingsanzug schlottert um seinen abgemagerten Leib. Er muß mitansehen, wie zuerst die Kinder, die er beim Spielen gefilmt hat, nach Auschwitz verfrachtet werden.

Der Film, sein Film, war nur ein Aufschub; das »Hollywood der Konzentrationslager« verliert seine »Künstler« an die Gaskammern im besetzten Polen. Keiner der Beteiligten bekommt den Film aus dem Potemkinschen Dorf Theresienstadt jemals zu sehen.

Ende Oktober steht in der Menschenmenge an der Bahnrampe ein völlig verstörter Kurt Gerron. Wieder wird ein Zug nach Auschwitz beladen. Und nun werden keine Unterschiede mehr gemacht, »Zivilverdienstjude« oder nicht, alle haben diesen Weg zu gehen. Auch für den Regisseur Gerron gibt es keine Ausnahme, er wird nicht mehr gebraucht. Vor einem SS-Mann fällt der Fassungslose auf die Knie, bittet, fleht, er hat doch alles getan, was man von ihm verlangte. Die Antwort ist ein Fußtritt, der ihn in den Viehwagen befördert. Die schwere Tür des Waggons wird zugeschoben, außen wird mit Kreide die Anzahl der darin eingepferchten Personen angeschrieben. Es ist nicht allzu weit von Theresienstadt nach Auschwitz. Dort angekommen, geht es von der Rampe gleich zu den Gaskammern. Mit anderen ausgemergelten Gestalten betritt Kurt Gerron einen Raum, in den dann nach Schließung der Türen durch eine Öffnung in der Decke das Schädlingsbekämpfungsmittel Zyklon B eingeworfen wird. So stirbt der Jude Kurt Gerron, vormals Kabarettist, Schauspieler, Regisseur.

Als es noch nicht gefährlich war, Jude zu sein, in Berlin vor 1933, trug er gern ein Hemd mit den Buchstaben KG auf der Brusttasche, um andere schmunzelnd zu fragen, was diese Stickerei wohl bedeute, woraufhin jeder sagte: »Natürlich Kurt Gerron!« »Falsch«, sagte der Jude Kurt Gerron dann immer voller kindlicher Freude, »das heißt: ›Kein Goi‹«.*

* Goi: In der rabbinischen Literatur hebräischer Ausdruck für Nichtjude.

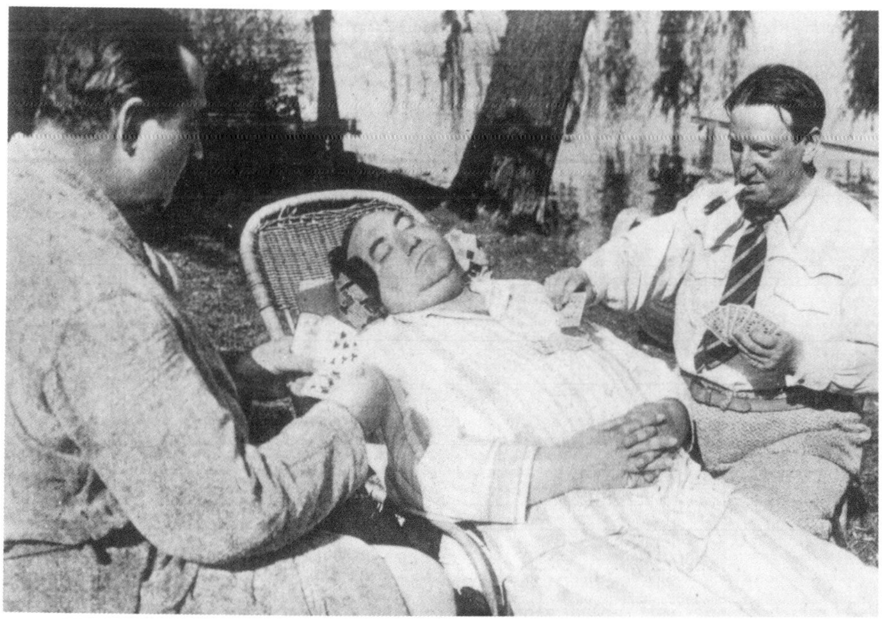

Kurt Gerron mit Produktionsleiter Bruno Duday und Max Ehrlich, 1932

Joachim Gottschalk

Joachim Gottschalk

Berlin im April 1937. In der Volksbühne laufen die Proben zu »Die Verschwörung des Fiesco zu Genua« von Friedrich Schiller. Es ist ein recht selten gespieltes Stück des großen deutschen Dichters, in dem sich Fiesco, der Held, schließlich als Tyrann entpuppt, »wie ihn noch kein Europäer sah«. Deutschland hat im Moment auch einen Tyrannen an seiner Spitze; das 150 Jahre alte Schillerdrama könnte fast eine Parabel sein. Aber so ist es vom Volksbühnenintendanten Eugen Klöpfer nicht gemeint. Das Theater am Horst-Wessel-Platz ist kein Hort verkappter Oppositioneller. »Fiesco« steht auf dem Spielplan, weil es die Glanzrolle des jungen Schauspielers Joachim Gottschalk aus Frankfurt ist. Er ist durch sein unprätentiöses Spiel seit Jahren der Star der Frankfurter Städtischen Bühnen. Jetzt gastiert er in Berlin bei Klöpfer, der ständig auf der Suche nach neuen Kräften ist, die seine Bühnen bereichern können, sie herausheben aus der Mittelmäßigkeit, in der sie zu versinken drohen. Da kommt dieser Gast aus Frankfurt gerade recht. Er ist durchaus nicht mittelmäßig, er ist brillant. Nach der Premiere schwärmen Publikum und Presse gleichermaßen von seiner jugendlichen Eleganz, seiner kraftvollen Stimme. Er hat alle durch seine beinahe unheimliche Präsenz als scheiternder Held begeistert. Dieser erste große Auftritt Gottschalks in Berlin wird für ihn zu einem wahren Triumph.

Aber nicht persönlicher Ehrgeiz hat Joachim Gottschalk hierher gezogen. Er sucht für sich und seine Familie eine Möglichkeit, ohne Angst, Bedrohung und Hetze leben zu können. Denn diesem Heldendarsteller wird auch im Privatleben allerhand Courage abverlangt. Er hat eine jüdische Ehefrau und mit ihr einen vierjährigen Sohn, von denen er sich unter keiner Bedingung trennen will. Mit dieser halsstarrigen, höchst unzeitgemäßen Haltung ist der Mime Joachim Gottschalk in Frankfurt schon höheren Ortes aufgefallen. »Dieser Kerl, der hat doch eine Jüdin zur Frau«, hat sich der dortige Gauleiter empört. Ja, und dieser »Kerl« hält zu seiner Frau Meta, einer Schauspielerin, die wegen ihrer Abstammung nicht mehr auftreten darf. Er hängt an dem kleinen Michael, der drei Wochen nach der sogenannten Machtergreifung zur Welt gekommen ist. Joachim Gottschalk lebt die Ideale der großen Dichter, deren Figuren er auf der Bühne verkörpert. Aber dieses Leben ist eine ständige Gratwanderung. Der Schauspieler Joachim Gottschalk möchte spielen und Erfolg haben; beim Publikum bekannt und beliebt zu sein gehört zum Kapital eines jeden Künstlers. Der Privatmensch Joachim Gottschalk lebt zurückgezogen, nicht aus Menschenscheu oder Snobismus, sondern aus Vorsicht. Er schirmt seine Familie nach außen ab; nur einige gute Freunde verkehren im Hause, kennen die Verhältnisse, teilen ein wenig die täglichen Sorgen. Dieses kräftezehrende Schattendasein, dieses Doppelleben dauert acht Jahre. Acht Jahre, in denen man den Gottschalks zusetzt, nachstellt, sie bedrängt und in die Enge treibt – solange, bis es für den aufrichtigen, gradlinigen Joachim Gottschalk und seine Frau Meta keinen Ausweg mehr gibt. Noch bevor die Massenvernichtungsmaß-

Die Familie Gottschalk um 1919, vorne die Eltern Dr. Otto Gottschalk und seine Frau Anna, die Kinder Ludwig, Fritz, Otto, Joachim und Margarete (v. l.)

nahmen des »Dritten Reiches« beginnen, gehen die Gottschalks freiwillig ins Gas – in ihrer Wohnung am Berliner Seebergsteig. Sie verlassen eine Welt, in der man sie nicht mehr menschenwürdig leben ließ, die Familie trennen wollte. Sie sterben zusammen mit ihrem Kind auf einem Matratzenlager neben dem Gasherd in ihrer Küche im November 1941...

In der märkischen Kreisstadt Calau wird Joachim Gottschalk am 10. 4. 1904 geboren. Er ist das fünfte Kind des Kreisarztes Dr. Otto Gottschalk und seiner Frau Anna. Die Eltern pflegen das in gutbürgerlichen Kreisen des Kaiserreiches übliche Interesse an den schönen Künsten. Sonntags wird meist gemeinsam zu Hause musiziert. Der Vater, der über eine schöne Baßstimme verfügt, tritt gelegentlich bei Wohltätigkeitsveranstaltungen auf; die Mutter organisiert Theateraufführungen bei Vereinsfestlichkeiten in der Kleinstadt. Bei einer solchen Aufführung ist Joachim Gottschalk als fünfjähriger Statist das erste Mal auf einer Bühne zu sehen. Während seine drei älteren Brüder schon im Kadettencorps sind, besucht Joachim die Volksschule in Calau, anschließend als Alumnatschüler das Gymnasium in Luckau.

Zu Beginn des Ersten Weltkrieges wird der Vater als Kreisarzt nach Cottbus versetzt. Die Mutter leitet dort die Küche eines Soldatenheimes, und der Gymnasiast Joachim unterhält die Soldaten mit dem Vortrag von Gedichten. Er besucht zu dieser Zeit oft das Stadttheater, wo die Gottschalks eine Loge abonniert haben. Gemeinsam mit den Eltern und seiner Schwester Margarete sieht er schon früh die großen Klassiker der Bühnenliteratur.

Joachim Gottschalk ist in der Prima, als er zum erstenmal auf der Bühne des Cottbusser Stadttheaters steht, er spielt den Hämon in »Antigone« im Rahmen einer Schüleraufführung. Der Deutschlehrer, der das Stück inszeniert hat, sagt ihm, er sei wirklich gut gewesen und verbindet dieses Lob mit der Mahnung: »Aber wehe Ihnen, wenn Sie zum Theater gehen!« Doch eben dieser Wunsch wird in dem Schüler immer stärker. Zielstrebig verfolgt er sein Vorhaben, als der Berliner Regisseur Dr. Georg Droescher in Cottbus gastiert. Um eine Prüfung der Fähigkeiten gebeten, erkennt Dr. Droescher sofort das Talent des jungen Mannes, rät aber trotzdem ab, eine Schauspielerlaufbahn anzustreben, da die Verhältnisse momentan denkbar ungünstig seien.

Joachim Gottschalk als Abiturient

Kurz vor dem Abitur hat der Oberprimaner einen Aufsatz zu schreiben, der einen Ausspruch Goethes zum Thema hat: »Unsere Wünsche sind Vorgefühle der Fähigkeiten, die in uns liegen.« Joachim Gottschalk hat seinen Wunsch, Schauspieler zu werden, nicht aus den Augen verloren, aber seine Familie kann ihm eine fundierte Ausbildung nicht mehr ermöglichen. Der Vater ist plötzlich verstorben und das Vermögen nach dem verlorenen Krieg durch Kriegsanleihen erschöpft. Der junge, zum Schwärmen neigende Joachim will nun, da ihm eine künstlerische Laufbahn verbaut scheint, zur See fahren. Auch um der Mutter nicht auf der Tasche zu liegen, bewirbt er sich sofort nach dem Abitur im Frühjahr 1922 beim Schulschiffverein. Er wird angenommen und fährt im August nach Elsfleth an der Hunte, wo das Schulschiff, der Dreimaster »Großherzogin Elisabeth«, vor Anker liegt. Vier Wochen lang werden die angehenden Seeleute hier mit Theorie und Praxis der christlichen Seefahrt vertraut gemacht. Dann verläßt das Schiff im Oktober den Hafen zur ersten großen Fahrt. Vom ersten Tag an führt der Schiffsjunge Joachim Gottschalk ein Tagebuch, dem er seine Gedanken und Gefühle anvertraut.

Joachim Gottschalk als junger Seemann, 1922

Auf See, den 13. Oktober 1922

Heute haben wir ganz strahlendes Wetter – Licht überall, die Luft ist warm, dabei erfrischend. Blaue Wogen rollen gleichmäßig dahin, auf und nieder – nach ewigem Gesetz. Lebhaft huschen weiße Schaumflocken darüber hin, alles lichtvoll und lieblich gestaltend. Schön ist das Meer! Ewiger, abgeklärter Friede und doch lebendige Bewegung. Das Ziel des Menschen muß es sein, sich zur Abgeklärtheit, zum Gleichmaß durchzuringen und doch nicht stumpf zu werden, ewig jung zu bleiben in Geist und Seele. Immerwährendes Forschen in Erzeugnissen des Geistes, immer auch Liebe und Lebensfreude im Herzen tragend. Nur nicht sterben, nicht geistig tot sein, das wäre Frevel, Sünde am Schöpfer, an uns selbst, seinen Wesen. Er schuf uns in Liebe, gab uns Leben, lichterfüllte, liebeswarme Seelen, schenkte uns Geist zum Lernen und Schaffen. Das müssen wir gebrauchen und nützen, ...

Es ist wie ein frühes Vermächtnis, was er hier niederschreibt, denn er wird den Freitod wählen, als ein unmenschliches Regime seinen Geist zu ersticken droht. Die zweite große Fahrt geht bis nach Südamerika. Weihnachten 1923 feiern die Seeleute im Hafen von Buenos Aires:

Ich sprach erst ein paar Worte über Weihnachten und seine besondere Bedeutung für uns. Es ist doch etwas Schönes um solche Texte. Sie machen uns an die höhere Bestimmung des Menschen glauben, und die große Liebe kommt zu uns, an die man glauben muß, damit sie Erfüllung und Tat werde. Viel Liebe, brüderliche Aufopferung ist ja auch nötig, unser Vaterland von seiner Not zu befreien und den schönen Traum von Reichtum, Glück und künftiger Größe zur Wahrheit werden zu lassen. – Dann sangen wir Weihnachtslieder, unsere schönen, alten Deutschen Lieder, die immer wieder zu Herzen dringen. Und dann kam die Bescherung. Eine Strumpffabrik hatte jedem 1 Paar Strümpfe geschenkt, von einer Konfitürenfirma bekamen wir Schokoladenlebkuchen. Das schönste aber waren doch meine beiden Pakete von Hause. Diese Schätze! Solchen Reichtum hatte ich lange nicht besessen. Mich wunderte wie die gute Mutter bei den traurigen Verhältnissen in der Heimat so etwas noch fertig bringt. Man merkt eben, daß der Großkaufmann mit dem dicken Geldbeutel dahintersteckt. Das schönste an beiden Paketen aber: sie waren mit Liebe gepackt, und waren so rechte Weihnachtspakete. Gegen 9 Uhr begann der heitere Teil des Abends. Kapitän und Offiziere nahmen bei uns Platz, um der Verlesung der Weihnachtszeitung beizuwohnen. Dann stieg mein Couplet, großer Applaus. Um 11 Uhr holten die Unteroffiziere mich auf die Back, wir mußten den ganzen Zimt nocheinmal machen, und dann wurde gegessen und getrunken bis gegen 2 Uhr. Ich konnte mich heimlich drücken, meinen Kahn neben dem Weihnachtsbaum aufsuchen. Da habe ich dann beim Schein einer Kerze den Brief von Hause gelesen und in glücklicher Weihnachtsstimmung aller, die mir lieb sind, gedacht.

Die Ausbildung geht zu Ende. Joachim Gottschalk macht seine letzte Fahrt auf dem Schulschiff.

4. Oktober 1924

Ja, ja, die guten Segelschiffe werden in der Welt umhergehetzt, weil sie eben nicht genug einbringen, mit ihnen ist kein Geschäft zu machen.
»Lustig ist die Reederei,
sie verdient viel Geld dabei.
Und ist der Kasten noch so alt,
so wird er nur frisch angemalt.«
Das paßt auch so recht auf unsere »Liesbeth«. Ein altes, schlecht ausgerüstetes Schiff, und die liebe Mannschaft kann sehen, wie sie klar kommt…
Gleich in der Nordsee erlebten wir ein großes Wetter. Noch vor Dover erreichte uns ein Süd-West-Sturm, bei dem uns mehrere Segel in Fetzen gingen. Sämtliches Tauwerk versagte den Dienst…
Am 24. April haben wir den Äquator passiert und unsere acht neuen Schiffsjungen durch die Taufe zu guten Seeleuten gemacht. Hierbei fungierte ich als Neptuns »Hofprediger« und habe eine Rede gehalten, die sich gewaschen hat…

Joachim Gottschalk heuert auf einer Bark an, kommt bis nach Chile und Australien. Anschließend fährt er auf einem Dampfer der Hamburg-Südamerika-Linie. Nach vier Jahren auf See mustert er 1926 bei der Handelsmarine ab und kehrt zu seiner Mutter nach Cottbus zurück. Sein Wunsch, Schauspieler zu werden, ist stärker als je zuvor. Unzählige Male hat er auf See mit Hilfe der vielen Reclam-Bändchen Theaterstücke in Gedanken durchgespielt, sich in eine Lieblingsrolle hineinversetzt. Nun endlich soll dieser alte Traum verwirklicht werden.

Er bittet den Cottbusser Spielleiter und Schauspieler Friedrich Lenar um eine Eignungsprüfung, die dann sehr positiv ausfällt. Joachim Gottschalk erhält Schauspielunterricht bei Lenar, der allerdings bald merkt, daß er kaum in der Lage ist, die außergewöhnlichen Fähigkeiten seines jungen Schülers angemessen zu fördern. Eine Bewerbung bei Leopold Jeßner in Berlin wird wegen Überfüllung des Seminars abschlägig beschieden. Aber eine Anfrage bei Professor Ferdinand Gregori hat Erfolg. Nachdem sich der renommierte Theaterwissenschaftler und Pädagoge von den Talenten des jungen Mannes aus der Provinz überzeugt hat, erklärt er sich bereit, ihn zu unterrichten. Die Ausbildung durch eine solche Koryphäe ist nicht billig: glücklicherweise wird Joachim Gottschalk von seinem älteren Bruder Ludwig unterstützt, der als Kaufmann gute Einkünfte hat. Das zur Verfügung stehende Geld teilt er gut ein, damit noch etwas für Theaterkarten übrig bleibt. Der Schauspielschüler Gottschalk sieht sich jede Reinhardt-Inszenierung an und sammelt auf den billigsten Plätzen der großen Häuser erste Eindrücke des großartigen Theatergeschehens der Metropole Berlin. Sein eigenes Debüt findet in einem wesentlich bescheideneren Rahmen statt. Es ist eine Aufführung des Vereins »Theater der höheren Schulen« im Theater des Westens. Ferdinand Gregori inszeniert die Wallenstein-Trilogie und gibt seinem Schüler in jedem der drei Stücke eine kleine Rolle.

Nachdem Joachim Gottschalk diese Feuertaufe mit Glanz bestanden hat, nimmt sich ein Theateragent seiner an. Gleich beim ersten Theaterdirektor, dem der Anfänger vorspricht, erhält er ein Engagement. Mit Beginn der Spielzeit 1927/28 gehört Joachim Gottschalk nun zum Ensemble der Württembergischen Volksbühne in Stuttgart. Es ist eine Wanderbühne, die in kleineren Städtchen gastiert, die über kein eigenes Theater verfügen. In Friedrichshafen am Bodensee steht er als Tschang-Ling in Klabunds »Kreidekreis« erstmals auf der Bühne. Mit Kostümen und Dekorationen reisen die Mitglieder des Ensembles durch Süddeutschland, spielen auch in Turnhallen und Wirtshaussälen. Der jugendliche Held und Liebhaber Joachim Gottschalk erhält die »fürstliche« Gage von 200,– Reichsmark im Monat und ist nicht mehr auf die Unterstützung seines Bruders angewiesen.

Zum Ensemble der Württembergischen Volksbühne gehört auch die Schauspielerin Meta Wolff, die im Gegensatz zu Joachim Gottschalk schon über eine mehrjährige Bühnenerfahrung verfügt. Sie hilft dem Anfänger bei seinen täglichen Übungen, sie verbringen viel Zeit zusammen und verlieben sich ineinander, mehr noch, es entwickelt sich eine große Liebe, die bis zum gemeinsamen Ende währen wird...

Joachim Gottschalk mit Meta auf der Bühne, 1928

3.3.28.

Württembergische Volksbühne

Leitung: Hans Herbert Michels

Der Geizige

Lustspiel in fünf Aufzügen von Molière

Spielleitung: Hans Herbert Michels

Bühnenbild: Erik Homann-Webau

Personen:

Harpagon	Hans Herbert Michels
Cleant, sein Sohn	Rolf Müller
Elise, seine Tochter	Lully Iberl
Anselm, ein reicher Witwer	Richard Grabert
Valer, dessen Sohn	Joachim Gottschalk
Marianne	Meta Wolff
Frosine	Charlotte Kunze
Simon, Makler	Hans Jeglinger
La Flèche, Diener Cleants	Walter Thurau
Jaques, Kutscher und Koch	Richard Cullenbach
Erster Bedienter	Gustav Böttcher
Zweiter Bedienter	Rudolf Gaßmeier
Ein Polizeikommissär	Wilhelm Hoenselaars

Ort der Handlung: Paris in Harpagons Hause

Inspektion: Hugo Bettin

Pause nach dem dritten Aufzug

G. Christmann, Inh. E. Sigel Wwe., Stuttgart.

Die erste Spielzeit des Schauspielers Joachim Gottschalk geht zu Ende, er verbringt den Sommer 1928 bei der Mutter in Cottbus. Die Familie ist froh, daß die Seefahrtszeit vorbei ist und der Jüngste mal wieder auf längere Zeit heimkehrt. Besonders Joachims Schwester Margarete ist stolz auf ihren schauspielernden Bruder, sie sammelt mit Eifer seine Theaterbilder, Programme und Kritiken.

Ab September ist Joachim Gottschalk wieder mit der Wanderbühne unterwegs. Die Rollen werden zusehends größer, der Anfänger hat sich durch sein überzeugendes Talent und seine Zuverlässigkeit schon beinahe unentbehrlich gemacht. Er spielt den Don Carlos, den Marchbanks in Shaws »Candida«, den Elis in Strindbergs »Ostern«, und wenn es sein muß, auch eine Gesangsrolle in einer Posse. Das Wanderbühnenrepertoire bewirkt durch seine Vielseitigkeit, daß sich der Anfänger »seine Hörner abstoßen« kann. Aber das Vagabundenleben ist kein Dauerzustand, so reizvoll die Aufgaben, die diese Bühne bietet, auch immer wieder sein mögen. Am Ende seiner zweiten Spielzeit bei der Württembergischen Volksbühne schließt Joachim Gottschalk daher einen Vertrag mit dem Zwickauer Stadttheater. Meta Wolff, seine große Liebe, hat ein Engagement in Halberstadt, die Wege des jungen Paares trennen sich für eine Weile. Gottschalk tritt als Malcolm in »Macbeth« am 21. 9. 1929 zum erstenmal in Zwickau auf. Er erfährt erste Anerkennung durch die Kritik, besonders in den modernen Stücken, die von den vorwiegend jungen Kräften in Zwickau auf die Bühne gebracht werden. In Ernst Barlachs »Sündflut« hebt er »...den verstümmelten Hirten als sympathische Gestalt aus dem Spiele heraus«. In dem Antikriegsstück »Die andere Seite« von R. G. Sheriff gelingt es ihm, den Leuntnant Raleigh »...durch treffliches Spiel wirkungsvoll« darzustellen. Sogar die brandneue »Dreigroschenoper« kommt ein Jahr nach der Berliner Uraufführung auf die kleine Bühne in Zwickau, Joachim Gottschalk spielt einen Bettler. Und immer wieder sind Komödien wie »Charlys Tante« oder die unvermeidlichen Schwänke von Arnold und Bach auf dem Spielplan zu finden; Joachim Gottschalk bewährt sich auch hier. »Der kann so herrlich schüchtern sein«, sagt neidlos ein Kollege. Bei aller Anerkennung ist die Trennung von der geliebten Frau doch eine große Belastung:

Zwickau, den 17. Januar 1930

> *... Es ist mal so ein Tag, an dem man Liebe ganz besonders braucht, wenn einem der Jammer dieser Erde mit elementarer Gewalt zur Erinnerung kommt. Ist es nicht schrecklich, das Leid und der Haß der Menschen?... O Liebchen, ich bin traurig, wenn ich an all das Elend denke, das die Menschen sich eigentlich selbst bereiten; die Erde ist so reich und schön, und wie wenige können sie genießen...*

Joachim Gottschalk ist die Gleichgültigkeit in bezug auf den politischen Alltag, die er bei vielen seiner Kollegen beobachten kann, nicht gegeben. Er hadert immer wieder mit den Problemen der Zeit, neigt, besonders wenn er allein ist, zum Grübeln. Seine impulsive Kraft lebt er auf der Bühne aus, der »Mortimer« in Schillers »Maria Stuart« wird sein größter Erfolg in Zwickau. »Da war die

Meta Gottschalk

Marion ... brennende Flamme..., und der schmale Gottschalk umhämmerte sie mit der Leidenschaft des vorzüglich gegebenen Dichterwortes. So starb mir noch kein Mortimer«, schreibt ein Kritiker.

Am 3. 5. 1930 heiraten Meta Wolff und Joachim Gottschalk in Halberstadt. Die Jüdin Meta ist ihrem Bräutigam zuliebe zum evangelischen Glauben übergetreten. Die Zeit, die Meta Gottschalk wieder zur Jüdin machen wird, ist nicht mehr fern...

Den Sommer 1930 verbringt Joachim Gottschalk bei einem Gastspiel mit Zwickauer Kollegen am Kolberger Stadttheater. Seine Ehefrau ist bei ihm, sie verleben in dem Ostseebad ihren ersten gemeinsamen Urlaub.

Mit der neuen Spielzeit beginnt für Gottschalk ein Engagement in Leipzig. Das dortige Alte Theater steht unter der Leitung von Detlef Sierck, zum Ensemble gehören Lina Carstens, Ruth Hellberg, Alexander Golling und Erhard Siedel. Dank seines jungen, sehr ambitionierten Leiters ist das Alte Theater ein höchst interessantes Unternehmen. Viele zeitgenössische Dichter werden aufgeführt, ein abwechslungsreicher Spielplan und das erstklassige Ensemble tun ein übriges, um das Publikum ins Haus zu ziehen. Joachim Gottschalk spielt hier erst einmal wieder kleine Rollen, dieses Los teilt er mit den meisten jungen Schauspielern, die an ein größeres Theater wechseln. Der Zuwachs wird so zunächst getestet; man stellt fest, was er wirklich kann. Joachim Gottschalk kann etwas, bald hat er seine erste größere Rolle als Partner von Ruth Hellberg in der Gesellschaftskomödie »Marguerite durch drei« von Fritz Schwiefert.

Meta Gottschalk spielt währenddessen immer noch am Stadttheater in Halberstadt. Obwohl sich kein Engagement in Leipzig oder der näheren Umgebung findet, kündigt sie schließlich Anfang 1932, um bei ihrem Mann sein zu können. Das Leben als ewige Untermieter hat endlich ein Ende, die Gottschalks beziehen ihre erste eigene Wohnung im Leipziger Norderneyer Weg 5 a. Joachim spielt Theater, die Rollen sind größer geworden, er hat Erfolg, die kleine Welt des jungen Paares ist in Ordnung.

»...Joachim Gottschalk ist jetzt Herzog Albrecht: ein junger Edelmann mit einem großen und kindlichen Herzen, in der Welt, in der zu leben er gezwungen ist, noch ein bißchen fremd. Einer von den Gütig-Vornehmen, die sich an den Kanten der Wirklichkeit wundstoßen und die, aus tausend Wunden blutend, sich selbst treu bleiben möchten. Es war eine Freude, diese ungewöhnliche schauspielerische Begabung sich wieder einmal an einer würdigen Aufgabe bestätigen zu sehen...«

Ohne es zu wissen, skizziert der Rezensent der Leipziger Neuesten Nachrichten die Zukunft des Joachim Gottschalk. Ende Januar 1933 hat das Deutsche Reich einen neuen Kanzler namens Adolf Hitler, der für Kanten sorgt, an denen sich diejenigen wundstoßen können, die sich selbst treu bleiben wollen. Die ehemalige Jüdin Meta Gottschalk ist zu dieser Zeit im achten Monat schwanger. Am 19. 2. 1933 kommt Michael zur Welt, der einmal als »Mischling ersten Grades« gelten wird...

Joachim Gottschalk ist ein national denkender Mensch, ein Nationalsozialist ist er nicht, kann er nicht sein. Er spielt die Titelrolle in der Tragödie »Lorenzaccio« des antisemitischen »Dichters der Bewegung« Dietrich Eckart. Er hat sich nicht gerade um diese Aufgabe gerissen, aber ein Zeichen der Ergebenheit ist es schon. Er berät sich mit dem Kritiker Herbert Ihering, der ihn in Leipzig gesehen und als »klar und beherrscht« beschrieben hat. Ihering rät zu vorsichtigem Taktieren. Im Ensemble gibt es Schauspieler, die sich offen zu den neuen Herren in Deutschland bekennen. Doch niemand bedrängt den liebenswerten Kollegen und seine jüdische Frau. Unter Detlef Siercks Leitung finden keine Hexenjagden statt. Trotzdem möchte Joachim Gottschalk an ein anderes Theater wechseln, in eine andere Stadt, wo nicht jeder sein Privatleben kennt.

Am 9. 2. 1934 kommt der Intendant der Frankfurter Städtischen Bühnen Meißner eigens nach Leipzig, um sich einen Eindruck von dem Mann zu verschaffen, den ihm der Theateragent Schulte als »der deutsche Typ des jugendlichen Helden« empfohlen hat. Meißner sieht Gottschalk als Fortinbras im »Hamlet«, ganze 20 Zeilen Text genügen ihm, es kommt sogleich zu einem

Vorvertrag. Schon eine Woche später trifft der unterschriftsreife Dienstvertrag in Leipzig ein, in dem es heißt: »Jugendlicher Held und Rollen nach persönlicher Eignung.« Nachdem der unterzeichnete Vertrag wieder in Frankfurt angekommen ist, folgt postwendend der alles entscheidende »Fragebogen zum Nachweis der arischen Abstammung und der politischen Zuverlässigkeit für neu einzustellende Angestellte und Arbeiter«. Im ausgefüllten Fragebogen steht über Meta Gottschalk: »Bekenntnis: ev. luth.« und »früheres Bekenntnis: israelitisch«. Dies wird von einem eifrigen Sachbearbeiter der Frankfurter Stadtverwaltung dick und farbig unterstrichen. Doch der Intendant Meißner hat sich längst höheren Ortes abgesichert. Er darf den »jüdisch versippten« Schauspieler Joachim Gottschalk engagieren, eine Sonderauftrittserlaubnis des Propagandaministeriums liegt vor. Joachim Gottschalk hat seinen künftigen Intendanten von Anfang an über seine Verhältnisse aufgeklärt: »Damit später keine falschen Deutungen entstehen – ich bin mit einer nicht arischen Frau, einer getauften Jüdin, verheiratet«, schreibt er in einem Brief. Generalintendant Meißner, ein ehemaliges SPD-Mitglied, weiß klare Verhältnisse zu schätzen.

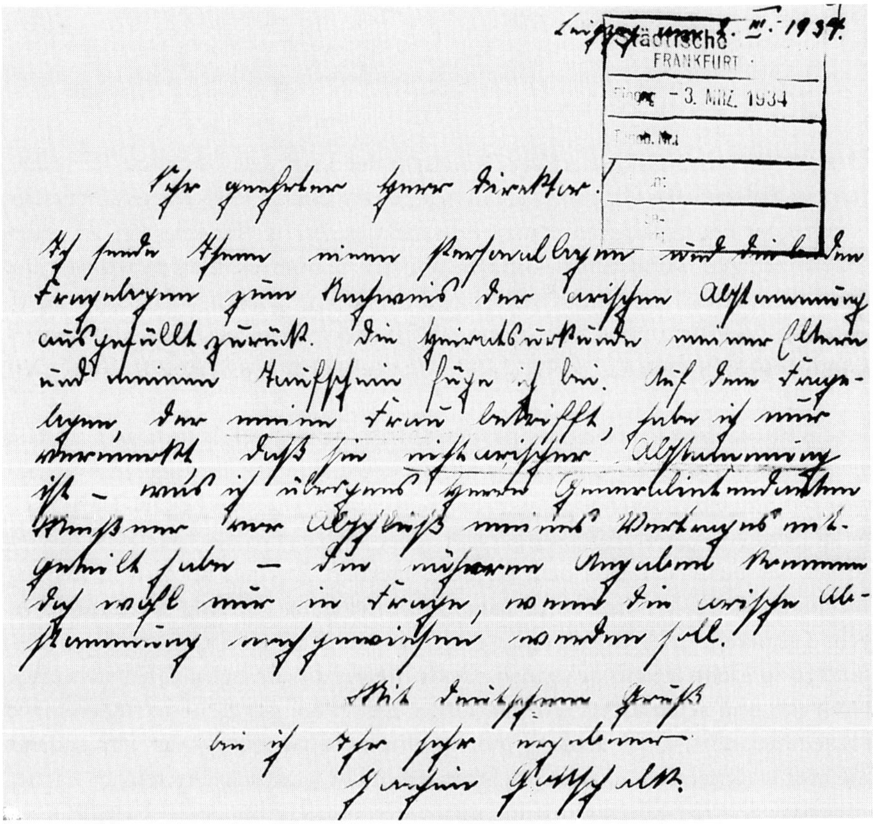

Leipzig am 2. III. 1934

Sehr geehrter Herr Direktor!

Ich sende Ihnen einen Personalbogen und die beiden Fragebogen zum Nachweis der arischen Abstammung ausgefüllt zurück. Die Heiratsurkunde meiner Eltern und meinen Taufschein füge ich bei. Auf dem Fragebogen, der meine Frau betrifft, habe ich nur vermerkt, daß sie nicht arischer Abstammung ist – was ich übrigens Herrn Generalintendanten Meißner vor Abschluß meines Vertrages mitgeteilt habe. Die näheren Angaben kommen doch wohl nur in Frage, wenn die arische Abstammung nachgewiesen werden soll.

Mit deutschem Gruß
bin ich Ihr sehr ergebener
Joachim Gottschalk

Schreiben an den Verwaltungsdirektor der Städtischen Bühnen Frankfurt/Main

Am 1. 7. 1934 zeigt sich Joachim Gottschalk auf dem Römerberg zum erstenmal dem Frankfurter Publikum. In Schillers »Jungfrau von Orleans« hat er die Rolle des »Karl VII. König von Frankreich«. In der Besprechung dieser

Meißner-Inszenierung schreibt die Frankfurter Zeitung im Hauptblatt: »Ja, Gottschalk bringt für den König ein schönes Äußeres mit und dazu die Züge des Weichen und Unbekümmerten und eine wohlklingende Sprache. Stärker als sein Vorgänger gibt er seiner Aufgabe auch Überzeugung und Bedeutung.« Zehn Tage später heißt es in der gleichen Zeitung in der Kritik zu »Wallensteins Lager«: »Gottschalks Max ist ein großer Gewinn. Er hat zu der Schönheit der Jugend die mitschwingenden und edel gefüllten Verse Schillers, er hat den Drang ungeprüfter Überzeugung, das prachtvolle Ungestüm der Verbrennenden und – er liebt, er liebt und singt seine Arie aus heißem Herzen.«

Meißners Eindruck hat sich bestätigt, sein spontaner Entschluß war gerechtfertigt, er hat genau den richtigen unbekannten jungen Schauspieler nach Frankfurt geholt. Ein jugendlicher Held und Liebhaber, dem die Kritiker wahre Hymnen schreiben, dem das Publikum zujubelt während dieser mehrwöchigen Freiluftaufführungen auf dem Römerberg. Noch weiß hier kaum jemand von dem kleinen »Webfehler« des strahlenden Helden.

Joachim Gottschalk geht während der Festspielzeit auf Wohnungssuche, denn Meta und Michael sollen nun aus Leipzig nachkommen. Im Spätsommer 1934 beziehen die Gottschalks eine Wohnung im Erdgeschoß des Hauses David-Stempel-Straße Nr. 1. Sie leben sehr zurückgezogen, nur wenige gute Freunde kennen das Privatleben dieser Familie, die mit dem Makel der »Mischehe« lebt. Einige Kollegen gehören bald zu diesem engen Kreis, Friedrich Maurer, Ernst Sattler, 1935 kommen René Deltgen und seine Frau Elisabeth dazu. Es ist ein beachtliches Ensemble, über das der Intendant Meißner jetzt verfügt; Joachim Gottschalk ist sein Lieblingsschauspieler und sein Sorgenkind. Er muß abgeschirmt und behütet werden. Immer wieder braucht er Vorschuß; trotz seines guten Einkommens – die Jahresgage beträgt über 10.000 Reichsmark – lebt er über seine Verhältnisse. Er möchte Frau und Kind verwöhnen, außerdem unterstützt er die Mutter daheim in Cottbus. Gottschalk ist ständig mit einigen hundert Mark bei den Städtischen Bühnen in der Kreide. Aber es ist auch ein Vorschuß auf das Leben, den die Gottschalks jetzt nehmen. Noch können die beiden zusammen ins Konzert-Café Rumpelmayer oder auf die Rennbahn gehen. Gelegentlich erkennt man dort den gutaussehenden Schauspieler und seine dunkelhaarige, hübsche Frau. Sonntagsvergnügen eines Vielbeschäftigten.

Meta und Michael Gottschalk

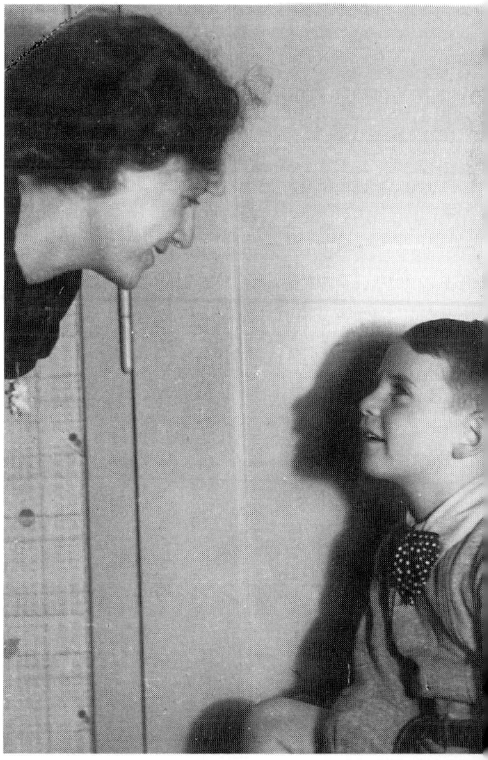

Aber die Politik läßt sich aus dem Leben im »Dritten Reich« nicht ausklammern. Am 9. 5. 1936 hat der Schauspieler Joachim Gottschalk als Angestellter der Stadt Frankfurt ein Gelöbnis abzulegen: »Ich habe heute das nachstehende Treuegelöbnis abgegeben und durch Handschlag bekräftigt. Ich gelobe: Ich werde dem Führer des Deutschen Reiches und Volkes Adolf Hitler treu und gehorsam sein und meine Dienstobliegenheiten gewissenhaft und uneigennützig erfüllen.«

Während Joachim Gottschalk dieses Treuegelöbnis auf den Führer Adolf Hitler ablegt, erklärt dieser Juden per Gesetz zu Menschen zweiter Klasse. Dabei spielt es keine Rolle, ob diese Juden getauft sind wie Meta Gottschalk. Sie allerdings genießt den besonderen Schutz einer sogenannten privilegierten Mischehe, natürlich nur, weil ihr Ehemann so begehrt ist.

Joachim Gottschalk als Frank in »Götz von Berlichingen«, Frankfurt/Main 1936

Im Frühjahr 1937 ist das aufsehenerregende Gastspiel des Frankfurter Schauspielers Joachim Gottschalk an der Berliner Volksbühne. Dieser strahlende »Fiesco« ist ein großer Erfolg, der hier wochenlang allabendlich über die Bühne am Horst-Wessel-Platz geht. Der Propagandaminister Goebbels nutzt die Gelegenheit, diesen Schauspieler, den man trotz seiner jüdischen Frau so sehr schätzt, nun einmal selber in Augenschein zu nehmen. Sein Ministerium, das heißt die Reichstheaterkammer, hat im Februar schon einmal vorgefühlt, ob und wie diesem Gottschalk das Wasser abzugraben wäre: »... Für die Mitteilung der Vertragsdauer des Herrn Joachim Gottschalk an Ihrer Bühne wäre ich Ihnen sehr verbunden. Heil Hitler, Peterz, Leiter Fachgruppe 3.«

Aber der Intendant Meißner denkt nicht daran, seinen Liebling zur Disposition zu stellen. Natürlich versteht er den Wink mit dem Zaunpfahl, aber er reagiert furchtlos: »Auf Ihr Schreiben teile ich Ihnen höflichst mit, daß Herr Joachim Gottschalk bis 31. 8. 1941 bei uns gebunden ist.«

Diese knappe Antwort, eine klare Loyalitätserklärung, schützt Joachim Gottschalk in Frankfurt. Und nun macht dieser Gottschalk auch noch in Berlin Furore:

»Schon auf dem Römerberg zu Frankfurt am Main bei der dortigen ›Fiesco‹-Aufführung hatte sich Deltgen trefflich mit Joachim Gottschalk als Fiesco einspielen können. Nun standen sich die beiden auf der Volksbühne im geschlossenen Raum wieder gegenüber. Das Spiel des Frankfurter Gastes wurde mit großer Spannung und ebensolcher Aufmerksamkeit entgegengenommen. Sein klares, kräftiges, biegsames Organ durchdrang leicht den gewaltigen Raum. Sein Temperament riß ihn und die Zuhörer fort. Er hatte Augenblicke, in denen die Sätze wie Stichflammen hervorschossen, ganz Genua anzuzünden, wie es der Dichter in seinem Überschwang gewollt. Dem äußeren Eindruck nach war er mehr ein Jüngling als ein Mann, aber eben reizvoll gerade in dieser Jugendlichkeit. Zudem ein Schauspieler, der das Wort zu handhaben weiß, dem auch die große ›Tücke‹, die Schiller von dieser Rolle verlangt, sicherlich noch einmal zuwachsen wird...«

Die Lorbeeren von Presse und Publikum werden im Propagandaministerium argwöhnisch registriert. Der Intendant Klöpfer indes freut sich über das erfolgreiche Gastspiel, das aufgrund der großen Nachfrage sogar verlängert werden muß. Nur die immer näher rückenden Römerberg-Proben beenden schließlich die triumphale Aufführungsserie. Der Schauspieler Gottschalk wird dringend in Frankfurt zurückerwartet, er ist unersetzlich, ja einzigartig. Er verkörpert einen ganz neuen Typ, ist modern im besten Sinne des Wortes, aber nicht wie es jetzt Mode ist, zackig und »deutsch«. Er ist männlich und draufgängerisch, aber anders als beispielsweise der burschikose Albers oder der oft etwas manieriert wirkende Söhnker. Er ist unsentimental und charmant, dabei oft von einer zauberhaften Schüchternheit, er ist einfach unvergleichlich, ein ganz eigener Typ. Und er ist sehr fotogen, eigentlich ein gutes Filmgesicht. Der Schirmherr des deutschen Films, der Propagandaminister Goebbels, hat Texte zu einem Film beigesteuert, der so recht von deutscher Art sein soll. Für »Unternehmen Michael«, einen Kriegsfilm, der an der Westfront 1918 spielt, bekommt Joachim Gottschalk sein erstes Filmangebot. Aber der Kontrakt mit der Ufa kommt dann doch nicht zustande. An den Probeaufnahmen kann es nicht gelegen haben, sie sind mit Beifall aufgenommen worden, nur Joachim Gottschalk selbst war von ihnen enttäuscht. Aber es gibt jemanden, der ganz fest an seine Fähigkeiten glaubt, mehr noch, alles daransetzt, ihm endlich eine gute Filmrolle zu verschaffen. Ruth Hellberg, mittlerweile verheiratet mit dem Schauspieler und Regisseur Wolfgang Liebeneiner, kennt Joschi, wie sie ihn nennt, seit dem gemeinsamen Engagement in Leipzig 1930. Sie hat seine Entwicklung auch weiter verfolgt, als sich ihre künstlerischen Wege trennten. Nun setzt sie alle Hebel in Bewegung, um Joachim Gottschalk zum Film zu bringen. Für das nächste Projekt, bei dem sie zum erstenmal unter der Regie ihres Mannes spielen wird, ist Gottschalk ihr Wunschpartner. In »Yvette« nach Maupassant soll er den Jean spielen. »Joschi« schreibt in einem Brief vom 8. 7. 1937:

... Ja und nun zu Deinen Filmprojekten. Vorerst danke ich Dir mal für Deinen Eifer und die Begeisterung, mit der Du für mich denkst und arbeitest. Aber ich wünschte Dir ein geeigneteres Objekt für Deine Pläne. Also hinsichtlich der Fachschaft habe ich nichts mehr unternommen, möchte auch vorläufig kein Gesuch bei Hinkel oder Goebbels machen, da mir der Mut dazu fehlt, und ich lieber abwarten möchte, ob ich H. hier nicht mal persönlich sprechen kann. Ich habe jetzt erst eine Sondergenehmigung erhalten, die mir in jederzeit widerruflicher Form gestattet, in Frankfurt weiterhin tätig zu sein. Womöglich würde es mir also als Vermessenheit ausgelegt, wenn ich jetzt mit Filmwünschen käme, und ich könnte mir alles verderben. Ist's denn wirklich so eilig? Ich werde natürlich nicht jünger, aber allzuviel Schönheit ist ja nicht zu verlieren, und vielleicht machen es später die charaktervollen Falten. Das geschilderte Manuskript ist mir zu schön und die Rolle direkt phantastisch gut: ich sehe schon Hans Albers oder Gustav Fröhlich darin. Denn ich? Ach du lieber Gott, Ruth; erstens würde Wolfgang niemals einen Film-Anfänger für solche Bombenrolle vorschlagen können, und selbst wenn er es täte: Die Ufa ginge dies Risiko nie ein. Ich selbst hätte Hemmungen. Und wo soll ich die Zeit hernehmen?...

Ruth Hellberg unternimmt einen letzten Versuch; sie fährt kurz vor Drehbeginn nach Frankfurt und bittet Meißner, Joachim Gottschalk diese Chance nicht zu verbauen. Doch der Intendant meint, er könne sein Theater schließen, wenn er seinem ersten Schauspieler jetzt Urlaub gäbe. Albert Matterstock, der gerade frei ist, bekommt die Filmrolle. Brief an Ruth Hellberg, 29. 11. 1937:

... Du fragst nach Matterstock. Er hat uns in »Land d. Liebe« sehr gut gefallen. Seine anderen Filme sahen wir noch nicht, aber in dem ersten fand ich ihn weit über dem üblichen deutschen Liebhaberniveau und glaube sicher, daß Wolfgang etwas aus ihm machen kann. – Freilich, ich *wäre mir lieber gewesen. Ach, Ruth, mir wird ganz wehmütig, wenn ich daran denke, daß ich jetzt mit Euch arbeiten könnte, daß ich mal ein bißchen was dazu lernte und mich an guten Schauspielern messen könnte. Es ist wirklich traurig, daß nichts daraus geworden ist. Aber vielleicht blüht mir doch noch mal das Glück, so Gott und Hinkel es wollen. An Euch jedenfalls kann es nicht liegen, wenn ich keine Karriere mache. Ihr seid so rührend nett mit mir, daß ich gar nicht weiß, womit ich das verdient habe, d.h. verdient habe ich's überhaupt nicht und vergelten kann ich's auch nicht, nur versprechen will ich Euch, daß ich mir die Minderwertigkeitsgefuhle abgewöhnen will und mir alle Mühe geben werde, Euch keine Schande zu machen, wenn es mal darauf ankommt. – Daß Sie, lieber Wolfgang bei all Ihrer Arbeit noch Zeit und Interesse aufgebracht haben, sich meine Probeaufnahmen anzusehen, macht mich ganz glücklich und stolz. Und Sie finden sie wirklich anständig? Oder hat Ruth ein bißchen übertrieben, um mir Mut zu machen? Ich bin ja schon froh, wenn die Sache überhaupt erträglich ist. – O es wäre herrlich, wenn ich hier mal raus käme, der Betrieb geht mir sehr auf die Nerven!...*

Im Rahmen der 1. Gaukulturwoche Hessen-Nassau ist auch Joachim Gottschalk beschäftigt, er trägt Schillers Gedicht »Die Künstler« vor. Die Tatsache, daß der mit einer Jüdin verheiratete Schauspieler bei einer Veranstaltung der NSDAP Worte des deutschen Nationalheros rezitiert, genügt einigen Bonzen, um einen Eklat zu inszenieren. Der Gaupropagandaleiter Stöhr schreibt an den Intendanten Meißner:

»2. 12. 37 Was nicht wiedergutgemacht werden kann, ist eine Handlungsweise, die das Ansehen der Partei und ihrer Führer herabsetzt. Im Fall Gottschalk sehe ich zudem nur ein Glied in der Kette... Ich bin auch so naiv gewesen, zu glauben, daß es im 5. Jahr der nationalsozialistischen Revolution in Frankfurt a.M. nicht mehr möglich ist, den Theaterbesuchern einen jüdisch versippten Schauspieler zu präsentieren...«

Zwei Wochen später setzt er nach, jetzt mit Rückendeckung oberster Dienststellen:

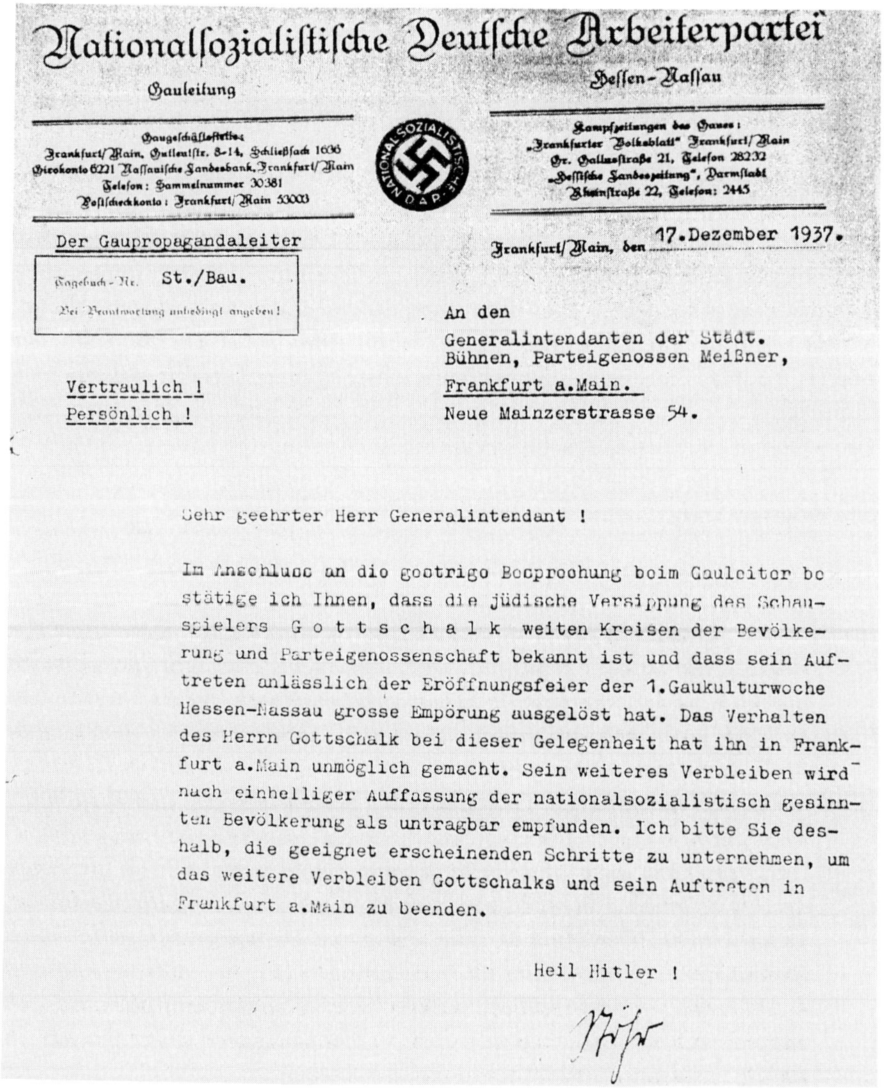

Nationalsozialistische Deutsche Arbeiterpartei
Gauleitung Hessen-Nassau

Gaugeschäftsstelle: Frankfurt/Main, Gutleutstr. 8-14, Schließfach 1636
Girokonto 6221 Nassauische Landesbank, Frankfurt/Main
Telefon: Sammelnummer 30381
Postscheckkonto: Frankfurt/Main 53003

Kampfzeitungen des Gaues: „Frankfurter Volksblatt" Frankfurt/Main
Gr. Gallusstraße 21, Telefon 28232
„Hessische Landeszeitung", Darmstadt
Rheinstraße 22, Telefon: 2445

Der Gaupropagandaleiter

Tagebuch-Nr. St./Bau.
Bei Beantwortung unbedingt angeben!

Frankfurt/Main, den 17. Dezember 1937.

An den
Generalintendanten der Städt. Bühnen, Parteigenossen Meißner,
Frankfurt a.Main.
Neue Mainzerstrasse 54.

Vertraulich !
Persönlich !

Sehr geehrter Herr Generalintendant !

Im Anschluss an die gestrige Besprechung beim Gauleiter bestätige ich Ihnen, dass die jüdische Versippung des Schauspielers G o t t s c h a l k weiten Kreisen der Bevölkerung und Parteigenossenschaft bekannt ist und dass sein Auftreten anlässlich der Eröffnungsfeier der 1.Gaukulturwoche Hessen-Nassau grosse Empörung ausgelöst hat. Das Verhalten des Herrn Gottschalk bei dieser Gelegenheit hat ihn in Frankfurt a.Main unmöglich gemacht. Sein weiteres Verbleiben wird nach einhelliger Auffassung der nationalsozialistisch gesinnten Bevölkerung als untragbar empfunden. Ich bitte Sie deshalb, die geeignet erscheinenden Schritte zu unternehmen, um das weitere Verbleiben Gottschalks und sein Auftreten in Frankfurt a.Main zu beenden.

Heil Hitler !

Nun kann nicht einmal mehr Meißner Joachim Gottschalk halten, ohne seine eigene Position zu gefährden. Er wartet noch die Weihnachtsfeiertage ab, ehe er die ihm abgenötigte Entscheidung fällt:

»28. 12. 37
Herr Generalintendant Meißner hat heute Herrn Joachim Gottschalk mitgeteilt, daß er ihn mit sofortiger Wirkung aus dem Spielplan der Städtischen Bühnen herausziehen werde und daß die Umbesetzung der von ihm seither dargestellten Rollen bis spätestens 8. 1. 38 durchgeführt sein werde.«

Joachim Gottschalk ist zum erstenmal mit der nationalsozialistischen Wirklichkeit kollidiert. Seine Ehrlichkeit und Gradlinigkeit haben keine Früchte getragen. Ausdrücklich hatte er schon bei seiner Bewerbung auf seine Frau hingewiesen. Während er vier Jahre lang die schönsten Erfolge in Frankfurt gehabt hat, scheinen die dienstbeflissenen Nazis, die an der Macht sind, an seinem Strick gedreht zu haben. Ein Staat treibt einen Keil zwischen zwei Menschen, zum erstenmal ist von Scheidung die Rede. Aber weder Meta noch Joachim sehen das ernsthaft als mögliche Lösung, es wird nie dazu kommen...

Noch gibt es gute Freunde, auch in einflußreichen Positionen. René Deltgen und seine Frau Elisabeth signalisieren Hilfsbereitschaft. Herbert Ihering, selbst schon gefährdet, hat ohnehin immer ein offenes Ohr für alle Bedrängten. Am tatkräftigsten aber ist Ruth Hellberg, diese zierliche Frau, die zwar immer noch Jungmädchenrollen spielt, aber über einen enormen Mut zu verfügen scheint. Sie hat aus ihrer ersten Ehe mit Fritz Landshoff einen siebenjährigen Sohn, der nun als Andreas Liebeneiner behütet aufwächst. Niemand erfährt, daß er einen jüdischen Vater hat, der längst emigriert ist. So kann Ruth Hellberg natürlich gut verstehen, wie den Gottschalks zumute ist. Am liebsten hätte sie die drei in Berlin unter ihren Fittichen. Am 3. 1. 1938 erfährt sie durch Joschis Brief von den jüngsten Ereignissen:

> *Frankfurt a/M d. 3. 1. 38*
>
> *...wie gut wäre es gewesen, wenn ich fortgekonnt hätte, dann wäre das ganze Schlamassel nicht passiert. Dein Ausdruck, »es ist sehr gut, wenn ich hier nicht zu verankert bin«, ist nicht recht am Platze, denn ich werde hier bald gar nicht mehr verankert sein. Am 8. Januar spiele ich zum letzten Male, und das ist auch am besten so, damit gewisse Stellen nicht Grund zu neuen Schikanen haben. Geld kriege ich vorläufig noch, aber man hofft, ich brauche es nicht mehr lange und finde eine andere Arbeitsmöglichkeit. Im Theater und auch sonst macht sich mit zunehmendem Bekanntwerden der Aktion eine wachsende Empörung breit und schon deshalb ist es besser, wenn ich bald Frankfurt verlasse, ehe es zu Demonstrationen für mich kommt, die doch nur wieder als Provokationen ausgelegt werden müßten. – Außerdem ist's schrecklich, untätig hier zu sitzen und alles auf sich zukommen zu lassen. Voraussichtlich bin ich daher Mitte Januar in Berlin...*

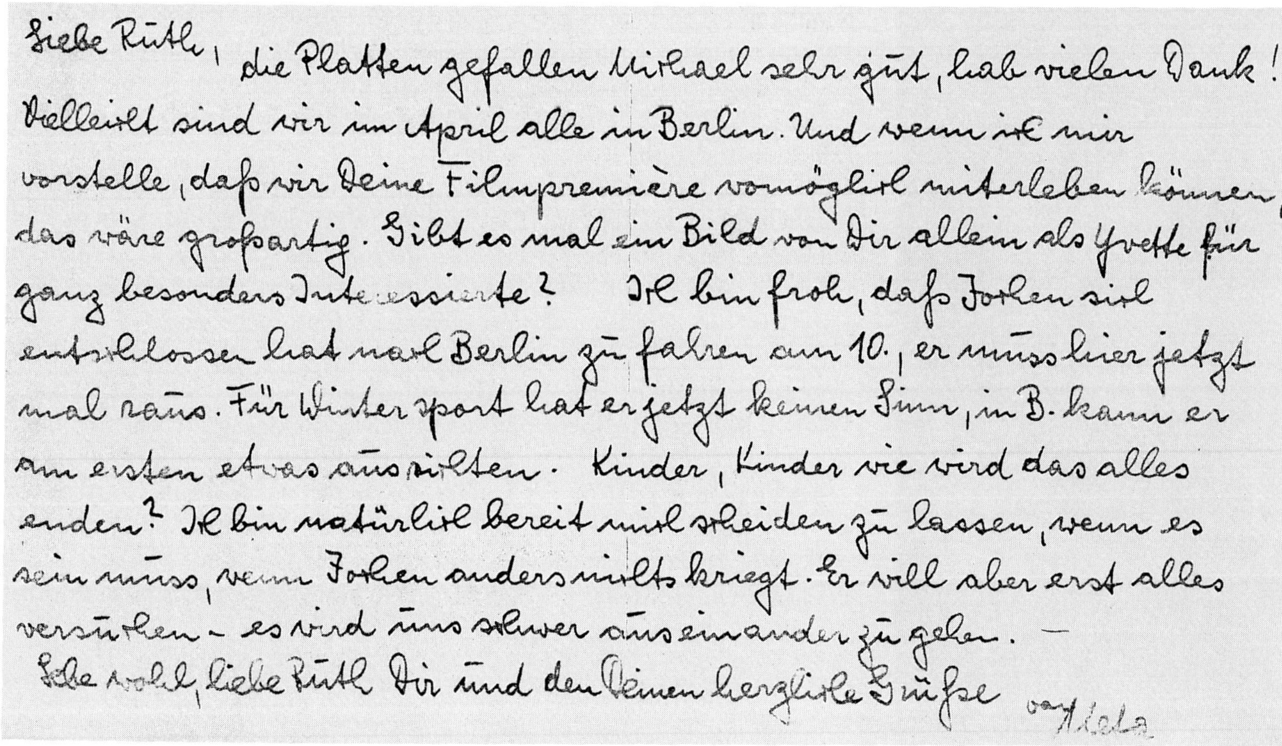
Liebe Ruth, die Platten gefallen Michael sehr gut, hab vielen Dank! Vielleicht sind wir im April alle in Berlin. Und wenn ich mir vorstelle, daß wir Deine Filmpremière womöglich miterleben können, das wäre großartig. Gibt es mal ein Bild von Dir allein als Yvette für ganz besonders Interessierte? Ich bin froh, daß Jochen sich entschlossen hat nach Berlin zu fahren am 10., er muss hier jetzt mal raus. Für Wintersport hat er jetzt keinen Sinn, in B. kann er am ersten etwas ausrichten. Kinder, Kinder wie wird das alles enden? Ich bin natürlich bereit mich scheiden zu lassen, wenn es sein muss, wenn Jochen anders nichts kriegt. Er will aber erst alles versuchen – es wird uns schwer auseinander zu gehen. – Lebe wohl, liebe Ruth Dir und den Deinen herzliche Grüße von Meta

Auch Herbert Ihering bekommt Bescheid, was Joachim Gottschalk plant. Der Anruf »Es ist soweit. Ich komme!« genügt, damit der ehemalige Kritiker, der mittlerweile Publikationsverbot hat, seine alten Beziehungen spielen läßt. Eugen Klöpfer, der schon nach dem Fiesco-Gastspiel im Frühjahr 1937 gern einen Vertrag abgeschlossen hätte, äußert zwar Befürchtungen wegen des Wirbels, der in Frankfurt entstanden ist, aber Ihering überzeugt ihn, daß der Gewinn, den Gottschalk bedeutet, es wert ist, ein Risiko einzugehen.

Am Montag, den 10. 1. 1938, sitzt Joachim Gottschalk im Zug nach Berlin. Am frühen Vormittag klingelt er bei Ruth Hellberg und Wolfgang Liebeneiner, die ihn sofort aufnehmen und ihm weiterhelfen. Ein kurzer Anruf bei Gründgens, schon hat Joachim Gottschalk seinen Termin beim Intendanten der Preußischen Staatstheater, der so viele gefährdete Künstler beschützt. Aber als Gottschalk abends in das Haus der Freunde zurückkehrt, hat er einen Vertrag bei Eugen Klöpfer abgeschlossen. »Ich soll sofort mit Fiesco-Proben anfangen«, berichtet er erfreut. Auf die Frage, warum er ausgerechnet die vom Propagandaministerium kontrollierte Volksbühne dem relativ sicheren Staatstheater vorzieht, erwidert er ganz naiv: »Alle Rollen, in denen ich Erfolg hätte, spielt doch natürlich Gründgens selbst, da bleibt ja nichts für mich!« Nun also hat Joachim Gottschalk seinen Volksbühnenvertrag, der am 1. 9. 1938, zu Beginn der neuen Spielzeit, Gültigkeit erlangt. Bis dahin gilt er als Gast, schon am 29. 1. tritt er als Melchtal im »Tell« zum erstenmal auf. Der Kollege René Deltgen besorgt eine

Liebe Ruth,
die Platten gefallen Michael sehr gut, hab vielen Dank! Vielleicht sind wir im April alle in Berlin. Und wenn ich mir vorstelle, daß wir Deine Filmpremiere womöglich miterleben können, das wäre großartig. Gibt es mal ein Bild von Dir allein als Yvette für ganz besonders Interessierte? Ich bin froh, daß Jochen sich entschlossen hat nach Berlin zu fahren am 10., er muss hier jetzt mal raus. Für Wintersport hat er jetzt keinen Sinn, in B. kann er am ersten etwas ausrichten. Kinder, Kinder wie wird das alles enden? Ich bin natürlich bereit mich scheiden zu lassen, wenn es sein muss, wenn Jochen anders nichts kriegt. Er will aber erst alles versuchen – es wird uns schwer auseinander zu gehen. – Lebe wohl, liebe Ruth Dir und den Deinen herzliche Grüße von Meta

Brief von Meta Gottschalk an Ruth Hellberg

Joachim Gottschalk in seiner Paraderolle »Fiesco«

Wohnung im Seebergsteig Nr. 2, einem Mietshaus, in dem er selbst bis vor kurzem wohnte. Im April, während Gottschalk in dem Stück »Verwandte sind auch Menschen« spielt, erfolgt der Umzug der Familie nach Berlin. Ein neuer Anfang ist gemacht, Meta und Joachim Gottschalk schöpfen neue Hoffnung, nun endlich in Ruhe leben zu können.

Wolfgang Liebeneiner bereitet seine vierte Filmregie vor. Nach dem Roman »Du selber bist das Rad« von Eberhard Frowein soll der Streifen »Du und Ich« entstehen. Ruth Hellberg setzt alles daran, damit Joachim Gottschalk die männliche Hauptrolle bekommt. Ein monatelanger Kampf um eine Dreherlaubnis für den beim Propagandaministerium unbeliebten Schauspieler beginnt. Für das Theater existiert immer noch die jederzeit widerrufbare Sonderauftrittserlaubnis. Eine Genehmigung zum Filmen will Goebbels dem »jüdisch Versippten« überhaupt nicht erteilen. Wolfgang Liebeneiner, immer wieder angestachelt von seiner Frau, läßt nicht locker. Er ist immerhin einer der angesehensten Regisseure des Landes. Da er sich auf Joachim Gottschalk als seinen Johann Uhlig versteift und der Beginn der Dreharbeiten immer näher rückt, gibt das Propagandaministerium schließlich nach. Ende Mai beginnen die Dreharbeiten im Atelier in Babelsberg. Joachim Gottschalk ist überglücklich. Am 19. 6. schreibt er einen Brief an Hans Meißner:

> *... Es ist gelungen und ich bin sehr glücklich, es Ihnen mitteilen zu können: ich drehe meinen ersten Film und bin damit auch aus allen finanziellen Schwierigkeiten bis zum Beginn meines Theaterengagements am 1. 9. heraus. [...] Liebeneiner ist ein herrlicher Regisseur, Mondi ein glänzender Kameramann, und in Brigitte Horney habe ich die angenehmste Partnerin gefunden: sehr stark als Schauspielerin, sehr gut im Ausdruck und – so gar kein Star. Es kann also nur an mir liegen, wenn es nun schiefgeht.*

Es geht nicht schief, ganz im Gegenteil. Der Filmneuling bewährt sich auf Anhieb und rechtfertigt das Vertrauen, das die Verantwortlichen in ihn gesetzt haben. Gottschalk gestaltet den Johann Uhlig, der es vom einfachen Strumpfwirker bis zum Fabrikbesitzer bringt, auf seine Weise. Mit subtilen Mitteln, einem Unterspielen eigentlich, nimmt er der Rolle des Aufsteigers alles Heroische, das diesen Tatmenschen etwa zu einer Art Führerfigur stilisieren könnte. Bei dieser Konzentration auf Einfachheit in der Darstellung wird er von seiner Partnerin Brigitte Horney unterstützt. Diese erste gemeinsame Arbeit ist der Beginn einer engen Freundschaft der beiden Schauspieler. Im Juli gehen die Dreharbeiten mit Außenaufnahmen in Oberlungwitz im Erzgebirge zu Ende. Nach der Uraufführung des Filmes überbieten sich die Zeitungen des Reiches gegenseitig in der Veröffentlichung von Lobeshymnen. Berliner Lokal-Anzeiger:

> »Dem Strumpfwirker gibt Joachim Gottschalk eine ungewöhnliche Mischung von Besinnlichkeit und Energie, Klugheit und Glauben, und Brigitte Horney ist mit ihrem ausdrucksstarken Gesicht voll Härte und Zärtlichkeit, Trotz und Treue die Frau, die erst mühsam den scheinbaren Egoismus des männlichen Arbeitswillens begreift.«

Berliner Tageblatt:

»Joachim Gottschalk, ein neues, ausgezeichnetes Gesicht für die Leinwand, brachte für den Johann eine, man möchte sagen, bäuerliche Ruhe mit...«

12 Uhr Blatt, Berlin:

»Hauptdarsteller sind Brigitte Horney und Joachim Gottschalk, und die Tatsache, daß man sich nachträglich sofort dafür entschuldigen möchte, sie als ›Darsteller‹ bezeichnet zu haben, läßt vielleicht ahnen, in welchem Umfange diese beiden an dem großen Erfolg des Films beteiligt sind.«

Hamburger Anzeiger:

»Joachim Gottschalk zeichnet mit künstlerischer Disziplin den Weg des Strumpfwirkers. Jeder Ton und jede Geste sind von zuchtvollster Lebensnähe. Ein stilles Gesicht, aber ein starkes Herz. Ein Schauspieler, der sich der Partnerschaft der Horney würdig erwies. Einer, den man sich merken wird.«

Leipziger Tageszeitung:

»... In Joachim Gottschalk, der in der Rolle des Uhlig sein Filmdebüt gibt, ist ein Darsteller gefunden, der die Überzeugungsgabe für solche Verdeutlichung in einzigartigem Maße besitzt. Im dramatisch-bewegten Zusammenspiel mit Brigitte Horney läßt dieser Künstler ... die Gestalt und das Geschick des Strumpfwirkers zum greifbaren Erlebnis werden...«

Joachim Gottschalk und Brigitte Horney in dem Film »Du und ich«, 1938

»Aufruhr in Damaskus«, 1939

Joachim Gottschalk ist zu dieser Zeit schon wieder auf Reisen, unterwegs nach Tripolis, wo Ende September die Außenaufnahmen zu seinem zweiten Film beginnen sollen. »Aufruhr in Damaskus« behandelt die Geschehnisse in einem deutschen Wüstenfort im Jahre 1918. Die Filmleute bewohnen ein eigenes Schiff, das vor der libyschen Küste ankert. Nur die Stars des Films beziehen das Hotel »Mehari« in Tripolis. Der Regisseur Gustav Ucicky, Joachim Gottschalk, Hans Nielsen, Ernst von Klipstein und Brigitte Horney, die außer zwei Kleindarstellerinnen die einzige weibliche Mitwirkende ist, verbringen mehr als drei Monate in Nordafrika. Sie nehmen eine enorme Belastung auf sich, um diesen Streifen herzustellen, der ein Loblied auf das deutsche Soldatentum werden soll. Sie drehen in den Gassen von Tripolis und in der Hitze der libyschen Wüste, während es in Deutschland Herbst wird.

Meta und Michael Gottschalk sind allein in der Berliner Wohnung, als am Abend des 9. November 1938 die organisierten Krawalle gegen jüdische Bürger beginnen. In panischer Angst versucht Meta Gottschalk, Ruth Hellberg telefonisch zu erreichen. Doch das Hausmädchen kann immer wieder nur mitteilen, die gnädige Frau sei im Staatstheater. Als Ruth Hellberg auf dem Nachhauseweg die Krawalle bemerkt, fährt sie sofort zu den Gottschalks im Seebergsteig. Meta Gottschalk ist ein Nervenbündel, die zweimonatige Trennung von ihrem Mann war ungewohnt und schlimm genug. Der Pöbel, der sich jetzt Gehör verschafft, läßt sie fast verzweifeln. Sie weint die ganze Nacht hindurch, obwohl die gute Freundin Ruth bei ihr und dem Jungen bleibt.

Joachim Gottschalk ahnt von alledem nichts. Die Filmleute sind mehrfach persönliche Gäste des Marschall Balbo, des italienischen Statthalters in Nordafrika, von dem die Drehgenehmigung abhängt. Joachim Gottschalk dreht einen Film über Ehre und Standhaftigkeit deutscher Soldaten, während in der Heimat eine staatlich sanktionierte Treibjagd auf deutsche Juden veranstaltet wird. Mitte Dezember ist die Filmcrew wieder in Berlin, die Atelieraufnahmen für »Aufruhr in Damaskus« sollen gleich beginnen. Aber die Wiedersehensfreude zu Hause wird von den zurückliegenden Ereignissen überschattet. Stets hatte Joschi in den vergangenen Jahren seine Frau getröstet: »Es wird schon nicht so schlimm.« Nun ist es doch schlimm geworden. Meta Gottschalk hört von ihren Verwandten nur Schreckensnachrichten über Brände, Plünderungen und Verschleppungen. Ihr selbst ist nichts passiert, das Privileg der »Mischehe« schützt sie, aber wie lange noch? Bisher hat sie gesagt: »Warum soll ich mich verstecken?« Jetzt aber geht sie kaum noch aus dem Haus. Joachim Gottschalk läßt sich von seinen privaten Problemen nichts anmerken. In der Volksbühne ist man froh, ihn nach so langer Pause wieder einsetzen zu können. Schon Anfang Januar 1939 ist er wieder mit Proben beschäftigt.

Als die Uraufführung von »Aufruhr in Damaskus« im Februar in Leipzig stattfindet, hat er bereits den nächsten Filmvertrag für eine Hauptrolle in der Tasche. Die Dreharbeiten zu »Flucht ins Dunkel« sollen Mitte März im Atelier Tempelhof beginnen. Im Theater in der Saarlandstraße spielt er in der Komödie »Des Teufels Gebetbuch« neben Flockina von Platen und Paul Hoffmann. Unterdessen bemüht sich der Intendant Eugen Klöpfer beim Propagandaministerium darum, daß sein Sorgenkind endlich die volle Mitgliedschaft in der

Reichskulturkammer erhält. Niemand ist erstaunter als Joachim Gottschalk selbst, als dies tatsächlich gelingt. Die Ungewißheit, die die sogenannte Sonderauftrittserlaubnis bedeutet hat, ist damit zwar zu Ende, allerdings steht er jetzt auf einer besonderen Liste des Ministeriums. Jede Filmproduktion, die ihn für eine Rolle engagieren möchte, hat sich diese Besetzung vorher ausdrücklich genehmigen zu lassen. Auch die Stellung am Theater ist nicht unbedingt sicherer geworden. Intendant Klöpfer, der seine Schauspieler mit fast väterlichem Herzen liebt, ist andererseits ängstlich bemüht, nicht den Zorn des allmächtigen Propagandaministers zu erregen. Joachim Gottschalk ist das einzige Mitglied seiner Bühnen mit einem jüdischen Ehepartner, eine Tatsache, die ihm permanent Sorgen bereitet. Er hat nicht die Nerven eines Gustaf Gründgens, der solche Fälle an seinem Theater geradezu sammelt. Der Preußische Staatsrat Gründgens genießt allerdings auch den besonderen Schutz Hermann Görings. Als Preußischem Ministerpräsidenten sind diesem die Staatstheater direkt unterstellt. So kann der Intendant Gründgens seinen mit jüdischen Partnern verheirateten Schauspielern neben der künstlerischen Heimat auch persönlichen Schutz bieten. Paul Bildt, Paul Henckels, Erich Ziegel und andere sind auf diese Weise dem Zugriff der Rassenfanatiker entzogen. Die Volksbühne dagegen untersteht dem Propagandaministerium, dafür aber ist Joachim Gottschalk eingebettet in ein Ensemble von Freunden, die ihm beistehen. René Deltgen und Werner Hinz mit ihren Frauen gehören dazu. Die treue Ruth Hellberg sorgt dafür, daß Meta Gottschalk, die in kein Kino mehr geht, trotzdem jeden Film ihres Mannes zu sehen bekommt. Durch Wolfgang Liebeneiner ist in Babelsberg immer ganz diskret ein Vorführraum zu bekommen, wo sich die beiden Frauen dann den neuesten Gottschalk-Film gemeinsam ansehen. Ansonsten verkriecht sich Meta in der Mietwohnung. Die grauenhaften Erlebnisse vom November 1938 haben sie sehr vorsichtig werden lassen. Michael soll von alledem nichts merken, seit Ostern 1939 geht er nun zur Schule, und schon zum Muttertag hat er seinen ersten Brief geschrieben. Er bekommt Geigenunterricht, erscheint heiter und unbeschwert. Um so mehr erschrecken die Eltern, als der Sechsjährige äußert, falls er sterbe, solle man ihm seine Geige mit in den Sarg legen. Nur zweieinhalb Jahre später soll es soweit sein...

Im Frühsommer 1939 beginnen die Dreharbeiten zu Joachim Gottschalks viertem Film: »Eine Frau wie du«. Zum dritten Male ist Brigitte Horney seine Partnerin; die beiden sind ein ideales Paar, wie die Autorin Dinah Nelken meint, auf deren Roman »Ich an Dich« das Drehbuch basiert. Eine Woche lang Außenaufnahmen an einem der schönen Seen in der Umgebung von Berlin, ab Ende Juni finden dann in Johannisthal die Atelieraufnahmen statt. Joachim Gottschalk ist Dr. Manfred Thiele, ein leichtfertiger Lebemann, Brigitte Horney Dr. Maria Pretorius, eine durchaus emanzipierte junge Frau, die zuerst gar nicht auf irgendwelche Annäherungsversuche eingehen mag. Aber Joachim Gottschalk legt einen jungenhaften und doch raffinierten Liebhaber hin, der einfach unwiderstehlich ist. Auch privat sind sich die beiden Filmpartner längst nähergekommen, haben sich angefreundet. Die Horney, Tochter einer bekann-

Joachim Gottschalk, Brigitte Horney und Hans Leibelt in dem Film »Eine Frau wie Du«, 1939

ten Psychoanalytikerin, ist ein dunkler, fast slawischer Typ, sehr interessant zweifellos, aber keine der üblichen Filmschönheiten. Joachim Gottschalk kann gerade während dieser gemeinsamen Arbeit, die sich so unbekümmert und heiter entwickelt, seine Sorgen ein wenig vergessen. Die beiden gestalten in »Eine Frau wie du« ein sich raufendes und liebendes Paar, das alle üblichen Filmliebespaare in den Schatten stellt. Unter der Regie von Viktor Tourjansky stehen außerdem noch Hans Brausewetter, Volker von Collande, Kurt Meisel, Heinrich Kalnberg und Charlotte Susa vor der Kamera. Sie alle bilden eine eingeschworene Gemeinschaft von Anti-Nazis und sind froh, einen Film ohne jede systemkonforme Tendenz drehen zu können. Ein Film, in dem sich alles um das private Glück zweier Menschen dreht, und der dadurch in der Zeit der vielbeschworenen Volksgemeinschaft fast ein wenig subversiv erscheint. Zudem bekommt Maria am Schluß nicht den blonden Recken, den aufrichtigen und gradlinigen Ingenieur, gespielt von Volker von Collande, nein, sie nimmt den spontanen, unzuverlässigen Dr. Thiele, den Joachim Gottschalk verkörpert. Während der Film im Schnitt ist, beginnt am 1. 9. 1939 der Krieg. Die Uraufführung von »Eine Frau wie du« ist am 27. 9. in Neustadt. In einer Besprechung heißt es:

»... Die Besetzung war aber auch ideal: Brigitte Horney ist eine prachtvolle Schauspielerin; von verblüffender Natürlichkeit in Wort und Ton und Spiel. Ein starkes, gläubiges Herz, das seine Kraft aus einem lauteren, wachen Verstand empfängt, eine Frau, wie man sie sich wünscht – tapfer, tüchtig, einfach. Eine Frau, die nicht nur im Leben, sondern auch in der Liebe siegen muß, weil sie sich ganz zu beherrschen und ganz zu verlieren vermag. Joachim Gottschalk war wiederum ihr Partner; sehr gelockert, sehr witzig und von jungenhaft-übermütigem Leichtsinn. Dann aber, in der Wandlung eines leidenschaftlichen Gefühles, von männlicher Entschlossenheit. Das Zusammenspiel der beiden bedeutete Freude, war von seltener Harmonie und Ausgeglichenheit.«

Joachim Gottschalk wird durch diesen Film, der seine Vielseitigkeit unter Beweis stellt, endgültig zum Star. Es ist schon eine außergewöhnliche Filmlaufbahn, die von Anfang an nur Hauptrollen für ihn bereithält. Im Propagandaministerium verfolgt man die Karriere des so »undeutschen« Schauspielers mit Mißfallen. Aber Regisseure mit Rang und Namen setzen immer wieder den Namen Gottschalk auf ihre Besetzungsliste. Die Durchsetzung dieses Wunsches bedeutet jedesmal ein zähes Ringen mit den Bürokraten der Filmkammer. Ein Gustav Ucicky braucht derartige Auseinandersetzungen nicht zu scheuen. Seit langem ist er durch einige Filme mit nationalen Themen höheren Ortes anerkannt. Joachim Gottschalk schätzt ihn seit der ersten gemeinsamen Arbeit »Aufruhr in Damaskus«. Nun ist eine Hauptrolle in Ucickys Film mit dem Arbeitstitel »Tschapperl« zu besetzen. Paula Wessely hat die weibliche Hauptrolle in dieser Produktion der Wien-Film – und Joachim Gottschalk bekommt die männliche! Kann er ab Mitte März 1940 für die Dreharbeiten zur Verfügung stehen? Kein Problem, an der Volksbühne gibt es nicht mehr allzuviel für ihn zu tun. Intendant Klöpfer agiert vorsichtig und stellt Joachim Gottschalk nicht mehr groß heraus.

Also geht es im April 1940 nach Wien in die Ateliers am Rosenhügel. Gottschalk ist fast der einzige Reichsdeutsche in einem Ensemble von Österreichern, die jetzt »Ostmärker« heißen: Maria Andergast, Jane Tilden, Lina Woiwode, Theodor Danegger, Gustl Waldau, Egon von Jordan, Alfred Neugebauer und Hugo Gottschlich spielen die übrigen Rollen. Zwei Monate dauern die Dreharbeiten in Wien, wo es Joachim Gottschalk sehr gut gefällt. Das Filmprojekt hat inzwischen den Arbeitstitel »Ich warte auf dich« erhalten; was ein »Tschapperl« ist, versteht man schließlich nicht überall. Mitte Juni reist das Filmteam zu den Außenaufnahmen nach Admont in die Steiermark. Als man nach getaner Arbeit abends im Hotel beisammensitzt, kommt im Radio die Meldung vom Einmarsch der deutschen Truppen in Paris. Dies könnte das baldige Ende des Krieges bedeuten, meinen einige der Kollegen. Gottschalks Gesichtsausdruck läßt klar erkennen, daß er anders denkt. Er ist sogar der Ansicht, daß die deutsche Kriegsmaschinerie noch ganz Europa überrennen wird. So hält er nicht einmal die Neutralität der Schweiz für gewährleistet. Den Vorschlag seiner Berliner Freunde, seine Frau und das Kind doch dort in Sicherheit zu bringen, lehnt er deswegen immer wieder ab. Sie bleiben zusammen bis zum Ende...

Der Film mit Paula Wessely und Joachim Gottschalk in den Hauptrollen heißt, als er schließlich in die Kinos kommt, »Ein Leben lang«. Anfang August beginnen die Dreharbeiten für den nächsten Film: »Das Mädchen von Fanö« nach einem Roman von Günther Weisenborn. Die Regie hat Hans Schweikart, die Partnerin von Joachim Gottschalk ist zum viertenmal Brigitte Horney; weitere Hauptdarsteller sind Gustav Knuth, Viktoria von Ballasko und Paul Wegener. »Den Gottschalk« kennt Gustav Knuth noch nicht, als er am Hafen von Hiddensee von einem jungen Mann abgeholt wird. »Ich soll Ihre Koffer holen«, sagt der Bursche mit der Mütze und den Schipperhosen. Gustav Knuth stutzt einen Moment, dann erkennt er seinen künftigen Partner Joachim Gottschalk; die beiden sind sich auf Anhieb sympathisch. Sie spielen zwei Fischer, die gemeinsam auf ihrem Kutter fahren, bis sie sich wegen einer Frau entzweien. Diese Frau, eben das Mädchen von Fanö, ist Brigitte Horney, die in dieser Rolle eine fast unbändige Leidenschaft zeigt. Joachim Gottschalk ist als ehemaliger Seemann ganz in seinem Element. Wenn er sich an Bord bewegt, wenn jeder Handgriff sitzt, erkennt man den Fachmann. Die Figur, die er verkörpert, ist nicht gerade durchweg sympathisch, ein verheirateter Mann, der ein Verhältnis anfängt. Dieser Fischer Ipke nimmt sich das Recht auf einen Seitensprung mit männlicher Selbstverständlichkeit. Beide Frauen läßt er über seine Beziehungen zur jeweils anderen im unklaren.

Joachim Gottschalk ist mit Frau und Kind schon vor den Dreharbeiten auf Hiddensee eingetroffen, um der Arbeit einen kleinen Urlaub voranzustellen. Sie haben ausgiebige Segeltörns und lange Wanderungen unternommen. Jetzt, nach Beginn der Arbeit, ist auch Meta im Kreise der Filmleute willkommen. Abends sitzen sie alle zusammen, wenn Paul Wegener Geschichten aus seiner ostpreußischen Heimat erzählt. Viel zu schnell vergehen die unbeschwerten Wochen in der Abgeschiedenheit der schönen Insel. Das Filmteam fährt Ende August von der Ostsee direkt nach München, wo im Atelier Geiselgasteig weitergedreht wird.

Meta und Michael müssen zurück in den Kriegsalltag nach Berlin. Verdunkelung, Bombenangriffe, Schlange stehen, das alles zerrt an den Nerven. Meta Gottschalk reagiert ängstlich auf jedes Klingeln an der Tür. Wenn ihr Mann nicht da ist, fühlt sie sich schutzlos. Aber niemand tut ihr etwas. Michael will, sobald es geht, ins »Jungvolk« und singt beim Nachhausekommen ein Lied, das er gerade gelernt hat: »Unsere Fahne flattert uns voran.«

Joachim Gottschalk kommt Anfang Oktober von den Dreharbeiten aus München zurück, gerade rechtzeitig zur Berliner Erstaufführung des Filmes »Ein Leben lang« am 11. 10. 1940 im Gloriapalast:

»Ein neuer Film mit Paula Wessely! Die Erwartung war groß. Zumal nach den Berichten von der Uraufführung in Wien und ihrem ungewöhnlichen Beifall. Und sagen wir es gleich: Berlin begrüßte ihn nicht lauer und leiser. Immer wieder durften auf der Bühne des Gloria-Palastes Paula Wessely und Joachim Gottschalk und Gustav Ucicky sich dankend verneigen. Die Geschichte einer Liebe, die allen Prüfungen – rund zehn Jahre eilen auf der Leinwand wechselvoll vorüber – standhält bis zum guten Ende. Die Geschichte der Liebe eines schlichten, ländlichen Mädchens zu einem jungen Diplomaten. Dramatischer Auftakt: Duell, Flucht, Ernüchterung, »Sie« springt ins Wasser, wird gerettet, »Er« bricht sich den Arm, das junge Mädchen pflegt ihn, liebt ihn, liebt ihn nicht ohne Folgen, verheimlicht es ihm, um seine Karriere nicht zu gefährden, er geht in die Ferne. Und nun beginnt die Handlung im Seelischen, die Bewährung der Liebe, des Glaubens an ein trotz allem vorbestimmtes Glück. Rasche Tage des Wiedersehens und wieder die Trennung, bis – aber muß man das alles erzählen? Über die Kraft des Menschlichen trägt Paula Wessely diesen unbeugsamen Glauben bis ins Beispielhafte, ins Gleichnishafte, ins Symbolische. Wenn sie nur mit dem Rücken zum Beschauer durchs offene Fenster dem Geliebten nachsieht, spürt man den Schlag eines Herzens. Ja, vielleicht hätten Gerhard Menzel, der diesem Wien-Film der Tobis das Drehbuch schrieb, und Gustav Ucicky, der zum erstenmal in einem Wessely-Film die Regie führte, sich getrost noch mehr auf das Bezwingende auch der leisesten Bewegung der Wessely verlassen können und dafür lieber die Kette des äußeren Unheils ein wenig verkürzt. Es ist so viel, was hier über die Liebenden hereinbricht, daß die Wahrscheinlichkeit – und dieser Film will doch ein möglichst überzeugender Spiegel des Lebens sein? – schon darunter zu leiden beginnt. Um so größer die Leistung der Wessely, daß es ihr gelingt, auch dem Konstruierten die Färbung des Schicksalhaften zu geben. Ihr und Joachim Gottschalk, der hier zum erstenmal ihr Partner ist. Seine Rolle ist vom Drehbuch her die schwierigere: ein schillernder Charakter, der manche Fragen offen läßt. Aber wie er, der Gelähmte, bei der Kunde von seinem Sohn erschüttert wird, läßt erhoffen, daß er all der großen Liebe, all des so großen Glaubens auch wert ist.«

Mitte Oktober steht Joachim Gottschalk schon wieder im Atelier. In Babelsberg entsteht »Die schwedische Nachtigall«, eine Liebesgeschichte zwischen der Sängerin Jenny Lind und dem Märchendichter Hans Christian Andersen. Mit einem Riesenaufgebot an Schauspielern geht der Regisseur Paul Verhoeven ans Werk. Joachim Gottschalk und Ilse Werner spielen die Hauptrollen, außerdem mit dabei sind Karl Ludwig Diehl, Aribert Wäscher, Hans Leibelt, Marianne Simson, Volker von Collande, Hans Hermann Schaufuß, Jakob Tiedtke und viele andere. Schon nach einigen Tagen übernimmt der Terra-Chef Peter Paul Brauer selbst die Regie. Nachdem ihm vor einigen Monaten die Regie des Prestigeobjektes »Jud Süß« entgangen war, reißt er nun alle möglichen erfolgversprechenden Aufgaben an sich. Die leichte Hand eines Paul Verhoeven indes hat dieser Herr Brauer nicht, dafür aber ein Parteiabzeichen, das er unter dem Rockaufschlag trägt. Die Arbeiten an diesem Film ziehen sich quälend lange hin. Der glücklose Regisseur kleinerer Produktionen ist sichtlich überfordert bei der Führung und Koordination dieses großen Projektes. Ende Januar 1941 ist der Film endlich im Kasten.

Zu dieser Zeit hat in der Volksbühne Goldonis »Diener zweier Herren« Premiere. Es spielen René Deltgen als Truffaldino, Jakob Tiedtke als Pandolfo, Ernst W. Borchert als Florindo, Anneliese Uhlig als Beatrice, Gusti Wolf als Blandine, Franz Schafheitlin als Dr. Lombardi und Joachim Gottschalk als Silvio.

»Mit gewaltigen Reiterstiefeln und roter Feder auf dem Hut trappelte martialisch Joachim Gottschalk einher – ein verwegner Liebhaber, der eine prächtige Arien-Parodie zwerchfellerschütternd sang«, heißt es in einer Besprechung von Dr. Günther Sawatzki. Er schreibt auch über die Uraufführung von »Das Mädchen von Fanö« am 24. 1. 1941 im Berliner Capitol am Zoo:

Joachim Gottschalk mit Paula Wessely in dem Film »Ein Leben lang«, 1940

Gespenstisch leuchtender Gischt fliegt über den halb wrackgeschlagenen Kutter hinweg, in dem Frerk und Ipke, zwei Fischer von Hooge, dahintreiben. Der Leuchtturm zeigt ihnen schließlich den Weg nach dem Inselhafen Fanö. Es ist der Weg zu Patricia... Ipke, der unwiderstehliche Leichtfuß, hat sie am anderen Abend schon gewonnen, ehe der breite, bedächtige Frerk überhaupt begriffen hat, daß auch er sie liebt.

So hebt Hans Schweikarts mächtige Filmballade vom »Mädchen von Fanö« an (ein Bavaria-Film, Drehbuch: Kurt Heuser, nach dem Roman von Günther Weisenborn), die im Capitol am Zoo ihren Weg in die Welt begann. Patricia ist Brigitte Horney. Ihre Kunst erscheint noch innerlicher und einfacher geworden. Ihr Gesicht spiegelt jede Seelenregung, jeder, jeder Ausdruck klingt voll und tief wie Celloton.

Ipke, der leicht Entflammte und doch tief Brennende, ist Joachim Gottschalk: gerade der richtige Gegentyp für die Horney, weil er ebenso mühelos Zwischengefühle und sich überkreuzende Gefühle ausdrücken kann wie sie das Elementare und Ungebrochene. Den bärenstarken, schwergewichtigen Frerk gibt Gustav Knuth: mit einer disziplinierten Grazie der Unbeholfenheit, die begeisternd wirken kann. Viktoria von Ballasko ist Ipkes stille und feine Frau Angens. Prächtig Paul Wegener, als hätte er jahrzehntelang unter Fischern als Ulerk Ohm gelebt. Sehr eindringlich der Leuchtturmwärter Fritz Hoopts.

Die Kamera Carl Hoffmanns vollendete Meeresbilder von elementarer Ausdruckskraft, und für Brandungsdonner, Sturmbrausen (Ton: Carl Becker-Reinhardt) und Vinetasang fand Alois Melichars feine Musik den rechten stimmungsvollen Ton. Großartig aber vor allem der Zusammenklang des Ganzen unter Hans Schweikarts Spielleitung.

Am 9. 4. 1941 ist im Berliner Capitol die Uraufführung des Filmes »Die schwedische Nachtigall«. Joachim Gottschalk ist gerade für einen neuen Film im Gespräch. Der Regisseur Veit Harlan hat ihm unter Vorbehalt eine Rolle in seinem Projekt »Die goldene Stadt« angeboten. Nun sitzt Harlan mit seiner Frau Kristina Söderbaum und Carl Froelich, dem Präsidenten der Reichsfilmkammer, bei Joseph Goebbels zum Tee, um seinen Besetzungswunsch loszuwerden. Aber sobald der Name Gottschalk fällt, schweift Goebbels ab, kommt auf die Probleme des Farbfilms zu sprechen, den Harlan gern verwenden möchte. Als der Regisseur mit seinem Besetzungswunsch insistiert, wird der Herr Minister ausfallend. Er spielt auf Gottschalks Seefahrtszeit an und meint, dies sei der Grund, daß der Schauspieler nun auf die »ausgedachtesten Sexuallisten der raffinierten Jüdinnen« hereinfallen konnte. Kristina Söderbaum verläßt angesichts derartiger Injurien die Teerunde. Goebbels aber fragt Harlan: »Haben Sie schon mit Gottschalk über die Besetzung der Rolle des Leidwein gesprochen?« Harlan bejaht, darauf Goebbels: »Dann sagen Sie ihm, er soll sich von seiner Frau trennen. Seine Frau kann sofort in die Schweiz reisen. Ich werde veranlassen, daß man ihr so schnell wie möglich einen Paß gibt. Ich schätze Gottschalk selbst als Schauspieler. Sagen Sie ihm das. Wenn er allerdings mit seiner Jüdin zusammen ein Feind des Nationalsozialismus sein will, dann kann er nicht erwarten, daß der Nationalsozialismus seine Feinde protegiert.« Harlan wendet ein: »Gottschalk hat einen Sohn, der bei der Hitlerjugend ist, und einen Bruder, der einen höheren SS-Rang bekleidet.« Goebbels antwortet kurz und hart: »Sein Sohn gehört nicht in die Hitlerjugend, und sein Bruder ist mit keiner Jüdin verheiratet. Er soll seine Chonte hinschicken, wo der Pfeffer wächst!«

Joachim Gottschalk und Gustav Knuth in dem Film »Das Mädchen von Fanö«, 1941

Als Joachim Gottschalk die gestellten Bedingungen mitgeteilt werden, lehnt er die Übernahme der Filmrolle dankend ab; die Rolle des Leidwein bekommt Paul Klinger. Nachdem nicht einmal der einflußreiche Veit Harlan es vermocht hat, Gottschalk eine neue Filmrolle zu verschaffen, läßt sich kein Regisseur oder Produzent noch einmal auf ein derartiges Wagnis ein. Es gibt kein Filmangebot mehr für den Standhaften, der das Glück seiner Familie nicht versetzen will. Aber gerade diese Standhaftigkeit erbost den allmächtigen Propagandaminister. Er hat seine Vasallen, zu deren Aufgaben es gehört, anderen das Leben schwer zu machen. Dazu gehört Hans Hinkel, ein alter Parteigenosse, Träger des Blutordens der NSDAP, im Propagandaministerium Leiter der Abteilung für besondere Kulturaufgaben. Gehört es zu diesen besonderen Kulturaufgaben, die Familie Gottschalk in den Tod zu treiben? Hans Hinkel bestellt Joachim Gottschalk ins Propagandaministerium. Es soll bei dieser Unterredung um die

Joachim Gottschalk im Oktober 1941

Teilnahme an einer Wehrmachtstournee gehen, die Gottschalk gern machen würde, da ihm fast alle anderen Arbeitsmöglichkeiten verbaut sind. Wieder gibt es eine Bedingung, die übliche: »Sie werden sich scheiden lassen, Herr Gottschalk!« Auf die besorgte Frage, was dann mit seiner Frau und seinem Kind geschehe, erwidert Hinkel: »Wen interessiert es schon, was aus einer Jüdin wird?«

»...so Gott und Hinkel es wollen« hat Joachim Gottschalk 1937 in einem Brief geschrieben. Nun will Hinkel, der Halbgott in Uniform, offensichtlich nicht mehr. Für Filmprojekte steht Joachim Gottschalk nun auf der sogenannten schwarzen Liste. Er fühle sich »wie ein Fisch auf dem Land« ohne Arbeit, vertraut er einem Freund an. Das Geld wird langsam knapp, Joachim Gottschalk hatte sich an die 1000,– Reichsmark pro Drehtag gewöhnt. Die Theatergage ist nicht allzu üppig. Ein kleines Zubrot bringt lediglich die Rundfunkarbeit. Sonntags ist Gottschalk dort im »Schatzkästlein« zu hören, er liest aus den Werken deutscher Dichter. Anfang Oktober kommt das Angebot, an einer Fernsehsendung mitzuwirken, das sofort dankbar angenommen wird. »Karl der III. und Anna von Österreich« heißt das Stück von Manfred Rößner, in dem Joachim Gottschalk einen Komponisten zu spielen hat. Es gibt nur wenige Fernsehempfänger, einige stehen in den Lazaretten von Berlin; so können gerade ein paar tausend Menschen das Programm verfolgen. Anfang November 1941 beginnen die Proben für die Aufgabe in diesem neuen Metier. Joachim Gottschalk ist wie bei jeder Arbeit diszipliniert bei der Sache. Ebenso im Theater, wo keiner der Kollegen bemerkt, daß der Boden, der die Familie Gottschalk trägt, bereits zu wanken beginnt. Mit der langjährigen Freundin Ruth Hellberg führt Joachim Gottschalk in diesen Tagen ein letztes Gespräch, sie drängt ihn, nun endlich das Land zu verlassen. »Ich mag mir ein Emigrantendasein einfach nicht vorstellen«, entgegnet Joschi ganz ruhig. Doch auch das Dasein in Berlin ist den Gottschalks unerträglich geworden. Die ungewisse Zukunft jagt ihnen Angst ein, die drohende Möglichkeit, vielleicht gewaltsam voneinander getrennt zu werden, nimmt ihnen den Lebensmut.

Am Abend des 5. November 1941 treffen Meta und Joachim Gottschalk alle Vorbereitungen, um gemeinsam mit ihrem achtjährigen Sohn Michael aus dem Leben zu gehen. Ganz still und unauffällig, so wie sie gelebt haben, geht das vonstatten. Abschiedsbriefe werden geschrieben, an Verwandte, an Freunde. »Um uns mußt Du nicht trauern, Du weißt, wir sind glücklich«, schreibt Meta. Die wertvollsten Habseligkeiten werden wohlüberlegt den verschiedensten Leuten zugedacht: Gustav Knuth eine Armbanduhr, seiner Frau einen Ring, einem Kollegen die Anzüge. Joschi hat Schlaftabletten besorgt, der kleine Michael hat seine Ration unauffällig mit dem Abendessen bekommen. Nun werden die Fenster sorgsam abgedichtet und Matratzen aus dem Schlafzimmer neben den Gasherd gelegt. Joachim Gottschalk schreibt einen letzten Brief an seine Mutter, »Meta und der Junge schlafen schon«, heißt es darin. Danach, als das Veronal auch bei ihm zu wirken beginnt, dreht er den Gashahn in der Küche auf und legt sich neben seine Lieben auf das Matratzenlager...

Am Vormittag des 6. 11. vermißt man Joachim Gottschalk bei der Probe zu Hermann Bahrs Komödie »Das Prinzip« im Theater an der Saarlandstraße. Immer wieder wählt der Inspizient die Nummer 89 71 39, aber im Seebergsteig 2 geht niemand an den Apparat. René Deltgen, der in der Nähe wohnt, wird telefonisch gebeten, einmal nach dem Rechten zu sehen. Der Weg vom Dohnensteig zum Seebergsteig ist nicht weit, Minuten später steht Deltgen vor dem Haus. Vor der Wohnungstür meint er, Gasgeruch wahrzunehmen, und verständigt die Polizei. Die Tür wird aufgebrochen, man stürmt hinein, reißt die Fenster auf und findet die drei in der Küche, Michael liegt zusammengekrümmt zwischen den Eltern; sie sind kalt und starr. René Deltgen ruft den Freund Gustav Knuth an: »Komm schnell her! Es ist etwas Schreckliches passiert!«

In der Volksbühne spricht sich sofort herum, was geschehen ist. Am Abend weiß es ganz Berlin. In den nächsten Tagen werden einige Menschen, die im Leben der Gottschalks eine Rolle spielten, jeder auf seine Weise, aktiv. Intendant Eugen Klöpfer hat auf höhere Weisung hin vor der Theaterbelegschaft eine Erklärung zu verlesen, wonach ein sensibler Künstler durch den schlechten Einfluß seiner jüdischen Frau zu einer Verzweiflungstat getrieben worden sei. Gustav Knuth geht zur Verwaltung des Stahnsdorfer Friedhofes und sorgt dafür, daß die Familie Gottschalk gemeinsam in einer Grabstelle bestattet werden kann, obwohl derartiges offiziell nicht gestattet ist. Ruth Hellberg bemüht sich, sogleich einen Steinmetz zu finden, der bereit ist, einen der so raren Grabsteine zu verkaufen. Und der Propagandaminister Goebbels trifft die Anordnung: »Über den Schauspieler Joachim Gottschalk soll in Wort und Bild nichts mehr gebracht werden.« Eines Nachrufes bedarf es gar nicht, jeder, der irgendwie mit dem Theater zu tun hat, weiß über die Geschehnisse längst Bescheid. Die Trauer, aber auch die Entrüstung, bleiben nicht verborgen. Aber es ist leicht, die Kollegen einzuschüchtern. Die nur per Mundpropaganda verbreitete Äußerung des Ministers, es sei unerwünscht, die Beerdigung zu besuchen, zeigt Wirkung. So sind nur wenige Kollegen bei der Beisetzung auf dem Stahnsdorfer Friedhof zu sehen: Gustav Knuth mit seiner Frau Elisabeth Lennartz, Wolfgang Liebeneiner und Ruth Hellberg, René Deltgen, Hans Brausewetter, Brigitte Horney, Ernst Sattler und Werner Hinz, der einen Kranz des Intendanten Klöpfer mitbringt, weil der keine Zeit hat. Als Ruth Hellberg die Kranzschleife entdeckt, wirft sie in ohnmächtiger Wut den »letzten Gruß« des Intendanten auf den Müllhaufen. Gottschalks alte Mutter, die Schwester Margarete, die Brüder, einer davon in SS-Uniform, alle Besucher der Beerdigung werden von Gestapo-Schergen fotografiert, die sich betont unauffällig in den Büschen verbergen. Den Gottschalks die letzte Ehre zu erweisen bedeutet Schwierigkeiten in Kauf zu nehmen. Der Haß des Propagandaministers reicht über den Tod des Gegners hinaus.

1921 hat der 17jährige Joachim Gottschalk in einem Schulaufsatz zu dem Thema »Aufstieg« geschrieben:

> *Einen Aufstieg zu erleben, wie ihn all die großen edlen Menschen gefunden haben, das ist mein herzlichstes Bestreben. Goethe läßt seinen Faust den Weg zum Aufstieg finden. Faust erreicht in der Arbeit, die Werte*

5. November 1941

Meine liebe Fanny,
nimm diese Nadel als Anden-
ken mit meinem letzten
Lebewohl. Ich danke Dir für
Deine treue Freundschaft. Was
ich dir wünsche, weißt Du!
Grüße Deine Lieben herzlich.
Um uns musst Du nicht trauern,
Du weißt wir sind glücklich.
Dank für alles Liebe,
es geh Euch wohl
Deine Meta

Wegen des Geldes, das Du mir geliehen, habe ich meiner Schwester Nachricht hinterlassen.
Sei gegrüßt! Dein Joschi.

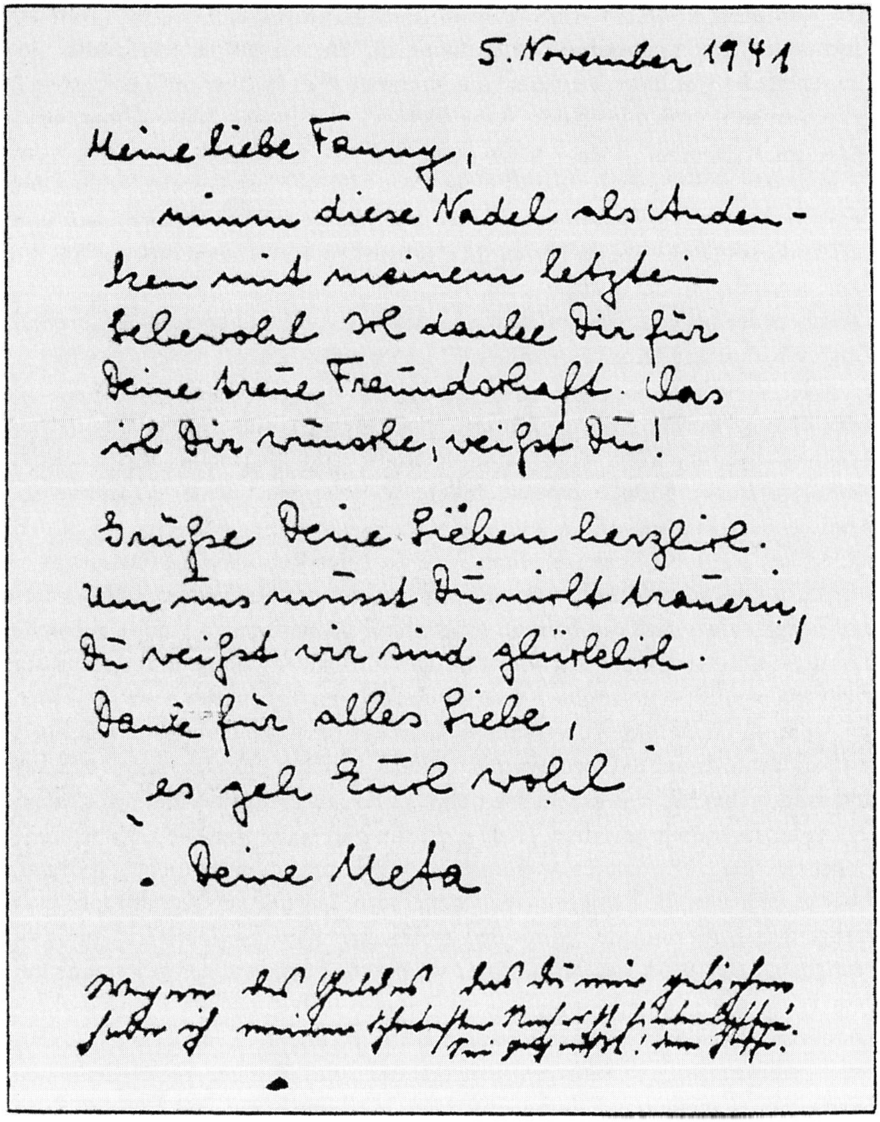
5. November 1941

Meine liebe Fanny,
nimm diese Nadel als Anden-
ken mit meinem letzten
Lebewohl. Ich danke Dir für
Deine treue Freundschaft. Was
ich Dir wünsche, weißt Du!

Grüße Deine Lieben herzlich.
Um uns musst Du nicht trauern,
Du weißt wir sind glücklich.
Dank für alles Liebe,
es geh Euch wohl
Deine Meta

Wegen des Geldes, das Du mir geliehen, habe ich meiner Schwester Nachricht hinterlassen.
Sei gegrüßt! Dein Joschi.

Einer der Abschiedsbriefe an Freunde

für die Menschlichkeit schafft, die wahre, echte Schaffensfreude wieder, und nun tut sich ihm das ganze Reich der Liebe auf, in das er eingeht. Goethe gibt hier vollkommen seine Gedanken, seine eigene Lebensauffassung. Er will in seinem Sinne der Menschheit dienen.
Möchte es doch auch mir gelingen, den Kampf um die Vollendung siegreich zu bestehen. Der Wille und der Mut dazu sind vorhanden…
Es war ein früher Morgen mit einem wundervollen Sonnenaufgang. Die ersten Strahlen glitten über die Erde dahin. Die Bäume reckten sich höher hinauf; auch das kleinste Bäumchen drängte dem Licht entgegen. Alles ein Aufstieg. Da gelobte ich mir: So soll dein Leben sein. Ein ewiger Aufstieg, ein immerwährendes Ringen um Vervollkommnung! Die Stelle, an die ich

gebracht werde, will ich voll ausfüllen. Dort will ich wirken, auch in meinem kleinen Kreise zum Wohle der Menschheit. Ernst soll mir die Arbeit sein, aber doch will ich alles mit Freude tun. Lachend, freudig lachend, will ich durchs Leben gehen; denn ein solches Lachen gibt Zuversicht und Kraft. Im Dienst der Menschheit sehe ich meine Lebensaufgabe. In die Tiefen und Schönheiten der Schöpfung will ich mich versenken. – Die Kunst soll der Leitstern meines Lebens sein, denn sie überträgt auf den, der sich ihr weiht, einen Teil ihrer ewigen Schönheit und ihres beruhigenden Friedens…

Familie Gottschalk 1940

Fritz Grünbaum
Reproduction verboten

Fritz Grünbaum

Berlin im Herbst 1907. Die Straße Unter den Linden mit ihren feinen Geschäften, Restaurants und Cafés ist der Prachtboulevard der Hauptstadt des Kaiserreiches; großzügige Fahrbahnen, in der Mitte ein breiter Fußweg, von Linden gesäumt; hier laden Bänke zum Verweilen ein. An der belebten Kreuzung Unter den Linden–Friedrichstraße liegt das beliebte Café Kranzler. Gegenüber ist die Lindenpassage. Neben Castans Panoptikum eröffnet ein brandneues Kabarett – das »Chat Noir«. Es gehört dem Komponisten Rudolf Nelson, der hier, ausgestattet mit einem Startkapital von 5000,– Mark, seine Vorstellungen von einem hervorragenden Kabarett verwirklichen will. Zum Programm eines derartigen Etablissements gehört ein versierter Ansager, der die einzelnen Nummern auf launige Art zu verbinden weiß. Derjenige, dem diese Aufgabe im neuen »Chat Noir« anvertraut wird, kommt aus Wien. Ein siebenundzwanzigjähriger Mann, klein, der Körper fast knabenhaft, ein typischer Gelehrtenkopf, das Gesicht bestimmt von den leicht basedowschen Augen und einem kleinen Schnäuzer. Dieser Mann, Fritz Grünbaum heißt er, tritt nun am Eröffnungsabend des piekfeinen Kabaretts vor das Publikum und beginnt mit den Worten: »Ich bin so aufgeregt.« Kurze Pause. »Ich werd' es halt versuchen.« Mit dieser Offenherzigkeit – oder ist es Raffinesse – hat er schon den ersten Lacher erzielt. So geht es weiter, Fritz Grünbaum sprüht vor Geist und Witz, schleudert seine geschliffenen Bonmots ins Publikum, erobert es im Sturm. Es bekommt hier wahrlich mehr als einen schlichten Ansager oder billigen Witzeerzähler geboten, es erlebt einen Conférencier! Rudolf Nelson braucht es nicht zu bereuen, ihn eigens aus Wien geholt zu haben. Auch Fritz Grünbaum selbst bereut es nicht, »Die Hölle« verlassen zu haben, jenes Wiener Kabarett in der Magdalenenstraße.

Es wird mehr als 30 Jahre dauern, bis Fritz Grünbaum wieder in der Hölle sein wird, diesmal allerdings in einer sehr realen. Ab Frühjahr 1938 schleift man den jüdischen Künstler durch Wiener Gefängnisse, bevor er im KZ Dachau und dann in Buchenwald landet. Hier wird er geschunden und gedemütigt, hier regieren Unmenschlichkeit und Unrecht. Die Hölle des Jahres 1938 ist eine staatliche Einrichtung zur Aufbewahrung unliebsamer Zeitgenossen. Mittendrin Fritz Grünbaum, der einen seiner Bewacher um ein Stück Seife bittet. Als ihm erwidert wird, dafür sei kein Geld da, resümiert der Kabarettist: »Wer ka Geld für Seife hat, sollte sich besser keine Konzentrationslager halten.« Den Torturen, die die »Herrenmenschen« ihren Gefangenen zumuten, hält der schöngeistige Grünbaum fast drei Jahre stand. Dann ist der kleine, großartige Mann, der Conférencier, Theater- und Filmschauspieler, Buch-, Kabarett-, Film-, Operetten- und Revueautor am Ende. Im Winter 1941 im KZ Dachau vor den Toren Münchens stirbt der körperlich völlig Entkräftete. Seinen Geist aber hat man nicht zermürben können...

Am 7. 4. 1880 wird Franz Friedrich Grünbaum in Brünn, einer Stadt im südlichen Mähren, geboren. Seine Eltern sind der Kunsthändler Wilhelm

Grünbaum und dessen Frau Regine, geborene Saxl. In diesem kunstsinnigen Elternhaus verlebt das Kind eine wohlbehütete und unbeschwerte Jugend. Etliche Jahre später nimmt der vielseitige Künstler diese Zeit in einem Gedicht unter die heiter-ironische Lupe:

DAS BABY GRÜNBAUM

ACHTZEHNHUNDERTACHZIG, am sieb'ten April,
Montag, wenn man's genau wissen will,
Hab' ich, vom Schöpfer der Erde geschickt,
Wie man sagt, »das Licht der Welt erblickt«.
Das heißt, »erblickt« ist nicht richtig erzählt,
Denn ich kam nicht sofort mit den Augen zur Welt,
Indem ich vielmehr – was soll mir die Scham! –
Auf die Welt erst mit jenem Körperteil kam,
Auf welchem sich, weil er am Leibe liegt hinten,
Bekanntlich keine Augen befinden.
Ich erschien also erst nur zu fünfzig Prozent,
Sie versteh'n, also nur mit dem hinteren End',
Doch im nächsten Moment schrie mein Vater
»Hurra«,
Da war das vordere auch schon da!
Für das jüngste Schwesterlein meiner Mutter
War die ganze Geschichte ein Futter.
Sie war wohl noch ledig, doch riesig gescheit,
Stand an der Wiege die ganze Zeit,
Und nachdem sie, da sie vor Neugier getrieft hat,
Meine Bestandteile sorgsam geprüft hat,
Sah sie sich um voll Triumph in der Stub'
Und sagte: »Kinder, es ist ein Bub!«
Da hat ihr mein Vater eine 'runtergeschwappt.
Aber eigentlich hat sie doch recht gehabt.
Ich bin nämlich faktisch ein Bub gewesen.
Meine Tant' hat sofort gesagt: »Da spart ihr Spesen!
Denn wenn erst der Bub einmal groß wird und schön,
Braucht ihr mit ihm nicht auf Bälle geh'n,
Braucht nicht auf Freier zu warten mit Beben
Und – notabene – nicht Mitgift zu geben!«

Während mich so meine Tant' hat gesegnet,
Hat es in meiner Wiege geregnet.
Versteh'n Sie mich recht, ich umschreibe das,
Es war nicht g'rad Regen, es war aber naß.
Da hab' ich begonnen entsetzlich zu schrei'n,
Die Tante jedoch hat verlangt etwas Wein
(Es war ihr die Kehle zu trocken vielleicht!)
Kurz, sie war trocken, und ich – war feucht!
Hierauf hab' ich frische Wäsche bekommen,
Indes sich die Tant' ihren Wein hat genommen,
Und so war das Doppelziel einfach erreicht:
Ich war jetzt trocken, und sie – war feucht.

Jetzt haben die Leute Knochen und Haut
Und was sonst an mir dran war, näher beschaut.
Da war auch ein Nachbar, Herr Löbel, mit drunter,
Wie man so sagt, »ein Flegel« mitunter,
Der hat da erklärt: »Der Bub is ja süß,
Aber ich glaub', er hat krumme Füß'!«
Da hat meine Tante gesagt sehr pikiert:
»Soll'n die Füß' krumm sein! – Was das geniert!
Sie wissen doch, Grünbaum hab'n einen Stolz,
Die Möbel von Thonet, gebogenes Holz.
Soll'n seine Füße nur krumm sein, Herr Löbel,
Wenigstens paßt dann der Bub zu die Möbel!«
Aus dieser Bemerkung entstand ein Streiten
Zwischen der Tant' und den Nachbarsleuten,
Doch als man dann schließlich zu End' hat gerauft,
Hat man mich feierlich »Friedrich« getauft.
Das heißt, »getauft« ist nicht richtig zu sagen,
Man gab mir einfach den Friedrich zu tragen.
Man gab mir den Namen nach unseren Sitten,
Das heißt, man hat mir – die Sache beschnitten,
Versteh'n Sie mich richtig, das ist kein Witz,
Man hat mir verkürzt den »Friedrich« in »Fritz«.
So wurde ich also im Polster gehutscht,
Hab' Fritz geheißen und Daumen gelutscht.
Ich war ja ein Baby und durfte hübsch ruh'n.
– Ich bitt' Sie, was hat so ein Baby zu tun? –
Höchstens probiert' ich nach Art der Toren,
Mit der großen Zeh' in der Nase zu bohren!
(Wie unfein benimmt man sich doch, wenn man jünger!
Dazu nimmt doch der Mensch, der korrekt ist, den Finger?!)
Aber ich war halt noch Baby und dumm,
Und so nahm man mir meine Entgleisung nicht krumm.
Ich hab' in der Wiege gemütlich gespielt,
Und trotzdem: ich hab' mich nicht wohl gefühlt!

Erstens allein schon die Konversation,
Die man mit mir hat geführt, war ein Hohn.
Ich hätt' gern gewußt, was es Neues gibt,
Wie sich die Lage im Osten verschiebt,
Was sich so tut zwischen Rom und Paris – –
Aber da packt meine Tant' mir die Füß'

Und schreit mir gellend herein in die Wiegen:
»Atschatscha wird jetzt sein Milcherl kriegen!«
Ich will erfahr'n, was politisch geschah,
Und sie – erzählt mir von Atschatscha.
Aber kaum will ich mich von dem Blödsinn erholen,
Kitzelt mir wieder mein Onkel die Sohlen,
Klatscht mir hierauf auf den Bauch und lacht:
»Mutschutschu hat sich doch naß gemacht!«
Nu, sagen Sie, ist der Diskurs zu ertragen!
»Mutschutschu« soll man zum Grünbaum sagen!?

Entsetzt bin der Amme ans Herz ich gesunken
Und hab' aus Verzweiflung die Milch getrunken,
Seliger Kindheit gesegneter Schmaus...
Wenn ich dran denk', geht die Gall' mir heraus!
Achtmal im Tag ist die Amme gekommen,
Hat mich sanft aus der Wiege genommen,
Hat mich, und wenn ich sie noch so gezwickt,
An ihre Drillichbluse gedrückt,
Hat mich mit Zärtlichkeiten umsponnen,
Hat sich hierauf – zu entknöpfeln begonnen,
Und ihrer Bluse, weiß wie Lilien,
Entnahm sie – die Nahrungsutensilien.
Da hab' ich gesagt mir in alter Erfahrung:
»O weh, schon wieder flüssige Nahrung!
Aber«, so hab' ich mir weiter gesagt,
»Hat denn die Amme nur Milch im Kontrakt?
Was kann man wissen bei so einer Frau,
Möglicherweis' gibt sie einmal – Kakao!«
No, ich fasse mich kurz, ohne Federlesen:
Es ist also kein Kakao gewesen!
Natürlich, wenn man sich einläßt mit Drillich,
Was kommt heraus dabei? Höchstens Millich!

So hab' ich denn bald auch das Baby-Leben,
Von Ekel erfüllt, endlich aufgegeben.
Erstens sagt' ich mir widerwillig:
»Milch wie Milch..., aber nix wie Millich...?!«
Zweitens war mir das Wiegengered',
Das »Atschatscha – Mutschutschu« schließlich blöd,
Ich fand's in der Wiege gehirnerweicht,
Und drittens – war mir das Klima zu feucht!
Man will sich nicht immer in Nässe bewegen,
Ich bin halt kein Freund von – Niederschlägen!
Drum hab' ich gesagt mir in bitterer Qual:
»Die Wiege ist für mich kein Lokal.«
Ich hab' meine Tante hinausgeschmissen,
Ich hab' mir die Zeh' aus der Nase gerissen,
Und der Amme, die sich g'rad aufknöpfeln wollte,
Hab' ich gesagt, daß sie zulassen sollte,
Und so hab' ich mich endlich, von Ekel erregt,
Auf ewige Zeiten – trocken gelegt!

Nach der Grundschule besucht Fritz Grünbaum das Gymnasium in Brünn, geht nach der Matura 1899 nach Wien, um Jura zu studieren. 1903 beginnt er zu schreiben, die erste Veröffentlichung ist eine Schilderung der Theaterszene seiner Heimatstadt. Unter dem Titel »Brünner Theaterbrief« erscheint diese Betrachtung Anfang 1904 in der Zeitschrift »Theater und Brettl«. Dieses aufregende Metier wird Fritz Grünbaum zeitlebens nicht mehr loslassen. Ab Herbst 1906 gehört er zu den literarischen Mitarbeitern des Wiener Kabaretts »Hölle«, das am 7. 10. eröffnet. Zur Aufführung gelangt die einaktige Operette »Phryne« mit der Musik von Edmund Eysler und dem Text von Robert Bodansky und Fritz Grünbaum. Sie erntet, wie es heißt, »stürmischen Beifall«. Auch die übrigen Texte Grünbaums, die er für das Programm der »Hölle« verfaßt, kommen sehr gut an. Im Handumdrehen hat sich der ungemein produktive junge Autor unentbehrlich gemacht. Voller Geschäftstüchtigkeit faßt er seine Kabarettexte in zwei Büchlein zusammen, die er selbst verlegt.

»Der von zwei sehr geschickten Versmachern, den Herren Fritz Grünbaum und R. Bodansky herrührende Text ist schon mehr als frivol; die wienerhaft süßen, von sinnlichem Reiz erfüllten Melodien Lehárs, wie nicht minder die brillante Darstellung des Fräulein Mella Mars halfen jedoch über die Schlüpfrigkeiten des Buches hinweg«, heißt es im Wiener Tageblatt anläßlich der Uraufführung des parodistischen Einakters »Mitislav, der Moderne« am 5. 1.

Fritz Grünbaum am Eingang zur »Hölle«, Wien 1907

1907. Im Laufe dieses Jahres schreibt Fritz Grünbaum mit Robert Bodansky das Libretto für die Kinderoperette »Peter und Paul reisen ins Schlaraffenland« von Franz Lehár. Außerdem erscheint das dritte selbstverlegte Kabarettbüchlein: »Die Liebe, der Tod und der Teufel – und andere«.

Mit dem Librettisten Willner arbeitet Fritz Grünbaum an dem Buch für eine Leo Fall-Operette, »Die Dollarprinzessin« ist der Titel. Am 2. 11. 1907 ist im Theater an der Wien die glanzvolle Uraufführung dieses künftigen Welterfolges. Grünbaum allerdings kann seinen jungen Ruhm in Wien kaum genießen, er ist nach Berlin durchgebrannt. Zwar bindet ihn ein Vertrag an das Kabarett in der Magdalenenstraße, und dessen Betreiber, die Brüder Natzler, würden ihren Star kaum freiwillig gehen lassen, doch der Berliner Kabarettier Rudolf Nelson lockt mit einem großzügigen Angebot, dem Fritz Grünbaum nicht widerstehen kann. Die Versuchung ist allzu groß, immerhin beträgt die gebotene Gage ein mehrfaches des Wiener Salärs. So kann man nun das Talent aus Wien ab Spätherbst 1907 im Kabarett »Chat Noir« in der Berliner Lindenpassage erleben. Hier wird er zum originellen Conférencier, zum eigentlichen Begründer dieser Zunft. Natürlich hat er eine klangvolle Beschreibung seiner Tätigkeit parat:

»Schöpf' aus dem Brunnen Deiner Bildung den Trank Deiner Rede;
Was der Tag noch dazuträgt, gieße hinein;
Auch die Sekunde soll drinnen sein
Mit dem, was sie bringt an lustiger Fehde.
Das Ganze, kredenzt mit Elegance,
Heißt: Conférence!«

Er schreibt Texte, die Rudolf Nelson vertont, jedes neue Programm des »Chat Noir« trägt seine Handschrift und wird durch sein geistreiches Mundwerk getragen. Über das »normale« Repertoire hinaus entstehen auch Werke wie die dreiaktige Operette »Miss Dudelsack« mit der Musik vom Chef Rudolf Nelson und dem Text von Fritz Grünbaum und Heinz Reichert.

Grünbaum hat sich eingelebt und fühlt sich wohl in Berlin, zumal auch das ferne Grollen über seinen überstürzten Abgang aus Wien abgeklungen zu sein scheint. Im Mai 1910 gastiert das Wiener Kabarett »Hölle« in den Berliner Kammerspielen des Max Reinhardt. Auch Grünbaums musikalische Szene »Pan und Daphnis« wird hier gespielt. Natürlich sieht sich Grünbaum dieses Gastspiel seiner ehemaligen Kollegen an. Er verständigt sich mit Sigmund Natzler, einem der beiden Chefs der »Hölle«. Sie schließen Frieden – und ein neues Engagement. Das »Chat Noir« gibt den Conférencier nach dreijähriger erfolgreicher Tätigkeit frei.

Ende 1910 kehrt Fritz Grünbaum zurück nach Wien. Er tritt wieder in der »Hölle« auf und trägt eigene Gedichte vor. In einem Blatt mit dem beziehungsreichen Namen »Verlogene Wahrheiten« werden sie sporadisch veröffentlicht. Auch im neueröffneten Kabarett »Simpl« ist Fritz Grünbaum im Programm, verleiht ihm eine satirisch-literarische Note. Ansonsten schreibt er in dieser Zeit etliche Operetten- und Chansontexte.

Am 14. 11. 1914, einige Wochen nach Ausbruch des Ersten Weltkrieges, wird im Deutschen Volkstheater in Wien das Lustspiel »Sturmidyll« von Wilhelm Sterk und Fritz Grünbaum uraufgeführt. Der erfolgreiche Autor aber scheint auf der Suche nach einem ganz persönlichen Sturmidyll zu sein, er hat sich freiwillig an die Front gemeldet. Im Dezember ist er noch im Programm des »Simpl« vertreten, am 1. 2. 1915 zieht dann der fast Fünfunddreißigjährige in den Krieg. Sein jüngerer Kollege Paul Morgan wird sein Nachfolger im »Simpl«. Knapp zwei Jahre später kehrt der Oberleutnant Grünbaum, um einige Illusionen ärmer und etliche Erfahrungen reicher, ausgezeichnet mit einer silbernen Tapferkeitsmedaille, nach Wien zurück. Er bekommt eine Anstellung als Dramaturg in Egon Dorns Künstlerbühne im Ronacher. Aber natürlich wirkt er, zuweilen unter der Leitung des Oberspielleiters Hans Steinhoff, auch im Programm mit. Augenzwinkernd bestimmt er selbst seinen Stellenwert: »Rechts steht der Goethe und links der Lessing und in der Mitten der Grünbaum aus Messing.« Als Dramaturg lanciert er natürlich auch seine eigenen Werke. So wird im August 1918 im Ronacher die Operette »Das Busserlschloß« von Robert Stolz und Fritz Grünbaum uraufgeführt. Aus der Operette »Der Favorit«, einer weiteren gemeinsamen Arbeit, macht das sentimentale Lied »Du sollst der Kaiser meiner Seele sein« Furore.

Fritz Grünbaum um 1910

Am ersten Silvesterabend im Frieden ist der unermüdliche Spaßmacher gleich in drei verschiedenen Spielstätten nacheinander anzutreffen. Zuerst im Deutschen Volkstheater, dann in den Kammerspielen, schließlich im »Simpl«, um das Jahr 1919 mit einer mitternächtlichen Conférence zu begrüßen. Hier tritt auch Grünbaums geschiedene Frau, die Sängerin Mizzi Dressl, auf. Der Geschiedene indes wandelt schon wieder auf Freiersfüßen. Am 10. 11. 1919 heiratet er die 21jährige Elisabeth Herzl. Die junge Ehe hindert den Kabarettisten allerdings nicht daran, auf Gastspielreisen zu gehen. Er fährt im Herbst 1920 nach Berlin, wo Rudolf Nelson den einfallsreichen Autor dringend braucht. Der erfahrene Berliner Kabarettist hat ein neues Domizil am noblen Kurfürstendamm aufgeschlagen und will dort in seinem Nelson-Theater im Oktober eine Kabarettrevue herausbringen. Der geistreiche Grünbaum soll die Texte schreiben. Die Musik stammt wie immer von Nelson selbst, Kurt Tucholsky steuert einige Texte bei, doch der Hauptautor der grandiosen Revue »Total Manoli« heißt Fritz Grünbaum! Am 8. 10. 1920 ist Premiere. Auf der Bühne des schmucken kleinen Theaters: Eugen Rex, Käthe Erlholz, Hedi Ury, Eva Tinschmann, Willi Schaeffers, Curt Bois, Jenny Steiner und viele andere. Der Revueautor, der selbst nicht mitwirkt, genießt den Erfolg im Hintergrund. Im Dezember 1920 übernimmt er die Conférence im Kabarett »Rakete« in der Kantstraße. Seine Heimatstadt Wien erlebt er nur besuchsweise, denn er hat in Berlin gut zu tun.

Diese Nachkriegszeit ist mit der Hypothek eines verlorenen Krieges belastet. Eine Inflation beginnt sich abzuzeichnen, die nicht nur Vermögen gefährdet, sondern auch Wertvorstellungen ins Wanken bringt. Arbeitslosigkeit und Elend lähmen die junge Demokratie. Fritz Grünbaum allerdings ist aufgrund seiner einzigartigen Fähigkeiten kaum von Arbeitslosigkeit bedroht. Der

11.

Mia Werber
Richard Waldemar
Oscar Neruda

Das Busserl-Schloß

Singspiel in 1 Akt von Fritz Grünbaum.
Musik von Robert Stolz.
Inszenierung: Oberregisseur **Hans Steinhoff.**
Dirigent: **Emil Neumann.**

Personen:

Herzog Amadäus XX. von Reuchlingen . **Oscar Neruda**
Graf Eberstein, sein Minister . . . . . **Gust. Windhopp**
Helene, Soubrette am herzogl. Hoftheater **Mia Werber**
Anton Pummer . . . . **Rich. Waldemar**
Klemmchen . . . . Theod. Danegger
Der Schulze . . . . Conrad Bauer
Sein Gehilfe . . . . Michael Preger

Spielt in einem Jagdhaus des Herzogs.

begehrte Conférencier pendelt ständig zwischen Berlin und Wien und entwikkelt sich zum Reisenden in Sachen Kabarett. Hier wie dort ist er beliebt und unentbehrlich.

Als er nach längerer Abwesenheit wieder in die österreichische Hauptstadt zurückkehrt, erlebt er im »Simpl« einen jungen Mann namens Karl Farkas, der sich dort als Conférencier betätigt, ohne allerdings – trotz aller Bemühungen – Grünbaumschen Tiefgang zu erreichen. Aber er hat zweifellos Talent. Die beiden denkbar unterschiedlichen Charaktere – der dem selbstironischen Understatement verpflichtete Fritz Grünbaum und der eitle, auf seine Wirkung bedachte Karl Farkas – tun sich zusammen und verwirklichen eine neue aus Budapest importierte Form der Conférence, die Doppelconférence. Da stehen nun beide auf der Bühne, geben sich gegenseitig die Stichworte, wobei die komische Wirkung dadurch erhöht wird, daß die Rollenverteilung einen »Blöden« und einen »Gescheiten« vorsieht. Der besondere Effekt ist der, daß der hochintelligente Grünbaum den »Blöden« spielt. Das hört sich dann so an:

Farkas: Fritz, kannst du Rätsel lösen?
Grünbaum: Sehr gut sogar.
Farkas: Also, hör zu. Du gibst es mir heute, und ich geb's dir nächste Woche zurück. Was ist das?
Grünbaum: Nicht ein Schilling!

Die gemeinsam kreierte neue Form der Conférence ist auf Anhieb ein Riesenerfolg, was sich neben den begeisterten Publikumsreaktionen auch darin äußert, daß sofort Nachahmer auf den Plan treten. Aber niemand erreicht das Niveau des Duos Grünbaum-Farkas, das mit sorgfältig erarbeiteten Texten wohlvorbereitet vor sein Publikum tritt. Kritikeräußerungen wie »Grünbaum hat Witz, Farkas hat Witze« tragen allerdings dazu bei, die Rivalität der beiden, die aus einem Minderwertigkeitsgefühl Farkas' herrührt, zu verschärfen. Eine Abhängigkeit voneinander besteht gottlob nicht, da jeder der beiden weiterhin seine Soloauftritte bestreitet. So führt – nach dem jeweiligen Stand der Sympathie – ihre Doppelconférence sie immer wieder zusammen, so lange, bis im März 1938 die deutschen Truppen dieses österreichische Kleinkunstgewächs zertrampeln werden...

Ende 1923 übernimmt Fritz Grünbaum die Leitung des Kabaretts »Hölle« und gestaltet den Schauplatz seiner Anfängerzeit schon mit dem Eröffnungsprogramm zu einer allerersten Kabarettadresse: »Er begrüßt das Publikum und sondiert seine Beschaffenheit in der geschicktesten Weise. Dank seiner trefflichen Diagnose befinden sich alle, restlos, im Banne seiner witzigen Klugheit. Den bereits akkreditierten Künstlern verleiht seine Conférence ein geschmackvolles Relief, und seine lustigen Einleitungsworte erteilen den für Wien neuen Artisten ein ›Dauer-Visum‹ für ihren Aufenthalt in hiesigen Kabaretts. Interessant ist der Augenblick, da er Karl Farkas conferiert. Ein Komiker folgt dem anderen – und beide behalten recht. ›Kopf an Kopf‹ erringen sie gleichzeitig den Sieg. Es erscheint wie ein ›totes Rennen‹, das zwischen zwei Favorits liegt...«

Ein Jahr später ist Fritz Grünbaum der künstlerische Leiter des Kabaretts im »Pavillon« in der Walfischgasse. Auch hier verwirklicht er ein ehrgeiziges Programm, holt gar den Berliner Kabarettisten Kurt Gerron für ein Gastspiel. Der Mittvierziger Grünbaum entfaltet eine Fülle atemberaubender Aktivitäten. Für die »Hölle« schreibt er die Revue »Rund um den Mittelpunkt«, die im Januar 1925 Premiere hat. Für seinen »Pavillon« hat er Armin Berg und Pamela Wedekind gewonnen. Er macht Abstecher zu »Papa« Benz nach München und gastiert im Sommer in der Wiener Arbeitervorstadt an der Favoritner Volksbühne. Es sind seine Vielseitigkeit, sein Engagement, sein Ideenreichtum, die für diese kräftezehrende Art der Vollbeschäftigung sorgen.

»Apollo??? Nur Apollo!« heißt die Ausstattungsrevue von Fritz Grünbaum und Willi Sterk, die im Dezember 1925 im Apollo-Theater in der Gumpendorfer Straße herauskommt. Für das Bürgertheater schreibt er mit Karl Farkas die Revue »Journal der Liebe«, die im Januar 1926 Premiere hat. Das Theater an der Wien bringt im Februar seine Revue »Radiorummel auf Welle 531«. Neben dem Autor auf der Bühne: Karl Farkas, Hans Moser, Louise Kartousch, Gisela Werbezirk, Otto Treßler und viele andere.

Während eines spätabendlichen Kabarettprogramms weiht der Conférencier die Zuhörer mitunter in seine Träume ein:

Programm zu der Rudolf Nelson-Revue »Total Manoli«, Berlin 1920

»Ich habe oft so schreckliche Träume. Manchmal träumt mir, ich heiß' Grünbaum und bin beim Kabarett. Ist das nicht entsetzlich? Die Psychoanalytiker behaupten, Träume wären unerfüllte Wünsche. Lächerlich! Ist mir denn ernsthaft zuzutrauen, ich wünschte Fritz Grünbaum zu sein? Ausgerechnet? Warum träumt mir nicht, ich sei der Bosel? Nein, mein Traum vom Kabarett entspringt keineswegs unerfüllten Wünschen! Ich hab' es satt, das Kabarett; es liegt mir im Magen; und wenn ich vom Kabarett träume, so kommt das eben daher, daß Träume aus dem Magen kommen.

Aber wozu zerbrech' ich mir den Kopf darüber, wo die Wurzel eines solchen Traumes liege? Er ist da, und er ist fürchterlich! Schon daß ich träume, Grünbaum zu heißen! Könnt' ich mir nicht für dasselbe Geld den Namen Irving anträumen? Irving zu heißen, ja, das hab' ich mir schon immer gewünscht: das ist nobel, ausländisch, unbotanisch und interkonfessionell! Aber gerade dieser Wunsch ist mir nicht in Erfüllung gegangen; daher (Traum = unerfüllter Wunsch) müßte ich doch wenigstens träumen, Irving zu heißen! Warum also Grünbaum, Herr Professor Freud? Ausgerechnet Grünbaum! Wie komm' ich nur darauf? So was gibt's doch gar nicht im Leben, das kann man wirklich nur träumen! Und dabei noch beim Kabarett zu sein! In einem so unanständigen Beruf! Wenn ich in Wirklichkeit beim Kabarett wäre, wäre ich gar nicht mehr beim Kabarett, weil ich mich schon längst aufgehängt hätte! Man bedenke: in einem solchen Lokal treten allabendlich mindestens vier Sängerinnen auf, die wenigstens drei Lieder pro Kopf singen, deren Heldin am Schluß ein Kind bekommt. Macht zwölf Kinder pro Abend. Ich bin also Zeuge von dreihundertsechzig mehr oder minder illegitimen Geburten im Monat oder viertausenddreihundertzwanzig im Jahr! Zum Auswachsen!

Aber es kommt noch ärger! Manchmal träum' ich, wir Künstler sind nicht allein im Kabarett, sondern es ist auch Publikum da. Nicht viel, aber doch! Sagen wir: ein Gast, ein Stück Publikum! Der Traum ist natürlich albern, denn in Wirklichkeit geht doch in Wien kein Mensch in ein Unterhaltungslokal! Aber es ist eben ein Traum, und dieser wird beim Erscheinen des einen Gastes zum Alpdrücken: der Kassier bekommt sofort den Größenwahn, denn er sagt zu dem Fremden, ›ich werde gleich nachsehen, ob noch ein Platz da ist‹; auch die Kellner werden verrückt, und zwar verfallen sie in Verfolgungswahn, indem sie glauben, im Verfolge des einen Gastes käme noch ein zweiter. Sie schießen also – ihrem Zustande gemäß – wie verrückt herum, worauf der eine Gast bestürzt das Lokal verläßt. Nun, ist das nicht entsetzlich? ... Dies ist mein Schreckenstraum vom Grünbaum und dem Kabarett. Aber das Schrecklichste an diesem Traum ist: ich kann nicht daraus erwachen! – Nie! –«

Derart übertriebene Selbstbezichtigungen liebt das Publikum an seinem Fritz Grünbaum. Wenn er auch auf der Bühne mit seinem Metier hadert, seine zahlreichen Unternehmungen entlarven derartiges Wehklagen als reine Selbstironie. So übernimmt der Vielbeschäftigte im Spätsommer 1926 zusammen mit Karl Farkas die künstlerische Leitung des Wiener Stadttheaters. Schon im Oktober bringen die beiden die erste Revue heraus: »Wien lacht wieder« von Karl Farkas und Ralph Benatzky, Fritz Grünbaum steht auf der Bühne. Es folgt im Dezember »Das tanzende Mädchen – Revue für kleine Leute« von Karl Farkas und Fritz Grünbaum. Schließlich, als krönender Abschluß des Jahres 1926, die große Ausstattungsrevue »Wien lacht am Sylvester« von Farkas und Grünbaum. Auf der Bühne, neben den beiden Autoren, der Tenor Richard Tauber, der Komiker Hans Moser sowie Gisela Werbezirk, Rita Georg und der Eigentümer des Theaters, Hubert Marischka. Anfang 1927 überläßt Fritz Grünbaum die Leitung des Stadttheaters seinem Partner, über den er gelegentlich lästert: »Der Farkas? Hut auf!« Er übernimmt die Leitung des Boulevardtheaters und bringt dort sogleich im Februar 1927 seine Revue »Hallo! Hier Grünbaum« heraus.

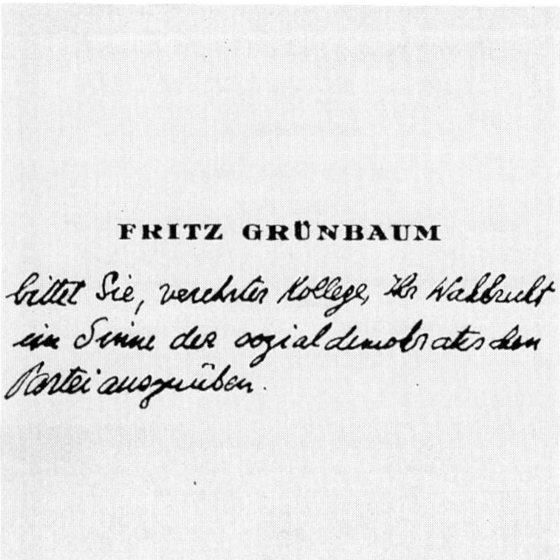
FRITZ GRÜNBAUM
bittet Sie, verehrter Kollege, Ihr Wahlrecht im Sinne der sozialdemokratischen Partei auszuüben.

Fritz Grünbaums Visitenkarte als Wahlempfehlung

Aber der Unterhaltungskünstler zeigt auch andere Seiten. So gehört er im April 1927 zu den Unterzeichnern einer »Kundgebung des geistigen Wien«, eine, wie es allgemein beurteilt wird, »unverhohlene Wahlempfehlung zugunsten der Sozialdemokratie«. Hier findet man ihn zwischen Alfred Adler, Sigmund Freud, Robert Musil, Anton Webern, Franz Werfel und anderen. In diesen unruhigen Zeiten ist es unter Künstlern nicht gerade sehr verbreitet, derart deutlich politisch Stellung zu beziehen.

Seine Begabung, komplexe Zusammenhänge publikumswirksam, humorvoll, allgemeinverständlich, doch nicht ohne Niveau aufzubereiten, bestimmt seine Arbeit. »Weltgeschichte gefällig?« heißt im Januar 1928 die nächste Produktion des Fritz Grünbaum, im Untertitel nennt er sie »Ein Spiel von Helden und Verbrechern«. Und immer wieder ist die Liebe das Thema des kleinen, eher häßlichen Mannes mit der heiseren Stimme. »Weh dem, der liebt« heißt die neue Revue des Boulevardtheaters im April. Als hätte er nicht genug zu tun, übernimmt Grünbaum vorübergehend auch noch die Leitung des »Simpl« und bestreitet natürlich auch die Conférencen, die dann in einen solchen Stoßseufzer münden können:

»Wenn ich so abends im Cabaret
Schmonzes plaudernd auf dem Podium steh',
da grübel' ich so oft in mich hinein:
›Wie reizend könnt' mein Beruf doch sein,
und wie wär mir beim Cabaret alles doch recht –
wenn's nur kein Publikum geben möcht!‹«

Im Mai 1928 ist Fritz Grünbaum nach langer Zeit wieder einmal in Berlin zu Gast. Im »Charlott Kasino« hat er einen derartigen Erfolg, daß das Gastspiel bis in den Frühsommer hinein verlängert wird. Der Kritiker Max Herrmann-Neiße schwärmt: »Dann aber kommt Fritz Grünbaum, und die Sache hat gleich großes Format. Endlich hört man wieder den österreichischen Conférencier, der an Selbständigkeit, Exaktheit, Geist und Schärfe den besten der Berliner Zunft ebenbürtig ist. Ich erlebte ihn zuletzt vor etwa sechs Jahren und war jetzt wie damals entzückt von der akkuraten, feinen Ausarbeitung seines Parts. Das Formale macht nämlich bei ihm den Hauptgenuß für mich aus, das Stoffliche bleibt größtenteils doch im Wienerischen, im Wortwitz und der erotischen

Fritz Grünbaum um 1925

Anspielung stecken, vom Saphir-Stern kommt, scheint es, ein Österreicher schwer los. Aber wie Grünbaum souverän mit alledem schaltet und waltet, mit scheinbarer Nonchalance streng Formuliertes äußert, seine wohlaufgebaute Conférence angeblich zwanglos, aus dem Augenblick geboren, sich Stufe nach Stufe aneinanderfügt, das ist ein rein ästhetisches Vergnügen. Mit einer spaßigen Geschichtsklitterung sogar, die Lateinkenntnisse voraussetzt, siegt er auf der ganzen Linie. Zuletzt spielt er in einer Posse, die das Unfallversicherungsgeschäft persifliert, einen kuriosen Kauz und macht aus dieser Schwankfigur einen Menschen, weil er neben allem unwiderstehlichen Komikertum auch das Tragische, Weltverlorene, vom offiziellen Betrieb Verratene und Verkaufte solch eines Schlemihls beherrscht.«

Es fällt Fritz Grünbaum nicht schwer, die diversen direktorialen Tätigkeiten in Wien nach und nach aufzugeben, bringen sie doch – abgesehen vom unvermeidlichen Ärger – kaum etwas ein. Er ist am glücklichsten, wenn er tagsüber schreiben und abends auf der Bühne stehen kann. Um auch in Berlin in Ruhe arbeiten zu können, sieht er sich dort nach einer zweiten Wohnung um und bezieht schließlich mit seiner Frau zwei Zimmer zur Untermiete in der Zähringerstraße 13 bei Lucie Berber, die Fritz Grünbaum schon seit seinen Auftritten bei Nelson gut kennt. Sie kann nach dem Tode ihrer Tochter Anita, einer berühmten Tänzerin, die Miete gut gebrauchen. Bis er 1932 Deutschland verläßt, wird der Untermieter der verarmten Kollegin mehr bezahlt haben als nur die monatliche Miete.

»Flirt und Jazz« heißt die große Kammerspielrevue, die im Dezember 1928 in den Wiener Kammerspielen herauskommt. Farkas und Grünbaum haben sie verfaßt, die flotte Musik stammt von Peter Kreuder. Der 23jährige Komponist und Pianist, der auch die musikalische Leitung der Aufführung hat, befreundet sich mit den Grünbaums, wird gar, da die von Direktor Wenzler versprochene Gage eher tröpfelt als fließt, zu ihrem Kostgänger. Als Grünbaums Freund bestens eingeführt, kann sich Kreuder gelegentlich im koscheren Restaurant Würstl-Biel sattessen. Aber die mageren Zeiten neigen sich auch schon dem Ende zu. Der junge Komponist hat mit den von ihm vertonten Grünbaum-Texten gleich zwei Nummern, die von der Schallplattenindustrie aufgenommen werden. So spielt im März 1929 das Orchester Dajos Bela »Kauf mir eine Tauber-Platte, das ist eine Zauberplatte«, Gesang Robert Koppel. Und im Jahr darauf singt Curt Bois das witzige Chanson »Kennen Sie den kleinen Wolf aus Olmütz?« Die Tantiemen fließen auch für Fritz Grünbaum, der schon mit »Ich hab' das Fräulein Helen baden seh'n« einige Jahre zuvor einen echten Schlager gelandet hat.

Den Sommer 1929 verbringt Fritz Grünbaum wie schon des öfteren in den Modebädern Franzensbad, Karlsbad und Marienbad. Er gibt einige abendliche Gastspiele und genießt mit seiner Frau Lilly den wohlverdienten Urlaub. Sie sind ein auffallendes Paar, die Grünbaums: er, ein kleiner bebrillter Mann, ein charakteristischer Vertreter der jüdischen Intelligenz, sie, 18 Jahre jünger, ausgesprochen hübsch, ihren Mann beinahe um Haupteslänge überragend. Fritz Grünbaum liebt und verehrt seine junge Frau, auch wenn er in seinen Gedichten und Sketchen das andere Geschlecht oft geißelt:

VOM KÜSSEN

Eins interessiert mich sehr: ich möcht' gern wissen,
Warum die Leut' versessen sind aufs Küssen!
Bei Frau'n, ich bitte, kann ich das verstehn:
Es ist der Leim, auf den die Gimpel gehn!
Denn kriegt die Frau den Mann erst bis zum Kuß,
Dann weiß sie schon, daß er dran glauben muß;
Sie reicht ihm diplomatisch ihre Lippe,
Und denkt der Mann: »Was kann da sein? Ich nippe!«
Erwischt sie ihn beim Kragen und sagt flink:
»Du hast nur nippen woll'n? O nein, da trink'!«
Zum Traualtar schleppt im Triumph sie ihn
Und – requiescat, hin ist hin!
Bei Frauen also wird die Sucht nach Küssen
Der Philosoph begreiflich finden müssen;
Denn allbekannt ist's, wie ich glaub',
Die Weiber leben ja vom Raub!
Sie rauben Boas, Straußenfedern,
Pariserschuh' aus feinsten Ledern,
Theaterkarten, Pralinés,
Parfüm, Banknoten und Soupers,
Die Frau raubt einem Mann die Ruhe,
Brillanten, Pferde, Goldlackschuhe,
Und wenn gar nichts mehr zu rauben schon,
Dann raubt sie ihm die – Illusion!
Und was verschafft ihr den Genuß?
Das macht sie alles durch den Kuß!
Die Männer woll'n gefangen sein,
Und durch den Kuß fängt sie sie ein!
...

Lilly Grünbaum

Anfang September geht es zurück nach Wien. In den Kammerspielen beginnen die Proben für den Schwank »Unter Geschäftsaufsicht« von Arnold und Bach; Fritz Grünbaum hat die Hauptrolle, den Buchhalter Eduard Haselhuhn, Premiere ist am 14. 9. 1929. Nach dem Theater abschminken und umziehen, dann geht es von der Rotenturmstraße in die Wollzeile, wo Fritz Grünbaum in den Keller steigt zum Kabarett »Simpl«. Welcher Direktor hier auch gerade regiert, immer wieder kommt man auf Grünbaum zurück, den philosophischen Conférencier, vorausgesetzt, er hat gerade Zeit, denn jedes deutschsprachige Kabarett schmückt sein Programm gerne mit diesem klangvollen Namen. Im Januar 1930 ist er in Berlin, im Februar in Dresden, im März wieder in Berlin. Grünbaums entwaffnende Selbstironie nimmt sogar kritische Intellektuelle für ihn ein. Wenn an der Kabarettfassade in roten Lettern verkündet wird: »Fritz Grünbaum, der König der Conférenciers!«, stellt sich dieser abends auf die Bühne und beginnt: »Ich hab' gelesen vom König der Conférenciers. Und jetzt schaun Sie mich an! Schaut so a König aus?«

Bevor er Berlin verläßt, liefert er bei der Hegewald-Filmgesellschaft das gerade fertiggestellte Drehbuch für »Die Csikosbaroneß« ab, das seine eigene, schon etwas ältere Operette gleichen Titels zur Vorlage hat. Anfang April ist er wieder in Wien und begeht dort seinen fünfzigsten Geburtstag mit großem Aufwand im »Simpl« – wo sonst? Zur Feier des Tages präsentiert er ein neues Buch, nach fast zehnjähriger Pause erscheint endlich wieder eine Sammlung seiner Gedichte. Er nennt es »Grünbaum contra Grünbaum«, weil der ehemalige Jurist seine jetzige Tätigkeit als Kabarettist zum Anlaß nimmt, gegen sich selbst vorzugehen, und zwar wegen »gröblicher Beleidigung des öffentlichen Geschmacks durch Verbreitung schlecht gemachter und schlecht gedachter Gedichte«. Aber nicht nur dieses neue Werk und der runde Geburtstag geben den Zeitungen Anlaß, über ihn zu schreiben: »Fritz Grünbaum, der hier in Wien seinen fünfzigsten Geburtstag gefeiert hat, spielt augenblicklich nicht Theater, aber das macht ihm nichts, denn er bezieht seine Gage. Die Kammerspiele können es sich leisten, eine so teure Kraft spazierengehen zu lassen. Die ›Wunder-Bar‹ geht immer noch so wunderbar, daß die Grünbaum-Premiere verschoben wurde. Doch hat das Engagement Fritz Grünbaums bereits am 1. April begonnen und er erhält dafür, daß er allabendlich von 8 bis ½11 Uhr spazieren geht, seine Gage.« Einige Wochen später ist dann wieder Grünbaums Können Gegenstand der Berichterstattung: »Die ›Wunder-Bar‹ hat glücklich ihre hundertste Aufführung und gleichzeitig eine teilweise neue Besetzung in den Kammerspielen erlebt, da ein Teil des Ensembles mit der ›Wunder-Bar‹ nach München übersiedelt ist, um die Zugkraft, die das originelle Stück in Wien so reichlich bewährte, auch an der Isar zu erproben. Die Wiener ›Wunder-Bar‹-Besucher kommen bei der neuen Besetzung durchaus auf ihre Kosten. Dafür sorgt schon Fritz Grünbaum, der als Sam Wunder und Conférencier alle seine Künste spielen läßt, die ganze Bargeschichte ›fest in der Hand‹ hat, mitten im größten Wirbel plötzlich durch einen glänzenden humoristischen Einfall oder durch eine förmlich aus den Wolken fallende drollige Wendung im Verein mit seinem unnachahmlichen leidvoll-komischen Gesichtsausdruck aus dem eben noch ein wenig verwirrten Publikum die Einheitlichkeit eines dröhnenden Lachsturmes hervorzaubert.«

Fritz Grünbaum conferiert, Berlin Ende der Zwanziger Jahre

Der Erfolg der »Wunder-Bar« ist für Fritz Grünbaum auch ein ganz persönlicher Erfolg als Bühnenschauspieler. Zwar fließen immer kabarettistische Elemente in seine Darstellung ein, aber gerade das macht einen ganz besonderen Reiz aus. So ist der Kabarettist Grünbaum für den Rest des Jahres 1930 von den Kammerspielen mit Beschlag belegt: Am 11. 9. ist die Premiere der Komödie »Wie werde ich reich und glücklich?«, die schon in Berlin Furore macht, Fritz Grünbaum spielt den Geheimrat Regen. Am 3. 10. folgt der Schwank »Chichinette und ihre Väter« mit Fritz Grünbaum als Casimir Laurier, Kanzlist des Detektivburos »Nachteule«. Schließlich am 16. 10. »Die Causa Kaiser« mit Grünbaum als Konzipient Julius Springer. Drei Theaterpremieren in fünf Wochen! Trotzdem wird Fritz Grünbaum seinem alten Metier nicht untreu. Im November und Dezember hält er wieder Conférence, diesmal im »Pavillon«, und im Januar 1931 kündigt das Theater der Komiker ein großes Soloprogramm mit ihm an.

Ende April geht es wieder nach Berlin. Die Wohnung in der Zähringerstraße wird jetzt immer öfter benutzt, denn Fritz Grünbaum hat ständig in Berliner

Kabaretts und Filmstudios zu tun. Im »Kadeko« tritt er in dem selbstverfaßten Sketch »Der Pelzmantel« auf; außerdem hat er für die Hauszeitschrift »Die Frechheit« eine launige Glosse beigesteuert:

DAS LEBEN DER PROMINENTEN

Alles schläft. Gehirne und Muskeln entspannen sich vom Kampf des Daseins in der Wohltat des Schlummers. Still atmet die Nacht der Großstadt. Die Autos in den Garagen träumen von neuen Reisen, die Trams in den Remisen schlafen stehend wie ihre Vorgänger, die Pferde. Curtius liegt im Bett und spricht nicht. Hitler hat sein braunes Hemd ausgezogen und ruht in einem normalen Pyjama auf seinem Lager. Alles schläft. – – –

Nur der Prominente schläft nicht; er läßt sich photographieren. Bei Tag fehlt ihm die Zeit dazu, und es war doch schon so notwendig: vor drei Wochen war er das letzte Mal beim Photographen, seither nicht mehr, und die Berliner Illustrirte will nächsten Donnerstag wieder ein neues Bild von ihm bringen: der Künstler in seinem Heim! Der schläfrige Photograph hat eben die vierzigste Aufnahme gemacht, da bricht der Morgen durch die Scheiben. Der Photograph geht. Der Prominente steigt ins Bad. Er wäscht sich (mit einer Houbigant-Seife), rasiert sich (mit Colgate-Creme), trinkt eine Tasse Kaffee (Zuntz sel. Witwe), kleidet sich an und geht aus. Nicht ohne ein Lineal mit Zentimeter-Skala eingesteckt zu haben. Er schlumpert durch die morgendliche Straße, plötzlich wird sein Gang elastisch: zwei Arbeiter gehen an ihm vorbei, »vielleicht kennen sie mich – – man kann nicht wissen – – !« Seine Augen fahnden nach einer Litfaßsäule. Da! Sein Name winkt ihm entgegen. Winkt? Nein: ruft, schreit, brüllt! Faustdicke Lettern in blutroter Farbe. Aber was ist das? Daneben brüllt ja noch ein anderer? Der Prominente stürzt auf die Litfaßsäule zu, seine bebenden Finger haben das Lineal aus der Tasche gerissen und legen es zitternd an die Buchstaben. Erst des eigenen, dann des Konkurrenznamens. »Frechheit, der Konkurrent ist um zwei Millimeter größer gedruckt!«

Diese Entdeckung bringt das Tagesprogramm des Prominenten ins Wanken. Er wollte eigentlich nach kurzem Morgenspaziergang die neue Rolle studieren. Das ist jetzt unwichtig geworden. Ein Taxi, Inhalt: ein schäumender Prominenter, rast zum Theater, Krach mit dem Direktor, Fahrt zum Rechtsanwalt (Kontraktbruchsklage), von dort in die Redaktion des »Großstädters« (die neue Einsteintheorie wird aus dem Satz genommen, es muß Platz für die »Krise im Westend-Theater« geschaffen werden).

Als der erschöpfte Prominente heimkehrt, ist es Mittag. Die Sonne steht im Zenit. (Wieso? Wie kommt sie dazu, noch dort zu stehen? Warum verhüllt sie nicht schaudernd ihr Antlitz hinter einer Wolke?)

Der Nachmittag ist gestopft voll mit »Aeußerungen des prominenten Bühnenkünstlers« über die Erzeugnisse der heimischen Industrie. Er schreibt bis abends. »Ich wasche mich nur mit Seife von Schwarzlose« ... »Was täte ich, hätte ich nicht die himmlische Scherk-Creme zum Rasieren?« ... »Kein Morgen ohne ein Täßchen Haag-Kaffee«.

Telefon! Redaktion des Theater-Couriers. »Wir hätten eine kleine Rundfrage: was machen Sie im Mai?« – »O, nicht viel. Am 1. Mai muß ich mit der »Bremen« nach Hollywood. Tonfilm der Metro. 36 Aufnahmetage à 2000 Dollar. Dann fahre ich nach Tetuan zur Erholung. Ich fahre immer nach Tetuan zur Erholung. Hierauf mache ich über Einladung der Sowjetregierung eine Tournee durch Rußland, und die letzte Maiwoche verbringe ich mit meinem Mütterchen auf meiner Besitzung in Garmisch-Partenkirchen.«

Es ist Nacht geworden. Die Großstadt schläft ein. Alles schläft. Nur der Prominente schläft nicht, er läßt sich photographieren.

Und so lebt er, und so lebt er alle Tage. Wann studiert er eigentlich die neue Rolle?

Anfang Juni beginnen die Dreharbeiten für Grünbaums ersten Film. In »Der Raub der Mona Lisa« nach einem Drehbuch von Walter Reisch spielen unter der Regie von Geza von Bolvary: Willi Forst, Trude von Molo, Gustaf Gründgens, Fritz Odemar, Max Gülstorff, Hubert von Meyerinck, Paul Kemp, Anton Pointner, Alexander Granach und Rosa Valetti. Der Wiener Schriftsteller Roda Roda spielt einen Untersuchungsrichter und Fritz Grünbaum den angeblichen Bilderdieb. Sein nächster Film entsteht unter der Regie des Kabarettkollegen

Kurt Gerron, der mittlerweile zum Ufa-Regisseur avanciert ist: »Meine Frau, die Hochstaplerin« mit Heinz Rühmann, Käthe von Nagy, Alfred Abel, Theo Lingen und Fritz Grünbaum als Silbermann. Die Kritikerin der Filmwoche, Edith Hamann, feiert ihn: »Die Entdeckung des Abends: Fritz Grünbaum – der ausgezeichnete Conférencier, Sketch-Dichter und Schauspieler – vervollständigt die Filmkomiker um eine neue und liebenswerte Erscheinung. Wie er seine Pointen mit kunstvoller Diskretion und unauffälliger Prägnanz in die Dialoge setzt, das ist jedesmal ein Genuß. Dieser feine, stille Komiker ist (als Silbermann) das größte Plus dieses hübschen Abends.«

Der nächste Film heißt »Der brave Sünder« und ist die erste Filmregie eines der renommiertesten Schauspieler überhaupt: Fritz Kortner. Allein schon die erstklassige Besetzung dieses Lustspiels verheißt gute Unterhaltung: Der Starkomiker Max Pallenberg spielt die Hauptrolle, einen gewissenhaften Oberkassierer, Dolly Haas ist seine muntere Tochter, Heinz Rühmann deren Freund, und Fritz Grünbaum hat mit »Klapka«, einem biertrinkenden Bürofaktotum, eine dankbare Nebenrolle. Wirklich Furore aber macht er in Richard Oswalds Streifen »Arm wie eine Kirchenmaus«, der im November 1931 uraufgeführt wird. Schon der Beginn des Filmes gerät zu einem kleinen kabarettistischen Kabinettstückchen. Es gibt hier keinen üblichen Vorspann, stattdessen »verraten« Fritz Grünbaum und sein Partner Paul Morgan die Besetzung im Verlaufe einer witzigen Doppelconférence. Daß hierin auf Grünbaums Häßlichkeit angespielt wird, daß er im Verlauf der Handlung ein allzu sentimentales, selbstverfaßtes Chanson singt, tut seinem Erfolg keinen Abbruch: »Wunderbar Fritz Grünbaum, dessen Leistung der Mosheim an die Seite zu stellen ist. Er hatte mit Recht immer wieder Beifall auf offener Szene. Auch er ein großer Gewinn für die Filmkunst. Wir haben wenig so menschliche

Grete Mosheim, Anton Edthofer und Fritz Grünbaum in dem Film »Arm wie eine Kirchenmaus«, 1931

Gestalter.« Der Filmschauspieler Grünbaum ist im Gespräch, beliebt beim Publikum, gehätschelt von der Presse. Doch auch seine Qualitäten als Drehbuchautor bleiben nicht unbeachtet. Anläßlich der Uraufführung von »Liebeskommando« heißt es im Fachblatt »Der Film«:

»Vor Beginn dieses Spiels trat der Prologus Grünbaum vor den Vorhang und gab über diesen Militärfilm einige witzige Erklärungen ab, daß nämlich die Autoren dieses Films, der Leutnant Roda Roda, der Oberleutnant Fritz Grünbaum und der Hauptmann von Bolvary aus eigenster Anschauung etwas von der Materie verstünden. Und dann bat er um das Wohlwollen des Publikums. Das war unnötig, denn die Premiere wurde dank der Liebenswürdigkeit der Darstellung und der Sauberkeit aller filmischen Arbeit zu einem durchschlagenden Erfolg. Oefters gab es stürmischen Beifall auf offener Szene, und wir gestehen, daß dieser von Bolvary mit hinreißendem Temperament inszenierte Tonfilm sich fernhielt von jedem abgeschmackten Witz, darum erfrischend humorvoll war, von jeder knalligen Uebertreibung, darum glitzernd und leuchtend war, von jeder plumpen Feldwebelaufdringlichkeit, darum freundlichen Genuß vermittelte.«

Im November 1931 steht der vielseitige Grünbaum im Aufnahmestudio der Columbia. »Wer zahlt heutzutage«, heißt der Sketch mit Max Ehrlich; auf der anderen Seite der Platte ist dann zu hören, wie »Fritz Grünbaum conferiert«. Er ist in allen Bereichen seines Metiers bestens im Geschäft und voll ausgelastet, doch wenn es um notleidende Kollegen geht, wirkt der Vielbeschäftigte auch noch bei Wohltätigkeitsveranstaltungen mit. Eine der größten ihrer Art ist »Die Nacht der 25« in der Bar »Femina«. Ende November steht dort alles auf der kleinen Bühne, was im Berliner Kabarett Rang und Namen hat: Peter Sachse, Paul Nikolaus, Günter Berner, Senta Söneland, Willy Prager, Fritz Grünbaum, Marcella Salzer, Sigi Hofer, Fredy Sieg, Willi Kollo, Ernst Busch, Paul Morgan, Inge Bartsch, Werner Finck, Hugo Fischer-Köppe, Max Ehrlich, Maria Ney, Hans Reimann, Walter Mehring, Gaston Palmer, Paul Hörbiger. Der Erlös des Abends soll dem Leiter des Kabaretts »Die Wespen«, Leon Hirsch, zugute kommen, der sich für sein kleines Unternehmen aufreibt. Alle Mitwirkenden verzichten auf ihr Honorar, damit Hirsch eine Erholungsreise machen kann. Auch bei der »Nachtparade« im Januar 1932 in der Berliner Scala fehlt Fritz Grünbaum nicht, gestaltet diese Wohltätigkeitsvorstellung des Schutzverbandes Deutscher Schriftsteller mit. Am 30. 1. 1932 ist er als »Mansky« neben Paul Morgan, Arthur Schröder, Walter Edhofer, Blandine Ebinger, Hans Brausewetter und Hubert von Meyerinck in Franz Molnars »Spiel im Schloß« in der »Tribüne« zu sehen.

Es wird noch genau ein Jahr dauern, bis ein entfesselter Politiker dafür sorgt, daß man auf deutschen Bühnen keinen Molnar, keinen Morgan und auch keinen Grünbaum mehr zu sehen bekommt...

»Es wird schon wieder besser«, verheißt der Titel des Filmes von Kurt Gerron, in dem Fritz Grünbaum den Justizrat Feldacker spielt, die Uraufführung ist am 6. 2. 1932. Der ganze Winter ist mit Dreharbeiten vergangen, jetzt jagen sich sich die Filmpremieren: »Einmal möcht ich keine Sorgen haben« mit Ursula Grabley, Max Hansen, Adele Sandrock, Hubert von Meyerinck und Fritz

Paul Otto, William Huch, Oskar Sima und Fritz Grünbaum (v. l.) in dem Film »Es wird schon wieder besser«, 1932

Grünbaum am 30. 3. 1932; »Ein Lied, ein Kuß, ein Mädel« am 14. 4., überlebensgroß prangt das Portrait Grünbaums neben dem der Hauptdarsteller Gustav Fröhlich und Marta Eggerth an der Fassade des Atrium-Filmtheaters. Einen Tag später, am 15. 4., folgt die festliche Uraufführung von »Mädchen

Julius Falkenstein, Fritz Grünbaum, Werner Krauß, Maria Bard in dem Film »Mensch ohne Namen«, 1932

zum Heiraten« mit Renate Müller, Hermann Thimig, Wolf Albach-Retty und Fritz Grünbaum. Währenddessen entsteht der große Ufa-Film »Mensch ohne Namen« mit Werner Krauß, Mathias Wieman, Helene Thimig, Hertha Thiele und Julius Falkenstein. Fritz Grünbaum spielt einen Winkeladvokaten in diesem Heimkehrerdrama. Es ist seine letzte größere Filmrolle, Anfang Mai kehrt er zurück nach Wien. Im Gegensatz zu vielen seiner Kollegen macht er sich über die künftige Entwicklung der politischen Verhältnisse keinerlei Illusionen. Im Gegenteil, er zeigt geradezu seherische Fähigkeiten. So schreibt er am 1. 5. 1932 in einem Brief an gute Freunde:

> *Überall haucht mich der Haß an – um Eigenschaften, für die ich gar nichts kann, weil ich sie nicht in mir ausbildete, sondern in sie hineingeboren wurde (Religion und Rasse). Es wird immer ärger, und ich fürchte, Ihr schöner Optimismus ist sehr unbegründet. Noch mehr als hierzulande habe ich in Berlin gesehen, wie der gehirnlose Hitlerkopf die unaufhaltsame Herrschaft antritt, und wir werden noch durch schrecklich viel Bitternis und Hässlichkeit hindurch müssen, ehe sich diese Herrschaft des Ungeistes leergelaufen haben wird. Daß dieser Zeitpunkt einmal freilich kommen muß, ist im Augenblick ein schwacher Trost gegenüber der bitteren Tatsache, daß die sinnlose Gewaltherrschaft noch immer im Anschwellen ist. Es wird sicher besser werden, aber erleben werd' ichs nicht mehr…*

Fassade des Atrium-Filmtheater, Berlin 1932

Wien hat seinen Grünbaum wieder, doch man hält nicht gerade große Aufgaben für den Heimkehrer bereit. Am 28. 5. steht er im Deutschen Volkstheater auf der Bühne, »Napoleon greift ein« heißt die Groteske von Walter Hasenclever. Es folgt »Journalisten« von Gustav Freytag, Fritz Grünbaum hat die Rolle des »Schmock«. Der Altkabarettist Grünbaum erkennt derweil, daß sich in Wien der Kabarettnachwuchs zu etablieren beginnt. Neidlos zollt er den jungen

Leuten um Stella Kadmon Anerkennung. Auftreten kann er in deren Theater »Lieber Augustin« nicht, die jungen Leute wollen ihren eigenen Weg finden – ohne irgendwelche Altvorderen. Da kommt ein Filmangebot aus Deutschland gerade recht. Fritz Grünbaum soll seine erste Hauptrolle bekommen, allerdings nur in einem Kurzfilm. Im Herbst 1932 reist er zum letzten Mal nach Deutschland, steht im Jofa-Atelier mit Paul Henckels, Ernst Behmer, Gerhard Dammann, Maria Koppenhöfer und Hella Weiß vor der Kamera. Nach wenigen Tagen ist der zwanzigminütige Streifen »Rosmarin im Glück« im Kasten. »Rosmarin Grünbaum« fährt zurück nach Wien. Wenige Monate später ruft der »gehirnlose Hitlerkopf« seine »Herrschaft des Ungeistes« in Deutschland aus, ganz so, wie der gescheite Jude Grünbaum es befürchtet hat.

Nach der Machtergreifung in Deutschland findet sich in Österreich die Creme der deutschen Kultur ein, beinahe die gesamte jüdische Intelligenz geht 1933 erst einmal nach Wien. Alle wollen natürlich weiterhin in ihrer Muttersprache wirken und suchen Arbeit. Aber allein in Wien gibt es 1933 über 1500

Fritz Grünbaum mit Oskar Sima in dem Film »Ein Lied, ein Kuß, ein Mädel«, 1932

Schauspieler ohne Beschäftigung. Der Schauspieler, Autor und Conférencier Grünbaum ist es gewohnt, für seine Arbeit selbst zu sorgen. Im März bestreitet er ein Gastspiel in Prag, Visiten in böhmischen und mährischen Städten schließen sich an. Hier gibt es überall deutschsprachiges Publikum, das den wortgewandten Kabarettisten – auch in seinen Feinheiten – versteht. Die Zeit der fürstlichen Gagen ist allerdings vorbei. Trotzdem müssen die Grünbaums keine Not leiden, sie haben immer bescheiden gelebt und gespart. Darüber hinaus verfügt Fritz Grünbaum über eine ansehnliche Kunstsammlung mit Werken von Adolf Menzel, Moritz von Schwind, Oskar Kokoschka, alten Kupferstichen von Rembrandt und Dürer sowie eine überaus stattliche Bibliothek. Über Bargeld allerdings verfügt Fritz Grünbaum nur sehr bedingt, da dies von seiner Frau Lilly verwaltet wird. Die besondere Neigung ihres Gatten, jeden Bittsteller zu versorgen, läßt sie ständig um das Vermögen bangen. Aber Fritz Grünbaum findet immer Mittel und Wege, den Menschen zu helfen, die von ihm etwas »borgen« möchten. Bare 140 Schilling drückt er den jungen Kollegen Ernst Hagen und Eduard Linkers in die Hand und fügt hinzu: »Kinder, kommt's Ende nächster Woche nach der Vorstellung in den Simpl, da kann ich euch noch a bissl was geben.«

Während sich in Deutschland das »Dritte Reich« etabliert, werden Grünbaums Conférencen und Sketche zunehmend politischer. Der kritische Geist nimmt nicht nur Bezug auf die neuen Verhältnisse, er nimmt auch eindeutig Stellung und entlarvt die totalitären Machtansprüche der Nazis in Szenen wie dieser, die er »Abstimmung« nennt: Auf der völlig leeren Bühne stehen ein Dutzend würdiger Männer im Gehrock, vor ihnen eine unverkennbare Führer-Gestalt, also: ein Mann mit Schmachtlocke auf der Stirn und Zahnbürste unter der Nase. Er hält eine kurze Ansprache: »Meine Parteigenossen! Wir kommen zum Beschluß über ein wichtiges Bevollmächtigungsgesetz! Wer dafür ist, steht auf, wer dagegen ist, setzt sich!« Die Begehrockten sehen sich suchend um und bleiben natürlich stehen. Kurze Pause. Dann die Führerfigur mit vollem Munde: »Parteigenossen! Das Gesetz ist einstimmig angenommen!« (Vorhang!)

Am 10. 2. 1935 steht Fritz Grünbaum zum ersten Mal auf einer Bühne, die dem Theatermogul Max Reinhardt gehört. In einer Matinee des Theaters in der Josefstadt gestaltet er seine philosophische Plauderei »Von Brünn bis Hollywood«. Mit dem altbewährten Partner Karl Farkas beginnt Anfang 1935 eine neue Phase der Zusammenarbeit. Die alten Eifersüchteleien scheinen vergessen, die beiden präsentieren eine Revue nach der anderen: »In den Kammerspielen gelangt am 15. Februar nach langer Pause wieder eine Revue, und zwar von Karl Farkas und Fritz Grünbaum, zur Erstaufführung. Sieben Jahre lang waren die beiden geliebten Wiener Komikerautoren nach großen gemeinsamen Erfolgen getrennt gewesen. Jetzt, nach den sieben dürren Jahren, starten sie wieder gemeinsam als Autoren und Darsteller in der von ihnen verfaßten Revue ›Bediene dich selbst!‹ in den Kammerspielen. Diese Revue stellt etwas völlig Neuartiges auf dem Gebiet des heiteren Bühnengenres dar«, schreibt die Wiener Sonn- und Montagszeitung. Anfang Mai folgt »Die gestohlene Revue«, Ende August »Theater zu verkaufen«. Eine Definition des Begriffes »Revue« hat Grünbaum schon vor Jahren geliefert: »Was ist eine Revue?: Revue ist..., wenn es keine Handlung gibt..., wenn die Ausstattung eine Milliarde kostet... Was sollte aber die Revue sein? Eine geistreiche Aneinanderreihung unzusammenhängender, Auge, Ohr und Vernunft befriedigender Szenen, die unseren Alltag verspotten, nebenher pikanten Soubretten, süßen Tänzerinnen, smarten Theater-Don-Juans und schlagkräftigen Komikern Gelegenheit geben, mit Laune, Schneid, Rhythmus und schmissigem Unsinn die Trübsal unserer Tage uns aus dem Gehirn zu blasen.«

Dies scheint im Moment wichtiger denn je zu sein. Man wechselt das Theater, das Genre bleibt dasselbe. »Wohin, kleines Fräulein« heißt es Ende Dezember 1935 im Wiener Komödienhaus. In dem »Verfolgungsstück« sind, neben den Autoren Grünbaum und Farkas, Olly Gebauer, Jane Tilden und Fritz Puchstein zu sehen. Im März 1936 schließlich bringt das Bürgertheater »Was kostet Wien? – Geschichten aus der guten alten Zeit«. Die aber neigt sich nun endgültig dem Ende zu...

»Happy« heißt die Hollywooder Komödie in drei Akten, die im Mai 1936 über die Bühne des Theaters in der Josefstadt geht. Fritz Grünbaum spielt die Hauptrolle des »Elliot Friday«, neben ihm Fritz Delius, Alfred Neugebauer, Maximilian Schulz, Ludwig Stössel, Hans Olden, Hans Thimig, Erik Frey, Otto Wilhelm Fischer und Jane Tilden. Viel Erfolg ist dieser Aufführung nicht beschieden, nur elfmal wird »Happy« gespielt. Große Anerkennung zollt Fritz Grünbaum seinem langjährigen Freund und Kollegen Paul Morgan, der als Co-Autor und Darsteller an einem Sensationserfolg im Theater an der Wien beteiligt ist. »Axel an der Himmelstür« heißt das musikalische Lustspiel von Ralph Benatzky, in dem eine Schwedin namens Zarah Leander die Hauptrolle spielt. Deren gewagtes Dekolleté kommentiert Fritz Grünbaum prompt: »Davon kann's zwei Sachen kriegen: entweder an Mann oder an Schnupfen!«

Für den »Simpl« kreiert Grünbaum gemeinsam mit Karl Farkas wieder eine Reihe von Kabarettrevuen. Am 21. 4. 1937 ist die Premiere von »Prüfen Sie selbst«, natürlich stehen die beiden Autoren mit auf der Bühne. Es folgen am 28. 8. »Wir sehen Gespenster« und am 3. 11. »Robinson Farkas auf der Grünbauminsel«. In einer ihrer Doppelconférencen geben sie dem Publikum Einblicke in ihre Arbeitsweise:

Karikatur von Kapralik

GEREDET IST NICHT GESPROCHEN

Grünbaum: Servus Karl. Entschuldige...
Farkas: Nein, ich entschuldige n i c h t. Warum kommst du wieder so spät?
G.: Ich hatte ein schreckliches Erlebnis: Als ich an der Wohnung meines Portiers vorbeikam, stand die Tür offen. Was sehe ich? Der Hausmeister steht mitten im Zimmer, weiß im Gesicht, Schaum vor dem Mund, ein Messer in der Hand –
F.: – und?
G.: Und rasiert sich!
F.: Du sprühst schon wieder. Aber zu früh. Beginnen wir, die Revue zu schreiben, da kannst du sprühen.
G.: Mir ist heute gar nicht so sprüherisch. Ich habe mir gestern abend »In der Nacht« angesehen.
F.: Was soll das heißen, du hast dir gestern den Abend in einer Nacht angesehen?
G.: Das Stück »In einer Nacht«, die Reinhardt-Inszenierung.

F.: Und wie war es?
G.: Alea jacta est.
F.: Was heißt das?
G.: Der Werfel hat gefallen.
F.: Du sprühst schon wieder.
G.: Im Gegenteil, ich bin deprimiert. Nach einem Drama, mag es noch so schön dichterisch sein, bin ich immer so niedergedrückt. Ich bin gegen Dramen: immer die Toten... Wenn schon hohe Kunst, dann lieber Oper! Zum Beispiel »Aida« –
F.: Aber die wird doch zum Schluß lebendig begraben?
G.: Ja, aber sie singt wenigstens dazu.
F.: Gesprüh Nr. 3!
G.: Musik ist immer versöhnend. Die in musikalischer Untermalung dargestellten Unlustgefühle erfahren...
F.: Geschenkt! Keine Malerei, keine Psychologie ... jetzt kommt die Revue. Heute muß sie fertig werden.
G.: Das predige ich dir seit Wochen –
F.: Predigt will ich auch keine. Ich will endlich die erste Szene sehen, dein Gerede ist überflüssig. Also der Vorhang hebt sich –
G.: Es irritiert mich, daß du gesagt hast, ich rede. Wieso rede ich? Bin ich Roosevelt? Der redet.
F.: Der darf reden, weil er nicht stört.
G.: So? Frag' die Japaner, ob er sie nicht gestört hat.
F.: Wo, ich bitte dich, soll ich jetzt einen Japaner hernehmen? Also, der Vorhang hebt sich, auf der Bühne erblickt man – – Warum sagst du übrigens, daß der Roosevelt redet? Die anderen reden doch auch? Zum Beispiel in Genf!
G.: Das ist aber nicht dasselbe: der Roosevelt hat gesprochen und in Genf wird geredet.
F.: Und was wird dort geredet?
G.: Das sagen sie nicht, sie sind Diplomaten.
F.: Roosevelt ist doch auch ein Diplomat?
G.: Nein. Roosevelt ist – ein Staatsmann! Der Staatsmann macht Ernst, und der Diplomat – eine Konferenz!
F.: Da bin ich auch ein Staatsmann: ich mache jetzt Ernst und fange die Revue an. Also der Vorhang hebt sich, auf der Bühne erscheint eine Dame –
G.: Ich will nicht wissen, was erscheint, mich interessiert nur, was geschieht! Ohne Stückstoff kann der Dramatiker nicht leben.
F.: Jetzt kommst du mir gar mit Chemie!
G.: Warum nicht? Die Chemie hat der Revue schon große Errungenschaften geschenkt.
F.: Nämlich?
G.: Die Wasserstoff-Blondinen.
F.: Genug! Erst bist du kosmisch, dann bist du kosmetisch; jetzt sei endlich einmal komisch und schreib einen witzigen Dialog.
G.: Wie soll ich schreiben, wenn ich die Daumen halten muß?
F.: Für wen?
G.: Für Österreich.
F.: Was ist denn schon wieder passiert?
G.: Weißt du nichts vom Ländermatch Österreich – Ungarn?
F.: Interessiert mich nicht. Diese Sportpsychose ist mir unverständlich: da kämpfen zweiundzwanzig Manderln, und fünfzigtausend Menschen schauen zu.

G.: Spiegelbild der Weltgeschichte: beim Ländermatch Japan – China kämpfen Millionen, und die ganze Erde schaut zu. Schaut zu und tut nichts. Beim Sportmatch schreien doch die Zuschauer wenigstens, aber beim Krieg schauen sie nur zu.
F.: Pardon, Roosevelt hat geschrieen!
G.: Allerdings!
F.: Und Genf auch!
G.: *Zwischen amerikanischen und Genfer Erklärungen ist aber leider ein großer Unterschied: In Amerika wird beschlossen, was zu geschehen hat, und in Genf wird beschlossen, wann man, um zu beschließen, was zu geschehen habe, sich das nächstemal wieder treffen wird.*
F.: Wie bei dir und mir: jeden Samstag kommen wir zusammen, um eine Revue zu schreiben, und jeden Samstag beschließen wir dann nur, uns nächsten Samstag, um die gleiche Revue zu beginnen, wieder zu treffen. Aber heute darf das nicht passieren, also vorwärts! Der Vorhang hebt sich, auf der Bühne erscheint eine reizende junge Dame –
G.: Da liegt schon die erste Schwierigkeit: wie besetzt man diese Rolle? Du weißt doch, bei den Wiener Theaterdirektoren herrscht jetzt der Schrei nach den neuen Gesichtern.
F.: Aber damit meinen die Theaterdirektoren doch nicht neue Schauspieler!
G.: Sondern?
F.: Neue Geldgeber!
G.: Dieser Schrei ist erst in der vorgerückten Saison fällig, im September reicht das Betriebskapital noch auf Ideale, da wollen sie neue Schauspielergesichter –
F.: Über die Besetzung spricht man erst, wenn das Stück fertig ist. Vorläufig haben wir noch nicht die erste Szene. Also der Vorhang hebt sich – es erscheint eine reizende Dame –
G.: Weder hebt sich ein Vorhang, noch erscheint eine Dame, vielmehr ist es acht Uhr, und wir müssen in den Simpl zur Vorstellung.
F.: Na also: schon wieder um keine Zeile weitergekommen!
G.: Ich glaube, ich bin überarbeitet! Das kommt daher, daß ich in diesem Sommer keinen Urlaub nahm.
F.: Das kannst du doch jetzt noch nachholen. Verreise!
G.: Wohin denn? Bei den heutigen Devisenschwierigkeiten? Ich möchte nach Schottland – wo soll ich die Pfund hernehmen? Ich möchte an den Lido – wo soll ich die Lire hernehmen? Ich möchte an die Riviera, wo soll ich die Francs hernehmen?
F.: Geh doch in einen österreichischen Kurort!
G.: *Wo soll ich die Schillinge hernehmen?*

So also entsteht eine – oder keine – Revue! Ende Februar 1938 hat die letzte Kabarettrevue von und mit Fritz Grünbaum ihre Premiere. »Metro Grünbaum-Farkas höhnende Wochenschau« lautet der beziehungsreiche Titel.

Am 10. 3. betritt Fritz Grünbaum die vollkommen dunkle Bühne des Kabaretts in der Wollzeile und sagt: »Ich sehe nichts, absolut gar nichts, da muß ich mich in die nationalsozialistische Kultur verirrt haben.« Am nächsten Abend dürfen er und sein Partner Karl Farkas den »Simpl« nicht mehr betreten. In vorauseilendem Gehorsam versperren österreichische Nazis den Protagonisten österreichischer Kultur den Weg, schließlich befinden sich deutsche Truppen mit ihrem Führer auf dem Wege nach Wien! Die Grünbaums beschließen, noch am selben Abend nach Preßburg in der Tschechoslowakei zu fahren. Die Züge in

Simpl-Kabarettrevue
Ina von Elben, Fritz Puchstein, Edritha Ragetté, Harry Stollberg, Karl Farkas, Fritz Grünbaum, Fritz Strehlen, Gerti Kalmar (v. l.), Wien um 1937

Richtung Grenze sind überfüllt, viele suchen jetzt ihr Heil in der Flucht, allzuviele – die tschechische Grenze ist geschlossen. Alle Reisenden, auch die Grünbaums, werden nach Wien zurückgeschickt. Wieder zu Hause angekommen, beraten sie sich mit Anny und Karl Farkas, die ebenfalls das Land verlassen wollen. Fritz Grünbaum genügt diese eine Abfuhr, ein zweites Mal will er eine Ausreise nur noch mit einem Visum versuchen; er hofft dabei auf die Hilfe von Verwandten in Belgien. Kostbare Zeit verstreicht. Karl Farkas versucht in den nächsten Tagen, die nötigen Dokumente für eine Ausreise in die Tschechoslowakei zu bekommen. Währenddessen halten sich die Grünbaums versteckt. In ihrer Wohnung an der Rechten Wienzeile geht die Schwägerin an den Apparat. Farkas versucht vergeblich, Grünbaum noch einmal zu sprechen, ihn zu einem zweiten, diesmal gemeinsamen, Fluchtversuch zu bewegen. Edritha Ragetté, einer Kollegin aus dem »Simpl« und guten Freundin der Familie, gelingt es, mit Grünbaum Kontakt aufzunehmen; sie beschwört ihn, das Land zu verlassen: »Fritz, geh weg, du mußt weggehen, die Grenzen nach Italien und in die Schweiz sollen noch offen sein.« Aber Fritz Grünbaum mag nicht mehr: »Was soll ich in der Schweiz oder in Italien? Ich bekomme hier ab nächstem Jahr meine Rente, ich habe doch keinem Menschen etwas getan, warum sollte mir jemand was tun?« Ja, warum…?

Einige Tage später wird Fritz Grünbaum festgenommen. Josa Morgan hat nach der Verhaftung ihres Mannes Paul die Grünbaums noch telefonisch gewarnt – zu spät. Der Siebenundfünfzigjährige kommt in ein Gefängnis an der Elisabethpromenade, bald darauf in ein Notgefängnis in der Karajangasse. Hier werden tagsüber die Strohsäcke an der Wand aufgeschichtet, damit sich niemand ausruhen kann. Die Insassen müssen den ganzen Tag auf und ab gehen. Fritz Grünbaum sagt zu seinem Mitgefangenen, dem 27jährigen Sozialdemokraten Bruno Kreisky: »Und die draußen glauben, wir sitzen!«

»Den Grünbaum haben wir!« lautet die Überschrift eines Artikels in der Wiener Ausgabe des Völkischen Beobachters vom 7. 5. 1938, weiter heißt es über Grünbaum und Farkas: »Nie hatte auch nur ein Schimmer von Uneinigkeit das ›Schaffen‹ dieser beiden Juden getrübt. Geld hatten sie immer, wenngleich auch heute ihre Schuh- und Kleiderlieferanten nach Bezahlung schreien, aber nun, nun sitzen sie beide so traurig wie noch nie. Und das Bedauerliche – für uns – ist der Umstand, daß sie nicht zusammensitzen, wie man es bei der dicken Freundschaft eigentlich erwartet hätte. Denn während Herr Grünbaum in Österreich nun Gelegenheit hat, alle seine verzapften Witze nachzulesen, hat es Farkas vorgezogen, den Aufstieg Österreichs von Brünn aus zu studieren... Nun ist auch in dieser Beziehung ein Wandel eingetreten, der die deutsche Kunst auch in Wien dem deutschen Volk wieder zurückgeben wird.«

Währenddessen ist Lilly Grünbaum den Schikanen der neuen Herren ausgesetzt. Bei einer Haussuchung wird die einem Museum gleichende Wohnung demoliert. Allzuviele Freunde, die zu ihr halten, bleiben ihr nicht. Josa Morgan und Anny Farkas, die selber betroffen sind, gehören dazu. Bei Leo Slezak und seiner Frau weint sie sich aus. Fast jeden Abend hat sie ihren Mann begleitet, oft in der Garderobe gesessen, da fällt das plötzliche Alleinsein nach fast zwanzigjähriger Ehe besonders schwer. Besuche bei ihrem Mann sind untersagt, es bleibt nur der schriftliche Kontakt. Aber in ihren Briefen wirkt sie wie versteinert: »Wie geht es Dir? Mir geht es gut«, schreibt sie.

Fritz Grünbaum wird im Mai 1938 ins KZ Dachau verfrachtet. Hier begleicht das »Dritte Reich« offene Rechnungen mit Andersdenkenden. Grünbaum und seine Kollegen Hermann Leopoldi und Paul Morgan sind der Willkür der Bewacher unterworfen. Das oft stundenlange Stehen beim Zählappell bei jedem Wind und Wetter will manchmal kein Ende nehmen. Hier wird dem Oberleutnant Grünbaum auf deutsche Art Recht und Ordnung beigebracht. Der Träger der Tapferkeitsmedaille bewährt sich – auf seine Art. Obwohl er hart arbeiten muß, unterhält er in der knappen Freizeit die Leidensgenossen mit Kostproben seiner Kunst. Aus dem Gedächtnis rezitiert er seine langen Gedichte und findet immer ein dankbares Publikum.

Im September 1938 wird der achtundfünfzigjährige »Schutzhaftgefangene« ins KZ Buchenwald überstellt, wo er seine Kollegen Leopoldi und Morgan wiedertrifft. Das Lager in der Nähe von Weimar ist noch im Aufbau begriffen, es herrschen teilweise chaotische Zustände. Viele Häftlinge müssen im nahegelegenen Steinbruch unmenschlich hart arbeiten. Der liebenswerte Grünbaum hat im Lager viele Freunde, die dafür sorgen, daß ihm derartige Torturen erspart bleiben. Er kommt in der Strumpfstopferei unter. Der Künstler revanchiert sich, indem er – wieder einmal – conferiert, zum Beispiel wie er das Tausendjährige Reich zu besiegen gedenkt oder daß der völlige Mangel und das systematische Hungern das beste Mittel gegen die Zuckerkrankheit sei.

In der Nacht zum 11. 12. 1938 verstirbt im Krankenrevier der Kollege und Weggefährte Paul Morgan. Gemeinsam mit Hermann Leopoldi begleitet Fritz Grünbaum den Leichnam am nächsten Morgen zum Lagertor, von wo aus er nach Weimar zur Einäscherung geschafft wird. Fritz Grünbaum hat noch mehr als zwei Jahre der Pein vor sich...

Er hofft auf seine Entlassung, da Lilly sich ständig bemüht, Ausreisedokumente zu besorgen. Anfang 1939 gelingt es Hermann Leopoldi auf diese Weise, dem Lager zu entkommen, seine Frau hat ein Visum für die USA ergattert. Fritz Grünbaum aber wartet vergeblich. Mit Beginn des Krieges im September 1939 ist diese Möglichkeit entlassen zu werden nicht mehr gegeben. Die Tätigkeit in der Strumpfstopferei gilt nun als zu mildtätig für Juden. Doch wieder entgeht Grünbaum dem aufreibenden Steinbruchkommando. Er »darf« die leichtere Arbeit der Latrinenentleerung versehen. Gemeinsam mit dem Sozialdemokraten Robert Danneberg und dem Textdichter Fritz Löhner-Beda tut der Kabarettist Dienst in der »Kolonne 4711«. Im Januar 1940 kommt ein dritter Fritz aus Wien in den Block, in dem schon Grünbaum und Löhner-Beda hausen, der gerade sechzehnjährige Fritz Kleinmann. Die beiden Künstler nehmen den Jungen unter ihre Fittiche, ihr Tisch in der Baracke wird fortan der »Tisch der drei Fritzl aus Wien« genannt. Am 7. 4. 1940 ist dieser Tisch reich gedeckt. Viele Mitgefangene haben sich etwas von ihren kargen Rationen abgespart, um Fritz Grünbaum zum 60. Geburtstag Geschenke machen zu können: ein Laib Brot, ein Würfel Margarine, ein Becher Zuckerrübensirup und einige Kilo Kartoffeln. Alle wünschen dem Jubilar, daß er sich einmal richtig satt essen soll. Die Geburtstagsrede hält der Lehár-Librettist und Schlagertexter Löhner-Beda. Fritz Grünbaum ist tief gerührt und bedankt sich mit dem Vortrag einiger seiner Gedichte und Couplets. Danach kehrt der Alltag wieder ein, man sieht Grünbaum mit ausgedienten Marmeladeneimern voller Exkremente durch das Lager ziehen. Es gibt Bewacher, die ihn aus seiner Kabarettzeit kennen und sich einen Spaß daraus machen, ihn anzuhalten und auf Befehl Witze erzählen zu lassen. Finden diese nicht die Zustimmung der SS-Leute, setzt es Hiebe. Der Triumph der »Herrenmenschen« ist nur äußerlich, Fritz Grünbaum ist nicht zu brechen, aber er verfällt zusehends. Nachdem man sich vor den Toren der Goethe-Stadt Weimar alle Mühe gegeben hat, ihn zu entwürdigen, wird er im Oktober 1940 wieder ins KZ Dachau überstellt. Hier hat er Silvester 1940 seinen letzten Auftritt. Der an einer Magen- und Darmtuberkulose Leidende sitzt, eingehüllt in dicke Pullover und Schals, in der Krankenbaracke. Der Kollege Karl Schnog, der hier einen Vortragsabend gestalten will, erkennt ihn kaum wieder. Aber die Mitwirkung an diesem Abend will sich Fritz Grünbaum nicht nehmen lassen. Schnog kündigt ihn an als den »einst prominenten Conférencier Fritz Grünbaum«, aber der wehrt ab: »Ich bitt' Euch, nicht der Fritz Grünbaum spricht zu Euch, sondern eine Nummer, die Euch am letzten Tag des Jahres etwas Freude bereiten will.« Er gibt »Das Baby Grünbaum« zum besten, dann »Ich möcht' ein Engerl sein«, beendet seinen Vortrag schließlich mit ein paar derben Witzen. Dann fällt er wieder in sich zusammen. Einige Tage später macht er einen Selbstmordversuch, wird aber gerettet. Am 14. 1. 1941, nach fast dreijähriger Haft, hört der sechzigjährige Fritz Grünbaum auf zu leben. Auf dem Totenschein steht, er sei »an Herzlähmung abgegangen«. Vier Wochen später bekommt Lilly Grünbaum in Wien gegen Erstattung der Kosten für Einäscherung und Überführung eine Urne zugestellt. Sie benachrichtigt einige Freunde: »...da Sie mich um Mitteilung ersucht haben – jetzt ist es so weit: Montag ¼12, Zentralfriedhof, 1. Tor, wird mein geliebter Mann beigesetzt. In tiefster Trauer Ihre Lilly Grünbaum«.

Nur eine Handvoll Menschen stehen ihr zur Seite. Im Jahr darauf kehrt sie von einer Vorladung zur Gestapo nicht mehr zurück. Die mit Kunstschätzen vollgestopfte Wohnung wird »arisiert«, man bereichert sich noch einmal an einem, der sein Leben lang so viele beschenkt hat...

Fritz Grünbaum 1932

Paul Morgan

Paul Morgan

Hollywood im Sommer 1931. Die Filmmetropole der USA kennt keine Sommerpause. Hier ist immer Sommer – Pause ist hier nie. United Artists, Metro Goldwyn Mayer, Warner Brothers und die anderen großen Filmfirmen sorgen für die Auslastung ihrer Studios und die Versorgung, ja fast Überschwemmung der zivilisierten Welt mit amerikanischen Filmen. Das war einmal ein gutes Geschäft, solange der Film noch nicht sprechen konnte. Seit 1928 gibt es nun den tönenden Film: die Menschen in den fremden Ländern wollen natürlich weiterhin die prächtigen amerikanischen Filme sehen, aber in ihrer Muttersprache.

Rund um die Uhr wird nun oft gedreht, in den gleichen Dekorationen, jedoch mit verschiedenen Schauspielern aus den Ländern, die der Film erreichen soll. Nacheinander englisch, deutsch, französisch; das alles, weil es noch keine Möglichkeit zur Synchronisierung gibt. Aus diesem Grunde ist im Moment fast halb Babelsberg in Hollywood anzutreffen: Gustav Fröhlich, der liebenswerte Junge; Hans Junkermann, komischer älterer Herr; Karl Etlinger, eine schalkhafte Charge; Gustav Diessl, der elegant dämonische; Anton Pointner, etwas halbseiden; Olga Tschechowa, der Vamp; Lil Dagover, elegante Dame; Dita Parlo, Mädchen mit Kulleraugen; Julia Serda, vornehme ältere Dame – und auch Paul Morgan. Paul Morgan, ein Deutscher? Der Name klingt englisch, aber er ist Österreicher, lebt seit vielen Jahren in Berlin, ist dort als Conférencier am Kabarett, als Schauspieler am Theater und beim Film gleichermaßen anerkannt und beliebt.

Hier in Hollywood gefällt es Paul Morgan. Der Rummel, den die Filmmetropole um ihre Stars und alle Ereignisse veranstaltet, entspricht ganz seinem Wesen. Das, was hier Public Relation genannt wird, beherrscht Paul Morgan mindestens genau so gut wie sein Schauspielerhandwerk. Wenn er gerade mal nicht filmt, versorgt er mit Bienenfleiß die Zeitungen in der Heimat mit Berichten und Fotos über all das, was er in Hollywood anstellt und erlebt: Foto Paul Morgan mit Buster Keaton, ersterer strahlend; Foto Paul Morgan mit Adolphe Menjou, beide strahlend; Foto Paul Morgan mit Nora Gregor und Anton Pointer am Strand; Foto Paul Morgan mit acht Hollywooder Girls. Dazu launige Artikel wie »Die Frau die alles weiß«, ein Bericht über die Dame, die in den Filmstudios das Research Department leitet, eine Abteilung, die dafür sorgt, daß im Film Ausstattung, Kostüme, Requisiten authentisch sind. Paul Morgan verfaßt sogar Gedichte:

CALIFORNISCHER TAG

Die Palme rauscht – ein Kolibri
ist gradewegs bis an mein Knie
bunt schillernd hergeflattert,
ich seh mir teils den Ozean
und teils die Titelseiten an
drauf les ich ganz verdattert:
»Die Nazis zertrümmern Fensterscheiben
in der Leipzigerstraße«

Ja, diese Schlagzeile, die liest Paul Morgan ganz verdattert, es fällt ihm auch kein Reim darauf ein. Es kann keinen Reim geben, wenn sein Geist und Witz mit Naziterror konfrontiert werden. Noch ist es nur eine Notiz in der nach Hollywood nachgeschickten Berliner Zeitung, keine 7 Jahre später wird dieser Terror für Paul Morgan hautnahe Realität sein: Den Sommer 1938 verbringt er im KZ Dachau, seinen zweiundfünfzigsten Geburtstag im Oktober 38 im KZ Buchenwald, neun Wochen später ist er tot.

Kein Nazischerge hat ihn erschlagen, auch Gaskammern gibt es noch nicht. Für den hochsensiblen, geistreichen Paul Morgan hat der ganz normale KZ-Alltag ausgereicht, um ihn auszulöschen. Ihn, einen der typischen Vertreter des jetzt so genannten jüdischen Kulturbolschewismus. Nicht einmal das stimmt, denn Paul Morgan ist katholisch getauft worden. Im Jahre 1886. In Wien...

Paul Morgan (rechts) mit seinen Geschwistern, Wien 1897

Der bekannte Rechtsanwalt Gustav Morgenstern und seine Frau Clementine geben Anfang Oktober die Geburt ihres ersten Kindes bekannt. Am 1. Oktober 1886 wird Georg Paul Morgenstern in Wien geboren.

Der Herr Hof- und Gerichtsadvokat Gustav Morgenstern ist zu dieser Zeit in Wien ein wegen seiner Redegewandtheit und Überzeugungskraft sehr begehrter Rechtsbeistand, zu Hause ist er ein gefürchteter Despot. Seine Frau Clementine, die den Sohn Paul an ihrem 19. Geburtstag zur Welt bringt, hat ein heiteres Wesen und einen feinen Humor. Diese Wesenszüge seiner Eltern werden späterhin auch bei Paul Morgan zu finden sein. Drei weitere Kinder werden geboren, zuletzt 1902 der jüngste Sohn Ernst. Zu dieser Zeit hat der 16jährige Paul Morgenstern seinem gestrengen Vater schon einigen Kummer bereitet, auf dem Schottengymnasium eine Klasse wiederholen müssen. Der Halbwüchsige zieht heimliche Theaterbesuche dem sturen Büffeln für die Schule vor. Zur baldigen Besserung kommt er nun in ein niederösterreichisches Konvikt in Horn, wo z.B. auch Raoul Aslan die Schulbank drückt. Hier herrschen strenge Sitten, kein Wunder, da die Schüler sämtlichst Sprößlinge der besten österreichischen Familien sind. Als der Jugendliche Paul Morgenstern kurz vor der Matura mit Arthur Schnitzlers »Reigen« unter dem Tisch erwischt wird, genügt dies zum Rausschmiß. Schließlich wird der Schulabschluß mit knapper Not an einem Wiener Gymnasium erreicht.

Das Verhältnis zum Vater ist längst nachhaltig gestört, als Paul sich nun auch noch weigert, Jura zu studieren, um in die Fußstapfen seines Vaters treten zu können. Paul gedenkt andere Begabungen, die er hat, zu kultivieren. Jahrzehnte später zeichnet er in seinem »Gereimten Lebenslauf« auch diese Phase humorvoll nach:

Mein Vater war Anwalt und sah mit Vergnügen
Schon den künft'gen Juristen im Kinderbett liegen.
Und sang mir allabendlich immer vor'm Schlafen
Ein Wiegenlied vor aus Strafparagraphen.
Ich wurde bald älter, die Zeit blieb nicht stehen,
Mußte dann auf's Gymnasium gehen –
Wo ich mich jahrelang bitter blamierte,

Weil mich nicht im mindesten interessierte
Homer und Ovid, Demosthenes' Reden,
Und Cäsars langweilige, gallische Fehden.
Für mich gab's nur Eines – zum Ärger des Vaters –
Das mysterienerfüllte Milieu des Theaters
Was konnten die Schulfüchse mich schon viel lehren?
Ich lief wie ein Irrer zu allen Premieren
Und auf dem Olymp, an der Decke hoch oben,
Sah man mich »Bravo!« schrei'n, brüllen und toben.
Und eines Tag's sagt' ich kühn: »Lieber Vater –
Ich will nicht Jurist sein, ich will zum Theater!«
Mit Seufzen sprach da mein Erzeuger: »Gemacht!«

Paul Morgenstern will zum Theater, diese Entscheidung fällt der knapp Zwanzigjährige mit Unterstützung der Mutter. Er nimmt Schauspielunterricht bei Ferdinand Gregori, einem renommierten Burgtheatermitglied, findet Aufnahme in der K. und K.-Akademie für darstellende Kunst. Von nun an wird er schauspielern, bis man ihn nicht mehr läßt, es werden knapp 30 Jahre sein…

Eines der ersten Bühnenfotos, Wien 1909

Sein Wiener Akademieprofessor sieht ihn als einen »idealen Vertreter des Intrigantenfaches«. Paul Morgan selbst hält sich für einen Komiker. Er wird von Josef Jarno an das Theater in der Josefstadt engagiert, hier debütiert er am 19. 8. 1908 in dem Stück »Durchgänger« von Georges Beer. Sein Repertoire dieser vier Anfängerjahre bei Jarno erläutert Paul Morgan später in feiner Selbstironie folgendermaßen: »Im ›Faust‹ dritter Bürger; in ›Jungfrau von Orleans‹ ein ›Lebemann‹; in ›Maria Stuart‹ ›Türhüter‹ usw.«

Der Direktor des Stadttheaters in Czernowitz preist Paul Morgan die Vorzüge der Provinz an, große Rollen, ständige Beschäftigung. Man schließt einen Vertrag ab, im September 1912 geht Paul Morgan in die Hauptstadt der Bukowina, am östlichen Zipfel des Österreich-Ungarischen Reiches. Hier, weitab vom heimatlichen Wien, verdient er 300 Kronen im Monat, spielt dafür alles, hauptsächlich Operetten und Schwänke, wird hier, wie er selber es nennt, zum »Czernowitzbold«. Während der Sommerzeit unternimmt er Abstecher nach Süddeutschland, ist am Münchner Künstlertheater zu sehen, spielt in Stuttgart Operetten.

Durch eine Verbindung zum Grafen Sascha Kolowrat bekommt Paul Morgan den Auftrag zu einem Drehbuch und schreibt Ende 1912 die Vorlage zu dem heiteren Detektivdrama »Die Feuerprobe«. Dabei nützt ihm seine »Filmerfahrung«: Schon 1910 hat er in Berlin als Komparse einmal in dem neuen Metier gearbeitet. Nun hat er ein zweites Standbein im noch jungen Filmgeschäft. Es ist angesichts dessen noch besser, sich in Wien zu etablieren. Zur Spielzeit 1914/15 geht Paul Morgan an die Neue Wiener Bühne in der Wasagasse. Anfang August 1914 hat der Krieg begonnen, doch während die meisten jungen Männer begeistert zu den Fahnen eilen, beruft sich der achtundzwanzigjährige Paul Morgan auf seine Krampfadern und Plattfüße. Das hilft vorerst. Paul Morgan verspürt überhaupt keine Lust, im Schützengraben sein Leben zu riskieren. Das

Schauspielerleben in Wien ist aufregend genug. Zwar bevorzugen die Theater zu Kriegszeiten vaterländische Stücke, die selten komisch sind. Aber im Kabarett Simpl in der Wollzeile wird ein Conférencier als Nachfolger für den eingerückten Fritz Grünbaum gesucht. Eine völlig neue Aufgabe für Paul Morgan, die ihn sehr reizt. Er findet mit dieser Aufgabe seine ganz eigene Form. Die Fabulierkunst des Vaters, der Witz und Charme seiner Mutter, eine gute Beobachtungsgabe, die solide Schauspielausbildung, all dies prädestiniert Paul Morgan für diese Position.

Im vom Kriege gebeutelten Wien lästert Paul Morgan über die kriegsbedingten Einschränkungen:

Paul Morgan als Dreißigjähriger

> *Ich leide schrecklich darunter. Wir leben ja in einer großen Zeit, die kleine Zeit jedoch – vor dem Krieg – war mir insofern lieber, als man da wenigstens anständig zu essen bekommen hat. Der böseste Fluch ist jetzt »Wünsche Ihnen guten Appetit...« Neulich hab' ich mir eine Wurst gekauft. Ich hab' sie in eine Tramwaykarte eingewickelt. Zu meinem Unglück war in der Karte ein eingezwicktes Loch – die Wurst ist durchgefallen und war nicht mehr zu finden.*

Paul Morgan wird verstanden, mehr noch, er macht sich beliebt mit seiner liebenswürdigen Art, die Dinge beim Namen zu nennen, ohne jemanden direkt anzugreifen. Da fällt es nicht mehr ins Gewicht, daß einige Kollegen am Theater die Nase rümpfen über den Theaterschauspieler, der im Kabarett Witzchen macht. Denn Paul Morgan folgt hier seiner eigentlichen Begabung. Er, dem vorgegebener Text immer auch auferlegte Einschränkung bedeutet, ist am besten, geradezu unvergleichlich, wenn er seinen eigenen Text spricht, wenn er als Paul Morgan seine Gedanken in wohlgesetzte Sätze faßt, dabei treffsicher auf allgemeine Mißstände und menschliche Unzulänglichkeiten abzielt.

Von den patriotischen Stücken am Theater bleibt Paul Morgan nicht völlig verschont, er absolviert solche Aufgaben höchst widerwillig. Die Filmrollen hingegen bieten eine willkommene Abwechslung, obwohl es sich hauptsächlich um belanglose Komödien handelt, die über den grauen Kriegsalltag hinweg helfen sollen. Da ist Johann Nestroys Posse »Einen Jux will er sich machen« von anderem Format. Als »Christopherl« in der Verfilmung des Stoffes im Jahre 1916 fällt der Schauspieler Paul Morgan zum ersten Mal im Film wirklich auf.

Im Sommer 1917 lernt er das ausgesprochen hübsche Fräulein Josefine Lederer kennen, die sich ebenfalls zur Schauspielerin berufen fühlt. Sie kann den 12 Jahre älteren Paul Morgan mit den Basedow-Augen und dem frechen Mundwerk zuerst gar nicht leiden. Sie heiraten am 22. 12. 1917 in Wien und bleiben zusammen, bis man Paul Morgan eines Tages auf Nimmerwiedersehen von zu Hause abholen wird...

Gegen Ende des Krieges soll Paul Morgan doch noch eingezogen werden. Auf Plattfüße wird jetzt keine Rücksicht mehr genommen. Inzwischen hat er sich nach Berlin bei Victor Barnowsky verpflichtet. Der setzt nun alle Hebel in Bewegung, um Paul Morgan vom Militär loszueisen. Als ihm das tatsächlich gelingt, ist niemand erstaunter als Paul Morgan selbst. Mit einem Vertrag des Künstlertheaters und dem Gefühl, ein in Berlin sehr begehrter Schauspieler zu sein, nimmt er Abschied von Wien. Als er Mitte September 1918 in Berlin ankommt, liegt der Krieg in den letzten Zügen. Ein Reich, eine ganze Epoche ist im Begriff sich aufzulösen. Die Flucht des deutschen Kaisers macht den Weg frei für eine Revolution, die dann doch keine ist.

Paul Morgan kommt am Künstlertheater in ein Ensemble, das wirklich mit Künstlerpersönlichkeiten glänzt: Da ist der Ur-Berliner Charakterkomiker Max Adalbert, der schriftstellernde Schauspieler Curt Goetz, die jugendliche Liebhaberin Käte Haack. Paul Morgan fängt hier wieder ganz von unten an, wird aber leider von Barnowsky nicht richtig gefördert oder angemessen eingesetzt. Sein erster Auftritt ist ein improvisierter, er muß einen erkrankten Kollegen ersetzen, eine Chargenrolle in dem Singspiel »Hutmacher seiner Durchlaucht«. Seine erste offizielle Rolle hat er am 23. 10. 1918 in dem Stück »Marquis von Keith« neben Elisabeth Bergner und Eugen Klöpfer. Am 2. 11. in der Uraufführung des Einakters »Nachtbeleuchtung« des Kollegen Curt Goetz ist er ebenfalls dabei, allerdings kaum wahrnehmbar, immer kleinste Rollen, in denen er sich selbst überlassen bleibt, sich nicht profilieren kann.

Paul Morgan sieht sich in den Berliner Kabaretts um; eines der renommiertesten wird von Rudolf Nelson betrieben. Nelson hatte schon vor dem Ersten Weltkrieg Fritz Grünbaum für Berlin entdeckt, auch die Talente des Wiener Schauspielers Paul Morgan erkennt er sofort. So tritt Paul Morgan im Nelson-Theater am Kurfürstendamm zum ersten Male in Berlin kabarettistisch in Erscheinung. Er wird das Kabarett der Weimarer Republik entscheidend mitprägen, bis zum bitteren Ende 1933, wenn man ihn zwingen wird, am Kadeko eine Hakenkreuzfahne aufzuziehen, um ihn noch zu demütigen, bevor man ihn verjagt...

Paul Morgan tritt bei Nelson als Paul Stephan auf, ein Pseudonym, das Rudolf Nelson ihm selbst verpaßt. Morgans Ärger über diese unnötige Maßnahme wird durch die Einsicht gedämpft, daß er nur bei Nelson die Chance hat, ins Kabarettgeschäft zu kommen. Am Künstlertheater bekommt er nur kleine Rollen, steht ganz im Schatten des etablierten Charakterkomikers Max Adalbert. Aber am Kabarett kann er glänzen, ist er doch als Conférencier das Bindeglied zwischen den einzelnen Nummern und auf diese Weise während der ganzen Vorstellung auf der Bühne zu sehen.

Zu sehen ist Paul Morgan auch im Film. Schon das Jahr 1919 bringt ihm Kontrakte mit so namhaften Regisseuren wie Fritz Lang und Ernst Lubitsch. Hauptsächlich aber spielt er in schnell und billig produzierten Kintopp-Streifen. So steht dann neben Fritz Langs »Halbblut« etwa »Komtesse Doddy« oder »Die sich verkaufen« und »Anständige Frauen«. So etwas bedeutet schnell verdientes Geld, ein solcher Film ist meist in ein paar Tagen abgedreht.

Das Engagement am Künstlertheater geht seinem Ende entgegen. Paul Morgan ist hier nicht seiner Eigenart entsprechend eingesetzt, ja eigentlich verkannt worden. Seine Spielfreude, seine Lust am Improvisieren sind hier nicht gefragt. Ein Verriß des gestrengen Herbert Ihering gibt den Ausschlag, daß Victor Barnowsky 1919 Paul Morgans Engagement kündigt.

Es gibt mittlerweile genügend andere Möglichkeiten: Herman Haller verpflichtet Paul Morgan Anfang 1920 zum ersten Mal für eine seiner Aufführungen. Acht Filme entstehen im Laufe des gleichen Jahres: der Streifen »Die Geheimnisse der Nachtbar« bringt ihm schließlich die erste Hauptrolle. Fritz Lang setzt ihn auch für den zweiten Teil seines »Die Spinnen« genannten Zyklus ein; in »Kurfürstendamm« steht er mit Asta Nielsen und Rosa Valetti vor der Kamera.

Als am 16. 4. 1920 das literarisch-politische Kabarett »Die Rakete« eröffnet, ist Paul Morgan dabei. Vorbei die Zeit als »Paul Stephan« am Nelson-Theater. In der Rakete, wo unter der Leitung von Eugen Robert Schauspieler wie Käthe Dorsch, Max Adalbert und Rosa Valetti auf der Bühne stehen, bleibt Paul Morgan gleich bis zum Dezember im Programm. Durch seine Conférencen in diesem neuen Kabarett wird er in ganz Berlin bekannt. Einmal von Kurt Tucholsky in der »Weltbühne« erwähnt, das genügt, um tout Berlin anreisen zu lassen: jeder will den neuen Stern am Kabaretthimmel erleben.

Paul Morgan beginnt sich in Berlin zu etablieren. Anfang 1921 zieht er vom noblen Hotel Esplanade in seine erste eigene Berliner Wohnung in der Hitzigstraße 5. Er spielt am Großen Schauspielhaus in »Die Nacht der Frauen«, ist im Fritz Lang Film »Die 4 um die Frau« zu sehen.

1922 ist er an Rosa Valettis Kabarett »Größenwahn« engagiert, einer Kleinkunstbühne mit Montmartre-Charme mitten im Berliner Westen. Die Filme dieses Jahres entsprechen wieder der ganzen Bandbreite des Publikumsgeschmacks: Von einer Verfilmung von Lessings »Nathan der Weise« bis hin zu dem Lustspiel »Kauft Mariett Aktien«. Paul Morgan absolviert Theatergastspiele in München und der Heimatstadt Wien; in der Zeit der Inflation wird jedes Angebot dankbar angenommen.

Seit Jahren gehört Gustav Stresemann zu den persönlichen Bekannten Paul Morgans. Der Politiker geht nie in den Bühnenklub, ohne vorher nachzufragen, ob auch Paul Morgan anwesend sei. Dieser erzählt davon stolz in einem seiner Bücher:

> *Dr. Gustav Stresemann ist ein Freund der Künstler. Er liebt das Theater und er hat etwas, was den deutschen Diplomaten nicht immer eigen ist: Humor! Wenn er sich von all dem politischen Hader erholen will, kommt er in den Bühnenklub. Und da sitzt er vergnügt unter Vergnügten, lacht und freut sich, wenn man ihm lustige Dinge erzählt. Er ist eine so bestrickende Persönlichkeit, daß man in seiner Nähe geradezu guter Laune sein muß. Er versteht jeden Scherz. Nach seiner Demission als Reichskanzler sagte ich ihm:*
> *»Herr Reichsminister, dieses Geschäft hätten Sie niemals übernommen, wenn Sie mich vorher gefragt hätten.«*
> *»So? Wie hätten Sie mich denn davon abgehalten?«*
> *»Sehen Sie, nur wir Schauspieler wissen am besten, daß man die Hauptrolle in einem sicheren Durchfall gar nicht erst übernimmt!«*
> *Ein anderes Mal meinte ich: »Darf ich Ihnen aus meiner Erfahrung einen Rat geben, wie man immer Minister bleiben und nie die Entlassung bekommen kann?«*

»Nun?«
»Soviel Vorschuß nehmen, daß sie einen nie fortschicken können!«
Einen seiner Briefe darf ich hier mit seiner Erlaubnis zur Kenntnis der Öffentlichkeit bringen.

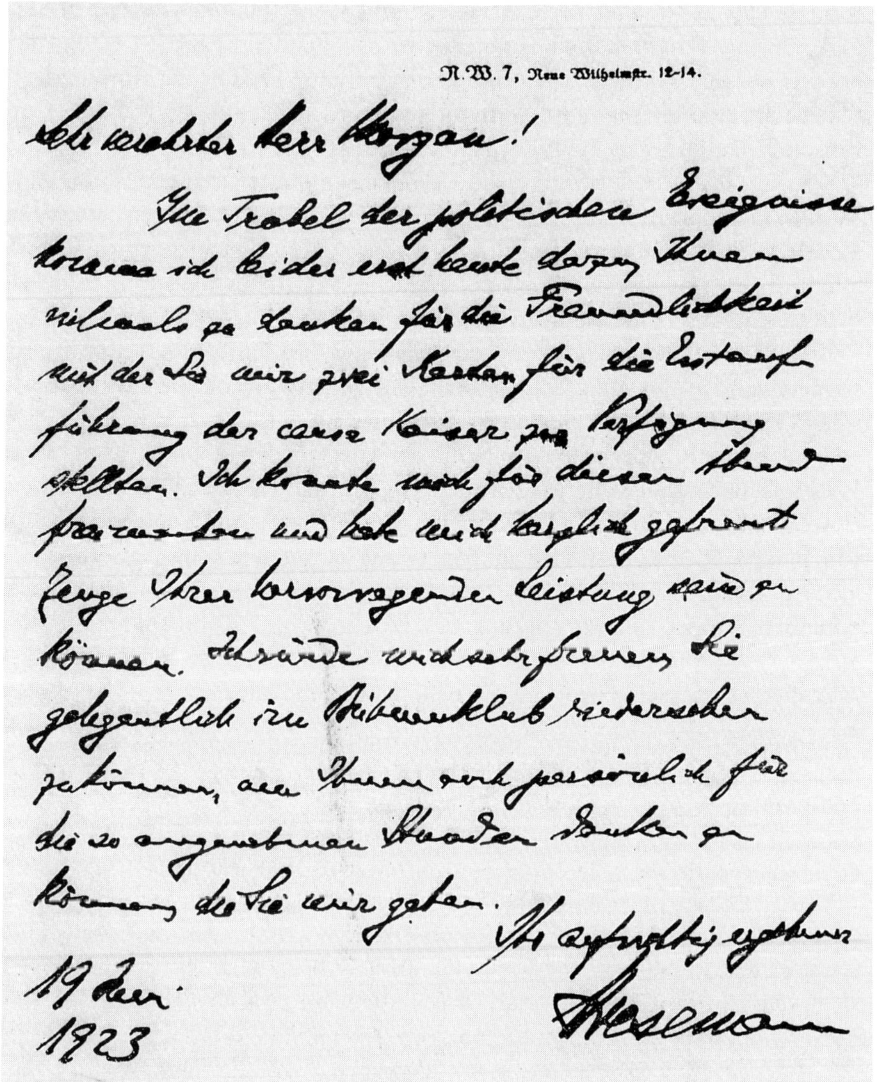

N.W. 7, Neue Wilhelmstr. 12-14.

Sehr verehrter Herr Morgan!

Im Trubel der politischen Ereignisse komme ich leider erst heute dazu, Ihnen vielmals zu danken für die Freundlichkeit mit der Sie mir zwei Karten für die Erstaufführung der causa Kaiser zur Verfügung stellten. Ich konnte mich für diesen Abend freimachen und habe mich herzlich gefreut Zeuge Ihrer hervorragenden Leistung sein zu können. Ich würde mich sehr freuen, Sie gelegentlich im Bühnenklub wiedersehen zu können, um Ihnen noch persönlich für die so angenehmen Stunden danken zu können, die Sie mir geben.

19 Juni 1923 — *Ihr aufrichtig ergebener Stresemann*

Ich tue das nicht allein deshalb, um mit seiner Freundschaft zu protzen. Hauptsächlich, um die nie verstummenden Gerüchte zu zerstreuen, Deutschlands Außenminister täte nichts, ohne mich vorher gefragt zu haben. Das ewige Geraune, ich hätte die Fäden der internationalen Politik in Händen, muß aufhören. Ich sehe mich gezwungen, jedermann meinen Zorn zu verkünden, der noch einmal behauptet, ich wäre eigentlich der – Geist von Locarno …

Für die Spielzeit 1923/24 läßt sich Paul Morgan trotz der schlechten Erfahrung noch einmal von Victor Barnowsky ans Künstlertheater engagieren, das ist wenigstens ein sicheres Einkommen in diesen Zeiten wirtschaftlicher Not. Paul Morgan versteht sich gut mit dem jugendlichen Komiker Curt Bois, der ebenfalls bei Barnowsky unter Vertrag steht. Diese beiden machen die Erstaufführung des Schwankes »Der blaue Heinrich« im Juli 1924 zu ihrem ganz persönlichen Triumph. Es beginnt damit, daß Paul Morgan vor Beginn des Stückes vor den Vorhang tritt und eine »Belehrende Einführung zur jungdeutschen Schwankliteratur« gibt. Während das Stück selbst durchfällt, haben Curt Bois und Paul Morgan einen ganz großen Erfolg. Ein Kritiker jubelt geradezu »man wäre schon in der Mitte des 1. Aktes nach Hause gegangen, wenn nicht Morgan und Curt Bois sich gegenseitig an guten Einfällen überboten hätten. Die beiden machten eine zeitweise wirklich komische Privatangelegenheit aus dem Stück«. Derart belobigt verläßt Paul Morgan im Spätsommer 1924 endgültig das Künstlertheater; er hat etwas Besseres vor.

Im »Charlott-Kasino« hat er seinen Wiener Bekannten Kurt Robitschek wiedergetroffen. Dieser Conférencier, auch verantwortlich für Liedtexte wie »Im Prater blühn wieder die Bäume«, plant ein kühnes Unternehmen, bei dem er Paul Morgan gebrauchen kann. In der ehemaligen »Rakete« Kant- Ecke Joachimstalerstraße wollen die beiden ein Theater eröffnen, das ganz ihren Vorstellungen entspricht: Das Kabarett der Komiker. Am 1. 12. 1924 ist die Eröffnung mit einer Persiflage auf den gerade heraufziehenden Nationalsozialismus. »Quo vadis« heißt das Stück, das Morgan und Robitschek selbst schreiben, »unter Nichtbenutzung des gleichnamigen Romanes von Henry Sienkiewyz«, wie der Programmzettel keß verkündet. Der Kabarettkritiker Max Herrmann-Neiße beurteilt das neue Unternehmen so:

»›Die Rakete‹ bekommt ihre eigene Note durch die künstlerischen Leiter: Morgan und Robitschek, eine bestimmte, mehr österreichische Atmosphäre, wo das Kabarett etwas ausschließlich Lustiges, ein gehobneres Vergnügungsetablissement sein soll. Von den beiden ist Paul Morgan der Wertvollere, Geistigere, Schärfere, der sich in der Nachfolge Grünbaums doch einen persönlichen Conférencierstil schuf und voll überlegener satirischer Einfälle ist, während Robitscheck süßlich, plauschig, leger sich allzusehr anbiedert und etwas viel Wiener Gemütlichkeit entwickelt. Allerdings tut er das geschickt und schlagfertig, und überhaupt stehen ja beide auch über ihrer Situation, karikieren sich selbst und geben ihre eignen Schwächen preis in amüsantem, wirklich witzigem Kompagnonzwiestreit. Und sie verstehen es großartig, eine tatsächlich lustige Stimmung zu schaffen und ein Programm zusammenzustellen, das nicht nur den Anforderungen eines gehobeneren Vergnügungsetablissements exakt entspricht, sondern auch mit Zeitsatire, Gegenwartsgroteske, literarischer und politischer Verulkung schärferen Ansprüchen genügt.«

Das Kabarett der Komiker, berlinisch verkürzt Kadeko genannt, hat sich mit einem Schlage durchgesetzt. Fast jeden Abend hängt das Schild »Ausverkauft« an der Kasse. Das freut Kurt Robitschek, den geschäftlichen Leiter, ganz besonders; er versucht bald nach der gemeinsamen Gründung, Paul Morgan aus der geschäftlichen Partnerschaft herauszudrängen. Paul Morgan ist kein guter Geschäftsmann, trotz seiner Monatsgage von 4000 Reichsmark ständig in

Paul Morgan mit Hans Junkermann in dem Stummfilm »Liebe und Trompetenblasen«, 1925

Geldnöten. Da er durch einige Vorschußzahlungen schon in der Kreide steht, ist seine Einlage am Kadeko hiermit verspielt.

Im wahrsten Sinne des Wortes verspielt, denn Paul Morgan hat neben all seinen Talenten und Fähigkeiten noch ein kleines Laster: er spielt, wo immer sich eine Gelegenheit dazu bietet. Kartenspiele im Bühnenklub oder bei Schwanneke, Roulette im Spielclub, Wetten beim Pferderennen. Dabei geht viel Geld verloren, das, je mehr die Leidenschaft zur Sucht zu werden droht, durch noch mehr Arbeit verdient sein will. Paul Morgan arbeitet für drei, schließlich ist er Multitalent: Schauspieler, Conférencier, Autor.

1925 dreht er 8 Filme, ist in der Charell-Revue »Für Dich« zu sehen, fertigt für die Komödie eine Neubearbeitung des Stückes »Robert und Bertram« und tritt darin als Baron noch selbst auf, schreibt Texte für die Hauszeitschrift des Kadeko »Die Frechheit« und schließlich sein Buch »Die einsame Träne«. Außerdem schreibt er den Text für die Novität des Kadeko »Märchen im Schnee«, zu dem Robert Stolz die Musik beisteuert. Bei der Uraufführung am

1. 12. 1925 ist Paul Morgan auch noch in einer Hauptrolle zu sehen. Ein solcher Arbeitseifer macht Eindruck, verfehlt auch seine Wirkung in der Öffentlichkeit nicht. Ein Redakteur der Filmwoche begleitet Paul Morgan einen Arbeitstag lang und schreibt einen Artikel darüber, den er »Mit Paul Morgan durch dick und dünn« nennt:

In einer Gesellschaft unterhielt man sich über dies und jenes. Wir sprachen von Theater, Film, Kunst und Brettl. Auf einmal warf man den Namen Paul Morgan in die Diskussion. Die üblichen Anekdoten wurden erzählt, da machte jemand den Einwurf: »Ja, wen meinen Sie eigentlich, den Filmschauspieler oder den Kabarettdirektor?« Man lachte natürlich über die naive Frage des Provinzlers, aber doch, wenn man darüber nachdenkt, ist die Frage gar nicht so dumm. – Ist es wirklich ein Mensch, der filmt, tingelt, schauspielert, alte Theaterstücke neu auflackiert und Filmtitel und -texte schreibt? Ja, ja, es ist schon der eine, einzige Paul Morgan. Wie er diese Titanenarbeit schafft, bewältigt, will ich in nachfolgendem erzählen: Ich begleitete ihn einen Tag lang. Die Überzeugung kam mir, daß es sich verlohnt, einen Tag dieses Schwerarbeiters zu beschreiben.

Als ich um zwei Uhr etwa im Jofa-Atelier eintraf, begrüßte mich ein Offiziersbursch: »No, schon ausgeschlafen?« »O Gott, o Gott, Morgan, wie haben sie Sie verbogen!« konnte ich nur antworten. Er sah aus, wie halt ein k. kgl. Offizierslackerl auszusehen pflegt, ausgesprochen tumm. – Unter der Regie Eichberg entsteht da eine k. kgl. Militärgroteske mit Flink, Liedtke, Junkermann, Lilian Harvey, Mary Kid e tutti quanti. Morgan als Offiziersbursch ist erschütternd komisch. Ich plaudere mit Lilian Harvey, komme nach einigen Minuten zu Morgan zurück. Er ist umringt von Komparsen und Atelierarbeitern und erzählt Witze, flachst den und jenen. Auch ich kriege meinen Teil. Aber man kann sich trösten. Jeder kriegt's, ob früher oder später, Liedtke kriegt's, und als Kastner aus dem Nebenatelier zu Besuch kommt, setzt sich Morgan ans Klavier und spricht: »Bruno, schöner populärer Bruno, singe doch was aus ›Das hat die Welt noch nicht gesehen‹.« Aber da wettert auch schon Eichberg dazwischen: »Paule, Mensch, Uffnahme! Wo steckste denn?« »Entschuldige einen Moment, ich muß noch eine Rede halten«, erwidert er ruhig mit einem todernsten Gesicht. Als wir nach einiger Zeit am Tisch zu zweit sitzen, wird er ein bißchen melancholisch, erzählt mir von seiner Schufterei: »Schauen Sie, gestern, als wir uns um eins trennten, habe ich noch bis drei Uhr an meiner Rundfunkrede gearbeitet, um einhalbsieben wieder raus zu Filmaufnahmen; das ist doch ein bißchen viel, was?« »Ja, ja, es ist wirklich ein bißchen viel«, meine auch ich. Etwa um fünf Uhr geht es im Eilzugtempo mit Morgans Wagen (er hat seinen eigenen Wagen, aber bei ihm ist es keine Protzerei, kein Luxus, er braucht einen Wagen) zum Voxhaus. Fünfzehn Ufa-Minuten absolviert er. Wir treten in den Senderaum ein, zwei Minuten fehlen noch bis zum Beginn des Vortrages. Er füllt die Zeit sinngemäß aus, neckt ein bißchen Herrn Wessel, den Ansager. – Dann gehts los, eine richtige Morgan-Kaskade beginnt (ihr wißt doch, liebe Leser, vom Hundersten ins Tausendste). Am Mikrophon hat er seine typische Art behalten, die Stirnpartie bewegt er hin und her, die Hände reden mit (aber im guten Sinne des Wortes). Als wir uns verabschieden, wird Morgan ein Brief überreicht. »Ein Schnorrer, wollen wir wetten?« sagt er. Richtig, einer will 'ne Stellung haben, und ausgerechnet Morgan soll das managen. Aber es gibt noch schönere Dinge. Heute im Atelier fragte ihn ein Komparse, ob er ihm nicht ein Kostüm entwerfen könne. Das war ein bißchen viel verlangt; Zeichner ist Morgan nun nicht.

Wieder rast das Auto durch die Straßen. Jetzt geht es zu Czerny; er macht nämlich die Texte zu den Dempsey-Einaktern. Einige Filme huschen an unserem Auge vorbei, er macht sich Notizen. Aber auch hier ist Zeit Geld, denn wir müssen bald in der »Komödie« sein. Eine halbe Stunde Ruhe ist ihm vergönnt. In »Robert und Bertram« spielt er einen alten jüdischen Baron (er zeichnet auch als Bearbeiter verantwortlich). Kaum abgeschminkt, sitzt Morgan wieder neben mir im Auto. Nach dem Walhalla-Theater fahren wir nun zur »Gräfin Mariza«. Immer noch Abend für Abend spielt er hier den Diener, begeistert beklatscht und bejubelt von einem guten, unverdorbenen, naiven Publikum. In der Garderobe bewundere ich seine geniale, dabei aber blitzschnelle Schmink- und Maskiertechnik. – Jetzt ist die Ruhestunde immer noch nicht für ihn gekommen. Robitschek, sein Brettl-Sozius, wartet schon in der »Rakete« auf ihn. Um einhalbzwölf Uhr also sind wir in der »Rakete«. Jetzt ist er Nero in »Quo vadis« (von wem? Natürlich von Morgan). Auch hier wird er von einem ganz anders zusammengesetzten Publikum mit Beifall überschüttet.

In der ersten Stunde des neuen Tages verabschieden wir uns. Er fragt mich, was ich zu seiner Arbeit sage. Ich kann nur erwidern: »Donnerwetter«.

Man stelle sich vor: An einem Tag – Offiziersbursche, alter jüdischer Baron, herrschaftliches Faktotum, Nero – vier Rollen – also vier verschiedene Lebenskreise. Dazwischen noch ein Radiovortrag und diverse literarische Arbeiten. Selbst der kesseste, kaltschnäuzigste Berliner wird zu sich selbst sagen: »Mensch, da staunste!«

Im gleichen Jahr löst Paul Morgan noch seine Wiener Wohnung auf, wohnt nun endgültig mit seiner Frau Josa in Berlin, in einer schönen geräumigen Wohnung in der Tübinger Straße 4 in Wilmersdorf, die er erst wieder verlassen wird, als man ihn 1933 verjagt...

Aber Paul Morgan macht nicht nur durch seinen enormen Fleiß auf sich aufmerksam, sondern auch durch seine Courage, eindeutig Stellung zu nehmen. Auf der Bühne sind seine Conférencen zwar eher von seinem treffenden, aber nie verletzendem Humor gekennzeichnet, aber ein Vorfall wie der Skandal am 7. 6. 1925 im Lessingtheater anläßlich der Uraufführung von Arnolt Bronnens »Exzesse« zeigt einen anderen Paul Morgan. Monty Jacobs berichtet darüber in der Vossischen Zeitung vom 8. 6.:

»Gleich nach den ersten Szenen machte sich, mit schrillen Tönen, ein Flötenbläser bemerkbar. Er hemmte die Darsteller, er belästigte die Zuschauer, er terrorisierte die Menge der Beifallspender, er rief die Entrüstung im ganzen Hause wach. Aber er blies weiter, auch nach dem Schluß der Vorstellung. Da sprang der Schauspieler Morgan auf die Bank und schrie den Namen des Lärmmachers ins Haus, indem er in seiner gemeinverständlichen Ausdrucksweise andeutete, daß er den Herrn nicht für einen Kavalier hielte. Aber der Kunstfreund mit der Radauflöte blies weiter. Bis sich plötzlich, vor Erregung totenblaß, der Wortführer der ›Jungen Bühne‹, Dr. Seeler, zu dem Skandalmacher durchkämpfte und ihn ohrfeigte. Im allgemeinen Tumult öffnete sich aufs neue der Vorhang, und Seeler teilte in einer Ansprache mit, daß der Gezüchtigte bei ihm Freikarten erbeten habe, bevor er sich seine Flöte anschaffte.«

Der Autor Bronnen und Paul Morgan sind befreundet, aber dies wird nicht den Ausschlag gegeben haben; Paul Morgan wendet sich bei jeder sich bietenden Gelegenheit gegen Engstirnigkeit und Intoleranz. Arnolt Bronnen hingegen, politisch linksstehend, wirft Paul Morgan im kleinen Kreise gerne dessen hohes Einkommen vor, um ihn, im noch kleineren Kreise, anschließend anzupumpen.

Paul Morgan mit Adele Sandrock in »Die Blume von Hawaii«, Kabarett der Komiker 1926

Dieses hohe Einkommen fällt ihm nicht in den Schoß, bis an die Grenzen der Belastbarkeit wird dafür gearbeitet: Er dreht allein 1926 nicht weniger als 18 Filme, darunter »Der Stolz der Kompanie«, »Die drei Mannequins«, »Familie Schimek«, »Die geschiedene Frau«, »Die Brüder Schellenberg«, »Die Piraten der Ostseebäder«; er schreibt für drei weitere Filme die Zwischentitel; er spielt im Theater am Kurfürstendamm in dem Stück »Rebhuhn«; er verhilft einer weiteren Haller-Revue zum Erfolg: »An und aus«; er nimmt Schallplatten auf, u. a. die erste mit seinem Partner Wilhelm Bendow: »Prosit Neujahr«; er ist in der Funkstunde des Berliner Senders zu hören, die Sendereihe mit seinem Partner Max Hansen heißt »Ein Opti- und ein Pessimist«; er arbeitet mit dem Komiker Max Ehrlich an dem gemeinsamen Buch »Heulen und Zähneklappern«. Ein volles Programm – doch macht Paul Morgan das alles wie nebenbei, zieht sich im Auto zwischen den Auftritten um, ist immer pünktlich zur Stelle. Denn er spielt natürlich auch noch im Kadeko – nicht nebenbei, sondern hauptsächlich; das beginnt ja erst abends nach 22 Uhr mit seinem Programm! Paul Morgan, nominell immer noch Leiter neben Kurt Robitschek, ist ein ganz wesentlicher Bestandteil des Programms. »Paul Morgan plaudert vom Hundertsten ins Tausendste« verheißt die Hauszeitschrift des Kadeko und das hört sich dann ungefähr so an:

»Was mir gestern passiert ist! Ich gehe durch die ... na, wie heißt doch die Straße, wo an der Ecke das Café Dingsda ... na, Sie wissen schon, welche Straße ich meine. Da begegne ich der kleinen blonden Frau ... wie heißt sie bloß ... sie liegt mir auf der Zunge, ihr Mann hat die Lederhandlung – er macht auch in Porzellan in der Dingsdastraße ... seinen Kompagnon kennen Sie auch ... na, Nebensache ... also die blonde Frau erzählt mir, ihr Mann wäre verreist nach ... wie heißt das Nest da oben bei ... na, Sie wissen schon. Wir reden und unterhalten uns, plötzlich, wer kommt des Wegs? Der Herr ... Sie kennen ihn ... Sie wissen schon, wen ich meine. Der sieht mich mit der Frau, glaubt Gott weiß was alles und sagt, er wird dem Manne schreiben, dem Herrn Dingsda ... der jetzt in ... ist. Was sagen Sie zu der Gemeinheit? Ich erzähle Ihnen das alles, weil ich weiß, daß Sie verschwiegen sind. Sie können meinetwegen alles weitererzählen – aber wehe Ihnen, wenn ich erfahren sollte, daß Sie Namen genannt haben!«

Im Dezember bringt das Kadeko im Rahmen seines Programmes die Kurzoperette »Die Blume von Hawaii« von Kurt Robitschek und Paul Morgan heraus. Die Musik ist von Walter Kollo; neben Paul Morgan auf der Bühne Siegfried Arno, Oskar Karlweis, Hella Kürty, Edith Schollwer und – zum ersten Mal am Kabarett – Adele Sandrock. Diese ernsthafte Schauspielerin, eine alternde Heroine, im Kabarett gastieren zu sehen, ist Paul Morgans Überredungskunst zu verdanken. Dieses Wagnis ist der Beginn von Adele Sandrocks Alterskarriere als Komikerin. Der Kabarettkenner und -kritiker Max Herrmann-Neiße bemerkt:

»... und schließlich das fällige Singspiel Die Blume von Hawaii, diesmal erträglicher, weil ohne Sentimentalität, nur lustig mit hübschen musikalischen Einfällen, schauspielerisch tadellos betreut von Adele Sandrock und Paul Morgan, zweitens von Arno, Karlweis und Hella Kürty.«

Ja, dieser tadellose Schauspieler Paul Morgan, jetzt vierzig Jahre alt, ist mittendrin im turbulenten Berlin der Zwanziger Jahre. 1927 erscheinen seine Bücher »Heulen und Zähneklappern« und »Pillen, Krach und Karokönig«. Er wirkt in 13 Filmen mit, darunter die Verfilmung von Carl Zuckmayers »Der fröhliche Weinberg«. In der Haller-Revue »Wann und wo« bestreitet er sein Solo »Reiseerlebnisse«. In der Komödie am Kurfürstendamm spielt er in dem Stück »Lili Grün«, neben ihm ist hier die junge Schauspielerin Alice Hechy zu sehen, zu dieser Zeit schon etwas mehr als nur eine Kollegin Morgans. Es ist Sommer, Josa Morgan verbringt Ferien auf der schönen Insel Brioni, und Paul Morgan läßt in Berlin die Zügel schießen. Er scheint das Leben leicht zu nehmen, leistet er sich doch, wie er im Kadeko erzählt, einen »Privat-Sorgenträger«:

> *Täglich 8 Uhr morgens kommt er an, holt sämtliche Sorgen ab, läuft dann den ganzen Tag mit beiden Händen auf dem Kopf herum. Er zerbricht sich meinen Schädel, und ich gehe inzwischen fröhlich spazieren. Natürlich, der Mann kostet etwas. Ein monatliches Fixum von tausend Mark Gage. Sie werden mich nun fragen, woher ich die tausend Mark nehme? – Sehen Sie: Das ist seine erste Sorge …*

Dennoch, den oft erschütternd ulkigen Paul Morgan plagen schon etliche Sorgen, die ihm niemand abnimmt. Er lebt über seine Verhältnisse, verdient zwar viel, hat aber trotzdem nie Geld; die Anspielungen der Sorgenträger-Nummer sind aus seinem wirklichen Leben gegriffen.

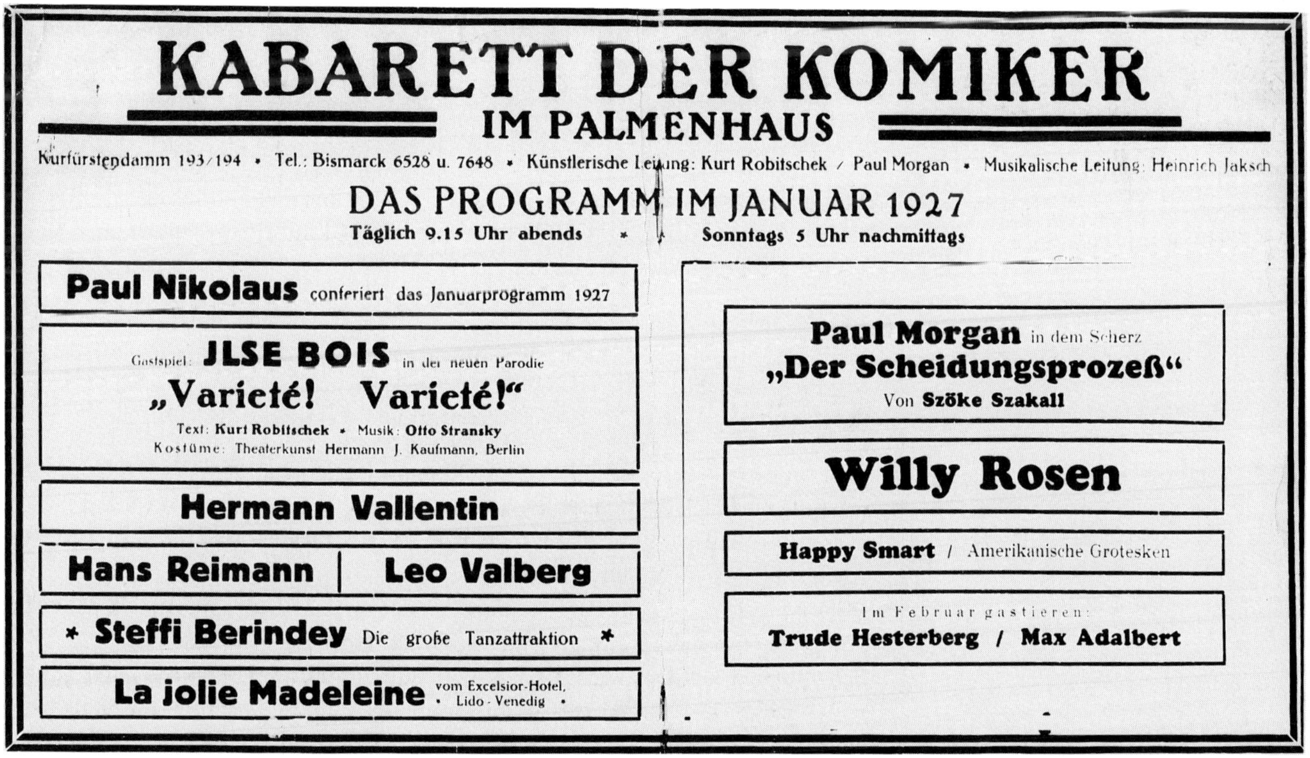

»Kabarett der Komiker«, Programm im Januar 1927

Auch die Gesundheit läßt zu wünschen übrig; das ist kein Wunder, wenn man ständig auf Kosten der Substanz lebt. Durch gelegentliches Herzflattern ist die Kreativität dieses Mannes nicht zu bremsen. Selbst im Privatleben reagiert Paul Morgan oft wie ein Conférencier: Er erlebt den großen Mimen Fritz Kortner auf der Bühne und ist schwer beeindruckt, schreibt ihm einen Huldigungsbrief, in dem er meint, ihm, Paul Morgan, gebühre nun die Bezeichnung Schauspieler nicht mehr, auch wenn das Telefonbuch ihn als solchen führe. Daraufhin schreibt der Komiker Szöke Szakall an Kortner, er stimme Morgan zu. Auch er, Szakall, schäme sich, daß im Telefonbuch hinter dem Namen Morgan die Bezeichnung Schauspieler stehe. Das ist der Umgangston unter Komikern, Paul Morgan wäre der letzte, der ein solch gelungenes Bonmot übelnähme. Es ist kein Zufall, daß er im Kollegenkreis große Anerkennung genießt. Für sein gerade im Frühjahr 1928 erschienenes Buch »Stiefkind der Grazien« schreibt ihm kein geringerer als Max Pallenberg das Geleitwort. Wie hatte doch Paul Morgans ehemalige Freundin Roma Bahn ihm zum Abschied mit auf den Weg gegeben? »Ein Pallenberg wirst du nie!« Das ist auch gar nicht nötig, es reicht völlig, wenn er Paul Morgan bleibt, »das Schnittlauch auf allen Suppen«, wie seine Gattin Josa es liebevoll ausdrückt.

Paul Morgan überall auf Berliner Bühnen, Conférence im Varieté Wintergarten an der Friedrichstraße, Conférence beim Ball der Nationen, Conférence auch in der Charell-Revue »Casanova«. Diese »Pompös«-Revuen gehen ihm zwar mächtig auf die Nerven:

> *Ich selbst ertrage das nicht mehr. Ein ganzes Theaterjahr muß ich dieses leere Gerede von mir geben. Abend für Abend den Animierpöbel über die Pausen zwischen den Ausstattungsbildern hinwegschwatzen. Zorn steigt in mir auf, ich werde die Zwangsvorstellung nicht los, ein Maulesel zu sein, der stundenlang um einen Brunnen kreisen muß.*

Die fürstlichen Gagen bei Charell kassiert er selbstverständlich gern.

Die Auftritte im Kadeko lassen sich dem Publikum entsprechend anspruchsvoller gestalten. Max Herrmann-Neiße schreibt:

> »Nach längerer Zeit conferiert wieder einmal Paul Morgan und besorgt das ganz vorzüglich mit dem Geplauder, das köstlich gemischt ist aus Befangenheit und Überlegenheit, mit einer Fülle von alten und neuen Histörchen, liebenswürdig beiläufig, spitzbübisch und wo es not tut auch ernsthaft und voll tieferer Bedeutung.«

Das neue Haus des Kadeko ist am Lehniner Platz entstanden, am Kudamm 156, erbaut von Erich Mendelssohn, ein repräsentativer Rundbau mit 800 Plätzen. Das Eröffnungsprogramm mit dem Titel »Kitty macht Karriere« am 19. 9. 1928 kann sich sehen lassen: Conférence Kurt Robitschek, Paul Morgan, Paul Nikolaus, Fritz Grünbaum; außerdem dabei Ilse Bois und Ida Wüst, Max Adalbert, Curt Bois, Max Ehrlich, Kurt Gerron, Hans Moser und Willi Schaeffers. Trotzdem wird die Premiere zum grandiosen Skandal! Jedes auf der neuen Bühne gesagte Wort hallt im Zuschauerraum wider und kommt als Echo auf die Bühne zurück. Das enttäuschte Publikum meutert und tobt; Kurt

Einladung im Hause Charell. Von rechts: Wilhelm Bendow, Paul Morgan, Erik Charell, Josa Morgan

Robitschek, der sein ganzes Vermögen in dieses Unternehmen investiert hat, ist dem Selbstmord nahe. Jedoch wird schnell Abhilfe geschaffen, Max Reinhardts findiger Bühnenmeister Rudolf Dworsky verkleidet binnen drei Tagen den ganzen Raum mit Holz, so daß die Premiere schnell wiederholt werden kann. Nun steht einem Erfolg im neuen Hause nichts mehr im Wege.

Der Schauspieler Paul Morgan, der den um Ausgleich bemühten Politiker Stresemann so bewundert, hat ein stark ausgeprägtes soziales Empfinden. So steht er immer gern zur Verfügung, wenn er gebeten wird, für einen guten Zweck ohne Gage aufzutreten. Beim Ball der Nationen in den Festsälen des Zoologischen Gartens tritt er Ende November 1928 gemeinsam mit Trude Lieske, Claire Waldoff, Bruno Arno, Max Hansen und Willy Rosen auf. Veranstalter dieses Balles sind der Bund der Auslandsdeutschen und die Hauptgemeinschaft ausländischer Studierender an den Berliner Hochschulen. Glanzvoller Rahmen, sechs Orchester spielen, es gibt eine Tombola mit vom Kaufhaus Wertheim gestifteten Preisen.

Genau 10 Jahre später wird Wertheim schon arisiert sein, alle Künstler dieses Balles außer Claire Waldoff haben Deutschland längst verlassen, und Paul Morgan sitzt im KZ Buchenwald und hat nur noch zwei Wochen zu leben…

1929 ist Paul Morgan fest am Großen Schauspielhaus engagiert und wirkt in den großen Revuen dieses Jahres mit: »Der liebe Augustin« und »Drei Musketiere«. Trotz seiner harschen Kritik am ganzen Revuegenre ist er doch immer wieder bei Charell anzutreffen.

Im Laufe dieses Jahres dreht Paul Morgan auch seine letzten Stummfilme, überall wird nun schon auf den neuen Ton- und Sprechfilm umgestellt. Von nun an sind auch beim Film sein markantes Organ, seine Fabulierkunst gefragt. Noch im Sommer entstehen die beiden ersten Kurzfilme mit Ton: »Café Kalau« und »Treppenwitze mit Paul Morgan und Wilhelm Bendow«. Durch den nun »sprechenden« Film kann der Witz des Kabarettsketches auch im kleinsten Provinzkino zur Geltung kommen. Auch die Schallplatte sorgt für die Verbreitung des Kabaretthumors, die Sketchplatten des eingespielten Teams Paul Morgan – Wilhelm Bendow wie »In der Oper« oder »Auf der Rennbahn« verkaufen sich sehr gut. Aber am besten ist es immer noch, Paul Morgans basedowsche Augen in natura zu sehen, wenn er mit einer dicken Zigarre bewaffnet auf der Bühne des Kadeko auf und ab geht und dabei seine Plaudereien entwickelt.

Im Dezember 1929 wird das Kadeko 5 Jahre alt, im schnellebigen Berlin ist das ein beachtliches Alter für ein Kabarett. Die Jubiläumsveranstaltung am 1. 12. 1929 ist das Kabarettereignis des Jahres. In der BZ am Mittag schreibt Ejac:

»Die grosse Nacht der Komiker
Fünf Jahre Kabarett der Komiker

Fünf Stunden feierten wir heute nacht fünf Jahre Robitschek. Von der Eröffnungsvorstellung am 1. Dezember 1924 in der längst verschwundenen Rakete in der Joachimsthaler-/Ecke Kantstraße unter seiner Regierung bis zu diesem, eigentlich winzigen Jubiläum, ist's ein weiter, weiter Weg gewesen, der Weg des Berliner, nun, sagen wir ganz ruhig, des deutschen Kabaretts. Drum war's kein Wunder, daß in dieser (seit Tagen ausverkauften) Geburtstagsfeier alle Mann, die dem Brettel Robitscheks mancherlei oder auch sehr, sehr viel verdankten, neubefrackt, eigenhändig zur Gratulationscour erschienen waren, ihr Verslein aufgesagt und so aus der ausgelassenen Montags-Abendvorführung fast eine Dienstags-Matinee gemacht hatten. Komikerfeldmarschall Paul Nikolaus dirigierte die gewaltige Heerschau der Getreuen mit der ihm eigenen Temperament-Ueberfülle und lieferte in fast zwei Dutzend prominenten Darbietungen mit je einem anderen dito dickgedruckten Großen als Ansager einen überzeugenden Erfolgsbericht fünfjährigen Aufstiegs und Ausbaus zu einer neuen Form des Kabaretts von 29. Es hagelte fortwährend Lorbeerkränze, die je nach der Zugkraft des Bespendeten mehr oder minder goldumsponnen waren und durch Dauerapplause eines begeisterten, bis in den Morgengrauen frischen Parketts und Rangs als vollauf berechtigt anerkannt wurden.

Wer alles auftrat? Ach! Bis auf Curtchen Bois eigentlich alle und zumeist auch mit ihrem ersten Brettl-Programm: die Ilse Bois in ihrer klassischen Variete-Parodie, Blandine Ebinger mit gratulierendem Konkurrenten Rudolf Nelson am Flügel, mit Rose in der Hand und langem Kleide als Kitsch-Anpreiserin, die Hesterberg in ihrem Presse-Chanson, die entzückende Eugenia Nikolajewa in einer Tanzverhöhnung, die Waldoff vom glückwünschenden Charlott von drüben, die Kürty vom Metropol als Lächlerin, die Werkmeister, ja, und Alice Hechy und die ewige Matrosin Maria Ney als kesse Konferenzierinnen, und Lisl Karlstadt mit ihrem, nein bereits unserem Karl Valentin in ihrer so komischen Vorstadt-Orchester-Szene, und Herrman Vallentin, ja, weiter, und Paul Graetz als Gratulationstelegrafist und Gerron mit seiner schon klassischen Friedrichstraße und Max Hansen mit seinem Brettl-Debüt ›Carmen‹, ja, und Max Ehrlich mit seiner lustigen Anfangsnummer ›Im Hotel‹, ja, ja, und Hermann Leopoldi und Paul O'Montis und Willy Rosen und die Weintraub Syncopators, ja, weiter, mit und von

Nelson die Duettisten Schaufuß und Fischer-Köppe in ihrer Stotter-Arie und als Clou Richard Tauber mit Lehár am Flügel, vom Publikum stürmisch gefeiert, ja, und als witzige Ansager unser chicker reizender Georg Alexander und der schüchterne Niemann und der Roda Roda mit selbstverständlich roter Smokingweste und der chronisch philosophierende Hellmuth Krüger und Willi Prager, na, zum Brüllen komisch, und Harald Paulsen und Peter Sachse in einer Hymne auf die beliebten Beleibten und Szöke Szakall als Konferenzier-Debütant besser denn je, und Westermeier und Wallburg und Franz Diener und Morgan selber, ja, und unser lieber Willi Schaeffers, ach, nur keinen der Sechzig vergessen, nur keinen vergessen!, ja, und Arno und Bressart als Gebrüder Bindelbands, wundervoll, und zum würdigen Abschlusse Maxe Adalbert, Hansen, Morgan und der fünfjährige Jubilant persönlich in ihrem einst so vielbelachten Meistersingerquartett, ja, und das Kabarett wie gereinigt mit..., ach, nein, das gehört nicht direkt zum Programm. Wie lange wird's erst beim Zehnjährigen währen? Hoffentlich wird dieses Geburtstagsfest genau so würdig und amüsant. Wir wünschen's. ejac

P.S. Pardon, aber selbstverständlich habe ich mehr als die Hälfte vergessen: die herrlichen Pariser Straßensänger Bernier Ricart, die Burtons, das elegante Tänzerpaar Rita Tanagra und Ernest, ja, und Komponist Franz Wachsmann als Begleiter, ach, und daß Robitschek im ersten Presseball-Frack gerührt für alles dankte, und daß ... nein, für solche Vorstellungen nehme ich mir zukünftig einen Reichstagsstenographen mit!«

Bald danach scheidet Paul Morgan endgültig aus der Leitung des Kadeko aus. Die Zeile »Leitung: Kurt Robitschek und Paul Morgan« stand seit langem nur noch pro forma auf dem Programmheft. Nicht nur böse Zungen behaupten, Paul Morgan habe sich letztendlich von Robitschek ganz herausdrängen lassen. Auch Morgans Gattin Josa räsoniert immer wieder, daß ihr Paul so wenig geschäftstüchtig ist, sich immer wieder übervorteilen läßt. Paul Morgan ist zwar ein geschickter Conférencier, ein raffinierter Geschäftsmann ist er nicht.

Auch von Erik Charell trennt er sich Anfang 1930 für immer. »Die lustige Witwe« im Großen Schauspielhaus am 3. 5. 1930 mit Trude Hesterberg, Edith Schollwer, Willi Schaeffers ist seine letzte Premiere bei Charell. Schluß mit den aufgewärmten Operetten! Der Tonfilm gewinnt immer mehr an Bedeutung, im Juni 1930 gründet Paul Morgan gemeinsam mit Max Hansen und Carl Jöken die Filmfirma Trio-Film GmbH. Gleich darauf entsteht deren erster Film: »Das Kabinett des Dr. Larifari«. Der Titel ist eine Anspielung auf den Stummfilmerfolg »Das Kabinett des Dr. Caligari« von 1920, die Handlung ein Lustspiel im Filmmilieu, Autoren sind Max Hansen und Paul Morgan, die mit Carl Jöken auch die Hauptrollen spielen. Die Filmwoche schreibt nach der Uraufführung vom 1. 8. 1930:

»Es gibt so viele gute Einfälle in diesem Film, aber sie werden gleich darauf von den schlechten erschlagen. Man engagiere Hansen und Morgan einen Bremser – pardon, einen Regisseur, der eine festere Hand und eine kongenialere Persönlichkeit besitzt als Herr Wohlmuth. Außerdem ist zu befürchten, daß verschiedene sehr lustige Sachen, wie z.B. die Verulkung der Presse, bei dem größeren Publikum auf weniger Verständnis stoßen werden, als in der Gegend des Kurfürstendammes. Hansen ist reizend, er serviert selbst die ältesten Kalauer noch appetitlich, aber als Matrosen-Bubi schlägt er reichlich über die Stränge. Außerdem ist er gesanglich schlecht weggekommen – der ›kleine Bruder, der Tag und Nacht träumt‹, ist etwas zu mager, um als Schlager Karriere zu machen. Aber selbst der singende Star des Trios, Carl Jöken, der schauspielerisch etwas

Paul Morgan conferiert, Berlin 1930

unbeholfen wirkt, kann von seinem schönen Tenor nicht den richtigen Gebrauch machen. Morgan ist herrlich als alter Gebirgs-Vater und in seiner Jannings-Parodie, die Werbezirk in einer kurzen Szene erschütternd komisch – aber trotzdem ist es schade, man hatte mehr erwartet. Wenn man solche Kanonen auffährt, darf der Sieg durch keine Blindgänger gefährdet werden.«

Der Film wird kein Erfolg, die Kredite sind in den Sand gesetzt. Paul Morgan, das Pumpgenie, der durch seine Spielleidenschaft sowieso ständig unter Druck ist, hat nun auch noch enorme Schulden. Die lukrativen Charell-Engagements sind zu Ende gegangen, auch von Kurt Robitschek ist nun kein Vorschuß mehr zu erwarten, die benötigte Summe wäre dafür auch ein bißchen zu hoch.

Die Rettung kommt in Gestalt des Mister Strengholt. Dieser ist der offizielle Vertreter der amerikanischen Filmgesellschaft Metro-Goldwyn-Mayer für Deutschland. In den USA dreht man jetzt viele Filme in mehreren Versionen, d.h. eine Originalfassung in englischer Sprache mit amerikanischen Schauspielern, dann deutsche und französische Versionen mit eigens dafür »importierten« Schauspielern. Mister Strengholt ist gerade damit beschäftigt, deutsche Schauspieler für einige amerikanische Produktionen zu engagieren, die Ende 1930/ Anfang 1931 in Kalifornien gedreht werden sollen. Hollywood ruft! Berlin ist Europas Film-Hauptstadt, aber wenn ein Hollywoodvertrag winkt, tritt mancher gern die Reise über den großen Teich an. Heinrich George, Gustav Diessl, Anton Pointner, Karl Etlinger, Dita Parlo werden neben Paul Morgan für Amerika engagiert. Paul Morgan dreht seinen letzten Film ab, »Die Königin einer Nacht«. Er nimmt eine Schallplatte mit Wilhelm Bendow auf: »Faust in der Garderobe«. Er läßt sich noch bei der Uraufführung seines Films »Komm zu mir zum Rendezvous« blicken.

Die allerletzte Tätigkeit in Berlin ist ein Auftritt in der Funkstunde des Berliner Rundfunks am 20. 9. als Rentier Pitzelberger in Offenbachs »Salon Pitzelberger«.

Die Passage auf der Bremen ist gebucht, Frau Josa mit Geld und guten Ratschlägen versorgt, sie bleibt in Berlin zurück. Paul Morgan verläßt Anfang Oktober Berlin, um sich nach New York einzuschiffen. Der österreichische Schauspieler mit dem englisch klingenden Namen ist aus Deutschland, dem Schauplatz seiner größten Erfolge, unterwegs über den großen Teich, um nun auch noch Amerika zu erobern.

In New York angekommen, bezieht Paul Morgan ein Apartement im feudalen Hotel Algonquin in der 44. Straße. MGM hat für alles gesorgt; er bekommt einen Wagen mit Chauffeur zu seiner Verfügung, Theater- und Kinokarten für die interessantesten Vorstellungen liegen bereit. Der Schauspieler aus der alten Welt wird regelrecht verwöhnt. Man gibt Paul Morgan eine Woche Zeit, er soll sich erst einmal an Amerika gewöhnen, alles natürlich auf Kosten der Public Relation-Abteilung von MGM. So etwas braucht man Paul Morgan nicht zweimal zu sagen. Er, der es gewohnt ist, über seine Verhältnisse zu leben, genießt die Großzügigkeit der großen Filmfirma. Paul Morgans Einstellung zum Leben kommt dem American way of life sehr nahe. Lebe jetzt, zahle später! Paul Morgan genießt es, einmal nicht ständig mit Gläubigern, Rechnungen und dergleichen konfrontiert zu sein. Er schaut sich New York an,

Paul Morgan als Schwarm der Hollywooder Starlets

sieht Harlem und Manhattan, Coney Island und die Wallstreet natürlich! Das Bankhaus von Pierpoint Morgan, einem der mächtigsten Bankiers der USA, das muß Paul Morgan gesehen haben! PM meets PM. Abends Theater am Brodway, Roxy Filmpalast mit 5000 Plätzen oder Karolls »Vanity show«. Paul Morgan ist beeindruckt, mehr noch, er ist begeistert, informiert sogleich die Freunde in der Heimat mit ellenlangen Telegrammen, voll diebischer Freude bei dem Gedanken an die hohen Kosten, die er nicht zu tragen braucht. Zwischendurch Fototermine, Dinners, Interviews, eine Audienz beim deutschen Konsul. Wie im Fluge vergeht die achttägige Eingewöhnungszeit in New York. Paul Morgan besteigt den Zug New York–Chicago–Santa Fe–Los Angeles. Sein Ziel nennt er »Filmopolis«, besser bekannt als Hollywood, die Wiege der amerikanischen Traumfabrik. Der Empfang auf dem Bahnhof von Los Angeles ist überwältigend, fast die gesamte deutsche Filmkolonie hat sich zu Paul Morgans Begrüßung versammelt.

Bei MGM werden nun die Filmprojekte besprochen, in denen Paul Morgan mitwirken soll. Als erstes die deutsche Fassung von »The big house«, einem

Kriminalfilm; »Menschen hinter Gittern« soll der deutsche Titel sein. Das Drehbuch hat E. W. Brandes unter Mitarbeit von Walter Hasenclever und Ernst Toller verfaßt. Außer Paul Morgan sind für diesen Streifen, der in einem Gefängnis spielt, Heinrich George, Gustav Diessl, Egon von Jordan, Anton Pointner, Hans Heinrich von Twardowski, Karl Etlinger, Dita Parlo, Peter Erkelenz, Adolf Edgar Licho, Hermann Bing und Wolfgang Zilzer engagiert worden. Regie führt der Ungar Paul Fejos.

Wie in den USA üblich, läuft schon während der Dreharbeiten die PR-Maschine auf Hochtouren. Wer auch immer gerade in Hollywood weilt, er wird mit den Hauptdarstellern abgelichtet. George, Diessl und Paul Morgan mit Albert Einstein oder mit dem Sexualforscher Magnus Hirschfeld. Auf den Fotos die Schauspieler im Kostüm des »Knastfilmes«, Paul Morgan mit der Sträflingsnummer 40299.

Kaum sieben Jahre später wird Paul Morgan wieder ein derartiges »Kostüm« tragen, aber nicht für Dreharbeiten, sondern als Schutzhaftgefangener im KZ Dachau...

Von links: Paul Morgan, Gustav Diessl und Heinrich George in dem Film »Menschen hinter Gittern«, Hollywood 1931

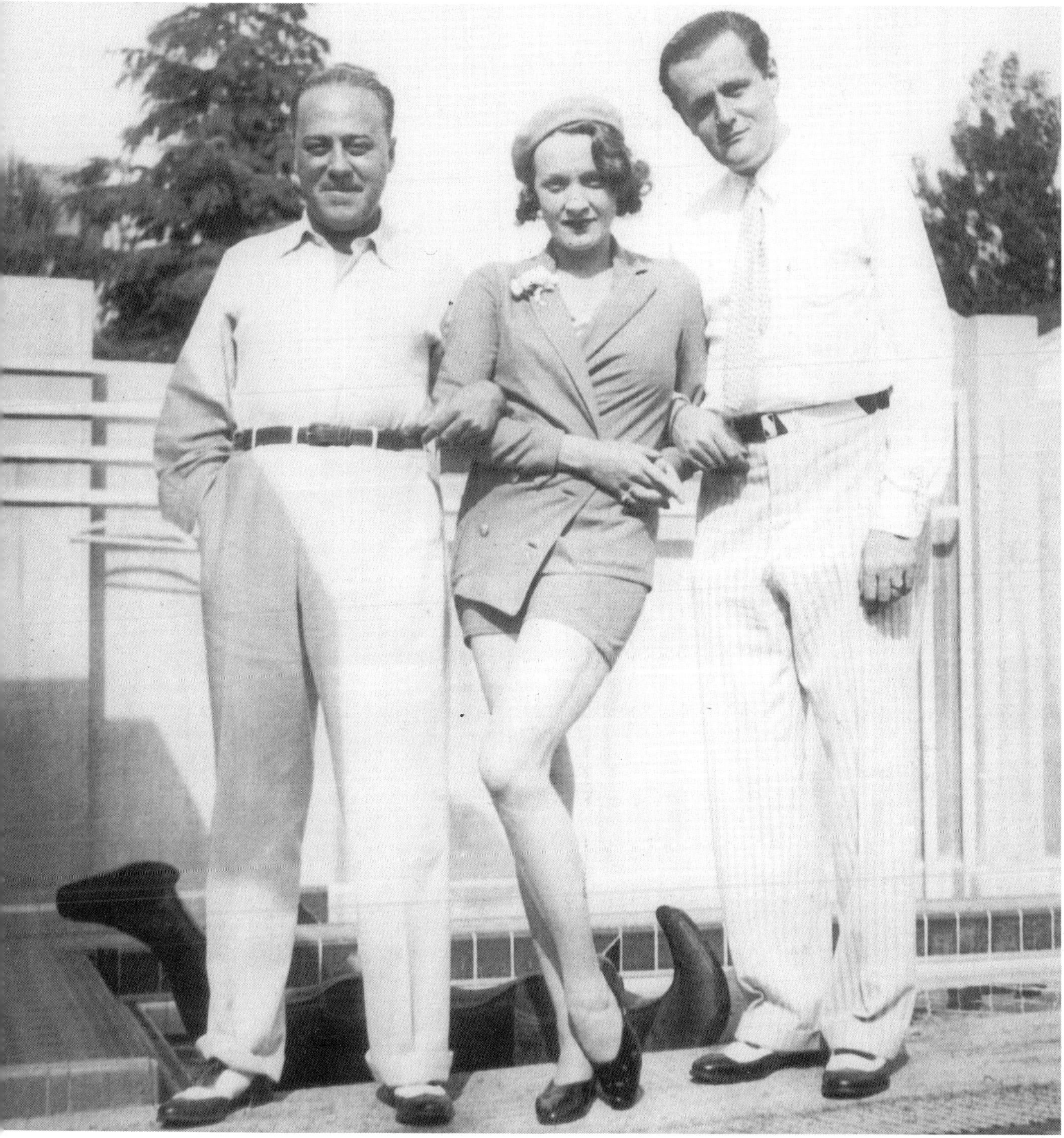

Paul Morgan mit Marlene Dietrich und Hans Heinrich von Twardowski am Swimmingpool, Hollywood 1930

Paul Morgan mit Buster Keaton, Hollywood 1931

Paul Morgans reizende Art, sein loses Mundwerk, seine Natürlichkeit verschaffen ihm in Hollywood viele Freundschaften; er lernt Upton Sinclair kennen, auch seinen Landsmann Erich von Stroheim, der schon seit 1912 hier ist, erst die Bösewichte spielte und jetzt als Regisseur arbeitet. Paul Morgan ist zu Gast bei Berthold und Salka Viertel, bei Arnold Korff, bei Jacques Feyder. Ständig mit einer Kamera bewaffnet, fotografiert er bei all diesen Begegnungen, läßt sich fotografieren. Sogar Buster Keaton, der Mann der niemals lacht, erliegt Paul Morgans Charme. Die beiden freunden sich an, und Paul Morgan gelingt ein einzigartiger Schnappschuß: Buster Keaton lachend! Paul Morgan sammelt Bekanntschaften wie normale Touristen Ansichtskarten, Jeannette MacDonald, Wallace Beery, auch Charlie Chaplin läßt er nicht aus. Nur an Greta Garbo kommt er zu seinem Bedauern nicht heran. Dafür an Marlene Dietrich, die kennt Paul Morgan ja schon aus Berlin. In schönster Sorglosigkeit schöpft er aus dem vollen, arbeitet eigentlich nur so nebenbei, genießt sein Leben.

Dazu gehört bei ihm auch immer das Spiel, Karten, Roulette; trotz bester Vorsätze spielt Paul Morgan auch hier. Eigentlich sollte es nur eine feuchtfröhliche Herrenpartie werden. Fröhlich ist kein Problem, fährt Paul Morgan doch zusammen mit Anton Pointner und Gustav Fröhlich. Feucht – das ist im puritanischen Amerika zu dieser Zeit das Problem. Es herrscht Prohibition, absolutes Alkoholverbot. Also auf nach Mexiko, von Hollywood aus ist das nur ein Katzensprung. Agua Caliente, gleich hinter der Grenzstation Tijuana, ist das Ziel der drei unternehmungslustigen Herren. Hier spielen Paul Morgan und Anton Pointner auf Biegen und Brechen, verspielen binnen kürzester Zeit ihre fürstlichen Hollywoodgagen. Gustl Fröhlich pflegt die preußische Tugend der Sparsamkeit. Er hat sich gerade ein Häuschen in Zehlendorf angeschafft und in Friedrichshafen ein Maybach Zeppelin Cabriolet bestellt. Doch Paul Morgan schafft es mit seiner Beredsamkeit, ihn zuerst anzupumpen, dann zum Mitspielen zu animieren: im Handumdrehen sind alle drei pleite. Gründlich verkatert kehren sie nach Hollywood zurück.

Was für Gustl Fröhlich eine einmalige Entgleisung ist, hat für Paul Morgan etwas Alltägliches. Nicht zum erstenmal verspielt er hier seine Gage. Spielen, nicht nur auf der Bühne oder im Filmatelier, gehört zu seinem Leben.

Paul Morgan braucht nach dem Debakel in Mexiko dringend Geld. Er versorgt die Daheimgebliebenen mit Schilderungen seiner Erlebnisse und Eindrücke in den USA. Durch seine ausgeprägte Beobachtungsgabe und seinen kabarettistischen Geist gelingen ihm anschauliche Berichte, die ein komplexes Bild des Erlebten geben.

A. A... Amtliches Amerika
Aus dem Hollywood-Tagebuch des Paul Morgan
Obwohl ich's gar nicht weiß, betrete ich ein Gerichtsgebäude. Es unterscheidet sich erheblich von den Instituten, die in unseren Landen behördlichen Zwecken dienen. Vor allem fällt der liebgewohnte Eindruck amtlicher Verstunkenheit weg. Es duftet nirgends nach Aktenhaufen, Grobheit, »Männerabort« und Uniform. Wenn man durch die Korridore

lustwandelt, sucht das deutsche Auge vergeblich nach den schwarzen Tafeln mit den freundlichen Manifesten, die uns mit Bekanntmachungen, Verboten, Warnungen anknurren. Es ist nicht bei Strafe untersagt, auf den Fußboden zu spucken und trotzdem spuckt keiner, weil jeder wahrscheinlich schon in der Schule gelernt hat, daß man das nicht macht. Niemand wird als »Zuwiderhandelnder« behandelt, die europäische Kluft zwischen Beamten und Partei ist hier unbekannt. Die Angestellten des Staates sehen genau so aus wie gewöhnliche Menschen. Das ist sehr verwirrend.

Es fehlen auch Türaufschriften, die den Eintritt zum Ober-Regierungsrat nur nach vorheriger Anmeldung im Zimmer 473 a bei Herrn Untersekretär X. gestatten, man liest nirgends, daß dies der Dienstraum des Obervicepräsidialsubassistentenstellvertreters ist; Amerika kennt keine Titulatur, die sich vor dem Familien-Namen wichtigtuerisch aufplustert. Das kommt alles von der Traditionslosigkeit dieses Landes. Das Mitleid könnt' einen packen.

Die Verhandlungs-Säle, in denen gerade amtiert wird, stehen weit offen. Ich kiebitze da und dort ein bißchen. Nirgends ein Talar, nicht das kleinste Barett, nicht einmal eine Amtsdienerlivree. Man kennt sich nicht aus. Selbst die Anwälte sind nicht daran zu erkennen, woran man sie bei uns erkennt ...

Hoch oben thront der »Judge«, sprich »Dchötsch«, er ist die einzige feierliche Figur im Saale. Er hat zwar kein Kostüm, sieht aber trotzdem sehr würdig aus, redet keinen Ton und läßt die anderen miteinander streiten. Erst am Schluß greift er ein und bringt alles in Ordnung. Wie ich so dasitze und als Unbeteiligter zuhöre, habe ich plötzlich die kindliche Impression, der ruhige Mann da oben ist U.S.A. persönlich. Und mir fällt auf einmal unser unvergeßliches Stahlbad ein.

Da war's auch so. Herr U.S.A. hatte eine Weile abwartend zugesehen und sich schließlich eingemischt. Dann wars bald zu Ende. –

Die Parteien sollten heute gar nicht mehr so viel darüber streiten, wer damals eigentlich gewonnen hat und wer nicht. Ich glaube, der starke, ruhige Mann auf dem imponierenden Postament hat die Sache allein erledigt. – Ich sag' nur, was mir in dem Gerichtssaal von Los Angeles durch den Kopf ging. Wobei ich zugebe, daß der Einwand, der kleine Moritz stelle sich so die Weltpolitik vor, durchaus nicht von der Hand zu weisen ist!

Ja, Paul Morgan hat Land und Leute gesehen und verstanden, und er versteht dies zu vermitteln, sein deutsches Publikum kann in diversen Zeitschriften verfolgen, was er in Amerika so alles unternimmt und beobachtet. Gerade die Ereignisse in Hollywood stoßen auf reges Interesse in Europa. So kommt Paul Morgan auf die Idee, eine Art filmische Klatschkolumne über Hollywood zu drehen. Es soll ein Film sein, der die Filmmetropole, ihre Künstler und deren Arbeit beschreibt, das alles natürlich launig und humorvoll präsentiert – von Paul Morgan, wem sonst!

Er ist genau der richtige für diese Art der »Berichterstattung«. So besteht der Film »Wir schalten um auf Hollywood« aus witzigen Dialogen und Interviews mit seinen Partnern. Der Conférencier Paul Morgan läßt sie alle Revue passieren: Seine deutschen Kollegen Heinrich George und Egon von Jordan, Nora Gregor und Dita Parlo, des weiteren Buster Keaton, der diesmal garantiert nicht lacht, den Frauenliebling Ramon Navarro, Adolphe Menjou, den Erfinder des gleichnamigen Bärtchens, die geheimnisvolle Norma Shearer, den schönen John Gilbert, den Filmbösewicht Wallace Beery, den österreichischen Komponisten Oscar Straus, den russischen Regisseur Sergej Eisenstein. Hans Feld schreibt nach der Uraufführung im »Filmkurier«:

»Berlin hat nun ebensolange seinen Paul Morgan entbehrt, wie er uns. Dafür sendet er jetzt einen Filmgruß! ›Wir schalten um auf Hollywood‹, und entpuppt sich, traun, als Autor und gleichzeitig als Hauptdarsteller...

Zumal die Filmleute und das große Heer der Filminteressenten dankt es dem Morgan, der, parallel zu der Kapital-Internationale seines leider nur Namens-Vetters, die des Films propagiert. Er schaltet auf Hollywood um und waltet dort in den weiten Geländen von Culver City. Norma Shearer läuft ihm über den Weg; husch, husch, ein Knipschen. John Gilbert ist im Moment gar nicht einmal beschäftigt; kein Grund für den wilden Filmmann aus Deutschland, ihn aus dem Prominentenreigen auszulassen; nicht ohne freundliche Anäppelung des Original-Gilbert-Smiling. Jedem das Seine; Heinrich George erscheint als wandelndes Monument der Anti-Prohibition. Oscar Straus dokumentiert ohrenfällig, daß seine charmanteste Schöpfung der ›Walzertraum‹ ist. Und von Joan Crawford bekommt Morgan es endlich zu hören, daß er eine schöne deutsche Mann ist. Das alles ist ganz reizend gemacht. Mit einer liebenswerten Unbefangenheit... Hoot Gibson leiht sein Flugzeug, Egon von Jordan wechselt als Conférencier die Anzüge und bleibt immer gleich liebenswürdig-unaufdringlich. Ein glücklicher Mensch, dieser Paul, unter dem Himmel Kaliforniens. (Besonderen Dank für die Karl-May-Reminiszenz, mein weißer Stiefbruder!)... überhaupt, das Publikum geht willig mit in diesem Film. Es nimmt die weiche Anmut zur Kenntnis, mit der Ramon Navarro ein Matrosenlied vorträgt und mimisch ausdeutet. Sogar eine beneidenswert strahlende Höhe hat er, der grazile, gut kolorierte Junge; mindestens ein ›C‹. Novarro als Sänger: eine Bereicherung, eine Attraktion. Zwischendurch fliegt der Hollywood-Reisende bei Greta Garbo heraus – bestimmt keine gestellte Szene – dann besichtigt er das Stadion, Kampfplatz der Olympiade im Jahre 1932. Selbst S. M. Eisenstein ist nicht sicher vor diesem rasenden Filmreporter. Für Adolphe Menjou, den Prince of Wales des Films, hat er sogar einen eigenen, schauerlich-schönen Einakter geschrieben, in dem, sieh an, Menjou sich neben tadelloser Beherrschung der deutschen Sprache, als ausgezeichneter Sprechdarsteller erweist. Liebliche Reifenträgerin dieser Nummer: Nora Gregor. Der Schluß aber gehört dem zuvor schon bemühten Buster Keaton. Schilderung hieße die Wirkung vorwegnehmen, die jeder Besucher bei sich konstatieren wird. Beneidenswert, die den Lachorkan noch vor sich haben. Fest steht: Ein schlagender Effekt.«

In der ganzen Hektik des Filmbetriebes hat Paul Morgan immer wieder eine gewisse Einsamkeit verspürt. Er ist zwar kaum allein – in Hollywood ist man nie wirklich allein – aber es fehlt ihm jemand. Er schreibt an seine Frau Josa; die bricht sofort einen Urlaub und eine Liaison ab und reist mit dem nächsten Schiff nach Amerika. Mehr als sechs Monate haben sich die beiden nicht gesehen; Paul Morgan ist selig, als seine Frau Anfang Mai 1931 endlich eintrifft.

»Casanova wider Willen« heißt der letzte Hollywoodfilm mit Paul Morgan, es ist die deutsche Version von »Parlor, Bedroom and Bath«. Es spielen Buster Keaton, Egon von Jordan, Marion Lessing, Francoise Rosay, Leni Stengel, Gerda Mann und Wolfgang Zilzer. Im Juli 1931 ist auch dieser Film abgedreht. Die Morgans zieht es zurück nach Hause. Oscar Straus und Marlene Dietrich veranstalten für sie ein rauschendes Abschiedsfest. Alle, die mit Paul Morgan während dieser neun Monate in Hollywood zu tun hatten, geben sich noch einmal ein Stelldichein bei dem beliebten Komiker.

Die Reise quer durch den amerikanischen Kontinent, von der Westküste bis zum Atlantikhafen New York, unternehmen Paul und Josa Morgan im Auto, um noch einige Sehenswürdigkeiten besuchen zu können. Theo Simon, ein Freund aus Berlin, chauffiert die beiden durch die Red Wood Mountains, den Yellow Stone Park, zum Grand Canyon. In New York ein letzter Broadwaybummel, Paul Morgan verabschiedet sich mit einem »Adieu Broadway«, worauf seine Frau sagt: »Sag nicht adieu, sag Auf Wiedersehen!«

Mitte August 1931 hat Berlin Paul Morgan wieder, er empfindet es als Nach-Hause-Kommen. Ja, in Berlin ist er zu Hause, er liebt Berlin und die Berliner lieben ihn. Nur noch anderthalb Jahre wird er hier in Ruhe leben können. ...

Während Morgans Abwesenheit von Berlin hat der befreundete Fritz Grünbaum in alter Anhänglichkeit für drei Filmverträge gesorgt. In »Liebeskommando«, für den Grünbaum das Drehbuch schrieb, hat Paul Morgan eine kleine Rolle. In »Arm wie eine Kirchenmaus« sind Paul Morgan und Fritz Grünbaum Partner und gestalten – ein schöner Einfall – den Vorspann des Filmes in Form einer witzigen Doppelconférence. Ansonsten die üblichen Nebenrollen für Paul Morgan in unvermeidlichen Schmarren wie »Einer Frau muß man alles verzeihen« oder »Strohwitwer«.

Auch das Kadeko hat ihn allzulange entbehrt, das Publikum ihn schmerzlichst vermißt; schon im September 1931 ist Paul Morgan hier wieder in zwei Sketchen zu sehen. »Das ist Paris«, Untertitel »Große Revue aller Laster und Sünden«, heißt einer davon. Siegfried Arno, dessen übergroße Nase ihn für die Rolle des Marquis prädestiniert, und Paul Morgan, dieser denkbar zivile Charakter, als General der Gendarmerie, das sind die Hauptpersonen des Stückes. Lachstürme durchbrausen das Haus am Lehniner Platz; das ist es, was Paul Morgan in Hollywood so gefehlt hat, dieser unmittelbare Kontakt zum Publikum.

Neben seinem eigenen Wohlergehen vergißt er nie die Nöte anderer. Allein drei Benefizveranstaltungen bestreitet er in diesem Spätherbst 1931: Eine Nachtvorstellung der Deutschen Künstlerhilfe, einen bunten Abend des Südwestfunks zugunsten der Frankfurter Volkshilfe, eine Wohltätigkeitsveranstaltung des Verlages Rudolf Mosse: »Die Nacht der Prominenten«, bei der es im Programm heißt: »Der volle Ertrag ohne jeden Abzug wird an erwerbslose Schauspieler und Artisten abgeführt.«

Der vielbeschäftigte Paul Morgan bekommt Ende 1931 erst einmal einen horrenden Steuerbescheid für sein Einkommen in Amerika. Der Dollarsegen ist längst verbraucht, worauf das Finanzamt natürlich keine Rücksicht nimmt. Paul Morgan benötigt also wieder einmal dringend Geld. Die Rollenangebote sind nicht gerade besonders zahlreich. Bei den Meinhard- und Bernauer-Bühnen, wo er fest engagiert ist, wird er kaum eingesetzt. Er gastiert im kleinen Theater »Die Tribühne« bei Direktor Eugen Robert, als Lakai in Franz Molnars »Spiel im Schloß«. Im Varieté Wintergarten tritt er gemeinsam mit dem Komikerkollegen Max Ehrlich auf. Im Kadeko ist er in der Kabarettoper »Rufen sie Herrn Plim« zu sehen. Von diesen Gagen ist knapp das tägliche Leben zu bestreiten. Der Film hat früher das schnelle Geld gebracht, aber auch die Filmangebote kommen nur noch spärlich in der Tübinger Straße 4 an. Für die kleine Rolle in dem Film »Der Frauendiplomat« hat der Freund Leo Slezak gesorgt, der eine Hauptrolle spielt. Zwei weitere kleine Fimrollen noch im Laufe des Jahres 1932, dann nichts mehr.

Paul Morgan wendet sich an Victor Barnowsky vom Deutschen Künstlertheater, bei dem er vor fast 10 Jahren im Ensemble war. Er bekommt eine kleine Rolle in Molnars »Das Märchen vom Wolf«.

Paul Morgan ruft Erich Pommer an. Der allmächtige Ufa-Produzent sorgt für eine Nebenrolle in dem Film »Ich und die Kaiserin«. Während der mehr als achtwöchigen Drehzeit hat Paul Morgan nur ein paar Tage zu tun. In dieser Situation schreibt er den Text für die Schallplatte »Nur nicht unterkriegen lassen«, die er dann mit seinem bewährten Partner Wilhelm Bendow aufnimmt. Das Jahr 1933 beginnt für den sonst so vielbeschäftigten Paul Morgan sehr ruhig. Das einzige Engagement hat er bei seinem alten Freund und Widersacher Kurt Robitschek am Kadeko.

Am 30. 1. 1933 ergreift ein ehemaliger Landsmann Paul Morgans die Macht im deutschen Reich. Wie Paul Morgan hat dieser Adolf Hitler in Deutschland mehr Erfolg als in seiner Heimat. Nur geht dem neuen Reichskanzler jeglicher

Hans Moser, Paul Morgan, Georg Alexander und Charlotte Susa (v. l.) in dem Film »Ehe mit beschränkter Haftung«, 1932

Humor völlig ab. 1928 hatte der Spaßvogel Paul Morgan den aufstrebenden Politiker in Anspielung auf dessen Aussprache als den Mann mit »RRRR« bezeichnet, sollte heißen »Rase reinrassiger Roland«; ein harmloser Kabarettistenscherz wird im nachhinein zum Sakrileg. Wie wenig empfänglich die neuen Herren für derlei Witzchen sind, wird Paul Morgan noch zu spüren bekommen...

Das Publikum der Kabaretts erwartet von den Conférenciers nun Stellungnahmen zur neuen Situation. Werner Finck betritt die Bühne seines Kabaretts Katakombe mit dem Hitlergruß und erklärt die Bedeutung dieser Geste so: »Aufgehobene Rechte«. Auf derart gefährliche Gratwanderungen läßt Paul Morgan sich nicht ein. Politische Satire war nie sein Fall, nun reagiert er ziemlich hilflos, hält sich zurück, wartet ab. Er ist vorsichtig geworden, geht nicht einmal zur Uraufführung seines neuen Filmes »Ich und die Kaiserin« am 22. 2. im Berliner Gloria-Palast.

Seine Frau bekommt wohlmeinende Anrufe, sie solle ihren Mann nicht mehr ins Kadeko gehen lassen, es sei zu gefährlich. Paul Morgan geht trotzdem hin.

Schon sitzen Spitzel im Publikum, die hinterher ihre Berichte verfassen. Der Überwachungsstaat beginnt sich zu etablieren. Es gibt Kollegen, die sehr bald ihren Frieden mit den neuen Herren machen. Diese Konformisten sehen zu, als man Paul Morgan zwingt, eine Hakenkreuzfahne am Kadeko aufzuziehen.

Diese Demütigung gibt ihm den Rest, Anfang Mai verläßt er Deutschland nur mit ein paar großen Koffern; die Wohnung in Wilmersdorf bleibt komplett eingerichtet zurück. Fünf Jahre später wird er nach Deutschland zurückkehren – als »Schutzhäftling« …

Paul Morgan fährt in die Schweiz; in Zürich trifft er auf Erika Mann mit ihrem Kabarett Pfeffermühle. Aus München entflohen, versuchen sie nun hier, sich im Hotel Hirschen neu zu formieren, bereiten ihre Auftritte vor. Paul Morgan mangelt es an politischer Schärfe für dieses Kabarett, das von Anfang an spitze Pfeile gegen Nazi-Deutschland abzuschießen gedenkt. Paul Morgan ist von seltsamer Loyalität: »Wenn ich in einem Haus sehr glücklich war, und wenn ich dann in das Nebenhaus ziehen muß, lehne ich mich nicht aus dem Fenster und spucke das erste Haus an.« So plant er noch vor der Eröffnung der neuen Pfeffermühle seine Weiterreise nach Wien. Seine Frau Josa, die schon in Wien ist, warnt, möchte ihn veranlassen, in der Schweiz zu bleiben. Vergebens. Aus Berlin kommt ein Angebot von Eduard Duisberg, dem Direktor der Scala. Der Varietédirektor will in völliger Verkennung der Lage Paul Morgan engagieren. Dieser telegrafiert als Antwort: »Käme rasend gern. Großmütterchen erlaubt es nicht.« Ja, das jüdische Großmütterchen. Paul Morgan ist katholisch, seine Eltern ebenfalls. Aber die eine jüdische Großmutter würde seine Aufnahme in die gerade entstehende Reichskulturkammer unmöglich machen. Kein Künstler, der hier nicht Mitglied ist, also seinen Ariernachweis erbracht hat, darf in Deutschland arbeiten.

Paul Morgan fährt nach Wien. Heimkehr nennt er das nicht. Seine Heimat ist in den vergangenen 15 Jahren Berlin geworden. Vorbei!

Als »Wanderzirkusdirektor«, wie er es nennt, organisiert er für den Sommer 1933 eine Tournee durch die böhmischen Bäder, wo er zusammen mit der jungen Schauspielerin Jane Tilden und anderen den Erholungssuchenden Sketche darbietet.

In Wien ist inzwischen auch der umtriebige Kurt Robitschek angekommen. Sein »Kadeko« in Berlin mußte er an Dr. Hanns Schindler übergeben. Aber Robitschek, der nie ruhende Geschäftsmann, hat schon neue Pläne. Er pachtet die Kammerspiele in Wien, inszeniert dort neue Kabarettrevuen. Bei der zweiten mit dem Titel »Liebe kleine Bosheiten« ist auch Paul Morgan dabei, der froh ist, wieder arbeiten zu können, und sogar Geld in das Unternehmen steckt. Außer ihm stehen im November 1933 Curt Bois, Willy Trenk-Trebitsch, Daisy Solms, Irene Eisinger, Hans Olden und Lillie Claus auf der Bühne. Kurz darauf ist das Unternehmen bankrott. Wien scheint auf die Deutschlandheimkehrer nicht gerade gewartet zu haben.

Um die Jahreswende 1933/34 erscheint im Amonesta-Verlag Berlin-Leipzig-Wien das Buch »Im Promin-Ententeich – Abenteuer und Erlebnisse mit Stars,

Sternchen und allerlei Gelichter«. Im Deutschen Reich wird dieses letzte Buch Paul Morgans nur unter dem Ladentisch verkauft. Er erinnert sich darin an bessere Zeiten, seine Erlebnisse in den USA nehmen viel Raum ein. Anekdoten aus dem Film- und Theaterleben rufen die jahrelange, erfolgreiche Arbeit des Autors ins Gedächtnis. Kollegen wie Adele Sandrock, Fritz Grünbaum, Leo Slezak und Otto Wallburg steuern kleine Episoden bei. Es ist kein Memoirenband, so etwas wird gemeinhin am Ende einer Laufbahn verfaßt, Paul Morgan ist erst siebenundvierzig. Doch die Zeit der großen Erfolge liegt schon hinter ihm. Der früher so rastlose Hans Dampf in allen Gassen der Kultur hat jetzt viel Zeit – ein Engagement hat er nicht, nur einige Nebenrollen als Gast am Deutschen Volkstheater in Wien. Die meisten Wiener Theaterdirektoren übersehen ihn einfach. Sicher kennen sie ihn, treffen ihn im Kaffeehaus oder auf der Straße. Unverbindlichkeit, oder noch schlimmer, leere Versprechungen, bestimmen den Umgang mit dem abgehalfterten Komödianten, der sich einst von Berlin aus anmaßte, Wien, das Wiener Theater und dessen Publikum zu kritisieren. Erlebnisse wie jenes mit dem Intendanten Paul Barnay fördern nicht gerade den Optimismus des Heimkehrers. Paul Morgan reagiert auf seine Art, mit einem gereimten Brief an Barnay:

Ich gäb' was d'rum, wenn ich nur wüßt',
Was wohl die Ursach' dafür ist,
Daß Barnay erst hat angebandelt,
Schon in der »Linde« gleich verhandelt
Dann kam es, wie es kommen mußte,
Zuerst der Anruf, der bewußte,
Berüchtigt, zur Verzweiflung bringend:
»... G'rad Konferenz ... die leider dringend ...!«
Dann ist es aus. Man hat verzichtet.
Man liest, daß der und der »verpflichtet« ...
Man grübelt – – möcht' es gerne wissen – –
Weshalb man g a r so angesch =

öne Grüße von
Paul Morgan

Der Lebensunterhalt wird jetzt von Josa Morgan verdient. Sie schreibt Artikel für Schweizer Zeitungen und hat damit großen Erfolg. Paul Morgan läuft weiter kleinen und kleinsten Engagements hinterher. Im Varieté Leicht, einer Kleinkunstbühne im Wiener Prater, engagiert ihn der Direktor Lach. Paul Morgans Kreativität, die Gabe, zeitbezogen zu conférieren, ist hier weniger gefragt. Direktor Lach geht gerne auf Nummer sicher, will die erfolgserprobten alten Sachen sehen. Man sieht hier Paul Morgan in den Dialektsketchen »Der kleine Mann« oder »Der Meldezettel«.

Er weicht in die Tschechoslowakei aus, das Deutsche Theater in Prag engagiert ihn für ein Gastspiel, das viel zu schnell zu Ende geht. Dieser vom Theaterspielen so besessene Schauspieler muß sich 1934/35 mit sporadischen Auftritten begnügen.

Im Sommer 1935 erscheint Trude Kolman in Wien. Auch dieser Kabarettistin ist der braune Boden in Berlin zu heiß geworden, wo sie zuletzt mit Günther Lüders das »Tingeltangel-Theater« betrieben hatte. In Wien angekommen, gründet sie im September 1935 ihr Kabarett im Grandhotel. Paul Morgan, der immer junge Talente gerne unterstützt hat, tritt bei ihr ohne Gage als Conférencier auf. Diese Großzügigkeit, die er sich eigentlich gar nicht mehr leisten kann, nimmt ihm seine Frau Josa sehr übel. Paul Morgan kann nicht anders; er, dem kaum einer hilft, hilft noch immer anderen.

Eine winzige Rolle in dem Film »Katharina, die Letzte« bietet sich Ende 1935. Emigranten, Freunde aus besseren Zeiten in Berlin, haben für dieses Engagement gesorgt: Regisseur Hermann Kosterlitz und Drehbuchautor Felix Joachimson verschaffen Paul Morgan die Rolle des »Stephan, Diener«. Franziska Gaal, Otto Wallburg und Ernst Verebes spielen außer Paul Morgan mit, der hier zum letzten Mal in einem Filmatelier steht. Seit 25 Jahren ist er jetzt beim Film, hat unter Regisseuren wie Fritz Lang, Richard Oswald, Karl Grune gespielt. Nun endet die Filmkarriere mit »Stephan, Diener«.

Zu den wenigen, die sich noch um Paul Morgan kümmern, gehört Max Hansen, ein Freund aus der Anfangszeit des Kadeko. Auch er hat Deutschland 1933 verlassen, nachdem man ihn bei einer Filmpremiere mit Tomaten beworfen hatte. Hier in Wien ist er jetzt in Operetten von Ralph Benatzky zu sehen: »Bezauberndes Fräulein« und »Das kleine Cafe«. Auch mit Ralph Benatzky ist Paul Morgan seit langem bekannt, sie schätzen einander sehr. So bietet Benatzky ihm an, das Libretto für seine nächste Operette zu schreiben. Paul Morgan entwickelt zusammen mit Adolf Schütz eine Geschichte, die im Filmmilieu spielt, einige Liedertexte steuert Hans Weigel bei, das ganze heißt dann »Axel an der Himmelstür«. Der notwendige weibliche Star wird auf Empfehlung Max Hansens aus Schweden geholt, eine mondäne Schauspielerin mit einer interessanten Kontra-Altstimme: Zarah Leander. Die Uraufführung am 1. 9. 36 im Theater an der Wien wird ein Riesenerfolg und macht Zarah Leander über Nacht zum Star. In gewissem Sinne läuft hier ein Stück Emigrantentheater mit Max Hansen, Otto Wallburg und Paul Morgan als Filmdirektor. Ihnen bereitet dieser Erfolg die größte Freude, sie hegen die Hoffnung auf weitere Beschäftigung, auf neue Chancen.

Die neue Chance erhält Zarah Leander in Form eines Vertrages für den Film »Premiere«, ihre Hauptrolle im Theater an der Wien gibt sie Weihnachten 1936 an Lily von Hatvany ab. Die großmächtige Ufa hat den neuen Star nach Berlin verpflichtet.

Paul Morgan spielt weiter in »Axel an der Himmelstür«. Die Hoffnung auf neue Angebote aber erfüllt sich nicht. Die in Deutschland Unerwünschten sind ohne Beschäftigung und sehen mit an, wie der deutsche Film die entstandenen Lücken mit Ausländern füllt. Zarah Leander beispielsweise ist als eine Art Ersatz für die in den USA weilende Marlene Dietrich gedacht, die trotz verlockender Angebote nicht nach Deutschland zurückkehren mag.

Paul Morgan hat nichts zu tun. Für seine Heimatstadt ist er ein assimilierter Berliner, obendrein gilt er als Jude; der frisch aufkeimende Antisemitismus fragt nicht nach Taufscheinen.

Eine kurze Bädertournee ist im Sommer 1937 das einzige Angebot. Bad Ischl, Marienbad, dort geht noch alles gut. In Karlsbad wird Paul Morgan wegen einiger harmloser Bemerkungen von der deutschsprachigen Presse angegriffen. Der Direktor des dortigen Theaters befürchtet Tumulte und kündigt den Kontrakt vorzeitig. Der unpolitische Paul Morgan wird schon zum Opfer politischer Hetze.

Die meisten anderen jüdischen Kollegen sind bereits weitergezogen, Siegfried Arno, Kurt Gerron und Otto Wallburg, Felix Bressart und Szöke Szakall nach Holland, Hermann Kosterlitz, Felix Joachimson und Trude Kolman in die USA; Paul Morgan harrt in Wien aus. Seine Spielleidenschaft, die in den erfolgreichen Jahren viel Geld gekostet hat, ist erloschen. Der Schauspieler a. D. ist nun auch kein Spieler mehr. Es gehört wohl auch Überschwang, Lebensfreude dazu, um Leidenschaften nachzugehen.

Paul Morgan confériert noch ab und zu in dem kleinen Kabarett »Fiaker« oder in der »Schiefen Laterne«. Große Erfolge sind das nicht mehr, er ist sichtlich gealtert, grauhaarig. Seine junge, hübsche Frau sieht ihren Mann langsam verfallen.

Max Hansen packt Anfang 1938 die Koffer, geht in seine Heimat Dänemark zurück. Paul Morgan bringt ihn zum Bahnhof und geht wieder nach Hause, igelt sich in der gemütlichen Wohnung zwischen Büchern und Erinnerungen ein.

Am 8. 2. 1938 im Theater an der Wien hat er seine letzte Premiere: »Dixie«, ein musikalischer Kriminalroman mit Lizzi Waldmüller, Oskar Karlweis, Franz Engel; Regie Karl Farkas. Noch einmal ist alles wie früher, ein letzter Erfolg. »Das Publikum zollte ... den Darstellern warmen Beifall«, schreibt die Wiener Zeitung.

Anton Kuh, Dichter und Lebenskünstler, beschwört in diesen Tagen Josa Morgan: »Weg, bevor es zu spät ist.« Paul Morgan sieht keinen Grund wegzugehen: »Ich bin Österreicher. Ich will nicht weg. Ich habe ja auch gar nichts getan.«

Als ob das etwas ausmachen würde ...

Paul Morgan Ende 1937

Als am 13. 3. 1938 die deutschen Truppen nach Österreich kommen, den Anschluß der Heimat ihres Führers an das Deutsche Reich vollziehen, sitzt Paul Morgan immer noch in seiner Wohnung in der Nähe des Theaters an der Wien. Nicht mehr lange. Am Morgen des 22. 3. wird er von drei Gestapomännern abgeholt und in ein Gefängnis an der Elisabethpromenade gebracht. Josa Morgan wird sofort aktiv, forscht nach Pauls Verbleib, kauft warme Sachen; sie ist eine praktisch denkende Frau. Als sie ins Gefängnis geht, mit anderen in einer Reihe wartet, sieht sie eine geweißte Glasscheibe, in der ein kleines Fleckchen freigekratzt ist. Dahinter steht ihr Mann, unrasiert und abgespannt. Er bemerkt sie nicht; es ist das letzte Mal, daß sie ihn sieht; Paul Morgan hat keine neun Monate mehr zu leben ...

Er schreibt an seine Frau aus dem Polizeigefängnis Rossauerlände am 3. 4. 1938:

Liebes Packerl, nach dem 22. kann ich heute zum erstenmal schreiben. Für Deine Karten danke ich Dir sehr, sehr, sehr. Ich lese sie immer wieder! Es gibt nichts Tapfereres auf Erden als Dich und nur Du bist meine Sorge in diesen bitteren Tagen! Aber alles wird mal zu Ende sein, auch dies. Es geht mir wirklich und wahrhaftig nicht schlecht – man muß an allem das Gute finden: Kein Rauchen und kein Fleisch – kann also nur gut sein für einen älteren Herrn.

Fotos von Paul Morgan sind in der ganzen Stadt zu sehen, an den Litfaßsäulen hängt ein Plakat, das ihn als unrasierten Häftling zeigt, dahinter der Brief, den ihm Gustav Stresemann einst schrieb. Darunter steht: »Paul Morgan, der Held aller Bühnen, sitzt endlich hinter schwedischen Gardinen.« Die Häme der Propaganda ist beachtlich. Das Schwarze Corps bringt eine Bildfolge unter dem Titel »Juden sehen dich an«, auch hier ist Paul Morgans Bild eingereiht. Als noch eine Ausstellung eröffnet, die das gleiche verächtliche Motto hat – Richard Tauber, Bruno Walter, Paul Morgan und viele andere werden gezeigt – da handelt Josa Morgan. Die couragierte Frau läßt sich die Taufscheine ihres Mannes und seiner Eltern beglaubigen und geht damit zur Staatsanwaltschaft. Sie erreicht tatsächlich, daß das Bild ihres Mannes aus dieser widerwärtigen Ausstellung entfernt wird.

Paul Morgan weiß von alledem nichts, er schreibt seiner Frau am 8. 4. 1938:

Hoffentlich sehen wir uns bald wieder, ich sehne mich unendlich nach Dir und nach zuhause! Bitte vielleicht nächstens einen Kopfkissenüberzug oder was ähnliches! Alleralleralllerinnigst Paul.

Paul Morgan sehnt sich nach zu Hause, doch dieses Zuhause ist in Auflösung begriffen. Eine Woche nach seiner Verhaftung erfolgt eine Haussuchung, bei der alle Briefe, Bilder und die Autogrammsammlung, die er von Beginn seiner Laufbahn an zusammengetragen hatte, beschlagnahmt wurden. Josa Morgan wird bald darauf die Wohnung gekündigt.

2. 4. 38: Kurt schreibt, Du hättest erst 1 Karte bekommen? Ich schreibe laut Vorschrift pro Woche ein Stück. Die Post dauert eben etwas länger. – Mir geht es körperlich nach wievor gut, geistig? Memoriere ich alle möglichen Rollen – den »Vansen« (Egmont) kann ich leider fast gar nicht mehr.

Von vier erlaubten und geschriebenen Karten kommt also eine an.

26. 4. 38: Ich denke so viel über die Fülle unseres Lebens nach – die lange gemeinsame Straße, die hinauf und hinunter ging und die immer wieder ihren Namen wechselte: Gänsehäufel – Sommerheidenweg – Dürergasse – Währingerstraße – Wasagasse – Kurfürstendamm – Dolomitenstraße – Kaiserplatz – Sunsetboulevard – Highway USA – Währingerstraße – Wienzeile – Rossauerlände – – – UND wie geht sie weiter?? Du hast so recht... Es sei wie es wolle, es war doch schön.

Es war doch schön ...

10. 5. 38: 50. Tag: Liebes Packerl, dies ist die letzte Karte an die Adresse unseres Hüttls – das Du so schön gemacht und das ich so sehr geliebt! Und nun sehe ichs nicht mehr ... Gestern dachte ich fortwährend an die verstauten Sachen bei Amonest und wer wohl einmal Dickens auspacken wird und auf welchen Schrank sie irgendwo aufgestellt werden ... »Nicht an Sachen hängen« das Wort sage ich mir krampfhaft vor – und ich habe jetzt soviel Zeit zum Nachdenken, Gott weiß, wie lange noch! Alle Felle schwimmen mir davon. Ich möchte mit Dir wieder in der Sonne sitzen, ich möchte mit Dir wieder lachen – manchmal glaube ich, es wird und muß wieder sein. – [...] Ich sehne mich unbeschreiblich nach Dir und Deiner phantastischen Güte und Klugheit! Schön reingesaust bist Du mit Deinem alten, dich sehr liebenden Monte Christo – respektive Florestan – Eisenstein – Bettelstudent – Paul.

Paul Morgan in einer Reihe mit den Gefangenenfiguren des Theaters, er aber ist wirklich gefangen, ganz profane Dinge gewinnen da an Bedeutung:

17. 5. 38: Ich glaube an den Herrgott, der sich eben nicht dreinreden läßt ... Die Sonne draußen und das Stück blauer Himmel, das ich sehe – – leicht ist es nicht immer, sich geduldig ins Schicksal zu fügen und abzuwarten ... Aber ich tu's, ich hab Dir doch versprochen, Humor und Mut nicht zu verlieren – Ich möchte – so nebensächlich es klingt – meinen Anzug endlich in heißes Wasser schmeißen, er duftet schon lieblich nach Desinfektionsgerüchen, allerdings (um in allem stets das Gute zu sehen!), habe ich keinerlei Spur von Ungeziefer [...] Einmal wieder Powidltatschgerln kriegen!!

Josa Morgan zieht Ende Mai aus der schönen Wohnung in der Faulmanngasse 8 aus, sie kommt bei Freunden unter.

Paul Morgan zieht auch um, heim ins Reich. Er wird Ende Mai ins KZ Dachau verlegt. Er schreibt aus Dachau Block 6 Stube 4:

4. Juni 38: Besuche sind nicht gestattet, ein so kurzes Wiedersehen hätte auch nicht allzuviel Sinn!
3. Juli 38: Manchmal ist meine Zukunftssehnsucht die californische Ranch von Sturges oder Deine Stellung in N. York, von der er sprach – ich würde jetzt einfach alles anpacken ... ich habe soviel gelernt. Und wie anders werde ich nun manches schätzen, was ich bisher als selbstverständlich ansah; wie undankbar habe ich mich über Läppisches geärgert und aufgeregt! Bleib gesund weiter Kopf hoch wie Dein Dich innigst umarmender Paul.

Im KZ werden auch einstmals aufmüpfige Kabarettisten zu Bescheidenheit erzogen – von unbescheidenen Herrenmenschen!

17. Juli 38: Bist Du noch mit dem Hol. Konsul in Kontakt? Der könnte uns doch viel helfen? [...] O, damals, als ich in New York »Adieu Broadway« sagte und Du antwortetest »Sag: Auf Wiedersehen«. Außer in die Zukunft eilen die Gedanken stets in die Vergangenheit, besonders die wundervolle Italienreise (gerade in diesen Tagen war das damals!) steht vor mir, am deutlichsten Verona – wegen jenes großen Dichters, der auf allen Wanderungen hinauf u. hinunter immer von seiner Beatrice begleitet wird. Auch mich kann nichts mehr aufrichten u. hoffnungsfroher machen als das Bewußtsein, meine Beatrice neben mir zu haben!

Ja, Broadway, Italienreise, das alles ist lange her! Und doch macht Paul Morgan noch Zukunftspläne, vertraut auf die Energie seiner tüchtigen Frau. Sie setzt alle Hebel in Bewegung, um ihren Mann freizubekommen. Nach vielen Bemühungen erhält sie eine Einreiseerlaubnis für Jugoslawien.

Paul Morgan geht derweil in Dachau mit Fritz Grünbaum und Hermann Leopoldi von Baracke zu Baracke und unterhält die Mitgefangenen mit Sketchen. Er hat noch einmal ein dankbares Publikum – ein letztes Mal!

28. 8. 38: Geliebte Josa, danke für Sendungen, ich bin gesund wohlauf, hoffentlich bist Du auch wieder wohlauf, mit Gottes Hilfe kommen wir beide über die lange Trennung hinweg. Ich verliere weder Glauben noch Hoffnung. Ich bewundere Deine Energie und Ausdauer, mit der Du alle Plagen und Wege auf dich nimmst [...] Jetzt im August hätte ich 30jähriges Jubiläum feiern können – seit Jarno.

Als Josa Morgan um diese Zeit ihren Paß zurückerhält, reist sie sofort nach Berlin, um ihrem Mann näher zu sein. Paul Morgan sitzt seit September im KZ Buchenwald bei Weimar, wo es noch wesentlich härter zugeht als in Dachau. Der holländische Konsul erteilt ihm eine Arbeits- und Aufenthaltsbewilligung für die Niederlande. Doch das nützt nichts, da alle Gesuche um Entlassung aus der KZ-Haft abgelehnt werden. Nicht einmal die Bemühungen der furchtlosen, stets hilfsbereiten Käthe Dorsch mit ihren besten Beziehungen können Paul Morgan zur Freiheit verhelfen.

Josa Morgan ist dem Verzweifeln nahe. Lizzi Waldmüller und Wilhelm Bendow sind jetzt in Berlin die einzigen Freunde, die sie noch kennen mögen, ihr mit ihrem Zuspruch zu helfen versuchen.

Paul Morgan hat seinen 52. Geburtstag am 1. Oktober im KZ Buchenwald »gefeiert«. Seinen letzten Geburtstag! Die Aufmerksamkeit der Lagerleitung zu diesem Anlaß sieht so aus: »Ich habe bis auf weiteres Postsperre darf daher weder Briefe, Karten und Pakete empfangen noch absenden. Anfragen an die Kommandantur des Lagers sind verboten und verlängern das Schreibverbot.« Diesen in schlechtem Deutsch verfaßten Vordruck muß Paul Morgan, Nr. 9477, unterschreiben und absenden. Eine Woche später darf er wieder schreiben:

6. 10. 38: Geliebte Josa! Wegen Umleitung hierher, jetzt erst Post. Bitte keinerlei Gesuche an Lagerleitung. Auf 3ter Seite Vollmacht, damit unsere

Auswanderung beschleunigt betrieben werden kann. Bin ganz gesund, grüße alle vielmals, hoffe auf recht baldiges Wiedersehen, allerinnigst Paul.

Telegrammstil, weil nur zwei Seiten zu schreiben erlaubt worden ist. Das alles eingerahmt von Anordnungen wie: »Unübersichtliche und schlecht lesbare Briefe können nicht zensiert werden und werden vernichtet«, oder »Nur die Zeilen beschreiben!« und »Sendung ohne No. und Block nicht zustellbar«.

In Wien arbeitet der Holländer Gildemeester an einer Auswanderungshilfsaktion für Juden. Er überreicht den zuständigen Stellen am 11. 10. 1938 eine »Liste der in Dachau befindlichen Juden, deren Ausreisepapiere völlig ordnungsgemäß fertig sind«. Auf dieser Liste erscheint auch »Morgan, Paul geboren 1. 10. 1886, Konztrlgr. Dachau 3 K Block 16, Stube 3, inhftrt. 22. 3. 1. J., Einreise nach Holland und Jugoslawien«.

Aber die Mühlen der Behörden arbeiten bei Freilassungen längst nicht so schnell wie bei Inhaftierungen. Paul Morgan ist ja schon lange nicht mehr in Dachau. Er schreibt am 16. 10. 1938 einen Brief:

Geliebte Josa, danke für überaus beruhigenden Brief, bin sehr froh, daß Du alle nötigen Schritte so ausgezeichnet unternimmst. – Wenn Christl in Wien ist, bitte laß Dir von ihr das Zagreber Lokal sagen, in dem sie gastierte, diese Verbindung könnte auf jeden Fall angeknüpft werden. – Wilheim wird ja auch weiter für mich tätig sein, hoffe ich. – Wenn Du früher reisen solltest, würde mich das für Dich sehr freuen, denn Du brauchst nach all dem Familien-Wirrwarr endlich ein wenig Ruhe. Wann fahren denn die Eltern? Hast Du Nachricht von Ernst? Einmal möchte ich noch ans Grab meiner Eltern und dann sofort die neue Stellung antreten. Lali soll – wenn Du nicht mehr in Wien bliebest – über Karls Mutter mit der Bärson in Verbindung bleiben, ebenso umgekehrt – ich weiß, daß die Mizzi Dressel Schwierigkeiten machen würde. – Maxens Versagen im Falle Schütz ist geradezu erschreckend. Wo wohnt übrigens mein Mitarbeiter? Ich brauche ihn zu gelegener Zeit natürlich gleich. – Wegen Geldsendungen bitte keine Sorgen! Einmal jeden Monat 30 Mark genügen vollkommen. Es ist nicht nötig jede Woche zu schicken, es ist einfacher und ich reiche damit ausgezeichnet! – Also: 30 auf einer Postanweisung. – Wie bist Du zur Tochter des Sportredakteurs gekommen? Auf Gildemeester vertraue ich fest. Wie geht es Erik? Ich verstehe, daß er nicht viel für uns tun konnte; ebenso wie Kathi. – ich bin ganz gesund, nicht einmal der übliche Herbstschnupfen hat sich bisher eingestellt. Hoffentlich gibt's ein baldiges Wiedersehen, der liebe Gott erhalte Dich Deinem Paul.

Zuversicht, Zukunftspläne, und doch wird es der letzte Brief bleiben...

Josa Morgan hat Berlin kurz nach den Progromen vom 9. November panikartig verlassen und ist unter Mühen zu Freunden nach London gelangt. Sie versucht von hier aus weiter, ihrem Mann zu helfen.

„Geldsendungen nur durch Postanweisung zulässig."

Konzentrationslager
Weimar-Buchenwald

Auszug aus der Lagerordnung:

Jeder Häftling darf im Monat 2 Briefe oder 2 Postkarten empfangen und auch absenden. Die Briefzeilen müssen übersichtlich und gut lesbar sein. Postsendungen, die diesen Anforderungen nicht entsprechen, werden nicht zugestellt bezw. befördert. Pakete jeglichen Inhalts dürfen nicht empfangen werden. Geldsendungen sind zulässig; es kann im Lager alles gekauft werden. Nationalsozialistische Zeitungen sind zugelassen, müssen aber von dem Häftling selbst über die Poststelle des Konzentrationslagers bestellt werden.

Der Lagerkommandant.

Unübersichtliche und schlecht lesbare Briefe können nicht zensiert werden und werden vernichtet.

Der Tag der Entlassung kann jetzt noch nicht angegeben werden. Besuche im Lager sind verboten. Anfragen sind zwecklos.

Sendung ohne No & Block nicht zustellbr

Meine genaue Anschrift:
Schutzhäftling
Paul Morgan
Nr. 9477
Block 16
Konzentrationslager
Weimar-Buchenwald

Nur die Zeilen beschreiben!

6. Oktober 1938

Geliebte Josa,

Wegen Umleitung hierher, jetzt erst Post.

Bitte Keinerlei Gesuche an Lagerleitung! Auf 3ter Seite Vollmacht, damit unsere Auswanderung beschleunigt betrieben werden Kann. Ich bin ganz gesund, grüße alle vielmals, hoffe auf recht baldiges Wiedersehen, allerinnigst Dein Paul

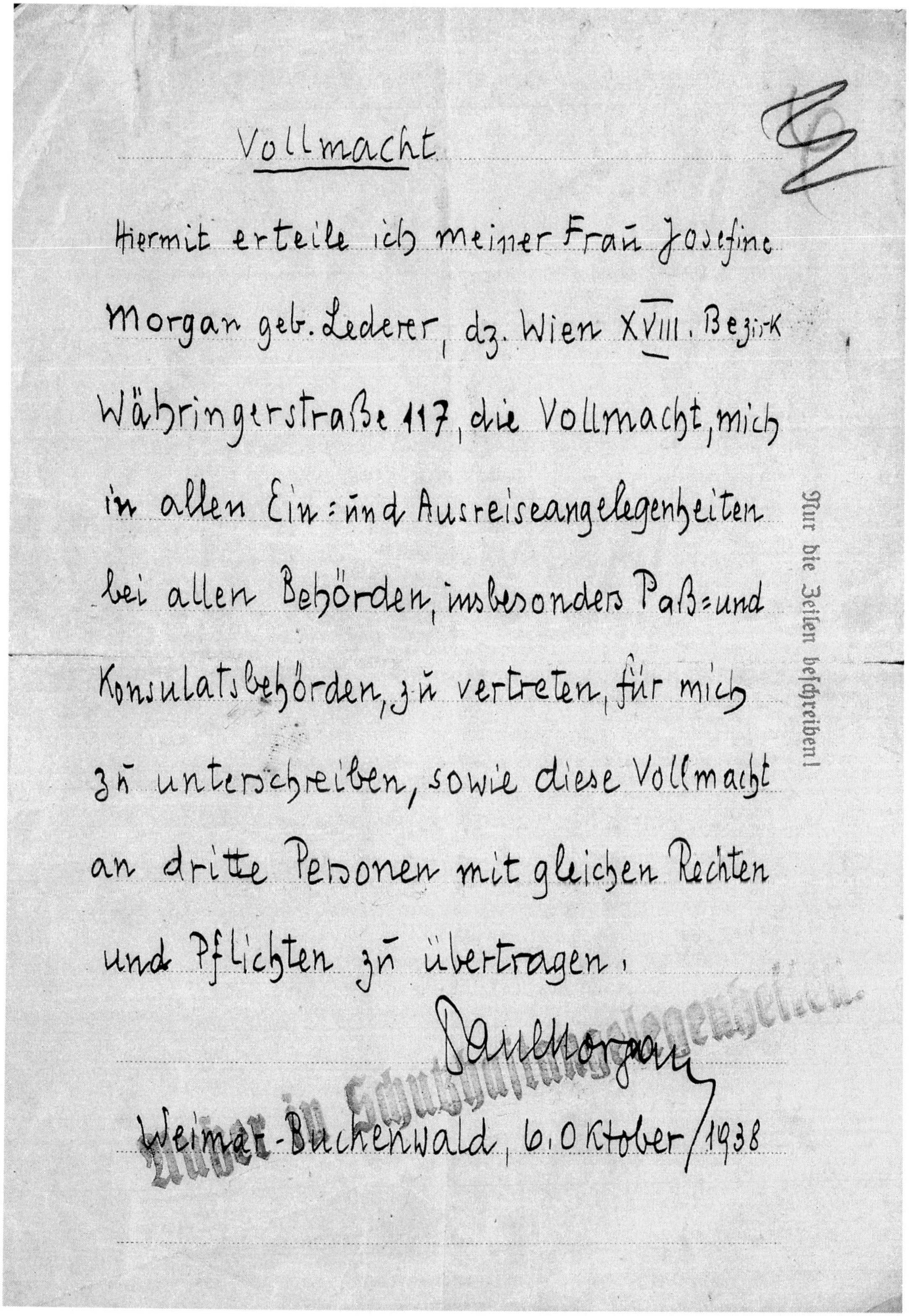

Vollmacht

Hiermit erteile ich meiner Frau Josefine Morgan geb. Lederer, dz. Wien XVIII. Bezirk Währingerstraße 117, die Vollmacht, mich in allen Ein- und Ausreiseangelegenheiten bei allen Behörden, insbesonders Paß- und Konsulatsbehörden, zu vertreten, für mich zu unterschreiben, sowie diese Vollmacht an dritte Personen mit gleichen Rechten und Pflichten zu übertragen.

Paul Morgan

Weimar-Buchenwald, 6. Oktober 1938

Am 30. 11. bekommt die Liste der Auswanderungshilfsaktion, in der Paul Morgan verzeichnet ist, einen neuen Vermerk: »Reg.rat. Grüber verständigt, daß, auf Befehl Gauleiter Bürckel die auf der Liste verzeichneten Juden auf 3–5 Tage zu entlassen sind, damit ihnen Möglichkeit zu Ausreise gegeben ist. Vollzugsmeldung angeordnet.«

Paul Morgan wird inzwischen vom KZ-Alltag aufgerieben: *»Oh, ich hasse dieses überorganisierte Preußentum, es ist mein Tod«*, sagt er einem Stubennachbarn beim Appell. Der Blutdruck macht ihm sehr zu schaffen, eine Grippe kommt noch hinzu – und das überorganisierte Preußentum. In dem Lager mit dem romantischen Namen »Buchenwald« am Ettersberg nördlich der Goethe-Stadt Weimar geschieht 14 Tage vor Weihnachten 1938 folgendes:

»Auf Block 16 hat ein Blockführer bei einer Kontrolle Lebensmittel in den Betten gefunden. Der Block muß strafexerzieren. Es regnet, scharfer Wind weht. Ein Mann tritt aus der Reihe, nimmt die Mütze ab, geht wankend auf den Blockführer zu, der das Strafexerzieren beaufsichtigt. *›Ich bin krank – ich habe Fieber...‹* Es ist der Schauspieler Paul Morgan. Der Blockführer jagt ihn zurück. Der Block exerziert bis zum Pfeifen. Paul Morgan wird auf einer Bahre zurückgebracht. Er kommt in Agonie aufs Revier. Die Kommandantur gestattet, daß seine Kollegen Leopoldi und Grünbaum den toten Morgan vom Revier zum Tor tragen. Der erste Schutzhaftgefangene, dem von Freunden das letzte Geleit gegeben werden darf.«

Auf dem Totenschein steht unter Todesursache »Einer Lungenentzündung erlegen«. Datum 10. 12. 1938, Uhrzeit 23 Uhr.

In den Zwanziger Jahren, seinen vollen und schönen Jahren schrieb der Spaßmacher Paul Morgan seinen eigenen Nachruf:

Nun wird Paul Morgans Körper bald zu Staub
Aus dem er einst zum Heil uns ward geboren
Die irdische Hülle schweigt – doch mit Verlaub –
Sein Quatsch liegt immer noch in unsern Ohren
Da liegst du nun und stehst nicht wieder auf
Was nutzt der Gläubiger bejammernswertes Klagen
Den Nekrolog für dich den heben wir uns auf
Bis wir dein Maulwerk extra noch erschlagen.

Damals, vor 10 Jahren in Berlin, da hatte das einmal komisch gewirkt...

Paul Morgan 1930

Hans Otto

Hans Otto

Berlin im Frühjahr 1931. In der Reichshauptstadt herrschen unruhige Zeiten, es gibt Zehntausende von Arbeitslosen, Hunger und Elend. Ständig toben Kämpfe zwischen Rechts und Links, Kämpfe, die gerade in den Arbeitervierteln oft bis aufs Messer ausgetragen werden. Und während diese Straßenkämpfe ihre Opfer fordern, schillert – oft nur einige Blocks entfernt – Glanz und Reichtum, kulturelle Vielfalt. Dutzende von Theatern spielen jeden Abend; Kabarett, Varieté und Revue bieten demjenigen angenehme Zerstreuung, der sich dies leisten kann.

Zu den allerersten Bühnen in der Metropole Berlin zählen – neben den Bühnen Max Reinhardts – die Preußischen Staatstheater. Zum Ensemble des Schauspielhauses gehören Paul Bildt, Albert Florath, Walter Franck, Heinrich George, Werner Krauß, Hans Leibelt, Bernhard Minetti – und ein Schauspieler namens Hans Otto, ein Heldendarsteller par excellence, ein junger Mann, groß und gutaussehend, gut gewachsen, strahlender Blick, geschmeidige Bewegungen, eine klare Aussprache, kurz, die Inkarnation des klassischen Helden. Hans Otto, aber der ist doch...?! Ja, ein erklärter Kommunist, Mitglied der KPD und nun seit Beginn der Spielzeit 1930/31 Mitglied der Preußischen Staatstheater. Am 17. 4. 1931 spielt er in Lessings »Emilia Galotti« die Rolle des Prinzen »lässig, elegant, aristokratisch und distanziert. Er spielt keinen Schurken, sondern den Repräsentanten einer politisch überholten Oberschicht, die sich dekadent und resigniert dem Genuß des Zynismus hingibt«, wie ein Kollege es beschreibt. Als außergewöhnlicher Schauspieler aufgefallen ist Hans Otto längst; mit diesem Engagement beginnt er nun, sich künstlerisch zu etablieren. Sich auch gesellschaftlich zu etablieren, daran ist er nicht interessiert. In dieser Hinsicht steht er ganz bewußt außen vor. Er mimt nicht den Salonbolschewisten, nur weil es in gewissen Kreisen schick ist, sich linksorientiert zu gebärden. Hans Otto gebärdet sich nicht; er hat die Lehren von Marx und Lenin gelesen und vertritt sie mit Überzeugung. Mehr noch, er versucht, diese Ideale weiterzuvermitteln, diese Ideen zu praktizieren. So ist er zum Beispiel in der Revolutionären Gewerkschafts-Opposition Sektion Bühne und Film aktiv. Ein überzeugter Kommunist unter etablierten Schauspielern ist eine Rarität. Das Naturell vieler Mimen, vorrangig mit sich selbst und der eigenen Wirkung beschäftigt zu sein, steht einem derartigen Engagement wohl entgegen. Aber Hans Otto ist trotz – oder auch gerade wegen – seines Engagements, seiner Uneigennützigkeit und Loyalität bei den meisten Kollegen sehr beliebt. Zweieinhalb Jahre später wird er diese Loyalität mit seinem Leben bezahlen. Nach dem 30. 1. 1933 ist es lebensgefährlich geworden, Kommunist zu sein und bleiben zu wollen. Und Hans Otto will auch dann noch mehr als das, er will sich selbst treu bleiben. Als man ihn festnimmt, einsperrt, unmenschlich foltert und quält, gibt er keinerlei Namen und Adressen von Gesinnungsgenossen preis. Und als man ihn aus Wut über diese Unbeugsamkeit schließlich aus einem Fenster im 3. Stock wirft, ist das Leben Hans Ottos, der von der kommunistischen Idee überzeugt war, von ein paar überzeugten Nazis ausgelöscht worden...

Die Gebrüder Otto, rechts Hans Otto, der Älteste

Dieses Leben beginnt am 10. 8. 1900 in Dresden, wo Hans Otto als Sohn des sächsischen Staatsbeamten H. A. Theodor Otto und seiner Frau Amalie Wilhelmine geboren wird. Er ist das zweite Kind, seine Schwester ist zwei Jahre älter; in den folgenden Jahren werden vier weitere Kinder geboren. 1912 stirbt die Mutter, und Theodor Otto heiratet bald darauf wieder. Mit unnachgiebiger Härte hält der frömmelnde Vater seinen ältesten Sohn zum Beten an, um ihn zu einem guten Christen zu erziehen. Der Junge erkennt und durchschaut bald die im Elternhaus herrschende doppelte Moral: Der Kuchen wird spätabends gebacken und dann von den Eltern verzehrt, wenn die Kinder längst im Bett sind.

Hans Otto besucht ab 1914 die höhere Schule, zuerst ein Realgymnasium. 1917 wechselt er dann zum König-Georg-Gymnasium, wo Erich Kästner einer seiner Klassenkameraden ist. Schon während dieser Schulzeit verschlingt er die wenigen Klassikerbände des Vaters. Ein neues Reclam-Heftchen ist für das literaturbegeisterte Kind das schönste Geschenk. Theaterbesuche mit der

Schulklasse lassen in ihm den Entschluß reifen, Schauspieler zu werden. Er sucht den Kontakt zu Eduard Plate, der in Dresden Schauspielunterricht gibt. Um diese Ausbildung finanzieren zu können, gibt der Gymnasiast anderen Schülern Nachhilfestunden. Doch auch an künftigen Künstlern geht der seit fast vier Jahren tobende Weltkrieg nicht spurlos vorüber. Am 1. 6. 1918 wird der knapp Achtzehnjährige zum Militärdienst eingezogen. Doch er hat Glück und muß nicht mehr an die Front: Als die Rekrutenausbildung zu Ende geht, ist auch der Krieg vorbei.

Eine Auseinandersetzung mit dem Vater, der mit dem Berufswunsch seines ältesten Sohnes überhaupt nicht einverstanden ist, führt zum Bruch mit dem Elternhaus. Hans Otto zieht zu Hause aus und lebt nun alleine in einfachsten Verhältnissen. Er treibt seine Schauspielausbildung mit Elan voran. Bei seiner älteren Schwester findet er Verständnis und die Gelegenheit, sich öfter einmal richtig satt zu essen. Er scheint auf dem richtigen Weg zu sein; sein zweiter Schauspiellehrer Robert George sagt über ihn: »Ich habe jetzt einen geradezu unwahrscheinlich begabten Schüler; einen jungen Mann, der alle Voraussetzungen mitbringt, einmal ein großer Schauspieler zu werden. Nicht nur im Äußeren besitzt er alle Vorzüge, auch sein Einfühlungsvermögen und die emotionale Kraft sind ungewöhnlich.« Dieses Einfühlungsvermögen und die emotionale Kraft werden einmal zu Hans Ottos gewaltsamem Ende beitragen...

Robert George geht Ende 1920 nach Frankfurt am Main und eröffnet dort gemeinsam mit Adam Kuckhoff das Frankfurter Künstlertheater. Der von George so geschätzte junge Schauspieler Hans Otto erhält hier zur Spielzeit 1920/21 sein erstes Engagement als jugendlicher Held und Liebhaber. Sein Debüt hat er am 15. 10. 1920 als Ferdinand in Schillers »Kabale und Liebe«. In einer Kritik heißt es: »Als Ferdinand fiel Hans Otto auf. Er hat den Schrei, die Leidenschaft und solche Jugend, daß er wie eine Verkörperung des jungen siegesfrohen Unternehmens wirkt.«

Das Schiller-Drama ist die Eröffnungsveranstaltung des neuen Theaters, das zehn Tage des Monats in Frankfurt spielt und während der restlichen zwanzig Tage Gastvorstellungen im gesamten Rhein-Main-Gebiet gibt. Durch dieses für die Schauspieler anstrengende Wanderleben wird die Provinz mit einer Kultur versorgt, die bisher den Metropolen und größeren Städten vorbehalten war. Das Frankfurter Künstlertheater setzt Klassiker und moderne Autoren gegen die üblichen Rührstücke und Schwänke der Wanderbühnen. Die Zuschauer müssen für dieses anspruchsvolle Repertoire oft erst interessiert werden, es ist kein leichtes Brot für die ambitionierten Schauspieler. Aber Adam Kuckhoff versteht es, seine durchweg jungen Kräfte für diese Idee zu begeistern.

Das Ensemble reist nach Bad Kreuznach, über Trier bis nach Luxemburg, nach Wetzlar und Fulda; während einer Tour werden oft mehr als zwölfhundert Kilometer zurückgelegt. Es sind Lehr- und Wanderjahre für den Anfänger Hans Otto, der sich hier versuchen kann und gefördert wird. Er spielt den Karl in Hebbels »Maria Magdalena«, den Ruprecht in Kleists »Der zerbrochene Krug«, den Leon in Grillparzers »Weh dem der lügt«, den Andres in Büchners »Woyzeck«, den Orsino in Shakespeares »Was ihr wollt«. Hier schwärmt die

Kritik von »einer scharf umrissenen künstlerischen Persönlichkeit [...] vom vollendeten Typ einer ganz modernen Künstlerart«. Es scheint ihm also zu gelingen, seinen ausgeprägten Idealismus in seine Rollen einfließen zu lassen, seine künstlerische Form zu finden.

Am 16. 10. 1922 heiratet Hans Otto die Schauspielerin Mie Paulun. Sie ist zehn Jahre älter als er und war in erster Ehe mit Adam Kuckhoff verheiratet. Die gutaussehende, gebildete und intelligente Frau erweist sich als die richtige Partnerin für den etwas eigenbrötlerischen jungen Schauspieler. Diese Frau wird seine gesamte Arbeit, die künstlerische wie die politische, mittragen, bis zum bitteren Ende...

Für die Spielzeit 1923/24 hat Hans Otto ein Engagement an den Hamburger Kammerspielen, die von Erich Ziegel geleitet werden. Bei seinem Abschied aus Frankfurt bedankt er sich in einem Brief bei Robert George:

> *...ich möchte Ihnen zum Abschied nach einer dreijährigen Arbeit eine Reihe Bilder geben. Zur Erinnerung an manches während dieser ziemlich reichen Zeit. Aber auch als Zeichen meiner Dankbarkeit, wenn es auch nur klein ist – für das, was Sie mir gewesen sind. Ich habe viel gelernt und bin anders geworden bei unserer Arbeit, als ich es war, damals, als ich in Dresden zu Ihnen kam und als Sie dann meine erste Rolle mit mir arbeiteten in Frankfurt. Ich werde immer gern und dankbar an Sie denken.*

Erich Ziegel betreibt in Hamburg engagiertes Theater, in dessen Spielplan auch Raum für Stücke junger, progressiver Autoren ist: Bert Brecht, Arnolt Bronnen, Hans Henny Jahnn. Das vorwiegend intellektuelle Publikum wird darüber hinaus mit teilweise avantgardistischen Inszenierungen konfrontiert. Hans Otto hat an diesem gut geführten Theater – zum ersten Mal nach den Jahren an der Frankfurter Idealistenbühne – ein ausreichendes Einkommen. Er bezieht mit seiner Frau Mie ein Zimmer in der Moltkestraße in Altona, nicht weit von der Elbe entfernt. Der junge Schauspieler ist fasziniert von der Atmosphäre der Großstadt Hamburg, vom schillernden Hafenmilieu mit seinen Docks, den Werftarbeitern und Schauerleuten. Die spürbare Nähe zu diesen Arbeitern und ihrer Welt, die so ganz anders aussieht als die Welt der Bühne, nimmt Hans Otto für diese Menschen ein. Gerade die extremen sozialen Gegensätze sind es ja, die in der Hafenstadt für politischen Zündstoff sorgen. 1923 erreicht die Inflation ihren Höhepunkt. In Hamburg ist die KPD mit Ernst Thälmann an der Spitze eine bedeutende politische Kraft, die es versteht, die notleidenden Arbeiter zu organisieren. Im Oktober kommt es zum Hamburger Aufstand, den Hans Otto miterlebt, ohne allerdings direkt beteiligt zu sein. Aber er zeigt Courage: Einem vor der Polizei flüchtenden Arbeiter öffnet er die Tür zum Theater, um ihn durch die Hintertür entkommen zu lassen.

Hans Otto ist beeindruckt von der kommunistischen Idee. Ein Kollege von den Kammerspielen, der Schauspieler und Inspizient Heinrich Liebers, versorgt den nach Orientierung Suchenden mit der Parteipresse. Deren Thesen treffen den Nerv des jungen Schauspielers, artikulieren seine Unzufriedenheit mit den herrschenden Verhältnissen. Er erkennt endlich eine Möglichkeit, seine idealistischen Wertvorstellungen in die Tat umzusetzen, aktiv zu werden. Hans Otto möchte Mitglied der KPD werden. Der Freund Heinrich Liebers bürgt für ihn, und obwohl eigentlich zwei Bürgen erforderlich sind, wird Hans Otto in die KPD aufgenommen. Mit seltener Konsequenz wird der Schauspieler der Arbeiterpartei, seiner Partei, bis in den Tod die Treue halten...

Das Engagement an den Kammerspielen bringt Hans Otto einige sehr schöne Rollen. Noch 1923 spielt er den Hermann May in »Die Schwester« von Hans Kaltenecker und die beiden Antipholus in Shakespeares »Komödie der Irrungen«, 1924 dann den Carolus in Paul Kornfelds »Der ewige Traum«, in Klingers »Die Zwillinge« den Ferdinando, den Eugenio in Goldonis »Das Kaffeehaus«.

Die Spielzeit geht zu Ende; Hans Otto hat für 1924/25 ein Engagement am Reußischen Hoftheater in Gera. Dieses Haus gehört dem Fürsten Reuß, der es hoch subventioniert. Zur gleichen Zeit wird auch ein junger Regisseur namens Walter Bruno Iltz als neuer Leiter des Hoftheaters verpflichtet. Er gilt als moderner Regisseur, doch geraten seine Inszenierungen oft etwas oberflächlich. Der zweite Regisseur des Theaters, Karl Hans Böhm, ist eher in der Lage, Hans Otto weiterzubringen, zu fördern und zu formen. Unter Böhms Regie spielt er am 11. 9. 1924 in Shakespeares »Komödie der Irrungen«, und die Kritik rühmt seine »natürliche Munterkeit und Pracht der Sprache. [...] Ein ebenso vortrefflicher Sprecher wie Darsteller, brachte er das Kunststück fertig, die beiden Antipholus deutlich in einen mehr schwärmerisch-weichen und einen draufgängerischen zu differenzieren«. Am 18. 11. 1924 folgt die Premiere des »Clavigo« mit Hans Otto in der Titelrolle; die Kritik bemerkt die »kraftvoll beschwingte Sprache, der alle Gefühlsskalen zur Verfügung stehen«. Am 18. 2. 1925 »Prinz von Homburg«. Die Kritik urteilt über Hans Otto: »Mit feiner Kunst traf er die starken Gefühlsseiten ergreifend wahr, war echt als träumerischer und schwärmerischer Jüngling, von bedauerlicher Ungereiftheit als General und erschütternd in seinem Zusammenbruch, wo er in der Todesfurcht ›ein unerfreulich jammernswürdiger Anblick‹ war. Glaubhaft auch sein Erstarken im edlen Kern seines Wesens, das zum Heldentum wuchs.«

Trotz seiner schönen Erfolge leidet Hans Otto unter der Engstirnigkeit der Provinz. Das Leben in Gera steht in krassem Gegensatz zu seinen Idealen. Das Theater ist ein von fürstlichen Gnaden abhängiger Kulturbetrieb, die Kollegen eine in kleinbürgerlicher Genießermentalität verharrende Clique, dazu ein Publikum, das Theatervorstellungen hauptsächlich als angenehme Zerstreuung ansieht. Mittendrin der Kommunist Hans Otto, ein Außenseiter, der in dieser Situation am Sinn seiner Kunst zu zweifeln beginnt. Er spürt den Gegensatz zwischen der satten Zufriedenheit in der Residenzstadt Gera und dem Leben, wie er es in Hamburg kennengelernt hat. Durch diesen Widerspruch empfindet er, wie seine Frau es ausdrückt, »eine Fremdheit zwischen der Kunst und dem Leben«. Er denkt zeitweise sogar daran, seinen Beruf aufzugeben und Bauer zu werden. Doch ein solcher Schritt wäre eine Flucht vor den zu bewältigenden Schwierigkeiten; die Umsetzung dieser Idee unterbleibt.

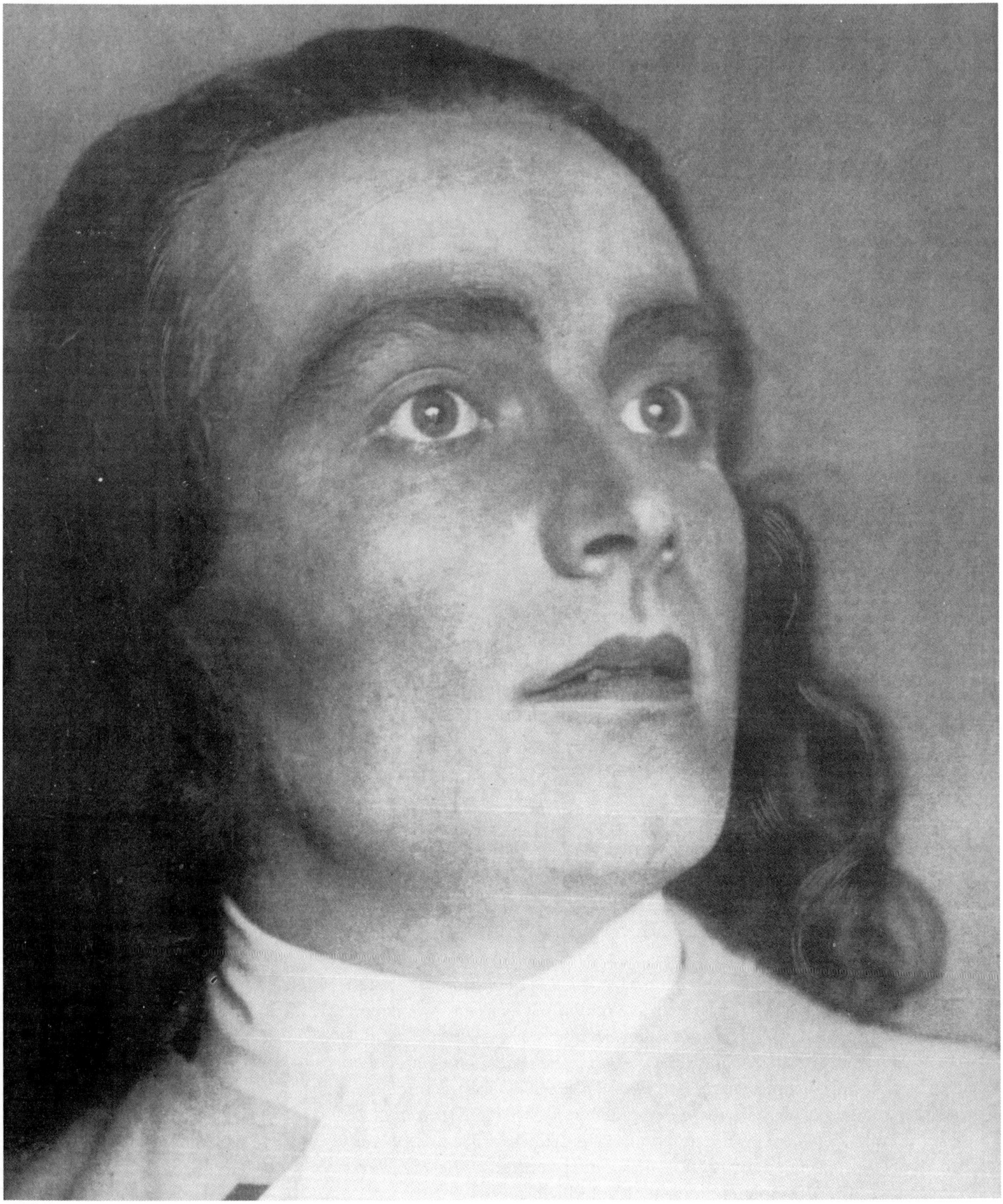

Im Mai 1925 spielt Hans Otto seine einzige komische Rolle in der Posse mit Gesang »Robert und Bertram« von Gustav Raeder. Auch diese Seite seiner Schauspielerpersönlichkeit wird von der Kritik sehr positiv aufgenommen:

»Die Posse steht und fällt mit der rechten Besetzung der beiden Hauptrollen: Robert und Bertram. Sie sind die beiden Pole, um die sich alles Übrige gruppiert. Hans Otto (Robert) und Paul Felix (Bertram) sorgten in bester Übereinstimmung und prächtigem Zusammenspiel dafür, daß allezeit Leben in die Bude kam. Imponierte Hans Otto durch seine überlegene Frechdachsigkeit, so ergänzte Paul Felix dieses Galgenvögel-Gespann durch seine biedermännische Wurschtigkeit... Sie trieben die Tollheit bis zur Spitze, ohne in abstoßende Übertreibung zu verfallen. Sie werden in ihren Rollen zu reinen Verwandlungskünstlern. Immer brachten diese Galgenstricke die Lacher auf ihre Seite.«

Ende 1926 geht Hans Otto wieder nach Hamburg, diesmal an das Deutsche Schauspielhaus, dessen Leitung gerade Erich Ziegel übernommen hat. Damit ist, wie Herbert Ihering schreibt, ein »anderer Ton in das behäbige Theater« gekommen. Ziegel bringt auch Stücke ausgesprochen linksorientierter Dramatiker, am 29. 11. 1926 Bert Brechts »Leben Eduards des Zweiten von England«. Die Titelrolle spielt Hans Otto, der einem Freund in einem Brief mitteilt:

Ich bin vom Edi etwas irr. Nach der Vorstellung muß ich mir immer Mühe geben, zu verstehen was die Menschen sagen, und oft muß man mirs zweimal sagen, dann kapier ichs immer noch nicht. O Irrsinn, neige dich.

Er hat sich während der Probenarbeit mit Erich Ziegel erschöpft, ist von ihm förmlich geschunden worden, doch es hat sich wohl gelohnt. »Hans Otto, der bisher eigentlich nur durch seine natürliche Jugend auffiel, erweist sich in der Titelrolle als ein gestaltender Künstler. Es handelt sich um eine Riesenaufgabe, gleich groß durch die starken Willensanspannungen des Herrschers wie durch die Kraft des Leidens in dem gedemütigten Gefangenen. Vielleicht fehlen dem Künstler hier und dort noch die Untertöne, um das Seelische etwas voller, sonorer klingen zu lassen. Als Ganzes aber ist die Leistung aller Ehren wert«, schreibt ein Kritiker.

Ende April 1927 wird im Deutschen Schauspielhaus »Kolonne Hund« von Friedrich Wolf uraufgeführt. Dieses Stück mit seiner eindeutig kommunistischen Aussage führt ein ungewohntes Publikum in das bürgerliche Theater in der Kirchenallee; spontan reagierende Arbeiter sitzen nun auf den Rängen. Gustav von Wangenheim spielt den Kolonnenführer, Hans Otto den Unterleutnant Flint. Der Kolonnenführer erhält vom proletarischen Publikum großen Beifall, während der Unterleutnant Unmutsäußerungen erntet. Durch die Reaktion des Publikums erlebt Hans Otto zum ersten Mal, daß er mit seiner Darstellung etwas bewirken kann. Das sind die Menschen, die er mit seiner Kunst erreichen möchte. Vorbildhaft wirkt hier sein Partner Gustav von Wangenheim, der Funktionär des Arbeiter-Theaterbundes ist und eine Agitpropgruppe leitet. Als Heinrich Liebers den Kontakt mit dem Genossen Otto wieder aufnimmt, ist dies für den Schauspieler der letzte Anstoß, mit der politischen Arbeit zu beginnen. Er bildet sich in der Theorie des Marxismus weiter und arbeitet an der Proletarischen Bühne Hamburg mit.

Hans Otto als Prinz Friedrich von Homburg, Reußisches Theater zu Gera, 1925

Seine Aufgabe am Schauspielhaus vernachlässigt er darüber nicht; als er im Oktober 1927 den Gyges in »Gyges und sein Ring« spielt, bemerkt ein Kritiker: »... Otto steht in bester Zucht und hat in diesen vier Jahren viel dazugelernt ...«

Hans Otto spielt in Stücken von Franz Werfel, Hugo von Hofmannsthal und Hans Henny Jahnn. Erich Ziegel legt Wert darauf, jungen Literaten zu Aufführungen und damit zu mehr Bedeutung zu verhelfen. Aber dieser ehrgeizige Spielplan verschreckt das bürgerliche Publikum des Hauses. Die Abonnenten- und Besucherzahlen gehen zurück, die Aktionäre des Theaters meutern. Die berechnenden Geschäftsleute sorgen dafür, daß dem Theater ein Überbrückungskredit vorzeitig gekündigt wird, und führen damit Erich Ziegels Sturz herbei. Sie lancieren eine Fusion des Deutschen Schauspielhauses mit dem Thalia-Theater, dessen Direktor Röbbeling nun Generaldirektor beider Theater wird. Der neue Chef trifft sofort Entscheidungen, um das Haus zu sanieren; unter anderem will er die Rechte und Einkünfte der fest engagierten Schauspieler beschneiden. Hans Otto stellt sich an die Spitze des Widerstandes gegen diese unsozialen Maßnahmen.

Um wieder für volle Kassen zu sorgen, greift Röbbeling zu einem probaten Mittel, er verpflichtet Stars aus Berlin an seiner Bühne. So steht Hans Otto im August 1928 mit Agnes Straub in »Was ihr wollt« und Hamsuns »Spiel des Lebens« auf der Bühne. Im September gastiert Elisabeth Bergner in »Wie es euch gefällt« und schwärmt, Hans Otto spiele den besten Orlando – ein Kompliment aus berufenem Munde. Die launische, unberechenbare Bergner und Hans Otto freunden sich an.

Im November hat Otto die Titelrolle in »Tobaggan« von Gerhard Menzel; die Kritik findet: »Hans Otto gibt ihn mit außerordentlicher dramatischer Intensität, [...]. Mit Recht wurde er für seine darstellerisch fesselnde und interessante Leistung der eigentliche Erfolgsträger des Abends.« Kurz darauf spielt Hans Otto in Bruckners »Verbrecher« den homosexuellen Mörder Anton Seiler. Während der Vorstellung kommt es zu Tumulten, die ihn veranlassen, an die Rampe zu treten und ins Publikum zu rufen: »Beruhigen Sie sich, ich bin ja gar nicht so!« Einen seiner letzten Auftritte in Hamburg hat er als König Haakon in Henrik Ibsens »Die Kronprätendenten«. Die Kritik in den Hamburger Nachrichten am 13. 2. 1929 liest sich fast wie ein Psychogramm der Persönlichkeit Hans Ottos:

> »Am glücklichsten ist am Deutschen Schauspielhause die Verkörperung des Königs Haakon durch Hans Otto. Es ist erstaunlich, wie der Künstler in der letzten Zeit mit seinen Rollen gewachsen ist. Noch ist seine Jugend auch sein kostbarstes Gut. Aber gab er früher eine kranke Jugend, das heißt: das bloße Jungsein, gespalten durch die schmerzlichen Erfahrungen einer müden oder überreifen Seele, so ist es jetzt die erwachende Männlichkeit, die das bloße Jungsein mit reicheren Werten erfüllt. Manche seiner Bewegungen ist zwar noch reichlich abrupt, als käme sie nur aus der Impulsivität seiner Jahre, nicht aus dem Bewußtsein seiner Mission. Aber trotzdem gelingt es ihm, uns von seiner Selbstsicherheit zu überzeugen, so daß auch wir an seinen Stern zu glauben anfangen, und damit hat er auch uns besiegt.«

Aus Berlin kommt Anfang 1929 eine telegrafische Anfrage von Viktor Barnowsky, der Hans Otto auf Empfehlung der Bergner engagieren will. »Langes

Telegramm«, sagt Hans Otto – scheinbar beeindruckt – zu seiner Frau und nimmt das Angebot an. Im Juni 1930 steht er mit Elisabeth Bergner als Orlando auf der Bühne, und Kurt Pinthus jubelt:

»... da ist der jugendliche Liebhaber, wie er jahrelang auf Berlins Bühnen fehlte: weder in der schlanken, elastischen Art der Deutsch und Müthel, noch in der nervös-weiblichen der Jüngeren – sondern das ist ein saftiger, blitzender, strammer Bursche, der, wie er ist, aus sich herausgeht und uns eingeht. Noch ein bißchen ungehobelt, aber ein bis zwei Jahre in Berlin, durch Berlin geschliffen, wird er der Liebhaber Berlins sein. Worauf ich Gift nehme – oder lieber nicht, damit ich es noch erlebe.«

Hans Otto mit Elisabeth Bergner in »Amphitryon 38«, Barnowsky-Bühnen, Berlin 1931

Filmwelt

DAS FILM-MAGAZIN

Berlin, 16. November 1930 * Nummer 46

PREIS: 30 PF.

Hans Otto mit dem „gestohlenen Gesicht" in dem gleichnamigen Ufaton-Film

Dieses hoffnungsvolle Talent will sich auch der Tonfilm nicht entgehen lassen. Hans Otto erhält ein Angebot der großmächtigen Ufa. Mitte September 1930 beginnen die Dreharbeiten zu dem Film »Das gestohlene Gesicht« in den Ufa-Ateliers Neubabelsberg. Hans Otto spielt in dieser Kriminalkomödie einen jungen Mann namens Bill Breithen, der gerne Verwandlungskünstler werden möchte. Da er im Verlauf der Handlung in einen falschen Verdacht gerät und daraufhin haarsträubende Situationen zu bewältigen hat, kann er mit falschem Bart und Brille sein Talent beweisen. Am 10. 11. 1930 ist die festliche Uraufführung des Filmes im Berliner Ufa-Theater am Kurfürstendamm. Die Kritikerin der Filmwoche, Edith Hamann, findet Hans Otto sehr gut und resümiert: »Ein netter, junger, erfreulicher und spannender Film.« Die Gage des Hauptdarstellers fließt in die Agitpropkasse.

Hans Otto wechselt sehr bald darauf an die Preußischen Staatstheater zum Schauspielhaus am Gendarmenmarkt. Am 30. 10. 1930 sieht man ihn dort in der Titelrolle von Kleists »Prinz von Homburg«, vier Wochen später als Beaumarchais in Goethes »Clavigo«. Gleich mit diesen ersten Rollen begeistert er das Publikum. Währenddessen bedenkt die preußische Polizei den Kommunisten Hans Otto mit Haussuchungen in seiner Wohnung am Hansaufer 6. Als Funktionär des Arbeiter-Theater-Bundes Deutschlands und Mitglied der KPD ist er suspekt, als Schauspieler wird er gefeiert: ob als Lionel in Schillers »Jungfrau von Orleans« im Dezember 1930, Philokrates in Lessings »Matrone von Ephesus« im Februar 1931 und Prinz von Guastalla in »Emilia Galotti« im April 1931 oder als Hauptmann Don Alvaro in Calderons »Der Richter von Zalamea«.

Aber auch seine Aktivitäten auf der politischen Bühne können sich sehenlassen. Durch eine Rede auf der Versammlung der Revolutionären Gewerkschafts-Opposition am 1. 7. 1931 kann er die Anwesenden dazu veranlassen, eine von ihm verfaßte Resolution zu verabschieden, die sich gegen die selbstherrlichen Machenschaften der Funktionäre der Genossenschaft Deutscher Bühnenangehöriger richtet.

Seinen Urlaub verbringt Hans Otto mit seiner Frau Mie auf der Insel Sylt – in einfachsten Verhältnissen, ganz wie es ihm entspricht. Sie wohnen im Alkoven des Leuchtturmwärters von List, genießen die Stille und Abgeschiedenheit der Natur.

Zu Beginn der neuen Spielzeit im Oktober 1931 wird Ottos politische Arbeit von einem schönen Erfolg gekrönt, er wird zum Obmann des Lokalverbandes der Staatstheater gewählt; Stellvertreter wird sein Genosse Wolfgang Heinz. Am 19. 1. 1932 ist die Premiere von Shakespeares »Othello« unter der Regie von Leopold Jeßner. Paul Wiegler schreibt: »Der Cassio von Otto, geschmeidig und angenehm.« Selbst der gestrenge Alfred Kerr findet ihn »bejahenswert«. Es dauert nur noch ein Jahr, bis man Alfred Kerr verjagen und Hans Otto jagen wird...

Noch ist Hans Otto der wichtigste Mann der Opposition in der GDBA. Herbert Ihering findet: »Die Opposition arbeitet mit Argumenten, nicht mit Krach, mit Grundsätzen, nicht mit persönlichem Material. Man hat auf einer Genossenschaftsversammlung selten so sachliche oppositionelle Darlegungen

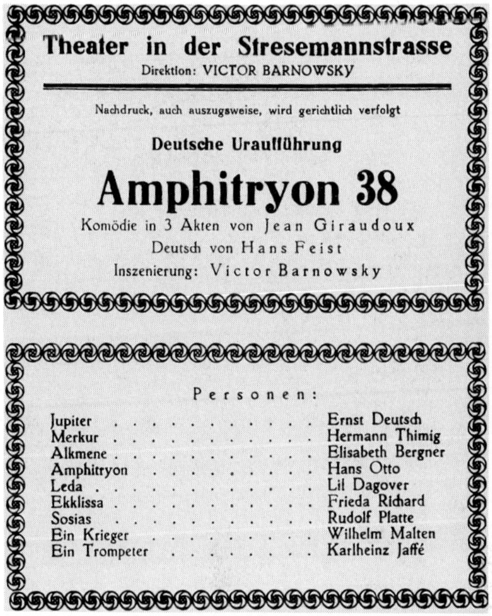
Theater in der Stresemannstrasse
Direktion: VICTOR BARNOWSKY
Nachdruck, auch auszugsweise, wird gerichtlich verfolgt
Deutsche Uraufführung
Amphitryon 38
Komödie in 3 Akten von Jean Giraudoux
Deutsch von Hans Feist
Inszenierung: Victor Barnowsky

Personen:

Jupiter	Ernst Deutsch
Merkur	Hermann Thimig
Alkmene	Elisabeth Bergner
Amphitryon	Hans Otto
Leda	Lil Dagover
Ekklissa	Frieda Richard
Sosias	Rudolf Platte
Ein Krieger	Wilhelm Malten
Ein Trompeter	Karlheinz Jaffé

Personenzettel zu »Amphitryon 38«, 1931

gehört wie diesmal.« Trotzdem wird der kämpferische Hans Otto nach Kräften behindert. Er ist noch immer nicht vom Präsidium der Genossenschaft als Obmann bestätigt, obwohl seine Wahl schon ein halbes Jahr zurückliegt. Gegen diese Unterlassung liegt ein Protestbrief vor, in dem sich die Kollegen Maria Koppenhöfer, Elsa Wagner, Paul Bildt, Jürgen Fehling, Walter Franck, Alexander Granach, Bernhard Minetti und Aribert Wäscher für Hans Otto einsetzen. Der betreibt seine politische Arbeit mit großer Ausdauer und viel Elan, er schreibt Artikel, verfaßt Aufrufe und Flugblätter. Bis spät in die Nacht brennt oft das Licht in der kleinen Wohnung am Hansaufer, wo Hans Otto dann Genossen um sich schart, die sich an ihm orientieren und neue Kraft schöpfen. Selbstlos und unermüdlich hilft er den Arbeitertheatergruppen, geht zu allen möglichen Versammlungen der KPD, redet vor vielen oder mit einzelnen, leistet wertvolle Überzeugungsarbeit. Mitunter begleitet ihn die Kollegin Elisabeth Bergner zu derartigen Versammlungen; sie scheint aber eher für Hans Otto selbst als für sozialistische Ideale empfänglich zu sein. Ihr imponiert der Mensch, der selbst in seiner kleinen Wohnung noch einem mittellosen Kollegen Unterkunft gewährt. Hans Otto ist tatsächlich der altruistische Genosse schlechthin, der seine Gage teilt; er ist einer, der kommunistische Wertvorstellungen praktiziert.

Im Sommer 1932 übernimmt er die Rolle des Egmont von Rudolf Forster und spielt sie bis zum 21. 11. 1932. Er stellt den Egmont vor der Hinrichtung als einen Kämpfer dar, der nicht gekämpft hat. Ein Jahr später wird der Kämpfer Hans Otto tot sein…

Am 21. 1. 1933 ist im Schauspielhaus am Gendarmenmarkt die Premiere des Faust II mit Werner Krauß als Faust, Gustaf Gründgens als Mephisto und Hans Otto als Kaiser. Am 30. 1. 1933 gibt es in Deutschland eine neue Regierung, der Nationalsozialist Adolf Hitler wird Reichskanzler. Der Kommunist Hans Otto wird vier Wochen später von den Preußischen Staatstheatern entlassen. Im Kündigungsschreiben vom 27. 2. 1933 führt der neue kommissarische Leiter, Dr. Franz Ulbrich, als Begründung an: »Ich bedauere aufrichtig, Ihnen mitteilen zu müssen, daß die gesamte künstlerische Konstellation unseres Theaters mir leider nicht ermöglicht, Ihren Vertrag nach Ablauf zu verlängern.« Hans Otto entgegnet in seiner Antwort vom 15. 3. 1933: »Ich hoffe bald Gelegenheit zu haben – entsprechend Ihrer Zusage an den Ortsverbands-Ausschuß –, Ihnen auch in mündlicher Unterredung die Unhaltbarkeit der künstlerischen Gründe nachzuweisen, die Sie zu meiner ›Kündigung‹ veranlaßt haben, wenngleich ich davon überzeugt bin, daß der b e s s e r e Nachweis durch entsprechende Rollendarstellung als durch Unterredungen zwischen Leitung und Schauspieler geführt werden würde.«

Er besteht auf einem Gespräch mit der neuen Leitung des Theaters. Ende April haben die Herrn Ulbrich und Johst endlich Zeit für ihn. Man verlangt, er solle dem Kommunismus abschwören und als demonstrativen Beweis dafür die Rolle des »Schlageter« übernehmen. Doch der Schauspieler Hans Otto ist weder bereit, seine Ideale zu verraten, noch will er in einem nationalsozialistischen Stück spielen. Geradeheraus erklärt er, daß er dann lieber arbeitslos sei.

Der scheinheilige Johst heuchelt, das sei ja furchtbar, das müsse anders werden, schon im Herbst werde alles besser sein. Hans Otto erwidert: »Herr Johst, Sie wissen selbst nicht, was Sie wollen.«

Im April spielt Hans Otto noch zweimal, im Mai dreimal den Kaiser im Faust II, zuletzt am 23. Mai. Es ist seine allerletzte Vorstellung. Der Wortlaut des Kündigungsschreibens war schon sehr treffend, in »die gesamte künstlerische Konstellation« paßt Hans Otto nun wirklich nicht mehr hinein.

Er bekommt Angebote aus dem Ausland, von Max Reinhardt in Wien, vom Deutschen Theater in Prag und aus Zürich. Sein Freund Paul Bildt beschwört ihn, das Land zu verlassen. Hans Otto: »Gefährdet sind wir alle. Gerade jetzt ist jeder einzelne wichtig, unersetzlich.« Die Wohnung am Hansaufer wird aufgegeben, die Ottos beziehen eine kleine Wohnung in einem Hinterhaus in der Landhausstraße. Hans Otto stürzt sich in die Parteiarbeit, die nun illegal ist. Nicht einmal seiner Frau erzählt er näheres darüber, um sie nicht zu gefährden. Wenn er nach Hause kommt, sagt er nicht mehr wie früher »Guten Tag«, sondern »Hänschen ist wieder da«.

Am 13. 11. 1933 kommt Hans Otto nicht mehr nach Hause. Er ist in einem kleinen Café am Viktoria-Luise-Platz festgenommen worden, von der SA, nicht von der Polizei. Die Sturmabteilung maßt sich jetzt polizeiliche Befugnisse an. Ein Begriff wie Menschenwürde hat im jungen »Dritten Reich« keine Bedeutung mehr. Vom ersten Tage an wird der Häftling Hans Otto geschlagen, mit Stiefeln getreten, bis zur Bewußtlosigkeit gequält. »Wir hatten da einen Schauspieler, das Schwein wollte nicht aussagen«, wird sich später einer der Täter brüsten.

Hans Otto sagt nichts, kein Name eines Genossen kommt über seine Lippen, nichts über die Partei, der er angehört und die nun verboten ist. Die Standhaftigkeit dieses Mannes treibt seine Peiniger zur Weißglut – und zu höchster Form. Sie foltern Hans Otto, bis sie ermüden. Die Helden des Theaters sterben auf der Bühne und sprechen dabei Dichterworte. Der Schauspieler Hans Otto stirbt elf Tage lang und sagt nichts. Als er sich nicht mehr rührt, wird sein Körper aus dem dritten Stock der Voßkaserne auf die Straße geworfen, um einen Selbstmord vorzutäuschen. Der Geschundene wird noch ins Krankenhaus gebracht, wo er am 24. 11. 1933 stirbt.

Der Propagandaminister Goebbels streut das Selbstmordgerücht aus und verbietet allen »Kulturschaffenden« die Teilnahme an der Bestattung. Aber an den Theatern spricht sich der wahre Sachverhalt in Windeseile herum, Trauer und Empörung werden geäußert – hinter vorgehaltener Hand. Gustaf Gründgens bezahlt die Kosten der Beerdigung, aber keiner der Kollegen nimmt daran teil. Nur vier Personen gehen neben Hans Ottos Frau Mie hinter dem Sarg auf dem Stahnsdorfer Friedhof.

33 Jahre hat Hans Otto gelebt, »... ein Mann seltener Art, unkäuflich«, wie Bertolt Brecht es ausdrückt. Er ist das erste Opfer unter den Schauspielern, viele andere werden noch folgen, umgebracht von denen, die »Deutschland erwache« rufen und dabei eine ganze Kultur ausrotten.

Hans Otto mit seiner Frau Mie Otto-Paulun und deren Mutter, wahrscheinlich 1932

Otto Wallburg

Otto Wallburg

Berlin, Sommer 1929. In der Filmbranche herrscht Aufregung und hektische Betriebsamkeit. Die großen Filmfirmen betreiben die Einführung einer Neuerung, deren Auswirkungen noch nicht abzuschätzen sind: Tonfilm! Der technische Aufwand ist enorm, die Kosten – Patente und Apparaturen kommen aus den USA – sind es ebenfalls. Aber Geld darf keine Rolle spielen, wenn es darum geht, den Anschluß nicht zu verlieren. Denn die Amerikaner haben sie schon lange, ihre ersten Tonfilme, und sie drängen damit auf den deutschen Markt. So erklärt sich der enorme Eifer, mit dem die Filmleute in Deutschland ihre Tonfilmprojekte vorantreiben. Einer von ihnen ist Carl Froelich, ein »alter Hase« mit Filmerfahrung seit 1903. Er dreht in eigener Produktion »Die Nacht gehört uns« nach einem Drehbuch von Walter Reisch. Die Schauspieler kommen von den besten Berliner Theatern und haben außerdem einige Stummfilmerfahrung. Da ist zunächst Hans Albers, gerade erst vom Revuestar und Stummfilmschurken zum umjubelten Reinhardt-Schauspieler avanciert; dann Charlotte Ander, sie kommt von Ernst Josef Aufrichts Theater am Schiffbauerdamm, das gerade Bert Brechts Dreigroschenoper gespielt hat; Ida Wüst, eine handfeste, bisweilen drastische Schauspielerin am Deutschen Theater. Und noch ein Mitglied des Deutschen Theaters: der dicke Komiker Otto Wallburg. Es gibt zu dieser Zeit viele dicke Komiker in Berlin, aber dieser Otto Wallburg ist einzigartig, unverwechselbar – durch seine ganz besondere Art zu sprechen, er »blubbert«, wie die Berliner es nennen. Wie viele andere Schauspieler dieser Zeit ist er sich für Kabarettvorstellungen nach Theaterschluß nicht zu schade; dort hat er seine ganz besondere Sprechweise in Lachstürme entfesselnden Sketchen so perfektioniert, daß nicht einmal Kurt Tucholsky an ihm vorbeikommt:

»Otto Wallburg kommt herausgetrudelt, Atem hat er draußen geschöpft, und was er nun sagt, hört sich ungefähr folgendermaßen an:

›Also – erlauhm Sie mal, wie komm Sie überhaupt dazu, einfallächerlich! Sie haben mir doch gestern am Telefon – liieber Freund! Dann gehört der Kerl ins Zuchthaus! Ins Zuchthaus! Sag ich Ihnen! Sie mit! – Ham Sie ne Zigarette?‹ Diese Fettkugel spricht Stenographie (Debattenschrift): die Sätze fallen, fertiggenäht, aus dem Mund, sind hundertmal gesprochen, werden als bekannt vorausgesetzt und daher nur leicht angeschlagen. ›Es erscheint mir nicht nötig, hier noch umständliche Einwendungen zu machen‹ heißt: ›Al' machn Se doch keine –‹, und den Rest hat man sich zu denken.

Er ist immer ein bißchen naß, weil er schwitzt, immer in Bewegung, und was er einmal in einer Posse zu sagen hatte, könnte sein Wahlspruch sein: ›Nehmen Sie nur! Ich habe davon vierhundert Stück!‹ Er hat von allem vierhundert Stück, auch von jeder Gemütsbewegung. Er muß, den Akrobaten gleich, immer trippeln, sonst fällt er von der Kugel, Ruhe ist Tod, Stillstand Verderben. Da bewegt er sich lieber.

Ein Teil seiner Komik liegt darin, daß er die Glaswände der Würde, die um jeden Menschen enger oder weiter aufgerichtet sind, unbekümmert durchbricht: für ihn gibts das nicht, er sieht sie nicht einmal. Wenn die Wände klirrend zu Boden krachen, und der Angepackte den Eindringling betroffen anstarrt, fuchtelt er mit Händen und Füßen, und die Hörer lachen, weil es immer Spaß macht, dergleichen zu sehen. Der Wallburgsche Spießer, durch Konversationslexikon, etwas Radio und viel Zeitung genau so weit aufgeklärt, wie das fürs Geschäft der andern notwendig ist, geht ran, respektiert keine Würde und böte auch noch einem Shakespeareschen König eilig und gutmütig eine Zigarre an.

Denn gutmütig ist er. Im Grunde schüchtern, wird er leicht frech – das soll in Deutschland vorkommen, niemand war ja feiger als der Selige aus Doorn, und daher auch dessen große Schnauze. Wallburg ist häufig sein getreuer Untertan, forsch, maßlos beschäftigt und immer hinter irgend etwas her. Nur hat er – im Gegensatz zu dem Herminerich – Herz.

Und ist daher kein hoffnungsloser Spießer. Ob er wirklich dem König im »Macbeth« eine Zigarre reichte? Vielleicht wendete er sich an das Hofmarschallamt, aus Respekt, aus irgendeinem vagen Gefühl für Größe. Das ist denkbar. Wie man sich ja überhaupt diesen Komiker zum Beispiel an einem Grab denken könnte, er weinte wirklich, er mag Kinder gern, er hat eine dickliche weiche Hand, sein Fett wackelt gutmütig, und wer ihm nicht grade in Geschäften im Wege steht, dem ist er hold gesinnt. Eine Spur kesser: und er wäre ein idealer Wendriner.

So aber hopst er über die Bühnen, verhapselt, verhaspelt, verhapselt sich, ververspricht sich, ›Tante Emmy hat mir aber doch selber gesagt, sie paßt aufs Kind auf, wenn das Kind in die Badewanne fällt, wer läßt denn eine Badewanne ohne Aufsicht... 'n Augenblick mah! 's Telefon klingelt! Marie! Marie! Warum geht denn keiner...!‹

Man hats nicht leicht in den Stürmen des menschlichen Lebens. Auf den weißen Wogenkämmen aber tanzt der Dicke, ein Badeengel aus Zelluloid.«

Und nun Otto Wallburg im Tonfilm, er rundet diese Liebesgeschichte im Autorennfahrermilieu mit seiner Körperfülle und seiner »Kodderschnauze« ab. Er besteht neben der ungekünstelten Natürlichkeit des Fraktur redenden Albers. Er blubbert los. Seine Rede »Verehrte Anwesende« ruft schon während der Aufnahmen Heiterkeit bei allen Mitwirkenden hervor. Wie er sich gekonnt verhaspelt, ganze Silben verschluckt, auf den Tisch klopft, daß die Gläser scheppern, zwischendurch hustet, auch für ihn nötige Atempausen mit einem Lachen kaschiert, immer schneller werdend dem Ende seiner Ansprache entgegenhetzt, um schließlich mit zufrieden strahlendem Gesicht den Beifall der Zuhörer entgegenzunehmen, das alles im Film nun sehen und hören zu können offenbart die enormen Möglichkeiten dieser Erfindung. Das wirkt, das wird verstanden in den Kinos im ganzen Land, das macht den Charakterkomiker Otto Wallburg zu einem der gefragtesten Filmdarsteller der ersten Tonfilmjahre. Das macht ihn im ganzen deutschsprachigen Raum bekannt und beliebt. Begehrt und umworben von den Filmfirmen, dreht er in den folgenden Jahren einen Film nach dem anderen. Fast fünfzig kleine und große Rollen werden es in den nächsten fünf Jahren sein. Ein hochdotierter Ufa-Vertrag mit 100.000 Reichsmark Fixum und bis zu 2.000 Reichsmark pro Drehtag dokumentieren dann seine Position. Doch dieses Glück und der Wohlstand, der hart erarbeitet ist, Theater- und Filmerfolge, eine feudale Wohnung am Berliner Lietzenseeufer, ein schwerer amerikanischer Cadillac Roadster, das alles wird nicht von Dauer sein. Nein, er wird nicht krank, obwohl die Filmarbeit tagsüber und das Theaterspielen am Abend natürlich viel Kraft kosten. Neben allem anderen ist er auch – zumindest der Geburtsurkunde nach – Jude. Das war vorher niemandem aufgefallen, auch nicht wichtig. Doch nach dem 30. 1. 1933, im »Dritten

Reich« des Adolf Hitler und seiner Vasallen, wird das wichtig, lebenswichtig, wenn es deutsche Politik sein wird, Menschen zu Untermenschen zu degradieren, um sie später in Massen zu vernichten, wenn der jüdische Komiker Otto Wallburg aus Berlin ein staatenloser Jude auf der Flucht sein wird, bis man ihn nach zehnjähriger Odyssee einfängt und vergast. Dann ist von dem dicken Komiker Otto Wallburg nur etwas Asche in Auschwitz geblieben...

Otto Wallburg als Schüler, um 1905

Im Jahre 1889 lebt im Herzen der Hauptstadt des jungen Deutschen Reiches, am Berliner Schiffbauerdamm, die Familie Wasserzug. Der Vater ist Bankier, so gehört die Familie mit den drei Kindern zum gutsituierten Großbürgertum. Als viertes Kind wird am 21. 2. 1889 Otto Maximilian Wasserzug geboren. Ab 1899 besucht Otto das Falk-Realgymnasium in Berlin. Das wohlhabende Elternhaus ermöglicht, ja erfordert eine anständige Erziehung und Ausbildung der vier Kinder. Ein Bankier als Vater, da scheint der weitere Werdegang Ottos und seiner Brüder Ernst und Franz vorgezeichnet: Banklaufbahn, kaufmännisch jedenfalls. So wird Otto nach dem Einjährigen zu ›Orenstein und Koppel‹, einer Maschinenbaufirma, in die kaufmännische Lehre gegeben. Es dauert nur ein halbes Jahr, bis er gelernt hat, daß er hier nicht am richtigen Platz ist. Er weiß auch schon, was er wirklich will: Schauspieler werden!

Berlin ist zu dieser Zeit schon auf dem besten Wege, die kulturelle Metropole Europas zu werden; Theater, Oper, Kabaretts und Varietés bieten ein weltstädtisches, faszinierendes, vielfältiges Repertoire. Zu den führenden Bühnen gehören die Theater Max Reinhardts. 1905 hat er gerade eine Schauspielschule gegründet, die er selbst leitet. Hier meldet sich Otto Wasserzug, besteht die Aufnahmeprüfung und muß nun seinem Vater beibringen, daß aus der kaufmännischen Laufbahn nichts wird, er vielmehr Schulgeld zu zahlen hat. Nachdem alles geregelt ist, gehört er nun neben Paul Graetz und anderen zu den Schülern der ersten Jahrgänge dieser neuen Ausbildungsstätte. Statt bei Orenstein und Koppel, angetan mit Ärmelschonern, Zahlenreihen zu addieren, hat er Szenenunterricht, Stimmbildung, Sprecherziehung, lernt Tanzen, Fechten, Reiten, erlernt den Beruf eines Schauspielers von der Pike auf. Später werden seine großen Erfolge darauf beruhen, daß er einen wesentlichen Bestandteil dieser Ausbildung, das deutliche Sprechen, außer acht läßt. Er wird dann blubbern, statt deutlich und wohlartikuliert zu sprechen, und wird mit dieser Eigenart gefallen. Mehr noch, das Blubbern wird sein Markenzeichen. Sein früherer Lehrer Max Reinhardt wird ihm 20 Jahre später eine Regieanweisung geben, die diesen Stil absegnet: »Wallburg, Sie werden immer schlechter. Ich verstehe jedes Wort!«

Sein Debüt als Schauspieler hat Otto Wasserzug am Deutschen Theater Max Reinhardts in Berlin. Zwischen den Hauptspielzeiten wird das Theater in der Sommerdirektion von Berthold Held und Woldemar Runge betrieben. Held ist einer der Schauspielvorstände des Deutschen Theaters und gibt hier den Absolventen der Reinhardtschen Schauspielschule Gelegenheit zu debütieren. So steht Otto Wasserzug nach bestandener Schauspielprüfung am 19. 5. 1909 zum ersten Mal auf einer Bühne: Er ist der Brandner im Faust I. Bis Ende Juli spielt er kleine Rollen in drei weiteren Inszenierungen von Held und Runge. Er nennt sich ab jetzt Otto Wallburg, so lange, bis man einmal Juden das Führen von Pseudonymen untersagen wird.

Anfang August heißt es dann Abschied nehmen von Berlin. Otto Wallburg reist in die Schweiz nach Bern. Er ist jetzt zwanzig Jahre alt und steht zum erstenmal auf eigenen Füßen. Er tritt sein erstes festes Engagement in der Provinz an, denn alles, was nicht Berlin heißt, ist Provinz. Aber immerhin, Bern, Kantonshauptstadt in der Schweiz, Stadttheater mit über 1000 Plätzen, für den Anfang sehr gut; aber ein Reinhardtschüler ist schließlich auch nicht irgend jemand.

Otto Wallburg als junger Schauspieler, Bern 1909

Otto Wallburg ist jugendlicher Liebhaber, Bonvivant, Naturbursche. So steht es unter seinem Bild im Almanach des Berner Stadttheaters 1909 und 1910 auf Seite 59. Auf der folgenden Seite ist Lisa Brosso zu sehen, jugendlich sentimentale Liebhaberin. Natürlich steht der Anfänger aus Berlin bald neben der hübschen jungen Schweizerin auf der Bühne. Es bleibt nicht bei diesen beruflichen Begegnungen. Bald darauf sieht der schlanke, gutaussehende Schauspieler Grund genug, ein schönes Portrait-Foto von sich anfertigen zu lassen. Auf die Rückseite der sehr ausdrucksvollen Fotografie schreibt er: *Meiner eigensinnigen, aber geliebten kleinen Lisa zur Erinnerung an manche schön verlebten Stunden. Bern, 19. 11. 1909.*

Ein höflicher Antrag hat Erfolg, Anfang 1910 verloben sich die beiden. Im Laufe des Jahres spielen sie gemeinsam in »Hamlet«, »Romeo und Julia« und in »Nora« von Ibsen.

Das nächste Engagement ist in Halberstadt abgeschlossen, dort wird 1911 auch geheiratet. Zu seinem dreiundzwanzigsten Geburtstag am 21. 2. 1912 bekommt Otto Wallburg ein Geschenk ganz besonderer Art: Sohn Reinhart wird an diesem Tag geboren. Bald darauf geht der frischgebackene Familienvater nach Frankfurt am Main. Er hat ein Angebot von Arthur Hellmer bekommen, der dort das Neue Theater betreibt. Am 4. 4. 1913 tritt Otto Wallburg in dem Stück »Klein Eyolf« von Henrik Ibsen in Frankfurt erstmalig auf. Einige Tage später erntet er für seinen Auftritt als Klaus Tott in Strindbergs »Königin Christine« seinen ersten Verriß, als ein Kritiker urteilt, Otto Wallburg »blieb auch bei dieser Gelegenheit den Beweis schuldig, daß er ein Gewinn für das Ensemble bedeutet«. Arthur Hellmer scheint anderer Ansicht zu sein, denn Otto Wallburg erhält für die nächste Spielzeit 1913/14 einen festen Vertrag. Nun können Frau und Kind aus Halberstadt nachkommen, die Familie ist wieder vereint.

Doch dem jungen Schauspieler, der sich hier in Frankfurt zum erstenmal zu etablieren scheint, ist nur diese eine Spielzeit vergönnt. Am 3. 8. 1914 schließt das Neue Theater wegen der Mobilmachung. Der ausgebrochene Krieg erfaßt auch den Schauspieler Otto Wallburg, noch im August wird er eingezogen. Lisa geht mit dem Kind nach Berlin, und Otto an die Front. Der tapfere und pflichtbewußte Preuße wird 1915 mit dem Eisernen Kreuz zweiter Klasse ausgezeichnet. Anfang 1916 zieht er sich in Rußland eine schwere Verwundung zu. Nach seiner Genesung ist er nicht mehr diensttauglich und kommt als Zivilist nach Frankfurt zurück. Arthur Hellmer nimmt ihn mit offenen Armen wieder auf. So kann Otto Wallburg dort weitermachen, wo er aufgehört hat;

schon am 29. 4. 1916 steht er wieder auf der Bühne des Neuen Theaters. Während durch den Krieg die Welt in Scherben fällt, macht Otto Wallburg einen neuen Anfang. Für die nächsten zehn Jahre wird nun Frankfurt sein Zuhause, Arthur Hellmer sein Mentor sein. Lustspiele, Schwänke oder Stücke, die vor Kaisertreue und Patriotismus nur so strotzen, so etwas wird höheren Ortes gerne gesehen. Doch Arthur Hellmer setzt auch andere Stücke auf den Spielplan, zum Beispiel René Schickeles »Hans im Schnakenloch«, ein in der Gegenwart spielendes Stück, das am 18. 12. 1916 uraufgeführt wird. Otto Wallburg wird in der Rolle des »Balthasar« von einem Kritiker als »mit fein schattierender Kunst vorzüglich« beschrieben. Georg Kaiser, ein expressionistischer Autor, wird von Hellmer viel gespielt, ja sogar durchgesetzt; viele Uraufführungen seiner Stücke finden hier in Frankfurt statt. Otto Wallburg ist hierbei immer unter den ersten der Besetzung zu finden, gestaltet den später so genannten Frankfurter Expressionismus mit. Am 29. 1. 1917 erlebt »Die Bürger von Calais« von Georg Kaiser seine Uraufführung. In diesem Stück, das vom Aufopferungswillen französischer Bürger im 14. Jahrhundert handelt, ist Otto Wallburg ein »stolz und reserviert [...] die königliche Botschaft kündender Engländer«. Schon wenig später im Oktober: Otto Wallburg in »Die Koralle« von Georg Kaiser, »dem Hauptdramatiker dieser Spielzeit, dessen Uraufführungen sich im gehetzten Hintereinander drängen«, wie der Frankfurter Kritiker Bernhard Diebold schreibt. Gehetztes Hintereinander – im zu Ende gehenden Krieg mag das Theaterspielen wie ein Narkotikum sein, für die Schauspieler wie für das Publikum eine Möglichkeit, der immer trostloseren Wirklichkeit zu entgehen.

Wenige Wochen nach Kriegsende, am 28. 11. 1918, erlebt »Gas« von Georg Kaiser seine umjubelte Premiere. Bernhard Diebold erkennt: »Herrn Wallburg, der einen Offizier spielte, erlasse man doch militärische Aufgaben, in denen er nicht glücklich werden kann.« Ja, das ist richtig, glücklich wird Otto Wallburg mit anderen Rollen werden, zum Komiker sind es nur noch einige Jahre und etliche Kilo. Er ist nun fast drei Jahre in Frankfurt und hat sich künstlerisch etabliert. Er wohnt als möblierter Herr zur Untermiete, während Ehefrau Lisa mit dem kleinen Reinhart noch immer in Berlin ist. Da Otto keinerlei Anstrengungen unternimmt, neben seinem Berufs- auch sein Familienleben wieder in Ordnung zu bringen, gerät die Ehe in eine Krise. Die Trennung ist einfach zu lang, Ende 1918 läßt sich Lisa Wallburg von ihrem Mann scheiden und bleibt mit dem gemeinsamen Kind endgültig in Berlin.

Die ersten Nachkriegsjahre bedeuten für die Mehrheit der Bevölkerung des besiegten Landes Unsicherheit, Elend, oft sogar Hunger; Otto Wallburg aber nimmt zu, fängt an auseinanderzugehen, wie er selber sagt. Mit bald zwei Zentnern ist er nicht mehr für jede Rolle zu besetzen, er übernimmt jetzt auch Regieaufgaben. Arthur Hellmer hat viel Vertrauen in die Fähigkeiten seines Lieblingsschauspielers; der Regieneuling debütiert mit der Uraufführung eines Lustspiels von Toni Impekoven: »Luderchen« hat am 4. 12. 1920 Premiere. Auch das Weihnachtsmärchen »Dornröschen« läuft in diesem Jahr unter Wallburgs Regie. So ganz sein Metier ist die Regie allerdings doch nicht, es bleibt bei wenigen Versuchen, die kaum Aufsehen erregen.

Einiges Aufsehen dagegen erregt, kurz nach dem Ende des Weltkrieges, die Hochzeit des Schauspielers mit Anna Luise Theis, der Tochter des Inhabers der Graphischen Kunstanstalt Carl Theis. Das junge Paar bezieht eine großzügige Wohnung am Hohenzollernplatz. 1920 und 1922 werden die beiden Töchter Ellen und Lore geboren. Otto Wallburg kann ganz seiner Kunst leben, spielt, führt gelegentlich Regie, wird einer der führenden Köpfe des Frankfurter Neuen Theaters, ist stadtbekannt. Außerdem findet er noch Zeit, sich um die Druckerei seines Schwiegervaters zu kümmern. Durch diese Nebenbeschäftigung macht er die Bekanntschaft mit dem Satiriker und Kabarettisten Hans Reimann und wird zum Herausgeber einer neuen satirischen Zeitschrift, die sich »Das Stachelschwein« nennt. Max Brod, Herbert Eulenberg, Oskar Maria Graf, Friedrich Hollaender, Roda Roda und viele andere zählen zu den Mitarbeitern. Bei dem Kontakt mit derart satirischen Größen dauert es nicht lange, bis der Herausgeber Wallburg den Wunsch verspürt, sich weitergehend in dem neuen Metier zu betätigen. Er ist kein Autor, aber seine komische Wirkung als Schauspieler ist bereits erprobt. Leider spielt das seriöse Neue Theater nur recht wenig komische Stücke. Dafür bietet das Kabarett des Freundes Reimann den richtigen Ort für das Kleinkunstdebüt des Otto Wallburg. So tritt er am 1. 4. 1924 im Astoria in der Frankfurter Kaiserstraße erstmals in einem Kabarett auf.

Otto Wallburg mit seinen Töchtern Ellen und Lore, um 1926

Zu Hause führt Otto Wallburg ein bürgerliches Leben, wie es die Reputation der angesehenen Schwiegereltern verlangt. Bei derart wohlgeordneten Verhältnissen wäre es ein Wagnis, das Angebot Arthur Hellmers anzunehmen. Dieser will zur Spielzeit 1925/26 die Bühnen des Lessingstheaters in Berlin übernehmen und dort auf seinen Lieblingsschauspieler nicht verzichten. Otto Wallburg würde sich gerne im Theaterleben seiner Heimatstadt versuchen. Jedoch verspürt seine Ehefrau wenig Lust, mit den Töchtern ihre Heimatstadt Frankfurt zu verlassen. Niemand weiß ja, ob Otto sich in Berlin behaupten kann. Aber die Herausforderung, die Chance ist zu verlockend. Berlin ist das kulturelle Zentrum Deutschlands, wenn nicht Europas; es ist ein Prüfstein für jeden Künstler von Rang. Am 30. 10. 1925 steht Otto Wallburg zum letzten Mal als fest engagierter Schauspieler auf der Bühne des Frankfurter Neuen Theaters. Anschließend reist er mit Arthur Hellmer nach Berlin, die Familie bleibt in Frankfurt.

Arthur Hellmer hat wenig Glück mit seinem Berliner Unternehmen. Das Lessingtheater glänzt zwar mit bewährten Kräften wie Heinrich George, Paul Wegener, Lucie Höflich und Gerda Müller, und auch Otto Wallburg kommt in Berlin gut an. Hellmer jedoch hat sich finanziell und wohl auch künstlerisch übernommen und kehrt 1926 nach Frankfurt zurück. Für Otto Wallburg aber erfüllt sich ein Traum vieler Schauspieler – er wird von Max Reinhardt engagiert. An eine Rückkehr nach Frankfurt ist daher natürlich nicht zu denken. Für mehr als ein paar Gastspiele dort reicht die Zeit einfach nicht. Ein Familienleben läßt sich aber kaum während kurzer Gastspiele aufrechterhalten, so fordern die beglückenden Aufgaben in Berlin ihren Tribut im Privatleben. Wieder bahnt sich eine Trennung an, weil Otto Wallburg der Beruf immer das Wichtigste ist. Ehefrau Anni betreibt mit Erfolg die Scheidung, und der Schauspieler muß nun schon für zwei ehemalige Gattinnen und drei Kinder aufkommen.

In Berlin ist Otto Wallburg nicht alleine; seine Brüder, vor allem aber die Schwester, die mit ihrem Mann eine große Wohnung am Kurfürstendamm bewohnt, kümmern sich um ihn. Außerdem ist da noch Reinhart, der bei seiner wiederverheirateten Mutter in der Cicerostraße wohnt. Der nun schon Vierzehnjährige erlebt seinen Vater zum erstenmal auf der Bühne und im Kino. Die erste Premiere an Max Reinhardts Deutschem Theater ist am 2. 9. 1926 unter Erich Engels Regie: »Androklus und der Löwe« von George Bernhard Shaw mit Oskar Homolka, Hans Brausewetter, Rosa Valetti, Paul Hörbiger, Hubert von Meyerinck und Otto Wallburg. Nach diesem guten Einstand beim Theater beginnen nun auch die Filmfirmen, sich für den Schauspieler zu interessieren. Noch 1926 dreht Otto Wallburg seine ersten Filme: »Die keusche Susanne« unter der Regie von Richard Eichberg, dann »Derby« von Max Reichmann und »Die Abenteuer eines Zehnmarkscheins« von Berthold Viertel. Im Deutschen Theater folgt am 26. 10. »Gneisenau« von Wolfgang Goetz mit Werner Krauß, Oskar Homolka. Otto Wallburg fällt in diesem Stück erstmals dem bedeutenden Kritiker Herbert Ihering auf, der durch seine konstruktiven Rezensionen Schauspielern wertvolle Hinweise zu geben vermag. Er findet Otto Wallburgs Blücher »zu sehr Posse von Arnold und Bach«. Wie war das doch seinerzeit in Frankfurt mit den militärischen Aufgaben?

Der Durchbruch kommt für Otto Wallburg wenige Monate später: Deutsches Theater, 26. 3. 1927, »Der Arzt am Scheidewege« von George Bernard Shaw mit Ernst Deutsch, Oskar Homolka, Werner Krauß, Theodor Loos, Paul Hörbiger; Regie Erich Engel. Wieder Iherings Kritik, diesmal zum Einrahmen: »Otto Wallburg und Werner Krauß, hier ist der Überschuß der Aufführung. Wallburg als Blinddarmoperateur mit der Süffisanz und Geschwollenheit des erfolgreichen Gesellschaftsarztes. Dabei naiv, gutmütig, aufdringlich gesund; sogar elegant und englisch. Hier bewies sich der Komiker und – zum erstenmal – der Gestalter Wallburg.« Auch der gestrenge Alfred Kerr nimmt erstmals Notiz von Otto Wallburg und schreibt im Berliner Tageblatt: »... der himmlisch dicke Wallburg, (der) hinreißend mit seiner prallen Kummerlosigkeit wie aus einem Guß wirkt. (Wie er dann einmal beleidigt ist, als ein Sterbender seinem Steckenpferd zu nahe tritt. Ein Geniezug.)« Das ist wie ein Ritterschlag.

Nun wollen auch die Berliner Kabaretts vom Komiker Otto Wallburg profitieren. Paul Morgan holt ihn im Mai 1927 zum erstenmal ans Kadeko. In dem alten Schwank »Ich bin es nicht« zeigt sich ein neuer Stern am Berliner Kabaretthimmel: »Otto Wallburg, einer vom Stamme der quecksilbrigen, aufgeregten, kataraktischen, herumpulvernden Wurstel, ein Komiker der verhedderten Rede, des überstürzten, hastenden, blubbernden Wortes«, wie der Kabarettkritiker Max Herrmann-Neiße befindet.

Ende 1927 gastiert Max Reinhardt mit einem Teil seines Ensembles in Amerika. Es ist eine ganz besondere Auszeichnung, zu denjenigen zu gehören, die der große Meister mit auf die Reise nimmt. Otto Wallburg gehört dazu, außerdem unter anderen Hans Thimig, Paul Hartmann, Lili Darvas, Wladimir Sokoloff, Alexander Moissi, Maria Solveg, Eduard von Winterstein. Vom 17. 11. 1927 bis zum 4. 2. 1928 brilliert das beste Ensemble des alten Europa in der

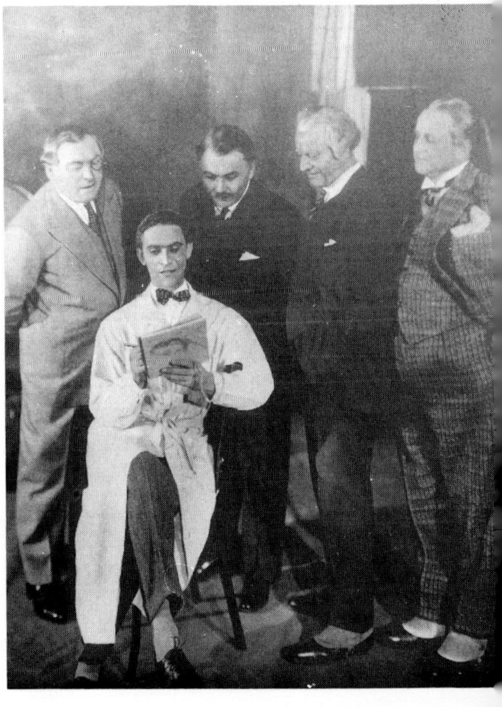

»Arzt am Scheidewege«, Deutsches Theater Berlin 1927; Werner Krauß, Ernst Deutsch, Oskar Homolka, Werner Schott, Otto Wallburg (v. l.)

Hauptstadt der amerikanischen Kultur. New York verehrt die Künstler der Alten Welt, es gibt verlockende Angebote. Trotzdem bleibt keiner dort, alle kehren nach Berlin zurück. Noch braucht man Amerika nicht als sicheren Zufluchtsort. Noch gibt es keine Rassegesetze. 1928 ist Berlin mindestens ebenso reizvoll wie New York. Allein das Ensemble des Reinhardt-Theaters, dem Otto Wallburg angehört, präsentiert eine Auswahl der besten Schauspieler: Hans Brausewetter, Julius Falkenstein, Max Gülstorff, Paul Hörbiger, Oskar Karlweis, Friedrich Kayssler, Werner Krauß, Theodor Loos, Heinrich Schroth, Hermann Speelmans, Albert Steinrück, Jakob Tiedtke, Mathias Wieman, Eduard von Winterstein, Maria Bard, Else Eckersberg, Gertrud Eysoldt, Grete Mosheim, Maria Orska, Sybille Schmitz, Helene Thimig, Ida Wüst. Ebenso wie viele andere aus dieser illustren Reihe wagt auch Otto Wallburg immer wieder Seitensprünge mit der leichten Muse. Dazu bietet sich auch die Kabarettrevue an, der prächtige Ableger der sogenannten kleinen Kunst. In der »Komödie« hat am 15. 5. 1928 die Revue »Es liegt in der Luft« ihre Uraufführung. Eine »Warenhausrevue«, wie es heißt, mit einprägsamen, pointierten Texten von Marcellus Schiffer und einer zündenden und mitreißenden Musik von Mischa Spoliansky. Die Darsteller verkörpern in bewegten Bildern das Berlin der Zwanziger Jahre: Marlene Dietrich und Margo Lion als einkaufsbummelnde Freundinnen: »Wenn die beste Freundin mit der besten Freundin«; Willy Prager als ein mit der Politik hadernder Portier: »Ich weiß, das ist nicht so«; Marlene Dietrich und Hubert von Meyerinck als Kleptomanen: »Wir haben einen kleinen Stich, wir stehlen wie die Raben«; außerdem Oskar Karlweis, Ida Wüst, Käte Lenz, Alexa von Porembsky und Otto Wallburg. Sie alle machen »Es liegt in der Luft« zur erfolgreichsten Revue des Jahres 1928. Die über 500 Plätze der Komödie am Kurfürstendamm sind allabendlich über Wochen hinaus ausverkauft. Selbst der eher dem kritischen Zeittheater zugetane Herbert Ihering findet: »Eine herrliche Vorstellung. Man hat jetzt in Berlin den Ton, die Haltung, die Leichtigkeit, die Eleganz für das Genre.« Über Otto Wallburg: »... ist köstlich, aber er hat keine Rolle, er kann nichts fassen, seine erprobten Wirkungen werden ausgenutzt, mehr nicht.« Diese erprobten Wirkungen des köstlichen Otto Wallburg werden in fünf Jahren ausreichen müssen, um ihm das Überleben zu sichern. Wenn er in der Emigration in kleinsten Kabaretts in komischen Einaktern und Sketchen verschlissen wird. Wenn der ausgebürgerte Jude tingeln muß, um das tägliche Brot zu verdienen...

Noch ist er mittendrin, beliebt, begehrt, die unterschiedlichsten schauspielerischen Aufgaben fallen ihm förmlich in den Schoß: Film, Revue, Kabarett, Theater. Nachdem das Ende der Spielzeit mit »Es liegt in der Luft« gekrönt wurde, folgt ein Urlaub in Marienbad und Karlsbad mit gelegentlichen Gastspielen. Erholung in den Modebädern der oberen Zehntausend; fürstliche Gagen machen es möglich. Die 120 Kilogramm wollen gepflegt werden; warum nicht dort, wo sich das Angenehme mit dem Nützlichen verbinden läßt? Tagsüber Kuren, ab und an ein abendlicher Auftritt; ein Vollblutkomödiant hat nie einfach nur Ferien. Gut erholt geht es zurück nach Berlin. Die Spielzeit beginnt mit den Proben für »Eltern und Kinder« von George Bernard Shaw.

Amerika-Reise mit dem Reinhardt-Ensemble, Otto Wallburg (2. v. l.), daneben Paul Hartmann, in der Mitte Max Reinhardt, daneben Alexander Moissi u.a.

Premiere ist am 12. 9. 1928 in der Komödie am Kudamm. Neben Otto Wallburg, der wieder einmal von der Kritik wie vom Publikum gefeiert wird, Else Heims, Paul Hörbiger, Oskar Sima, und, neu in Berlin, Heinz Rühmann sowie Marlene Dietrich, an deren Beinen sich ein Kritiker stößt: »Wenn sie weniger zeigte, wäre es auch noch genug.«

Das Jahr 1929 beginnt mit einem großen Verlust für das Deutsche Theater. Am 11. Februar stirbt, erst 56 Jahre alt, Albert Steinrück, ein Mitglied des Reinhardt-Ensembles. Zugunsten seiner Hinterbliebenen findet am 28. 3. im Staatstheater eine glanzvolle Aufführung von Frank Wedekinds »Marquis von

Marlene Dietrich, Heinz Rühmann, Otto Wallburg, Paul Hörbiger und Oskar Sima in »Eltern und Kinder«, Deutsches Theater Berlin, 1928

Zeitungsanzeige, 1930

Keith« statt, an der fast alle Berliner Schauspieler unentgeltlich mitwirken. Neben 86 anderen spielt auch Otto Wallburg eine kleine Rolle, den Baumeister Krenzl.

Bald danach beginnen die Proben zur Operette »Die Fledermaus« von Johann Strauß, Regie Max Reinhardt. Reinhardt als Operettenregisseur? Ja, er hat die erklärte Absicht, diese klassische Operette gründlich zu entstauben und ihr mit seinem Ensemble neuen Glanz zu verleihen. Otto Wallburg spielt den Gefängnisdirektor Frank, neben ihm Hans Moser als »Frosch«. Eine herrliche Inszenierung, die nach der Premiere am 8. 6. 1929 nicht weniger als 136mal über die Bühne des Deutschen Theater geht.

Otto Wallburg findet bei dieser Aufführungsserie seine dritte Frau, die Tänzerin Charlotte Ahnert. Sie tanzen zusammen den Galopp im Finale des zweiten Aktes. Zwanzig Jahre jünger als er, erliegt sie schnell dem Werben des bekannten Schauspielers. Sie heiraten am 11. 11. 1929, Trauzeugen sind Hermann Thimig und Maria Kamradek, die Freundin Reinhold Schünzels, der Charlotte Ahnert in einem Pariser Theater entdeckt hatte. So ist auch privat wieder alles bestens geregelt. Otto Wallburg ist ungern allein.

Mitte 1929 kommt von dem Filmregisseur Carl Froelich die Anfrage, ob Otto sich vorstellen könne, in einem Tonfilm zu spielen. Was für eine Frage! Und ob Otto Wallburg sich das vorstellen kann. Er hat geradezu auf den sprechenden Film gewartet. Sicher, er hat einige Erfolge in Stummfilmen aufzuweisen. Aber über Zwischentitel konnte nicht vermittelt werden, was Otto Wallburg ausmacht, eben das, was Carl Froelich jetzt noch braucht in seinem ersten Tonfilm: »Blubbern ist das Geräusch, das mir noch fehlt!« Diese unnachahmliche Art zu sprechen wird verstanden, auch wenn man nicht jedes Wort versteht. Natürlich sagt Otto Wallburg Carl Froelich zu. Auch während der Dreharbeiten zu »Die Nacht gehört uns« steht er abends auf der Bühne: als Graf Stjernenhö in Georg Kaisers »Kolportage«.

Am 19. 10. 1929 hat George Bernard Shaws »Kaiser von Amerika« seine deutsche Erstaufführung; Max Reinhardt führt selbst Regie. Mit Otto Wallburg stehen Werner Krauß, Max Gülstorff, Kurt Gerron, Maria Bard, Helene Thimig und Margo Lion auf der Bühne des Deutschen Theaters. Die Inszenierung erlebt im Laufe eines Jahres 226 Aufführungen, und Otto Wallburg erntet enthusiastische Kritiken. Franz Köppen in der Berliner Börsenzeitung:

> »Otto Wallburg als amerikanischer Botschafter von seiner Mission so hingenommen, daß er sich ihrer konfus, sich verhaspelnd, mit forciertem Pathos entledigt, ganz undiplomatisch, vor allem ganz unamerikanisch, aber von stärkster komischer Wirkung.«

Bernhard Diebold, der Otto Wallburgs Entwicklung seit 1916 in Frankfurt beobachten konnte, schreibt: »Den amerikanischen Botschafter stotterte der herrliche Wallburg.« Schließlich Alfred Kerr: »Wallburg herrlich im Leichtsinn, im Erliegen. Denkwürdig wandelndes Doppelkinn.«

Die Chancen, aus denen Otto Wallburg Erfolge macht, reihen sich aneinander, er schöpft aus dem vollen. Das Jahr 1930 wird ein sehr arbeitsreiches, ein vielseitiges Jahr für ihn. Unter seiner Mitwirkung entstehen sechs abendfüllende Spielfilme und ein Kurzfilm. Er ist ein Baron in der Liebeskomödie »Das Lied ist aus« mit Willi Forst und Liane Haid, der »Clamotte« in »Der Hampelmann« mit Max Hansen und Lien Dyers, ein Anwalt in »Heute Nacht eventuell« mit Jenny Jugo und Johannes Riemann. Für die Verfilmung der Kriminalkomödie »Hokus Pokus« nach Curt Goetz' erfolgreichem Theaterstück mit Lilian Harvey und Willy Fritsch wird Otto Wallburg erstmals von der Ufa unter Vertrag genommen.

Die Verträge sowie Korrespondenz, Autogrammdienst usw. erledigt jetzt Sohn Reinhart. Dieser hat gerade sein Abitur am Grunewald-Gymnasium gemacht und hält nun seinem Vater, dem alles Geschäftliche ein Greuel ist, in dieser Hinsicht den Rücken frei.

Am Theater hat Otto Wallburg jetzt seine erste Titelrolle, er ist der »Kandidat« im gleichnamigen Stück von Carl Sternheim, das die Kammerspiele Ende Januar herausbringen. Das Lustspiel, 1915 uraufgeführt, findet keinen rechten Anklang. Herbert Ihering skizziert Otto Wallburgs Leistung immerhin mit einem anerkennenden »Wallburg warf das Schwergewicht seiner Komik in die Rolle des Kandidaten.« Dafür wird die Komödie »Die liebe Feindin« ein großer Erfolg. Gustaf Gründgens, Hans Albers, Mathias Wieman, Lili Darvas, der immer etwas verschnupfte Komiker Richard Romanowsky und Otto Wallburg, der »platzend vor Gesundheit und Komik einen Frauenarzt« spielt. Ja, er scheint wirklich vor Lebens- und Spielfreude nur so zu strotzen, dieser Otto Wallburg. Es ist die Zeit seiner größten Erfolge, er verdient viel Geld, bezieht eine feudale Wohnung am Lietzenseeufer; der Fiat wird durch einen schweren, amerikanischen Cadillac La Salle ersetzt, ein zweisitziger Roadster, der auf der Avus spielend 130 km/h läuft. Damit kann er bequem und schnell sein neues Landhaus am Stölpchensee erreichen, wo er die wenigen freien Stunden mit seiner Familie im Grünen verbringt, nebenbei Tomaten im besten Wallburgformat züchtet. »Wie werde ich reich und glücklich?« heißt das Stück mit Otto Wallburg, das im Juni 1930 in der Komödie herauskommt. Der begehrte Schauspieler hat es verstanden, binnen kürzester Zeit hier in Berlin reich und glücklich zu werden. Wie lange werden Reichtum und Glück ihn begleiten?

Im August steht Otto Wallburg nach längerer Zeit wieder einmal auf der Bühne des Kadeko: in »Der Sensationsprozeß Katharina Kress«; im September in »Theater! Theater!« mit Käte Haack, Heinrich Schroth, Hans Wassmann und Max Adalbert, Otto Wallburg ist »Der Mann im Parkett mit dem Freibillet«; im Oktober in »Der verlorene Vater« mit Ferdinand Bonn und Hans Deppe; seine Fotografie im Programmheft füllt eine ganze Seite, darunter steht: »Otto Wallburg, der berühmte Herausgeber des Bühnenhandbuches ›Wie spreche ich laut und deutlich‹.« Die mitternächtlichen Kabarettauftritte schließen sich jeweils an die abendlichen Theatervorstellungen an. Im Deutschen Theater ist für Anfang Oktober eine Reinhardt-Inszenierung vorgesehen, William Shakespeares »Der Sommernachtstraum«. Premiere ist am 9. 10.; »Otto Wallburg ist ein zauberhafter Zettel«, heißt es in einer Besprechung. Als die Inszenierung nach 23 Aufführungen an das Lessingtheater übernommen wird, ist Wallburg nicht mehr dabei. Er ist mit den Proben zu dem Singspiel »Im weißen Rößl« im Großen Schauspielhaus beschäftigt. Erik Charell hat, angeregt durch einen Besuch bei Emil Jannings am Wolfgangsee, diese fast 30 Jahre alte Komödie aus der Versenkung geholt. Sie wird gründlich entstaubt, Hans Müller schreibt ein neues Buch; nicht weniger als fünf Komponisten, an ihrer Spitze Ralph Benatzky, kreieren ein flottes Singspiel mit hinreißenden Melodien. Charell investiert viel, fast 500.000 Reichsmark kostet das Ganze. Auch bei der Besetzung geht er auf Nummer sicher: Die dralle Camilla Spira ist die Rößlwirtin, der muntere Max Hansen der Zahlkellner Leopold, Siegfried Arno mit der großen Nase ist der schöne Sigismund; außerdem Willi Schaeffers als Professor Heinzelmann, Trude Lieske als Klärchen und der gerade 35jährige Paul Hörbiger als 80jähriger Kaiser Franz Joseph. Neben all diesen Zugpferden noch der Publikumsliebling Otto Wallburg als der Ur-Berliner Giesecke, der auch im Urlaub am Wolfgangsee nicht auf »jrünen Aal mit Jurkensalat« verzichten will und fortwährend bedauert, nicht »nach Ahlbeck jefahren« zu sein. Mit kurzen Lederhosen, einem Trachtenjanker, Hosenträgern über dem dicken Bauch ist er als Bilderbuchtourist der Lacherfolg des Stückes, das nach der Premiere vom 8. 11. 1930 über 400mal über die Bühne des Großen Schauspielhauses geht. In einer dieser Aufführungen des »Weißen Rößl« sitzen neben seiner Frau Charlotte auch die Töchter Ellen und Lore in der ersten Reihe des Theaters. Sie verbringen einen Teil ihrer Weihnachtsferien bei ihrem berühmten Vater in Berlin. Wallburgs Partner Max Hansen hat während des Stückes ein Telegramm zu überreichen, normalerweise ein Requisit, ein leeres Blatt. An diesem Abend hat er Otto folgende Worte darauf geschrieben, die ganz und gar nicht zum »Weißen Rößl« gehören: »Da unten sitzen deine zweieinhalb Kinder«. Otto lacht Tränen über diesen Kollegenscherz in Anspielung auf seine hochschwangere Ehefrau. Sechs Wochen später, am 15. 2. 1931, kommt der Sohn Klaus Peter zur Welt. Nun ist der zum dritten Male

»Im weißen Rößl«, Großes Schauspielhaus, Berlin 1930; von links Paul Hörbiger, Otto Wallburg, Willi Schaeffers, Tamara Desni, Siegfried Arno, Trude Lieske, Walter Jankuhn, Käthe Lenz, Max Hansen, Camilla Spira, Gustl Stark-Gstettenbauer

verheiratete Otto Wallburg vierfacher Vater. Die Freude über den kleinen Sohn ist riesengroß, das Glück scheint vollkommen. Die Wallburgs führen ein typisches Künstlerleben, bei dem Politik außen vor bleibt. Noch gibt es keine Anzeichen dafür, daß die Politik diese Familie einmal auseinanderreißen wird.

Das bewährte »Weiße Rößl« läuft unverändert bis weit in das Jahr 1931 hinein. Häufige Theaterproben entfallen also; so bleibt mehr Zeit zum Filmen, nicht weniger als 16 abendfüllende Spielfilme und zwei Kurzfilme dreht Otto Wallburg in diesem Jahr. In den Streifen »Die Frau von der man spricht«, »Die Königin einer Nacht«, »Wenn die Soldaten« sind es noch Nebenrollen, die er hat. Als der »Weiße Rößl«-Regisseur Erik Charell bei der Ufa seine erste Filmregie bekommt, besetzt er das Liebespaar mit Lilian Harvey und Willy Fritsch. »Der Kongreß tanzt« heißt der Film, und Otto Wallburg ist der Adjutant des Zaren, den Willy Fritsch spielt. Für diesen Adjutanten Bibikoff, der, vor Diensteifer fast platzend, geradezu heranrollt, wirft Otto Wallburg seine ganze komödiantische Heiterkeit in die Waagschale, macht aus dieser Nebenrolle eine Hauptrolle, die ihn endgültig zu einem festen Begriff in der Filmwelt werden läßt. Der begehrte Schauspieler dreht einen Film nach dem anderen, seine Rollen werden zusehends größer. In »Ihre Majestät die Liebe« mit Käthe von Nagy und Franz Lederer ist er als Othmar im Zusammenspiel mit anderen Komikern wie Szöke Szakall, Ralph Arthur Roberts und Adele Sandrock zu sehen. Er stellt hier einen schwerreichen Fabrikanten dar, der aufgrund eines Dünkels seinem Bruder eine Liebesheirat ausreden will. Da in einem Liebesfilm ein derart pragmatisches Ansinnen natürlich zu scheitern hat, kann Otto Wallburg die Rolle des beleidigten Dicken genüßlich ausspielen. Außerdem ist er zu sehen in: »Lügen auf Rügen« mit Maria Solveg und Paul Hörbiger, »Salto Mortale« mit Anna Sten und Adolf Wohlbrück, »Hilfe Überfall« mit Gerda Maurus und Hans Stüwe, »Weekend im Paradies« mit Trude Berliner und Claire Rommer, »Der kleine Seitensprung« mit Renate Müller und Hermann Thimig. In »Opernredoute« mit Liane Haid und Ivan Petrovich erlebt man Otto Wallburg in Techtelmechtel verstrickt mit einer ungarischen Tänzerin, die von Irene Ambrus gespielt wird. In »Ronny« mit Käthe von Nagy und Willy Fritsch spielt er den Intendanten eines Hoftheaters.

Eine sehr beschwingte Gaunerkomödie entsteht Ende 1931 unter der Regie von Erich Engel: »Wer nimmt die Liebe ernst?«. Engel hat das komische Talent von Jenny Jugo entdeckt und gefördert und stellt ihr in diesem Film ebenbürtige Schauspieler an die Seite. Der pfiffige Max Hansen ist ihr Partner, außerdem der immer etwas ordinär wirkende Willi Schur. Otto Wallburg, der in seiner Rolle als Neureicher wegen eines sogenannten Kavaliersdeliktes im Gefängnis sitzt und bei der kargen Verpflegung selbstredend um seine Leibesfülle bangt, ringt Max Hansen eine Semmel ab. Den dicken Komiker mit steinerweichendem Augenaufschlag um etwas Eßbares betteln zu sehen, ist hier noch sehr komisch anzusehen. In zehn Jahren wird Otto Wallburg 50 Kilo weniger wiegen. Ein kranker Mann im Exil, auf Zuwendungen anderer angewiesen...

Noch ist er die Idealbesetzung für Väter, Direktoren, Neureiche, Industrielle, denen vom Drehbuchautor eine komische Wirkung zugedacht ist. Diese

Wirkung zu erzielen scheint für den Charakterkomiker ein Kinderspiel zu sein. Er reizt immer zum Lachen, ob er sich empört, ob er Respekt erwartet, wenn er sich aufregt, wenn er poussiert, wenn er, weil er komisch wirkt, unterliegt. Bei einer solchen Erfolgsgarantie ist es höchste Zeit für eine Haupt-, eine Titelrolle: Die Ufa plant den ersten Wallburg-Film. Bei derartigen Projekten beginnt der Werberummel schon bei den Dreharbeiten. Der Vollblutkomiker ist immer gut für einen launigen Bericht vom Drehort:

Der Hochtourist in Nöten
Gletscherwanderungen in Neubabelsberg

»Zeisler, was hast du nur mit mir vor! Ehrlich halt's Maul! O Gott, mir ist so schlecht, so schwindlig! Der Gletscher wird mich bestimmt nicht halten können! So ungeschickt könnt ihr aber auch nur bauen! Stellt schnell die Leiter noch mal her! Mein Arm schläft ja ein!«

Diese Wehmuts- und Ärgerworte aus Otto Wallburgs Mund! Man stelle sich vor: Ein Doppelkamin auf einem flachen Dach, zwei Meter lang, 75 Zentimeter breit, der eine Kamin eineinhalb Meter hoch, der andere zwei Meter über das Dach herausragend. Auf dem niedrigen sitzt Max Ehrlich, den unvermeidlichen Kneifer auf der Nase, auf dem höheren Otto Wallburg. Ehrlich fest und sicher, Wallburg nur auf der steinbreiten Kante des Kamins. Stützt sich mit einem Fuß auf eine in den Kamin eingelassene Eisensprosse, mit einer Hand auf die seinem Sitz gegenüberliegende Kante des Kamins. Mit süßsaurem Gesicht blickt er einmal in die »erschreckende« Tiefe von zwei Metern bis zum Dach, dann hilfeheischend zu Alfred Zeisler, dem Produktionsleiter und Regisseur, dann wütend zu Ehrlich, der sich der spöttischen Worte nicht enthalten kann. Und alles rundum lacht.

»Kinder, nun macht schon voran! Was muß ich tun? Ach, Zeisler, mir ist doch so schwindlig!«

»Also gebt acht, ihr hört die Trude Berliner singen und seht sie tanzen. Wenn sie fertig ist, klatscht ihr wie toll Beifall, wie die übrigen. Dabei verlierst du das Gleichgewicht, Wallburg, und fällst hintenüber in den Kamin. Keine Angst, du brauchst nicht ganz darin zu verschwinden. Hinter dem Kamin stehen Leute, die halten dich.«

»Bitte, ich bitte dich Zeisler, wie soll ich denn Beifall klatschen! Ich sitze doch nur auf einer Kante. Ich falle ja direkt vom Kamin herunter!«

»Du fällst nicht, Wallburg. Du wirst das schon richtig machen. Ich glaube, wir brauchen keine Abhörprobe.«

»Herr, dieser verflixte Kamin, warum habt ihr den auch so ungeschickt hoch gebaut!« – »Ein Kamin ist so hoch, Wallburg, und der ist bestimmt nicht zu hoch. Also mach schon!«

»Kamera fertig! Licht! Achtung! – Wer hat die Klappe?«

»Also jetzt, Achtung! Aufnahme los!« »Szene 258, Aufnahme 1!«

Auf dem Kamin schneiden Wallburg und Ehrlich die schönsten Grimassen. Sie freuen sich unbändig über etwas, was sie nur im Geiste sehen. Dann setzt nicht endenwollender Beifall ein. Sie klatschen begeistert mit. Da – Wallburg kippt vor Begeisterung hintenüber. Verschwindet halb im Kamin. Will sich jedoch krampfhaft an Ehrlich halten. Auch der schwankt nach hinten. Hält sich entsetzt am Kaminrand. Wallburg greift nach seinem Rockkragen, seinen Haaren, greift in sein Gesicht. Ehrlichs Kneifer fällt in den Kamin, sein Hemdenknopf springt ab, seinem Mund entringt sich ein ängstliches »Hilfe«. Mit unsäglicher Mühe hat sich Ehrlich, zersaust und halbausgezogen, wieder auf seinen Platz gerettet und sieht mitleidig zu Wallburg hin, der hilflos im Kamin nebenan zappelt. Nochmals ein Bild, das Steine zu Lachkrämpfen erweichen kann, als Ehrlich seinem Kollegen aus der bedrängten Lage hinaushilft.

»Licht aus! Fertig!«

Es dauert Minuten, bis sich die Umstehenden von ihrem Lachen erholen können und tränenden Auges der Dinge harren, die nun noch kommen sollen.

»Kinder, das war glänzend! Nun könnt ihr herunterkommen.«

Wallburg ist ganz aufgeräumt. Er tut, als sitze er jetzt quietschvergnügt auf dem Kamin hoch über einer Stadt:

»Zeisler, hu–hu, winke-winke, ich kann euch sehen, aber nur ganz klei–en! Ich bin gar nicht mehr schwind–lig!«

Nochmals brüllt alles vor Vergnügen. Kaum hat Wallburg über die ihm hingehaltene Leiter wieder festen Boden unter den Füßen, schreit er, mit einem schadenfrohen Blick auf Ehrlich, der noch auf seinem Kamin thront:

»Leiter weg!«

»Nee, Freundchen, ich bin Eskaladierwand gesprungen!« sagt der voll Schadenfreude und springt gelenkig von seinem Sitz herunter.

»So, Wallburg, nun noch eben die Szene, wo du auf den Kamin heraufturnst. Schnell, Abhörprobe!«

»Zeisler, muß ich da die ›Akrobatik‹ auch machen?«

»Nein, mach' es nachher sofort in natura!«

Auch das ging mit viel Humor vorüber.

»Wie denken Sie denn über Ihre demnächstige Reise ins Ötztal und Ihre Touristik auf den Gletscher?« fragte ich Otto Wallburg, als er sich in einen Sessel niederließ.

»Na, so Sachen wie Trenker werde ich nicht machen! Das wäre ja Imitation! Aber immerhin, mit den mir verpaßten Steigeisen und dem Eispickel weiß ich schon umzugehen!«

»Ja«, warf Ehrlich ein, »ich bin ihm frühmorgens schon ein paarmal auf dem Kreuzberg begegnet, Sie wissen doch, dem höchsten ›Berg‹ Berlins in Tempelhof!«

»Daß du deinen Rand nicht halten kannst, altes Lästermaul! Dich möchte ich später nur erst in dem Film sehen! Sonst ist er aber ein guter Kerl, der Ehrlich. Bild dir darauf aber nur nichts ein! – Nun, Spaß beiseite. Auf diese Reise ins Ötztal freue ich mich ungemein. Das erstemal, daß ich für einen Film und dessen Außenaufnahmen auf Reisen gehe. Ich bin doch seit 1925 nicht aus Berlin weggekommen, habe jeden Abend im Theater arbeiten müssen. Deshalb wird es für mich nebenher auch ein wenig Erholung sein, da unten in Bayern, trotz der nicht geringen Anspannung und Anstrengungen für die Aufnahmen, die mich erwarten.«

»Na, dann Hals- und Beinbruch!«

Das war eine halbe Stunde draußen in Neubabelsberg. Das waren Blitzlichter einer einzigen Szene aus dem dort in seinen Atelieraufnahmen fertiggestellten großen Tonfilm »Der Hochtourist«. Otto Wallburg spielt und blubbert ihn in seiner unvergleichlichen Komik. Max Ehrlich und Eugen Rex helfen ihm dabei nach Kräften. Im Atelier, besonders auf den Dächern Münchens, wo in ausgelassenster Stimmung die Bohème ein Künstlerfest arrangierte.

Am 27. 11. 1931 prangt am Berliner Gloria-Palast in großen Lettern der Schriftzug »Otto Wallburg in ›Der Hochtourist‹«. Zum erstenmal wird Otto Wallburg ganz groß herausgestellt in diesem Ufa-Film. Er ist der Stadtrat Theodor Mylius, der vorgibt, im Hochgebirge Klettertouren zu unternehmen, während er sich Seitensprünge in einer Münchner Stadtwohnung erlaubt, bis der Schwindel auffliegt. Mit dabei sind Erika Glässner, Maria Solveg, Eugen Rex,

Otto Wallburg
Der Hochtourist
mit
Maria Solveg
Trude Berliner, Erika Glässner,
Theo Shall, Eugen Rex,
Max Ehrlich
Manuskript:
J. v. Cube und Paul Frank
Bild: K. Tschet und B. Wentzel / Ton:
Dr. Gerhard Goldbaum / Bau: W. A.
Herrmann und H. Lippschitz / Musik:
Otto Stransky / Texte: Ruth Feiner
Musikalische Leitung:
Hans - Otto Borgmann
Produktion und Regie:
Alfred Zeisler
Ein Ufa-Tonfilm
Täglich 7, 9^{15}
Gloria - Palast

Theo Shall, Wolfgang Zilzer, Max Ehrlich, Trude Berliner, Leopold von Ledebur und Erik Ode. Bei der Uraufführung tobt das Publikum vor Begeisterung, ein strahlender Otto Wallburg steht 15 Minuten lang vor dem Vorhang und gibt sich den Ovationen hin. Die Kritiken sind durchweg positiv. Der Kinematograph: »Otto Wallburg ist in jeder Szene im wahrsten Sinne des Wortes auf der Höhe. Er erzielt Lacher auf Lacher.« Licht-Bild-Bühne: »Der Gloria-Palast rast förmlich vor Vergnügen, der Jubel will gar kein Ende nehmen, ein hundertprozentiger Heiterkeitserfolg, wie man ihn selten so stark in diesem vornehmsten Uraufführungstheater erlebt hat. Ein denkwürdiger Abend für den großen Komiker Wallburg. Man muß ihn einfach gesehen haben.« BZ am Mittag: »Otto Wallburg urdrollig.« Berliner Tageblatt: »O, welcher Jubel herrschte, und es war überwältigend, und als dann noch Wallburg losblubberte, war das Glück des Publikums vollkommen.« Nachtausgabe: »Otto Wallburg erzielt immer wieder Lacher auf Lacher.« Und schließlich: »Er ist in dieser Rolle einfach überwältigend und wird vielen Hunderttausenden Stunden fröhlichsten Vergnügens schenken. In einer Zeit, in der Lachen selten geworden ist, darf man das als großen Vorzug schätzen.« Mit dieser Hauptrolle gibt Otto Wallburg seinem Publikum, was es sehen will. Zeitkritik oder Politik ist nicht seine Sache. Ob er weiß, wieviele Arbeitslose es gibt, die sich nicht einmal den 50-Pfennig-Platz im Vorstadtkino leisten können?

Seit diesem Ufa-Film ist Otto Wallburg bei der größten deutschen Filmfirma fest unter Vertrag. Der Kassenmagnet erhält traumhafte Gagen, 100.000 Reichsmark pro Jahr, garantiert für 20 Drehtage, jeder weitere Drehtag, je nach Produktion, bis zu 2.000 Mark. Nur zwei Jahre später wird ihn die Ufa über Nacht fallenlassen...

Otto Wallburg ist offiziell immer noch am Deutschen Theater engagiert, gastiert aber gelegentlich in verschiedenen Berliner Theatern. Im Februar im Deutschen Künstlertheater als Rentier Krüger in Gerhard Hauptmanns »Biberpelz«. Am 8. 3. 1932 ist in der Volksbühne die Premiere von Shaws »Androklus und der Löwe« mit »Otto Wallburg, der als Kaiser einen Sportpalastberliner von ungeheurer Vitalität hinlegte«, wie Herbert Ihering schreibt. Im Mai spielt er wieder im Deutschen Theater, den Piepenbrink in Gustav Freytags »Journalisten«.

Aber im Vordergrund steht die Filmarbeit, die viel Zeit und Kraft kostet. Geradezu selten sind die kostbaren, entspannenden Stunden am Stölpchensee geworden. In ihrer hochherrschaftlichen Wohnung am Lietzenseeufer haben die Wallburgs oft Gäste; in der Ruhe und Abgeschiedenheit des Landhauses werden nur die besten Freunde empfangen: Felix Joachimson, Kurt Gerron, Paul Morgan, Heinz Rühmann, Reinhold Schünzel mit ihren Frauen. Otto Wallburg nimmt sich hier draußen Zeit für seine Familie. Seinen ersten Sohn Reinhart hat er im Kindesalter kaum gesehen; um so mehr vergöttert er nun den kleinen Klaus Peter, der der Hauskomiker der Familie ist, wie Otto schmunzelnd bemerkt.

Mit dem Berufskomiker der Familie entstehen in diesem Jahr wieder fast ein Dutzend Filme. Die Filmoperette »Zwei Herzen und ein Schlag« mit Lilian Harvey und Wolf Albach-Retty, die schon 1931 gedreht wurde, hat am 19. 2.

Otto Wallburg in dem Film »Das schöne Abenteuer«, 1932

1932 ihre Uraufführung. Es folgt »Das Lied einer Nacht« mit Magda Schneider und Jan Kiepura: hier verkörpert Otto Wallburg wieder einmal einen seiner bewährten Honoratioren. Im April geht die Ufa-Produktion »Das schöne Abenteuer« ins Atelier. Käthe von Nagy und Wolf Albach-Retty spielen die Hauptrollen, Regie hat Reinhold Schünzel, der Otto Wallburg freundschaftlich verbunden ist. Seit Stummfilmtagen setzt er ihn immer wieder gern ein, weiß ihm mehr zu entlocken als eine weitere Auflage der komischen Schablone, führt ihn hier, wie es in einer Besprechung heißt, zu »einer seiner menschlichsten Darstellungen«. Der Regisseur Gerhard Lamprecht gibt Otto Wallburg in der Produktion »Der schwarze Husar« eine ernstere Rolle, er ist der französische Gouverneur von Erfurt zur Zeit der Befreiungskriege gegen Napoleon. Dann wieder drei Komödien aus der Ufa-Traumfabrik: »Strich durch die Rechnung« mit Tony van Eyck und Heinz Rühmann, »Wenn die Liebe Mode macht« mit Renate Müller und Georg Alexander, die auch in »Wie sag ichs meinem Mann« die Partner von Otto Wallburg sind. Außerdem werden 1932 noch »Marion, das gehört sich nicht« und »Der große Bluff« abgedreht.

Als im November die im Sommer entstandene Verfilmung der Lehar-Operette »Friederike« zur Uraufführung kommt, hält sich Otto Wallburg in Wien auf. Er gibt ein Theatergastspiel in Franz Molnars »Harmonie«. Tagsüber steht er in den Sascha-Ateliers in Sievering für den Film »Madame wünscht keine Kinder« vor der Kamera. Die Uraufführung ist am 16. 1. 1933 in Berlin. Noch scheint alles wie sonst zu sein. Filmpremiere mit großem Aufwand, viel Applaus, ausgiebigen Feiern. Liane Haid, Georg Alexander, Lucie Mannheim,

Erika Glässner, Hans Moser und Otto Wallburg verbeugen sich gemeinsam mit Regisseur Hans Steinhoff vor dem Vorhang des Atrium-Filmtheaters. Otto Wallburg ist schon wieder mit Dreharbeiten beschäftigt: »Die kleine Schwindlerin« mit Dolly Haas und Harald Paulsen. Gleich darauf entsteht »Gruß und Kuß Veronika« mit Franziska Gaal und Paul Hörbiger.

Daß währenddessen, am 30. 1., ein Mann namens Adolf Hitler die Regierungsgewalt in Deutschland übernommen hat, nimmt Otto Wallburg nur am Rande wahr. Er hat viel zu tun, er dreht »Die Tochter des Regiments« mit Anny Ondra und Werner Fütterer, »Sag mir, wer du bist« mit Liane Haid und Victor de Kowa, »Was Frauen träumen« mit Nora Gregor und Gustav Fröhlich. Otto Wallburg ist so sehr in Verträge gebunden, daß er Anfang Februar 1933 der Ufa, die ja eine Option auf ihn hat und anfragt, ob er eine Rolle in »Liebe muß verstanden sein« übernehmen könne, absagen muß. Es wird aber gleich ein Vertrag für die Produktion »Kind, ich freu mich auf dein Kommen« geschlossen, die ab März unter der Regie seines Freundes Kurt Gerron entstehen soll.

Auch die neuen Herren in Deutschland sind sehr beschäftigt. Daß Dr. Joseph Goebbels, ein Mitglied der neuen Regierung, am 28. 3. im Hotel Kaiserhof eine programmatische Rede vor Filmschaffenden gehalten hat, davon hört Otto Wallburg. Auch davon, daß bei dieser Gelegenheit Fritz Langs »Nibelungen« ausdrücklich gelobt wurden. Lang ist auch Jude, also kann es nicht so schlimm werden mit den neuen Machthabern, meint Otto Wallburg.

Der Ufa-Vorstand erkennt die Zeichen der Zeit besser, schließlich hat den Vorsitz des Aufsichtsrates der Geheimrat Alfred Hugenberg, der deutschnationale Pressezar, der zu den Totengräbern der Weimarer Republik zählt. Gleich am Tag nach der Goebbels-Rede wird eiligst ein weiterer Punkt auf die Tagesordnung der Vorstandssitzung gesetzt: »Behandlung der Frage über die Weiterbeschäftigung von jüdischen Mitarbeitern und Angestellten in der Ufa.« Tags darauf gibt das Protokoll die Beschlüsse wieder: »Mit Rücksicht auf die infolge der nationalen Umwälzung in Deutschland in den Vordergrund getretene Frage über die Weiterbeschäftigung von jüdischen Mitarbeitern und Angestellten in der Ufa beschließt der Vorstand grundsätzlich, daß nach Möglichkeit die Verträge mit jüdischen Mitarbeitern und Angestellten gelöst werden sollen.« Im Folgenden wird ausgeführt, wie mit den in Frage kommenden Personen im einzelnen verfahren werden soll. Unter 5.0) heißt es: »Julius Falkenstein und Otto Wallburg: da gegen ihre Persönlichkeiten auch bei den Regierungsparteien keine Bedenken bestehen, steht ihrer Weiterbeschäftigung nichts im Wege, jedoch soll vermieden werden, ihnen tragende Rollen zu geben.«

Der Hochtourist beim Abstieg, keine tragenden Rollen mehr, das heißt sporadische Engagements, wenn überhaupt. Otto Wallburg erhält drei Tage später den schriftlichen Bescheid, daß sein Ufa-Vertrag »aus gegebenem Anlaß« gekündigt wird. Jetzt endlich merkt er, was vorgeht, kann es nicht fassen, begehrt auf, wehrt sich. Er ruft das zuständige Schiedsgericht an, bittet Paul Hörbiger um Hilfe, der ihn als Standesvertreter bei der Verhandlung unterstützen soll. So kommt es Anfang Mai zu einem Vergleich, wonach Otto Wallburg

Otto Wallburg mit Ehefrau Charlotte und Söhnchen Klaus Peter im Garten des Wochenendhauses am Stölpchensee, 1933

zwei Drittel seiner garantierten Jahresgage erhält und ansonsten »nach Individualität beschäftigt« wird. Ganz klar, die Traumfabrik Ufa wird durchaus nicht von Traumtänzern betrieben. Hier wird in erster Linie kaufmännisch gedacht, und es hat eben keinen Sinn, jetzt noch in jüdische Schauspieler zu investieren. So wird neben vielen anderen auch der eben noch so begehrte Ufa-Star Otto Wallburg ausgebootet. Der erste Schritt zur Entrechtung des jüdischen Deutschen Otto Wallburg ist vollzogen. Er ist noch gefragt, aber nicht mehr tragbar, nicht für die Ufa. Nur eine kleine, unabhängige Filmfirma, die Primatonfilm, wagt es in dieser prekären Situation noch, mit Otto Wallburg Verhandlungen für einen Film zu führen. »Der Zarewitsch« nach Franz Lehars Operette soll mit Marta Eggerth und Hans Söhnker in den Hauptrollen im Spätsommer ins Atelier gehen. Ein Vertrag mit Otto Wallburg wird allerdings erst abgeschlossen, nachdem geklärt ist, daß sein Engagement die Verleihfirma Ufa nicht stört.

Im Mai spielt er zum letzten Male Theater in Berlin, im Komödienhaus in dem Stück »Da stimmt was nicht«. Als eines Abends Mitte Mai Joseph Goebbels unter den Zuschauern ist, erregt dies großes Aufsehen. Die Presse berichtet über diesen Besuch und meint, Wallburg sei zwar nicht arisch, aber als Frontkämpfer des Weltkrieges und Träger des Eisernen Kreuzes dürfe er selbstverständlich wie alle Nichtarier, die ihre Pflicht als Vaterlandsverteidiger erfüllt hätten, in Deutschland weiter Theater spielen. Seinem Tagebuch wird Goebbels anvertrauen: »Abends Komödienhaus. ›Da stimmt was nicht‹. Der Jude Wallburg ist zum Weinen.«

Der Sommer 1933 wird für ihn elend lang und ruhig. Zu ruhig für den aktiven, erfolgverwöhnten Otto Wallburg. Viel Zeit für Erholung hat er sich nie gegönnt. Jetzt hat er Zeit, viel Zeit. Aber er kann sich nicht erholen. Er bangt und hofft doch immer noch. Erich Engel meldet sich. Er will im Herbst den Film »Inge und die Millionen« drehen, bei der Ufa. Engel, selber gefährdet, hat sich für Otto Wallburg eingesetzt, ihn noch einmal durchgesetzt. Ein Hoffnungsschimmer. Auch die Cicero-Film engagiert ihn für den Weiß-Ferdl-Film »Konjunkturritter«. Otto Wallburg soll einer dieser Konjunkturritter sein, aber was solls, wenn man ihn nur spielen läßt. Es wird sein letzter Film in Deutschland.

Die Film-Illustrierten, die vom Entstehen der Filme berichten, nehmen kaum noch Notiz von Otto Wallburg. In der Briefspalte, in der die Leser der »Filmwelt« Fragen zum Filmgeschehen an die Redaktion stellen können, wird ein Leser, der sich wohl erkundigt hatte, ob Otto Wallburg »Arier« sei, belehrt: »Selbstverständlich nicht! Sie scheinen noch ein Anfänger in der Rassenkunde zu sein.«

Otto Wallburg selbst aber gibt sich Illusionen hin, er ist auch Anfänger in Rassenkunde. Er beantragt seine Aufnahme in die gerade eingerichtete Reichskulturkammer, weist auf seine Kriegsauszeichnungen hin. Er erhält lediglich eine vorläufige Auftrittserlaubnis, die es ihm ermöglicht, an den Scala-Festspielen vom 1.–31. Oktober 1933 teilzunehmen. Seine Partner sind Maria Solveg, Werner Finck und Paul O'Montis. »Festspiele der anrüchigen Figuren« nennt Joseph Goebbels die Veranstaltung.

Max Gülstorff, Otto Wallburg, Georg Alexander, Anton Pointner, Ery Bos und Ida Wüst in dem Film »Der Zarewitsch«, 1934

Otto Wallburg hofft immer noch, worauf eigentlich? Die meisten seiner jüdischen Kollegen haben Deutschland im Laufe dieses Jahres verlassen. Curt Bois und Felix Bressart sind in Wien, Conrad Veidt, Fritz Kortner und Paul Graetz in England; Ernst Deutsch ist in Prag, Siegfried Arno in der Schweiz, Peter Lorre in Frankreich. Szöke Szakall und Ernst Verebes sind in ihre Heimat Ungarn zurückgekehrt. Nur Otto Wallburg hofft auf seine Aufnahme in die Reichskulturkammer. Angebote gibt es nun, zur Jahreswende 1933/34, keine mehr, dafür anonyme nächtliche Schmähanrufe. Doch Otto Wallburg harrt aus, wartet ab, kann sich von Berlin nicht trennen. Er ist doch hier geboren, aufgewachsen, hat große Erfolge gehabt, hat die Kultur dieser Stadt ein bißchen mitgeprägt.

In seiner Verzweiflung wendet er sich an Arthur Hellmer, der immer noch das Neue Theater in Frankfurt betreibt. Dieser nimmt sofort zwei Stücke, für die Otto Wallburg präpariert ist, in den Spielplan auf. Im März 1934 spielt man hier nun abwechselnd »Lieber reich, aber glücklich« und »Da stimmt was nicht«

mit Otto Wallburg. Der ehemalige Star des Neuen Theaters erscheint in der Besetzung ganz am Schluß, man schreibt eben 1934 und nicht 1924. Sein Erfolg und die Anhänglichkeit seines alten Frankfurter Publikums, das ihn nicht vergessen hat, machen Otto Wallburg neuen Mut. Hastig wird ein Ensemble zusammengestellt, er will ab April mit »Lieber reich, aber glücklich« auf Tournee gehen. Immer noch gilt die vorläufige, jederzeit widerrufbare Spielerlaubnis. Das Publikum ahnt davon nichts, denn Otto Wallburg ist keiner der jüdischen Künstler, die schon als Zielscheibe herhalten müssen wie Kurt Gerron oder Fritz Grünbaum. Im Gegenteil, Publikum und Presse feiern den Filmstar und Theaterschauspieler. Am 3. 4. 1934 ist das Ensemble mit Otto Wallburg, Hans Sanden, Baby Gray, Harry Giese, Walter Bechmann, Ery Bos und Erik Ode in Köln im Reichshallentheater. Der Neue Tag schreibt: »An der Spitze der Mitwirkenden steht natürlich Otto Wallburg. Er ist den Kölnern längst kein Unbekannter mehr, wie man schon aus dem starken Begrüßungsbeifall entnehmen konnte.« Hier scheint allerdings auch noch unbekannt zu sein, daß dieser Otto Wallburg Jude ist. Kölner Stadtanzeiger:

»Diese Operette ist ein Schwank um die tugendhafte Person des Buchhalters Eduard Haselhuhn. Otto Wallburg stellt ihn dar und gibt ihm das volle Schwergewicht seiner Persönlichkeit. Nennt man ihn witzig, lustig, humorvoll oder launig, so trifft das nicht die Art seiner Wirkung. Er hat die Komik in seinem dicken Bauch, wie andere den Humor im Gemüt, den Witz im Gehirn haben. Ein dicker Bauch verschafft Volkstümlichkeit, nicht zuletzt, weil er eine warme und gute Seele birgt und weil er noch in den verlorensten Situationen durch sich selbst wirkt, durch sein animalisches Dasein. Wallburgs Komik ist animalischer Art, plappernd, bubbelnd, fuchtelnd, schnaufend und schimpfend – alles bei ihm kommt aus der Leibesfülle, aus den fetten Gründen eines starken Zwerchfells. Er hat es nicht notwendig, ins Lächerliche auszuschweifen, seine Erscheinung ist eine einzige Ausschweifung ins Komische. Gehirne setzen sich durch und behalten recht, Bäuche aber sind da und haben immer recht. Deshalb wirkt seine Komik ohne Umstand und besonderen Aufwand echt. Dieser Buchhalter Haselhuhn, von Otto Wallburg verkörpert, ist eine Figur des täglichen Lebens. Du kannst ihr morgens auf der Straßenbahn begegnen.«

Nicht mehr lange, und das Straßenbahnfahren wird Juden verboten sein.

Am 17. 4. ist das Ensemble in Wuppertal Elberfeld im Deutschen Theater Salamander, »Otto Wallburg persönlich« verheißt ein großes Schild über dem Eingang. Der Generalanzeiger schreibt:

Werbeplakat während der letzten Tournee, 1934

»Lieber reich, aber glücklich«, Köln 1934; von links: Harry Giese, Irma Berlos, Otto Wallburg, Ery Bos, Walter Bechmann, darüber Baby Gray und Erik Ode, dahinter (halb verdeckt) Charlotte Wallburg

»...eine wahre Bombenrolle für Otto Wallburg, dessen glänzende Charakterisierungskunst und urkomischer Humor sich hier in der Person des Buchhalters Eduard Haselhuhn voll entfalten können. [...] Die Beliebtheit des Schauspielers, der ja vom Film her allgemein bekannt und geschätzt ist, zeigte sich darin, daß das Publikum, das erfreulicherweise das Haus fast füllte, ihn schon bei seinem ersten Auftreten herzlich begrüßte und ihn am Ende, nachdem es sich fast totgelacht hatte, mit stürmischem Beifall überschüttete.«

Dem »geschätzten« Schauspieler reist ein Brief hinterher, der von der Reichskulturkammer aufgegeben wurde. Durch die jeweils nur kurzen Aufenthalte erreicht er ihn erst in Darmstadt im Orpheum. Der Kritiker des Darmstädter Tageblattes schreibt über Otto Wallburg: »Wir verdanken ihm ein paar Stunden herzhaften Lachens.« Die Reichskulturkammer schreibt ihm: »Die vorläufige Spielerlaubnis ist hiermit aufgehoben.« Der Jubel des Publikums der letzten

Wochen ist nichts mehr wert, die neue Regierung hat entschieden, daß der jüdische Schauspieler nicht mehr tragbar ist.

Für den 24. 4. ist das Ensemble im Apollo-Theater in Saarbrücken avisiert. Das Saarland ist seit dem Ersten Weltkrieg dem Völkerbund unterstellt, bis hierher reicht die Macht der neuen Herren in Deutschland nicht. Und wieder: »Lieblinge des Publikums persönlich in Saarbrücken« heißt es am 26. 4. 1934 in der Saarbrücker Zeitung; am 29. 4.: »Der täglich sich steigernde Erfolg veranlaßte uns, das Otto Wallburg-Gastspiel einige Tage zu prolongieren.« »Wallburg ist und bleibt eine Kanone« schreibt die Kritik. Anfang Mai folgt dann ein dreitägiges Gastspiel in Luxemburg, wo man sich rühmt: »Es ist der Direktion des Cinema Marivaux unter großen Opfern gelungen, das Otto Wallburg-Ensemble zu gewinnen. Otto Wallburg, der zur Zeit beliebteste Komiker, tritt in der Operette »Lieber reich, aber glücklich« mit seinem Ensemble auf, dem die beliebten Filmstars Ery Bos und Baby Gray angehören. Eine Verlängerung des Gastspiels ist keinesfalls möglich, da die Truppe bereits am Montag zu Gastspielen nach Wien abreisen muß.«

Ja, der beliebte Komiker muß abreisen, er treibt jetzt im Strom der Emigranten. In Deutschland hat man ihm jede Möglichkeit zu arbeiten genommen; in Österreich ist er noch willkommen. Zuerst Salzburg, dann Klagenfurt, wo er »mit lebhaftem Beifall als guter Bekannter aus der Filmwelt begrüßt« wird. Weiter nach Wien in die Scala; am 13. 5. schreibt »Die Stunde«: »Dabei hat Wallburg auch Momente stiller Besinnlichkeit, ja sogar einer zu Herzen gehenden Resignation, die Beweis nicht nur für sein Können als Lustigmacher, sondern auch für sein Können als großer Schauspieler sind.«

Die Resignation wird von nun an auch Otto Wallburgs Privatleben begleiten. Die Tournee, die in Frankfurt begann, in Köln, Darmstadt, Wuppertal, Saarbrücken und Luxemburg bejubelt und beklatscht wurde, ist Anfang Juni mit dem Gastspiel an der Wiener Scala beendet. Charlotte Wallburg, die die Nebenrolle einer Zofe spielte, fährt nach Berlin, um den kleinen Klaus Peter zu holen. Otto Wallburg bleibt in Wien, er hat Angst, noch einmal nach Deutschland zu reisen. Er wird Berlin und Berlin wird ihn nie wiedersehen.

Karikatur von Walter Trier

In Wien wimmelt es von deutschen Künstlern, die aus Hitler-Deutschland geflohen sind. Alle suchen natürlich Arbeit, wollen spielen. Otto Wallburg hat zum Glück gute Freunde, die ihm den Neuanfang erleichtern. Der Regisseur Hermann Kosterlitz und der Autor Felix Joachimson beschäftigen ihn sogleich in ihrem Film »Peter, das Mädchen von der Tankstelle« mit Franziska Gaal, Hans Jaray und Felix Bressart. Otto Wallburg hat eine dankbare, komische Rolle; in den Szenen mit dem jugendlichen Komiker Hans Richter, der ihn bei dem Kartenspiel »Bock und Zippe« hereinlegt, scheint er fast der alte zu sein. Aus Berlin kommend, trifft Charlotte mit dem kleinen Klaus Peter bei den Dreharbeiten in Budapest ein, so ist die Familie wieder vereint.

Immerhin ist ein neuer Anfang im Film gemacht. Abends hat Otto Wallburg nun sogar Zeit, selber ins Theater zu gehen. Als Zuschauer erlebt er im Burgtheater am 6. 11. 1934 Carl Zuckmayers erste Uraufführung in der Emigration: »Der Schelm von Bergen«. Aber bald schon betritt Otto Wallburg Theater wieder durch den Bühneneingang, Otto Preminger gibt ihm einen Jahresvertrag für die Scala. So hat er neben den Filmaufgaben wenigstens sein Auskommen, denn an sein Vermögen in Deutschland kann er nicht heran. Eine Reise nach Berlin wäre viel zu gefährlich, außerdem sind die Konten beschlagnahmt. Der jetzt 22jährige Sohn Reinhart sitzt im KZ Lichtenburg, weil er eine ›arische‹ Freundin hat, deren Eltern das Verhältnis mißbilligten. Währenddessen steht Otto Wallburg in den Ateliers von Sievering in einer Liebeskomödie vor der Kamera: »Bretter, die die Welt bedeuten«. Regie führt sein Freund Kurt Gerron. Im Überlebenskampf der Emigration gibt es einige, die zusammenhalten und einander helfen. So sorgt wieder Kosterlitz für die nächste Filmrolle: Wallburg spielt den Verleger Haller in »Ball im Savoy« nach Paul Abrahams Operette. Gitta Alpar, Rosi Barsony, Hans Jaray und Felix Bressart sind seine Partner. Es scheint so, als spiele sich ein wesentlicher Teil deutscher Kultur jetzt in Österreich ab. Mit Kosterlitz als Regisseur und Joachimson als Autor werden jetzt die Filme »Kleine Mutti« und »Katharina, die Letzte« gedreht. Außerdem entstehen 1935 noch die Streifen »Alles für die Firma« und »Viereinhalb Musketiere«. Sechs Filme in einem Jahr. Wenn auch die Gagen längst nicht so hoch wie in Deutschland sind, die Wallburgs können leben. Als im September 35 Reinhart Wallburg nach 13monatiger »Schutzhaft« aus dem KZ Lichtenburg entlassen wird und nach Wien kommt, ist Otto Wallburg die Sorge um seinen Ältesten genommen. Reinhart organisiert nun mit jugendlichem Elan Theater- und Kabarettvorstellungen, die größtenteils von Emigranten bestritten werden. In einigen Sketchen wie »Ich bin es nicht«, »Die eiserne Jungfrau« und »Ovelgönne« treten dann Otto, Charlotte und Reinhart sogar gemeinsam auf, so bleibt das Geld in der Familie. Und der Komiker Otto Wallburg hat ja einen guten Ruf, er kommt auch hier gut an. Sie spielen im Kabarett Leicht im Wiener Prater, im Varieté Ronacher, im Lieben Augustin, in der Literatur am Naschmarkt. Doch diese Erfolge an Kleinkunstbühnen können über den langsamen Abstieg des Schauspielers Otto Wallburg nicht hinwegtäuschen. Sein Erfolg am Kabarett in Berlin stand neben dem Erfolg an großen Theatern, den es hier für ihn nicht mehr gibt. Ab und an hat er eine schöne Rolle wie die des »Jacques Morelli« in der Lustspiel-Operette »Der König mit dem Regenschirm« von Ralph Benatzky. Von April bis September 1935 erlebt diese Preminger-Inszenierung im Theater in der Josefstadt mehr als 100 Aufführungen. Nach dieser Erfolgsserie gelingt es Otto Wallburg, einen Vertrag mit dem Deutschen Volkstheater abzuschließen, wo er in der Spielzeit 1935/36 sporadisch eingesetzt wird.

Bei dem Kampf um Arbeit, ums Überleben, sind ständig Enttäuschungen zu verkraften. Beim Film engagiert man nun schon nicht mehr so gerne deutsche Emigranten, zeigt sich doch, daß Filme mit ihnen vom deutschen Markt nicht mehr abgenommen werden. Filme allein im kleinen Österreich auszuwerten ist kein großes Geschäft. Dem deutschen Regisseur Richard Oswald gelingt es noch einmal, einen Film zu realisieren, in dem fast nur jüdische Emigranten mitspielen. Anfang 1936 entsteht »Heut' ist der schönste Tag in meinem Leben« mit einer Doppelrolle für den Sänger Joseph Schmidt, den kleinen Sänger mit der großen Stimme, die strahlend verkündet, was für alle heimatlos Gewordenen, die dabei sind, wie Hohn klingen muß: »Heut' ist der schönste Tag in

Otto Wallburg mit Szöke Szakall in dem Film »Viereinhalb Musketiere«, 1935

meinem Leben.« Sie alle haben ihre schönsten Tage längst hinter sich. Joseph Schmidt wird von einem gerissenen Verwandten um die Erträge seiner Schallplatten und Konzerte betrogen. Felix Bressart, in Ostpreußen geboren, wartet auf sein Visum für die USA. Richard Oswald muß sich in Wien als »Filmjude« beschimpfen lassen.

Otto Wallburg hat noch ein letztes Filmangebot: »Bubi, der kleine Kavalier«, ein ganz billig produzierter Film, wird im Sommer 1936 in Ungarn gedreht. Aber der Star dieses Films ist der 10jährige Mircha, ein kleiner Rumäne mit einem hübschen Knabensopran. Otto Wallburg hat nurmehr eine bessere Nebenrolle. Dann kommt kein Filmangebot mehr.

Im Theater an der Wien ist man momentan mit der Vorbereitung der Uraufführung des musikalischen Lustspiels »Axel an der Himmelstür« beschäftigt. Ralph Benatzky hat die Musik, Paul Morgan das Libretto geschrieben. Beide kennen Otto Wallburg aus Berlin, haben dort schon mit ihm gearbeitet. Sie sehen, wie sehr er darunter leidet, nicht mehr gefragt zu sein, und verschaffen ihm eine kleine Rolle in dem Stück, in dem eine Schwedin namens Zarah Leander erstmals im deutschsprachigen Raum auftritt. Diese Sängerin mit der interessanten Kontra-Altstimme heimst den Erfolg der Premiere am 1. 9. 1936 ein. Auf Otto Wallburg achtet hier kaum noch jemand. Im Oktober 1936 bietet sich noch einmal die Gelegenheit, eine interessante Rolle in einem klassischen Stück zu übernehmen. Am Deutschen Volkstheater spielt er im »Hamlet« neben Hans Jaray, Vilma Degischer, Maria Fein, Hans Hinrich und Karl Skraup. Er erntet ein Lob des Kritikers Alfred Polgar: »... Otto Wallburg als Polonius in bester Mischung von sympathischen und lächerlichen Wesenszügen.« Aber auch dieser letzte Erfolg in Wien verrauscht mit dem Beifall.

Irgend etwas Neues ist nicht in Sicht, es wird ruhig um Otto Wallburg. Otto Preminger, der ihn an der Scala beschäftigt hatte, ist in die USA gegangen. Ebenso Felix Joachimson und Hermann Kosterlitz, die immer wieder für Filmrollen gesorgt hatten. Auf eigene Faust unternehmen Otto und Charlotte Abstecher bis nach Ungarn, Polen und Rumänien, spielen dort ihre Sketche und Blackouts. Das Publikum besteht oft nur aus 20 bis 30 Personen. Die kärgliche Gage reicht für das tägliche Brot, die Rückfahrt nach Wien. Das Geld ist knapp, zum Sparen bleibt nichts übrig. Die österreichischen Antisemiten machen jetzt vermehrt Stimmung gegen Juden, ob einheimische oder Emigranten. Für den jüdischen Komiker Otto Wallburg, in Berlin geboren, in Österreich in der Emigration, wird es hier kein dauerhaftes Zuhause geben. Man läßt ihn nicht mehr spielen, das ist kein Leben für ihn. Fast 30 Jahre hat er auf der Bühne gestanden, in den letzten 10 Jahren Dutzende von Filmen gedreht, jetzt ist er kaltgestellt. Zuerst in Deutschland, nun auch in Österreich. Aber er will, er muß doch spielen, hat so viel zu geben, braucht natürlich seine Muttersprache, wie könnte er auf englisch blubbern, was soll er in Amerika? Felix Joachimson, jetzt Jackson, und Kosterlitz, jetzt Henry Koster, signalisieren von drüben Hilfsbereitschaft.

Otto Wallburg nimmt sie nicht in Anspruch. Er wendet sich an das Zürcher Schauspielhaus, das schon für Therese Giehse, Sybille Binder, Wolfgang Heinz, Kurt Horwitz, Leonard Steckel und Ernst Ginsberg zur sicheren Zuflucht geworden ist. Dort wird unter Leopold Lindtbergs Regie so Theater gespielt, wie man es in Berlin vor 1933 gewohnt war. Otto Wallburg hat das Pech, dort ausgerechnet in der Premiere von »Turandot dankt ab« zu debütieren. Das Stück, verfaßt von der Frau des Direktors, fällt durch. Direktor Rieser, offensichtlich auf der Suche nach Schuldigen, behauptet, Otto Wallburg habe nur gelispelt. So ist das Gastspiel schnell beendet, der Geschaßte kehrt nach Wien zurück. Ein kleiner Trost ist, daß es im Falle eines festen Engagements wohl kaum eine längere Schweizer Aufenthaltsgenehmigung für die vierköpfige Familie Wallburg gegeben hätte. Reinhart, mittlerweile 25 Jahre alt, geht nach Frankreich und versucht dort Fuß zu fassen. Otto Wallburg sitzt mit Charlotte und dem sechsjährigen Klaus Peter in einer kleinen Wohnung in Wien, ohne Arbeit, ohne Geld. Einige Freunde sind in die sicheren und gastfreundlichen Niederlande weitergezogen. Kurt Gerron und Siegfried Arno berichten in Briefen, daß sie dort ihr Auskommen haben. Rudolf Nelson und Willy Rosen betreiben sogar eigene Theater. So bemühen sich auch die Wallburgs um ein Visum, das nicht lange auf sich warten läßt. Anfang Mai 1937 reisen sie über die Schweiz und Frankreich nach den Niederlanden. Zuerst nach Den Haag, wo Siegfried Arno für sie Quartier gemacht hat. Dann weiter nach Scheveningen, einem feudalen Seebad, wo Otto Wallburg im »Lutine Palace«, einem Unterwasserkabarett, ein erstes Engagement findet. Er wird Mitglied in Willy Rosens »Theater der Prominenten«, das dann Anfang September nach Amsterdam geht. Aber Otto Wallburg ist nicht mehr prominent, genausowenig wie Siegfried Arno und die anderen Mitwirkenden dieses Theaterunternehmens. Sie alle waren es einmal, damals in Berlin. Liegt das wirklich erst drei, vier Jahre zurück?

Besuch des Boxers Max Schmeling bei deutschen Emigranten in den Niederlanden; Willy Rosen (2. v. l.), Otto Wallburg und Siegfried Arno (2. v. r.)

Das erste Programm, in dem Otto Wallburg am 5. 9. 1937 mit dem Theater der Prominenten in Amsterdam auftritt, heißt »Bitte einsteigen«. Otto Wallburg aber ist ausgestiegen, angekommen auf der letzten Station, die er selbst gewählt hat auf dieser Odysee. Beim nächsten Ortswechsel wird er ungefragt verfrachtet werden, im Viehwagen, Richtung Osten...

Alle drei bis vier Wochen bringt der nimmermüde Willy Rosen ein neues Programm heraus: »Vorhang auf« heißt es am 30. 9. 1937, »Hinter den Kulissen« am 20. 10. 1937. Die Titel klingen so optimistisch; wie schön wäre es für Otto Wallburg, hier noch einmal Fuß zu fassen. Er möchte doch nur spielen, etwas Geld verdienen, seine Familie versorgen können, leben.

Ende 1937 ist er gezwungen, zu pausieren. Wieder meldet sich die Krankheit, die ihn letztendlich seine charakteristische Leibesfülle kosten wird. Während er im Krankenhaus liegt, bemüht sich Charlotte um Visa für Amerika, sie hat schon in Wien Englisch gelernt. Aber Otto will den deutschsprachigen Raum noch nicht verlassen, er zögert, den Sprung nach Amerika zu wagen, hofft immer noch, daß sich alles bessert. Seine junge Frau aber ist nun endgültig überfordert. Sie verläßt ihren Mann, um sich und vor allem das Kind zu retten, nimmt ihren Mädchennamen wieder an, reicht Anfang 1938 die Scheidung ein, versteckt den gemeinsamen Sohn vor seinem Vater und versucht alleine fertig zu werden.

Otto Wallburg ist allein. Ein einsamer, trauriger Komiker in der Emigration. Er lebt ganz für seine abendlichen Auftritte, in denen er immer wieder seine altbewährten Sketche bringt. Er braucht das Lachen und die Zuneigung des Publikums wie die Luft zum Atmen.

Im Februar 1938 erreicht ihn ein Brief aus Paris. Reinhart lebt ja mittlerweile in Frankreich, sie schreiben sich; dieser Brief aber kommt von Curt Bernhardt. Der deutsche Regisseur, als Emigrant in Frankreich gelandet, plant einen Film mit Suzy Prim und Charles Vanel: »Carrefour«. Otto Wallburg soll die Rolle des deutschen Arztes Otto Breithaupt übernehmen. Er kann es kaum fassen, sagt mit Freuden zu, reist nach Frankreich. Im Frühling 1938 besucht er Reinhart, der eine kleine Wohnung am Pariser Flughafen hat. Und er filmt wieder! Wie sehr ihm doch der ganze Filmbetrieb, die Atmosphäre der Ateliers gefehlt haben. Doch im Mai fällt die letzte Klappe für »Carrefour«, die Dreharbeiten sind beendet. Der Schauspieler Otto Wallburg, der einmal 50 Autogrammbitten pro Tag erhielt, hat zum letzten Mal vor einer Kamera gestanden. Er kann nicht einmal bis zur Uraufführung bleiben, da die Aufenthaltserlaubnis nur für die Dauer der Dreharbeiten gilt. Seine Filmkarriere ist beendet.

Zurück in Holland, erfährt er von seiner Ausbürgerung. Im Deutschen Reichsanzeiger vom 22. 6. 1938 steht: »Bekanntmachung: Aufgrund des § 2 des Gesetzes über den Widerruf von Einbürgerung und die Aberkennung der deutschen Staatsangehörigkeit vom 14. Juli 1933 erkläre ich, Reichsminister des Innern, im Einvernehmen mit dem Herrn Reichsminister des Auswärtigen folgende Personen der deutschen Staatsangehörigkeit für verlustig: [...] 28. Wasserzug (Wallburg), Otto Maximilian, geboren am 21. 2. 1889 in Berlin.« Sein Vermögen ist beschlagnahmt, fällt dem Deutschen Reich zu. Die Wohnung am Lietzenseeufer und das Landhaus am Stölpchensee, beides langst annektiert, werden versteigert. Den Erlös schluckt die Reichsfluchtsteuer, der er durch seine Emigration unterliegt. Deutschland hat sich seines Bürgers Otto Wallburg legal und »korrekt« entledigt. Das von ihm erarbeitete Vermögen fließt an sein Publikum zurück.

Die Scheidung von Charlotte ist im Mai ausgesprochen worden. Otto Wallburg lebt möbliert in Amsterdam in der gleichen Pension wie Kurt Gerron, Frans van Mieri Straat 78. Er gastiert mit seinen Sketchen im »Pavillon Riche« in Zandvoort, im »La Gaite« in Amsterdam, in Rudolf Nelsons »Kontinentalclub«. Immer wieder unterbrechen Krankenhausaufenthalte seine Arbeit. Er ist schwer zuckerkrank, kann bald gar nicht mehr auftreten. Schon völlig entkräftet, absolviert er noch ein Engagement im August 1939.

In Scheveningen trifft er zu dieser Zeit seine beiden Töchter Ellen und Lore, die stets Kontakt zu ihrem Vater gehalten haben. Da Otto Wallburg nunmehr wieder ledig ist, kommen die beiden in Begleitung ihrer Mutter, die den Vater ihrer Kinder jetzt zum ersten Mal seit der Scheidung im Jahre 1927 wiedersieht. Der ehemals so wohlbeleibte Mann ist nur noch ein Schatten seiner selbst. Gerüchte über einen bevorstehenden Krieg trüben dieses erste und letzte Wiedersehen. Kurz vor Kriegsausbruch fahren Ottos »drei Frankfurter Frauen« wieder nach Hause.

Otto Wallburg muß Anfang 1940 ins Krankenhaus, sein Zustand hat sich ständig verschlechtert, er nimmt enorm ab. An Reinhart schreibt er in den ersten Kriegsmonaten:

Deutscher Reichsanzeiger
und
Preußischer Staatsanzeiger.

Erscheint an jedem Wochentag abends. **Bezugspreis** durch die Post monatlich 2,30 RM einschließlich 0,48 RM Zeitungsgebühr, aber ohne Bestellgeld; für Selbstabholer bei der Anzeigenstelle 1,90 RM monatlich. Alle Postanstalten nehmen Bestellungen an, in Berlin für Selbstabholer die Anzeigenstelle SW 68, Wilhelmstraße 32. Einzelne Nummern dieser Ausgabe kosten 30 Rpf, einzelne Beilagen 10 Rpf. Sie werden nur gegen Barzahlung oder vorherige Einsendung des Betrages einschließlich des Portos abgegeben. Fernsprech-Sammel-Nr.: 19 33 33.

Anzeigenpreis für den Raum einer fünfgespaltenen 55 mm breiten Petit-Zeile 1,10 RM, einer dreigespaltenen 92 mm breiten Petit-Zeile 1,85 RM. — Anzeigen nimmt an die Anzeigenstelle Berlin SW 68, Wilhelmstraße 32. Alle **Druckaufträge** sind auf **einseitig** beschriebenem Papier **völlig druckreif** einzusenden, insbesondere ist darin auch anzugeben, welche Worte etwa durch **Fettdruck** (einmal unterstrichen) oder durch Sperrdruck (besonderer Vermerk am Rande) hervorgehoben werden sollen. — **Befristete Anzeigen** müssen **3 Tage** vor dem Einrückungstermin bei der Anzeigenstelle eingegangen sein.

Nr. 142 Reichsbankgirokonto Nr. 1913 bei der Reichsbank in Berlin — **Berlin, Mittwoch, den 22. Juni, abends** — Postscheckkonto: Berlin 41821 **1938**

Inhalt des amtlichen Teiles.

Deutsches Reich.

Preußen.

Amtliches.

Deutsches Reich.

Dem Portugiesischen Wahl-Konsul in Breslau, Herrn Otto Huthmacher, ist namens des Reichs unter dem 15. Juni 1938 das Exequatur erteilt worden.

Verleihung von Auszeichnungen für die Errettung von Menschen aus Lebensgefahr.

Der Führer und Reichskanzler hat folgende Auszeichnungen verliehen:

a) die Rettungsmedaille am Bande:

dem Häuer Robert Bednorz in Hindenburg in Oberschlesien,
dem Fahrdienstleiter Franz Böhm in Simbach am Inn,
dem Häuer Max Braedel in Hindenburg in Oberschlesien,
dem Flugzeugführer Karl Esau in Zölp bei Maldeuten in Ostpreußen,
dem Tischlerlehrling Walter Franke in Liegnitz,
dem Häuer Sylvester Gralka in Hindenburg in Oberschlesien,
dem Flugkapitän Kurt Großschopf in Berlin-Tempelhof,
dem Rechtsanwalt Dr. Hermann Hieronimi in Koblenz,
dem Zuschneider Georg Imm in Münster in Westfalen,
dem Häuer Heinrich Niesielski in Hindenburg in Oberschlesien,
dem Fahrradhändler Carl Plötzwich in Bremen,
dem Hauer Kurt Poese in Eisleben,
dem Funkermaschinisten Franz Preuschoff in Berlin-Lankwitz,
dem Flugzeugfunker Karl Schmischke in Berlin-Charlottenburg,
dem Boten Erwin Schulz in Berlin O 34,
dem Werkmeister Louis Vinson in Hohenkirchen, Kreis Hofgeismar;

b) die Erinnerungsmedaille für Rettung aus Gefahr:

dem Steinschläger Johann Bänsch in Ibsdorf, Kreis Wohlau,
dem Bergmann Johann Dries in Bündheim bei Bad Harzburg,
dem Regierungs- und Kulturrat Dr. Erich Frühsorge in Siegburg,
dem Schüler Gerhard Herrmann in Hof in Bayern,
dem Bergmann Wilhelm Loof in Bettingerode,
dem Tischlergesellen Josef Menzik in Gülzow, Kreis Cammin,
dem Kaufmann Friedrich Naeve in Lokstedt,
dem Bootsbauer Adolf Schäfer in Schwerin in Mecklenburg,
dem Kraftwagenführer Erhard Schaffarczyk in Malapane, Kreis Oppeln,
dem Betriebsführer Willi Schmidt in Bad Harzburg,
dem Rangierer Franz Schorn in Winz-Niederwenigern in Westfalen,
dem Hauptlehrer Fritz Stephan in Aich, Kreis Nürtingen,
dem Bergmann Hugo Vollrodt in Harlingerode am Harz.

Bekanntmachung über den Londoner Goldpreis

gemäß § 1 der Verordnung vom 10. Oktober 1931 zur Aenderung der Wertberechnung von Hypotheken und sonstigen Ansprüchen, die auf Feingold (Goldmark) lauten (Reichsgesetzbl. I S. 569).

Der Londoner Goldpreis beträgt am 22. Juni 1938
für eine Unze Feingold . . . . = 140 sh 10 d,
in deutsche Währung nach dem Berliner Mittelkurs für ein englisches Pfund vom 22. Juni 1938 mit RM 12,31 umgerechnet . . = RM 86,6829,
für ein Gramm Feingold demnach . . . = pence 54,3347,
in deutsche Währung umgerechnet . . . . = RM 2,78692.

Berlin, den 22. Juni 1938.

Statistische Abteilung der Reichsbank.
Reinhardt.

Bekanntmachung.

Auf Grund des § 2 des Gesetzes über den Widerruf von Einbürgerungen und die Aberkennung der deutschen Staatsangehörigkeit vom 14. Juli 1933 (RGBl. I S. 480) **erkläre ich** im Einvernehmen mit dem Herrn Reichsminister des Auswärtigen folgende Personen **der deutschen Staatsangehörigkeit für verlustig:**

1. Aaron, Albert, geb. am 13. 2. 1882 in Bobenhausen,
2. Billigheimer, Otto, geb. am 11. 4. 1896 in München,
3. Feuchtwanger, Martin, geb. am 18. 12. 1886 in München,
4. Flersheim, Ernst Karl, geb. am 13. 7. 1862 in Frankfurt/Main,
5. Heilbron, Martin Philipp, geb. am 25. 3. 1903 in Hamburg,
6. Hirsch, Werner, geb. am 19. 12. 1908 in Trier,
7. Kahn, Franz Max, geb. am 28. 12. 1889 in Mannheim,
8. Kahn, Daisy, geb. Rosenberger, geb. am 25. 4. 1899 in Frankfurt/Main,
9. Landsberg, Otto, geb. am 4. 12. 1869 in Rybnik,
10. Merzbach, Hilde, geb. am 2. 2. 1909 in Frankfurt/Main,
11. Natannsen, Hugo, geb. am 2. 11. 1897 in Köslin/Pommern,
12. Rosenbaum, Siegfried, geb. am 7. 6. 1873 in Czarnikau,
13. Sann, Hermann, geb. am 6. 6. 1871 in Labiau/Ostpr.,
14. Sonder, Artur, geb. am 27. 5. 1886 in Stadtlengsfeld (Thür.),
15. Schömann, Salomon, geb. am 3. 9. 1875 in Lösenich,
16. Schönfeld, Siegfried, geb. am 9. 2. 1885 in Hanau,
17. Schopflocher, Paul Julius, geb. am 22. 4. 1900 in Frankfurt/Main,
18. Schwarzloh, Georg, geb. am 19. 11. 1911 in Lübeck,
19. Steppacher, Walter, geb. am 21. 5. 1886 in Ulm a. D.,
20. Stern, Arthur, geb. am 28. 5. 1897 in Kassel,
21. Stern, Paul Nathan, geb. am 19. 9. 1889 in Frankfurt/Main,
22. Stübler, Albert, geb. am 29. 7. 1884 in Hammelburg,
23. Tenner, Albin, geb. am 27. 2. 1885 in Rauenstein,
24. Tenner, Elly, geb. Jauisch, geb. am 16. 1. 1899 in Berlin,
25. Treviranus, Gottfried, geb. am 20. 3. 1891 in Schieder,
26. Wachtel, Curt Siegfried, geb. am 22. 10. 1890 in Berlin,
27. Wachtel, Hermann, geb. am 4. 4. 1885 in Kaltennordheim/Thür.,
28. Wasserzug (Wallburg), Otto Maximilian, geb. am 21. 2. 1889 in Berlin,
29. Weinberg, Bernhard, geb. am 22. 9. 1890 in Lichtenroth.

Das Vermögen vorstehender Personen wird beschlagnahmt.

Der Verlust der deutschen Staatsangehörigkeit wird auf folgende Familienangehörige erstreckt:

Lilli Aaron, geb. Bamberger, geb. am 28. 10. 1899 in Nürnberg,
Daniel Aaron, geb. am 27. 1. 1926 in Gießen,
Franz Aaron, geb. am 7. 12. 1928 in Gießen,
Magdalena Billigheimer, geb. Milhofer, geb. am 10. 2. 1906 in Budapest,
Edith Karolina Billigheimer, geb. am 27. 7. 1928 in München,
Rudolf Wilhelm Billigheimer, geb. am 18. 3. 1931 in München,
Gertrude Flersheim, geb. Freiin von Mayer, geb. am 2. 8. 1872 in Coburg,
Inge Bella Hirsch, geb. Heckscher, geb. am 3. 5. 1917 in Hamburg,
Ilse Landsberg, geb. Christiansen, geb. am 30. 1. 1895 in Berlin-Schöneberg,
Steffen Landsberg, geb. am 28. 10. 1927 in Berlin-Wilmersdorf,
Harriett Natannsen, geb. Brück (gesch. Telner), geb. am 23. 11. 1894 in Hamburg,
Julie Rosenbaum, geb. Gabriel, geb. am 31. 5. 1872 in Neustadt,
Frieda Sonder, geb. Engel, geb. am 7. 3. 1900 in Nürnberg,
Lore Sonder, geb. am 4. 6. 1922 in Gelsenkirchen,
Ellen Sonder, geb. am 10. 5. 1925 in Gelsenkirchen,
Regina Schömann, geb. Schömann, geb. am 26. 5. 1879 in Lösenich,
Kurt Schömann, geb. am 22. 2. 1908 in Traben-Trarbach,
Hans Schömann, geb. am 14. 10. 1909 in Traben-Trarbach,
Hedwig Schömann, geb. am 1. 2. 1911 in Traben-Trarbach,
Emilie Schönfeld, geb. Neumond, geb. am 17. 2. 1887 in Kaiserslautern,
Marianne-Ida Schönfeld, geb. am 18. 9. 1917 in Frankfurt/Main,
Paula Schopflocher, geb. Seier, geb. am 9. 1. 1903 in Hamburg,
Peter Paul Schopflocher, geb. am 23. 8. 1926 in Frankfurt/Main,
Thomas Schopflocher, geb. am 2. 6. 1935 in England,
Käthe Christine Schwarzloh, geb. Alwert, geb. am 6. 1. 1913 in Lübeck,
Amalie Stern, geb. Fürth, geb. am 18. 6. 1895 in Frankfurt/Main,
Lore Stern, geb. am 3. 7. 1921 in Frankfurt/Main,
Marianne Stern, geb. am 3. 5. 1923 in Frankfurt/Main,
Kurt Julius Stern, geb. am 8. 6. 1926 in Frankfurt/Main,
Else Stübler, geb. Mohr, geb. am 21. 9. 1889 in Schweinfurt.
Paul Stübler, geb. am 13. 12. 1913 in Aschaffenburg,
Armin Tenner, geb. am 19. 6. 1927 in Coburg,
Agnes Treviranus, geb. von Baumbach, geb. am 28. 12. 1892 in Lenderscheid,
Barbara Treviranus, geb. am 1. 5. 1917 in Cuxhaven,
Hans-Heinrich Treviranus, geb. am 19. 12. 1918 in Cuxhaven,
Klaus Treviranus, geb. am 29. 12. 1921 in Detmold,
Elisabeth Emilie Wachtel, geb. Treibs (gesch. Alber), geb. am 26. 1. 1892 in Oberstein/Birkenfeld,
Therese Wachtel, geb. Nußbaum, geb. am 1. 8. 1893 in Aschenhausen,
Marga Wachtel, geb. am 7. 10. 1914 in Zerbst,
Hans Ludwig Wachtel, geb. am 8. 6. 1916 in Zerbst,
Luzie Weinberg, geb. Levy, geb. am 11. 4. 1893 in Waldwiese, Krs. Diedenhofen,
Kurt Max Weinberg, geb. am 10. 2. 1921 in Frankfurt/Main,
Margot Gertrud Weinberg, geb. am 8. 8. 1925 in Frankfurt/Main,
Erich Weinberg, geb. am 27. 8. 1927 in Frankfurt/Main,
Ellen Weinberg, geb. am 27. 8. 1927 in Frankfurt/Main.

Die Entscheidung darüber, inwieweit der Verlust der deutschen Staatsangehörigkeit noch auf weitere Familienangehörige zu erstrecken ist, bleibt vorbehalten.

Berlin, den 21. Juni 1938.

Der Reichsminister des Innern.
In Vertretung: Pfundtner.

Anordnung Nr. 14*)
der Ueberwachungsstelle für Edelmetalle (Verkehr mit Platin und Platinbeimetallen).
Vom 22. Juni 1938.

Auf Grund der Verordnung über den Warenverkehr vom 4. September 1934 (Reichsgesetzbl. I S. 816) in der Fassung der Verordnung vom 28. Juni 1937 (Reichsgesetzbl. I S. 761) in Verbindung mit der Verordnung über die Errichtung der

*) Betrifft nicht das Land Oesterreich.

Ich habe oft solche Depressionszustände, daß ich nicht imstande bin zu schreiben. Oder es müßte ein Abschiedsbrief sein. Und das will ich wieder nicht, denn es kann sich ja alles ändern. Als du mich das letzte Mal sahst, wog ich 115 Kilogramm, heute 86 Kilogramm, was für meine Gesundheit erwünscht ist, vom Filmstandpunkt eher eine Katastrophe ist. Denn ich bin nun mal als dicker Typ abgestempelt. Beim Schreiben fällt mir eben ein – Amerika kennt mich ja als »Typ« noch gar nicht, also liegt es an der Charakteristik meiner Schauspielkunst und am Wollen von Kosterlitz und Pasternak, ob ich zu tun habe.

Otto Wallburg mit seinen Töchtern Ellen und Lore und deren Mutter Anni, Scheveningen 1939

Er schließt diesen Brief mit einem Gruß an sein erstes Enkelkind, das er nie zu Gesicht bekommen wird: »Erzähle Denise, daß ich einmal im Leben etwas erreicht hatte.«

Jetzt, im Krieg, betreibt er endlich seine Ausreise nach Amerika, viel zu spät. Acht Wochen nach diesem Brief sind die deutschen Truppen in den Niederlanden. Aber Otto Wallburg darf wieder Theater spielen. Im Januar 1941 betritt nach 16monatiger Pause ein 73 Kilogramm wiegender Otto Wallburg die Bühne eines kleinen Kabaretts in Amsterdam. Das Publikum erkennt ihn erst, nachdem er die ersten Sätze gesprochen hat. Er schreibt an Reinhart:

6. 1. 41: Zuerst bekamen die Leute wohl einen Schreck, aber dann kamen dieselben Lacher wie vor 20 Jahren.

14. 1. 42: Ich arbeite noch immer täglich, dreimal wöchentlich auch nachmittags.

26. 2. 42: Steinhoff war hier, auch Rühmann, aber beide haben sich nicht gemeldet.

Hans Steinhoff, der hier in Amsterdam den Film »Rembrandt« dreht, hat als NS-konformer Filmmann wohl auch kaum ein Interesse, den staatenlosen Juden Otto Wallburg zu besuchen. Heinz Rühmann, der seine Frau Hertha Feiler bei den Dreharbeiten besucht, macht sich mit einem Freßpaket auf die Suche: er findet Otto Wallburg nicht.

Während die Daheimgebliebenen so gut zu tun haben, daß sie die Kapazitäten der Filmstudios in den besetzten Gebieten nutzen müssen, fehlt es Otto Wallburg am Nötigsten. Er schreibt an Reinhart:

Nun habe ich eine große Bitte an dich. Ich schrieb dir schon, daß ich demnächst umziehen werde. Dazu brauche ich dringend einen Rucksack und wenn irgend möglich einen Trainingsanzug. Beides ist hier nicht zu haben. Meine beiden Handkoffer sind so schwer, daß ich sie in meinem heutigen Zustand höchstens 10 Minuten tragen kann. Ja, so ist es.

Seit dem 100.000 Mark-Vertrag mit der Ufa sind jetzt zehn Jahre vergangen.

> *7. 8. 42: Mir geht es gesundheitlich gut, aber nicht so gut, daß ich den Strapazen einer längeren Reise gewachsen bin. Und die tritt an mich heran, sobald mein Alter herankommt, was jeden Tag der Fall sein kann. Und dieser Schwebezustand ist nicht gerade angenehm.*

Am 20. 1. 1942 hat in Berlin in einer Villa am Wannsee eine Konferenz stattgefunden, auf der die »Endlösung der Judenfrage« beschlossen wurde.

Amsterdam 1943

Aber ich sehe mit Ruhe allem entgegen, was mir bevorsteht, will nur nichts versäumen, was mich davor bewahren kann, denn mein Konto »hätt' ich« ist übervoll. Ich wäre jetzt gerne bei Dir und würde Denise zum 10. 8., wo sie glaube ich, drei Jahre alt wird, etwas schenken und als Opapa mit ihr durch die Wiesen wandern.

Otto Wallburg bezieht ein möbliertes Zimmer in Untermiete bei einem Musiker namens Jo Hekster. Am 4. 12. 1943 an Reinhart:

Deine Nachrichten sind der einzige Freudenstrahl, den man momentan hat. Ich mußte wieder eine 10wöchige Liegekur machen – bin jetzt aber wieder einigermaßen in Ordnung und hoffe den Strapazen gewachsen zu sein, die mir endgültig in den nächsten Wochen bevorstehen. Von unserem ganzen Ensemble ist nur noch Nelson hier, weil er mit der Erlholz verheiratet ist. Wäre er von ihr geschieden, würde seine Situation wie die meine sein. Genau wie Du habe ich nichts von Ellen und Lore seit zwei Jahren, von Peter seit vier Jahren gehört. Ich spiele schon seit eineinhalb Jahren nicht mehr, wir alle nicht. D.h. wo meine Kollegen sind, wird merkwürdigerweise gespielt!

Die Kollegen Kurt Gerron, Willy Rosen, Max Ehrlich, Camilla Spira u.a. sind im KZ Westerbork, wo der Lagerleiter, SS-Mann Gemmecker, eine Lagerbühne einrichten ließ. Von Westerbork aus laufen schon die Deportationen in den Osten nach Theresienstadt und Auschwitz, als Otto Wallburg am 8. 2. 1944 seinen letzten Brief an Reinhart schreibt:

Es geht mir noch gut, doch ich weiß nicht, ob ich Dir bald wieder schreiben kann. Anbei ein Bild der zukünftigen Großmutter von Denise und René, wenn wir den Krieg überleben. Dir wünsche ich zu Deinem Geburtstag alles Gute und wünsche uns an diesem Tage, daß es ein Wiedersehen gibt. Sei allerherzlichst gegrüßt von Deinem Vater.

In all diesem Elend, als ein Niemand, als »magerer Hering«, wie er sich selbst beschreibt, hat Otto Wallburg seine große Liebe gefunden. Ilse Rein, eine verheiratete junge Frau, die sich Otto Wallburg zuliebe von ihrem wohlhabenden Mann scheiden lassen will. Sie versorgt den permanent Kränkelnden, sie behütet ihn, sie verbringt die Tage und Nächte bei ihm in dem kleinen Zimmer im Parnassusweg 33. Dies alles stellt den Tatbestand der Rassenschande dar, sie ist »Arierin«. Sie werden denunziert.

Otto Wallburgs letzter Brief kommt aus dem KZ Westerbork, wohin man sie gebracht hat, Otto Wallburg als Jude, Ilse Rein als Rassenschänderin, ihren Mann als Mitwisser.

An:
Herrn & Frau Auerbach
Naarden-Büssum
Amersfortsdestraatweg 24

Absender:
Otto Wasserzug
Baracke 6 Saal 3
geboren: 21. II. 1889

Lager Westerbork
Hooghalen Oost

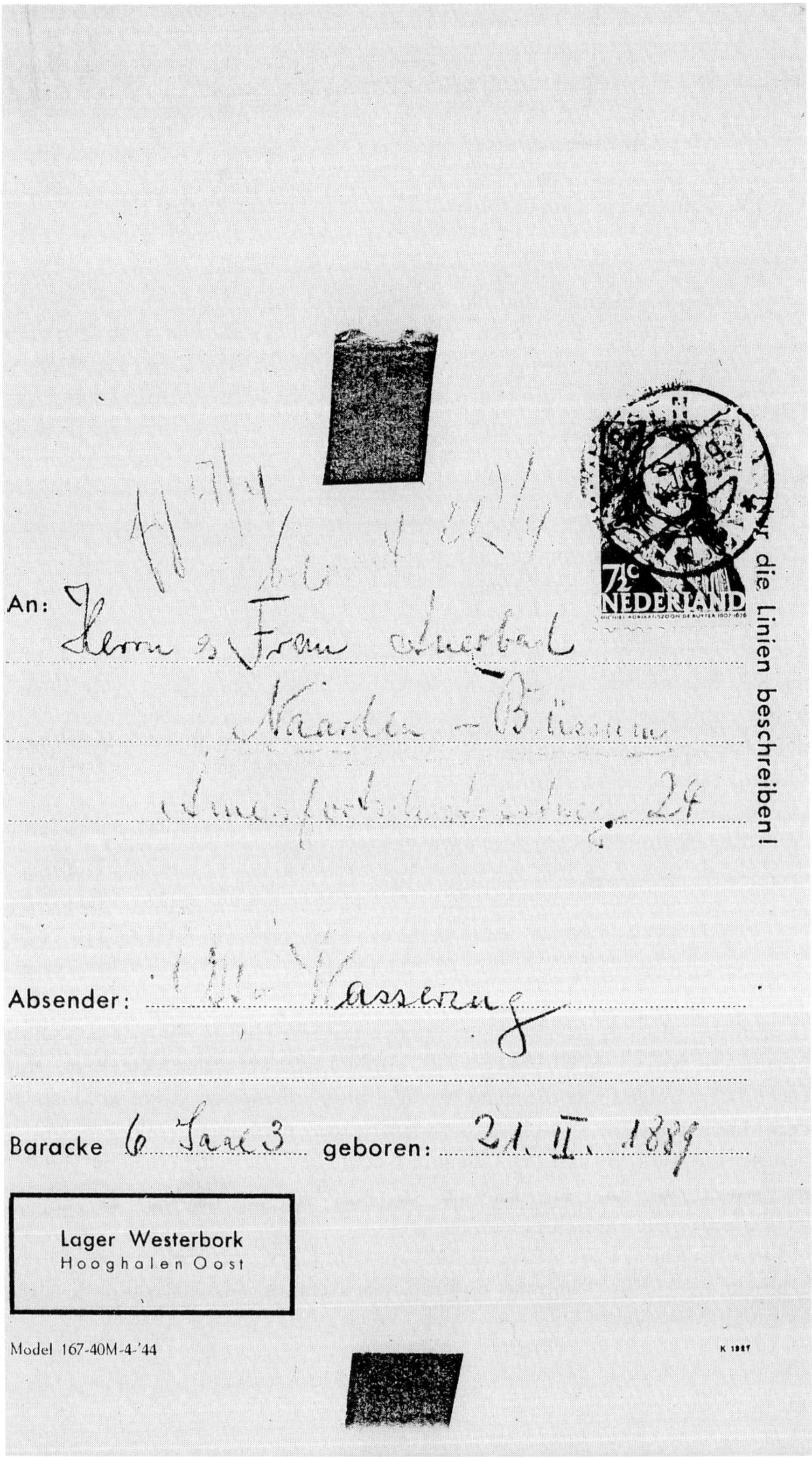

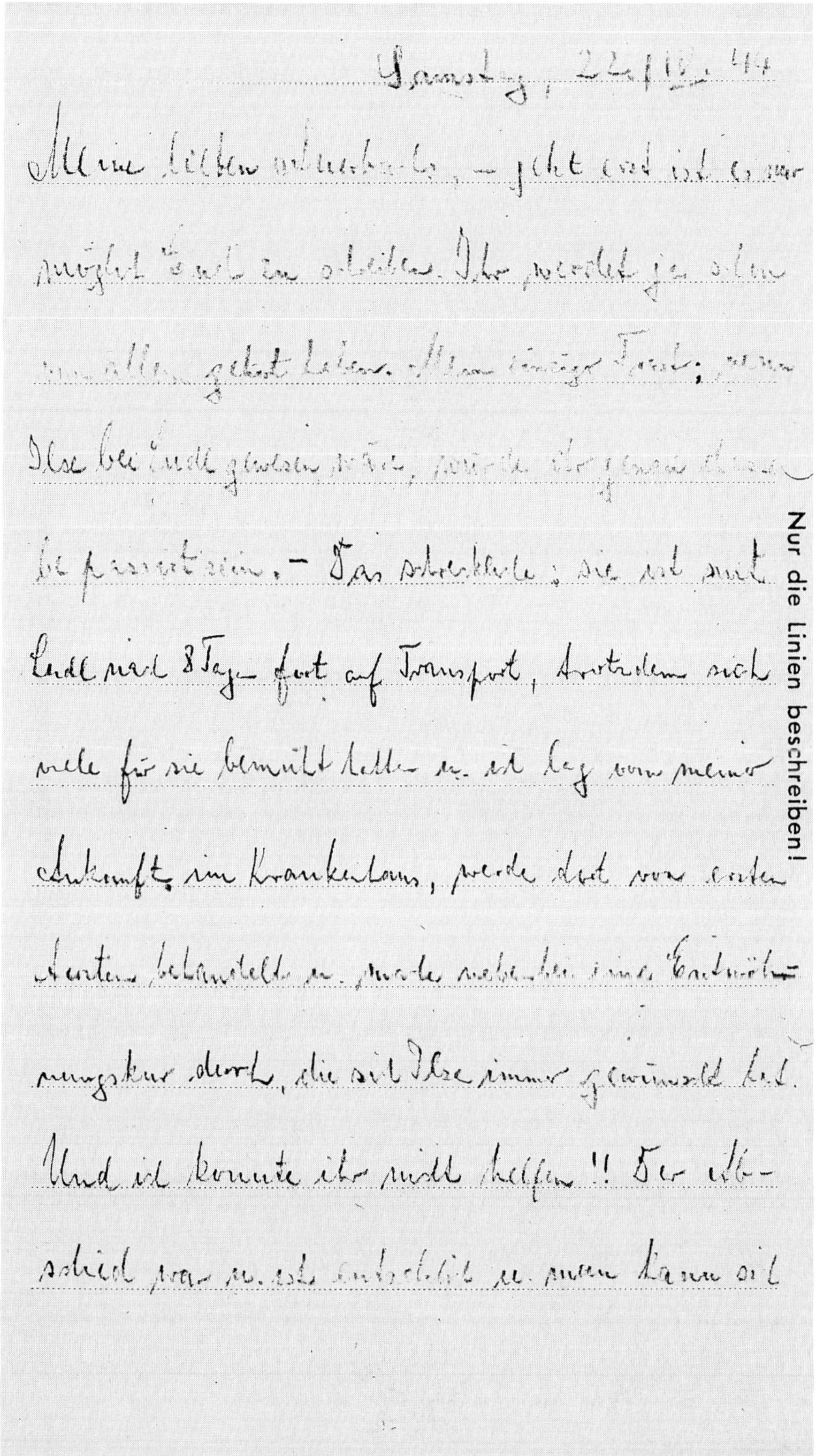

Samstag, 22. IV. 44

Meine lieben Auerbachs, – jetzt erst ist es mir möglich Euch zu schreiben. Ihr werdet ja schon von allem gehört haben. Mein einziger Trost: wenn Ilse bei Ludl gewesen wäre, würde ihr genau dasselbe passiert sein. – Das schreckliche: sie ist mit Ludl nach 8 Tagen fort auf Transport, trotzdem sich viele für sie bemüht hatten u. ich lag von meiner Ankunft im Krankenhaus, werde dort von ersten Ärzten behandelt u. mache nebenbei eine Entwöhnungskur durch, die sich Ilse immer gewünscht hat. Und ich konnte ihr nicht helfen!! Der Abschied war u. ist entsetzlich u. man kann sich und will sich auch durch nichts trösten! Bis zum letzten Augenblick war Ilse tapfer u. hat mir Mut zugesprochen! Aber man darf nicht nachdenken, sonst wird man verrückt. Wir können uns auch keine Vorwürfe machen, was wir auch getan hätten, immer wäre es so gekommen wie es gekommen ist. – Annemarie besuche ich täglich – es geht ihr viel besser. Nun habe ich eine grosse Bitte: ich bin nur mit den Sachen angekommen, die ich auf dem Körper habe. Alle Sachen aus Amsterdam sind fort, auch mein Handgepäck. – Da ich aus bestimmten Gründen annehme, dass ich hier nicht spielen werde, sondern bald fort muss, bitte ich Euch von ganzem

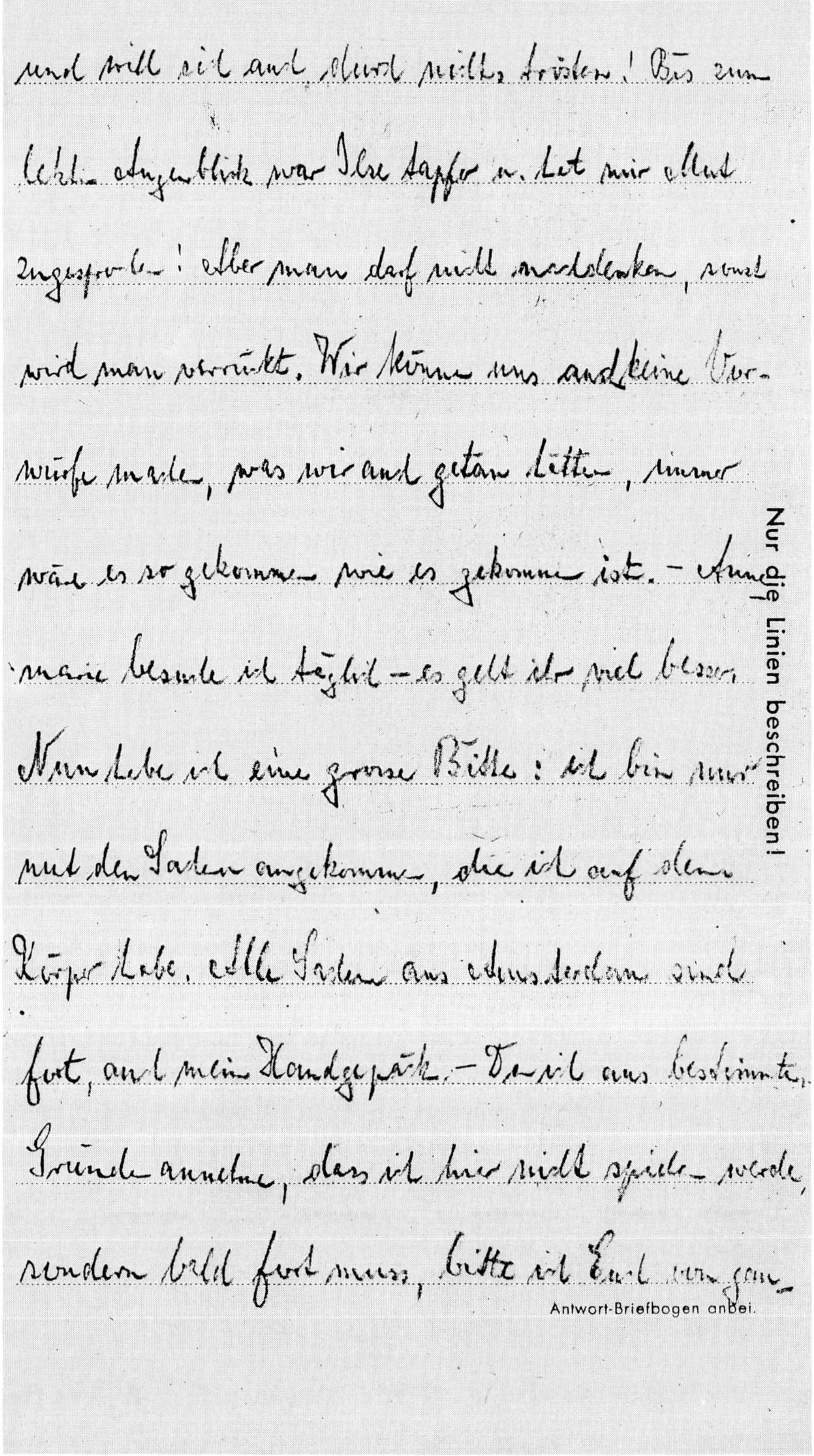
und will sich auch durch nichts trösten! Bis zum letzten Augenblick war Ilse tapfer u. hat mir Mut zugesprochen! Aber man darf nicht nachdenken, sonst wird man verrückt. Wir können uns auch keine Vorwürfe machen, was wir auch getan hätten, immer wäre es so gekommen wie es gekommen ist. – Annemarie besuche ich täglich – es geht ihr viel besser. Nun habe ich eine grosse Bitte: ich bin nur mit den Sachen angekommen, die ich auf dem Körper habe. Alle Sachen aus Amsterdam sind fort, auch mein Handgepäck. – Da ich aus bestimmten Gründen annehme, dass ich hier nicht spielen werde, sondern bald fort muss, bitte ich Euch von ganzem
Nur die Linien beschreiben!
Antwort-Briefbogen anbei.

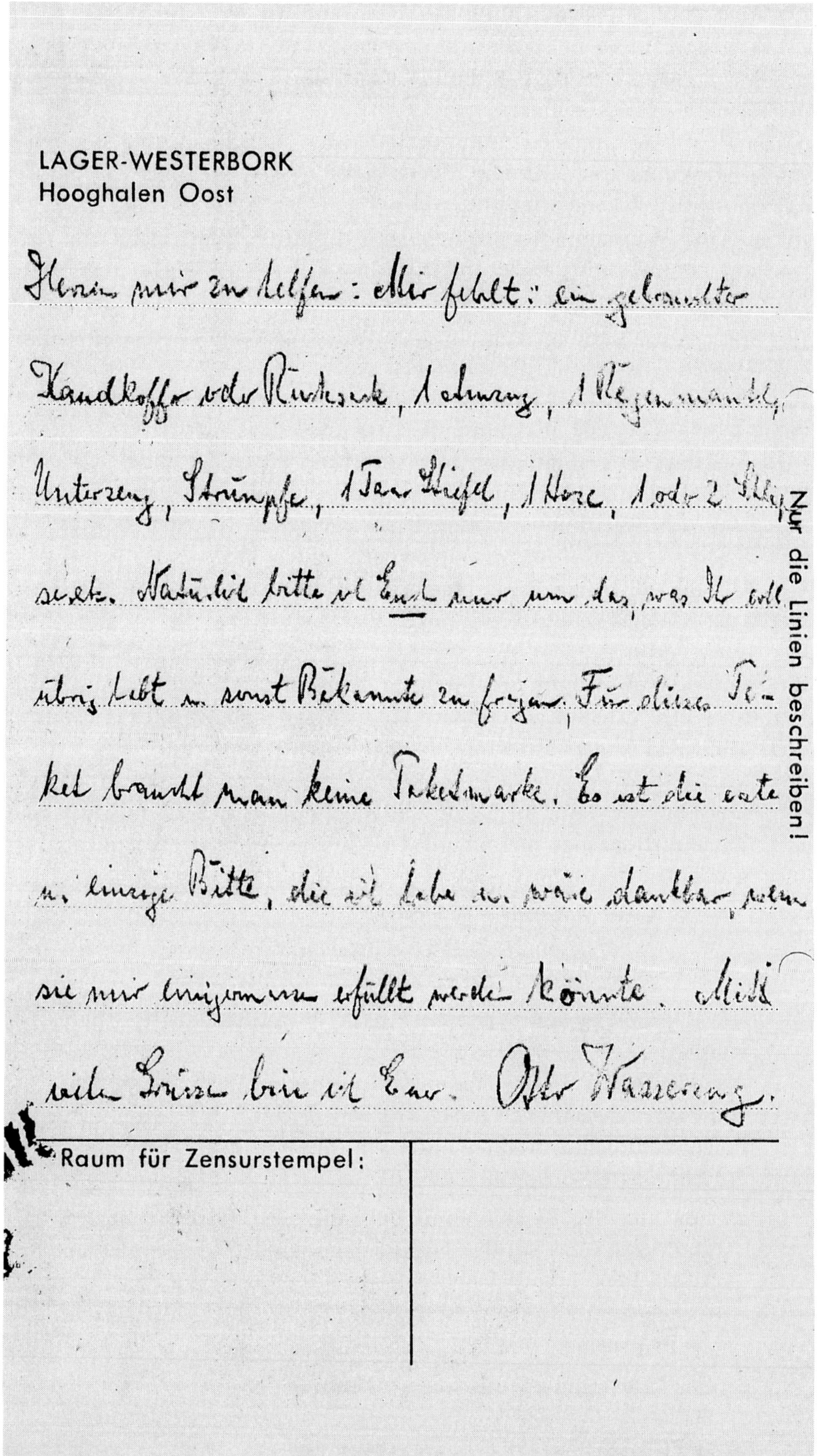

Herzen mir zu helfen: Mir fehlt: ein gebrauchter Handkoffer oder Rucksack, 1 Anzug, 1 Regenmantel, Unterzeug, Strümpfe, 1 Paar Stiefel, 1 Hose, 1 oder 2 Schlipse etc. Natürlich bitte ich Euch nur um das, was Ihr evtl. übrig habt u. sonst Bekannte zu fragen. Für dieses Paket braucht man keine Paketmarke. Es ist die erste u. einzige Bitte, die ich habe u. wäre dankbar, wenn sie mir einigermassen erfüllt werden könnte. Mit vielen Grüssen bin ich Euer

Otto Wasserzug.

Der Brief geht an Freunde in Holland; an Reinhart, der im unbesetzten Teil Frankreichs lebt und im Widerstand aktiv ist, kann Otto Wallburg aus dem KZ nicht mehr schreiben. An den Aufführungen der Lagerbühne wirkt er nicht mehr mit, er ist zu krank dazu.

Am 31. 7. 1944 verläßt ein Transport mit in den Niederlanden aufgegriffenen Juden Westerbork in Richtung Theresienstadt. Als Nummer 203 auf der Transportliste erscheint Otto Maximilian Wasserzug, geboren am 21. 2. 1889 in Berlin. Otto Wallburg fährt noch einmal quer durch Deutschland, im Viehwagen, nicht mehr im Cadillac. Er trifft im KZ Theresienstadt seinen Bruder Franz mit Frau Annemarie wieder, die sich für ihn beim Kommandanten einsetzen, als im Oktober 1944 die großen Transporte ins Vernichtungslager Auschwitz im besetzten Polen einsetzen.

Aber Otto Wallburg ist schwer krank, er kommt von der Krankenstation direkt in den Güterzug, der am 28. 10. 1944 Theresienstadt verläßt.

In Auschwitz angekommen, wird er sofort mit Tausenden anderen Namenlosen in die Gaskammer geführt. Hier wird mit einem Ungeziefervernichtungsmittel mit der Bezeichnung Zyklon B der ehemalige Reinhardt-Schauspieler und Ufa-Star Otto Wallburg ums Leben gebracht.

Zwei Tage später, am 1. 11. 1944, werden die Vergasungen in Auschwitz wegen der näherrückenden Front eingestellt.

Im Sommer 1951 forscht der 20jährige Klaus Peter Wasserzug nach dem Verbleib seines Vaters. Er, der durch die Courage seiner Mutter unter deren Mädchennamen Ahnert den Krieg überlebt hat, erhält folgende Auskunft:

> Der Direktor des Informationsbüros des Niederländischen Roten Kreuzes bestaetigt hiermit, dass nach den Archiven des obengenannten Büros:
>
> Otto Maximilian WASSERZUG
> geboren am 21. 2. 1889 in Berlin
> letzte Adresse: Parnassusweg 33 – Amsterdam
>
> am 31 Juli 1944 von Westerbork nach Theresienstadt deportiert wurde.
> Am 28 Oktober 1944 wurde der obengenannte O. M. Wasserzug von Theresienstadt nach Auschwitz ueberfuehrt.
> Folgende Dokumente, diese Erklaerung betreffend, sind im Besitze des Endesunterzeichneten:
>
> a) eine von der Besatzungsmacht aufgestellte Liste bezeichnet »Judentransport aus den Niederlanden Lager Westerbork« am 31 Juli 1944
> Auf der Seite 25 unter der Nummer 203 wird der Zivilstand und die Personalien von O. M. Wasserzug angegeben.
>
> b) eine Liste mit der Bezeichnung: Transport EV
> Datum der Abreise von Terezin (Theresienstadt) nach Oswieczim (Auschwitz): 28 Oktober 1944.

Unter der Nummer 434 sind die Personalien von O. M. Wasserzug angegeben.
Seit diesem Zeitpunkt ist jede Spur ueber den Obengenannten verloren.
Da im allgemeinen alle nach Auschwitz ueberfuehrten Personen direkt nach ihrer Ankunft vergast und eingeaeschert wurden ist anzunehmen dass:

Otto Maximilian WASSERZUG am 30 Oktober 1944

in Auschwitz oder dessen Umgebung durch Vergasung ums Leben gekommen ist.

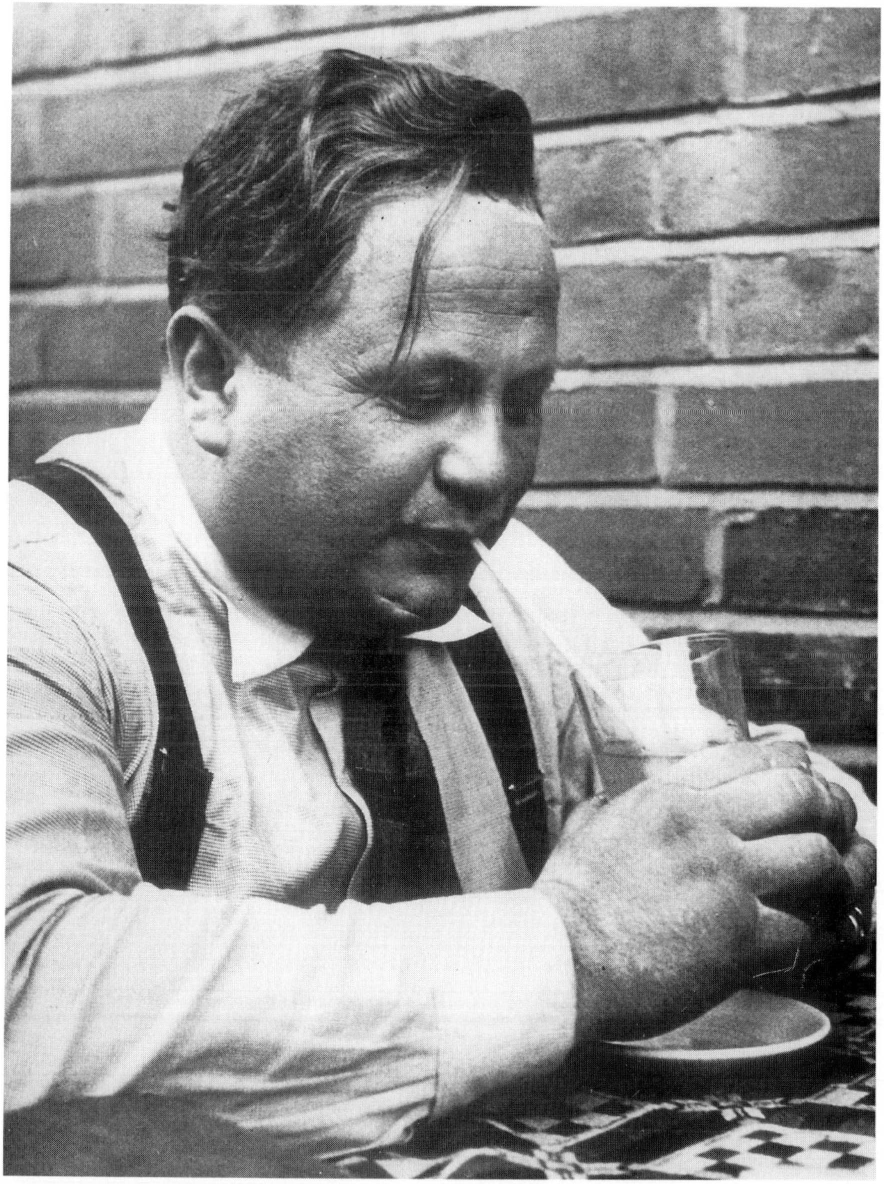

Otto Wallburg 1932

Weitere Opfer unter Schauspielern im »Dritten Reich«

- Die Angaben zu den Theaterengagements beziehen sich größtenteils auf den Eintrag im entsprechenden Bühnenjahrbuch, d.h. die jeweilige Spielzeit hat in der Regel im Spätsommer/Herbst des Vorjahres begonnen.
- Die chronologische Anordnung der Filme orientiert sich am Datum der Uraufführung, ersatzweise am Zensurdatum bzw. am Produktionsjahr.
- Wenn nicht anders angegeben, war der Betreffende als Darsteller eingesetzt.

Otto Bernstein

* ?, ? – † 1943, KZ Auschwitz

Theater

1907–1909	Berlin, Schiller Theater
1910	Hildesheim, Stadttheater
1911	Schauspiel-Tournee »Kasernenlust«
1912–1914	Frankfurt/Main, Neues Theater
1916/17	Militärdienst
1920/21	Berlin, Volksbühne
1925	Dresden, Neues Theater
1927	Dresden, Die Komödie (auch Spielleiter)
1928	Dresden, Albert-Theater (auch Spielleiter)
ab Ende 1933	Jüdischer Kulturbund

Im Jüdischen Kulturbund, der nach 1933 den in Deutschland verbleibenden Juden in geschlossenen Veranstaltungen ein kulturelles Angebot sichert, treten ausnahmslos Juden auf. Der Schauspieler Otto Bernstein ist einer von ihnen, er wirkt hier hauptsächlich als begehrter Rezitator, gelegentlich auch als Spielleiter.
Nach Auflösung des Kulturbundes im Jahre 1941 wird er bald darauf, gemeinsam mit seiner Frau, der Schaupielerin Jenny Schaffer-Bernstein, deportiert und 1943 in Auschwitz vergast.

Horst Birr

* ?, ? – † ca. 1944, ?

Theater

1936	Berlin, Komödie und Kurfürstendammtheater
1939/40	Berlin, Renaissance-Theater
1942	Berlin, Gastspieldirektion Horst van Diemen
1944	Berliner Soldatenbühne (Militärdienst)

Der Schauspieler Horst Birr, auf der Bühne wie im Film zuständig für komische und prägnante Chargen, wird gegen Ende des Krieges hingerichtet.

Filme

1934	– Musik im Blut – Pechmarie – Spiel mit dem Feuer – Herr Kobin geht auf Abenteuer – Eine Siebzehnjährige – Herz ist Trumpf
1935	– Alle Tage ist kein Sonntag – Leichte Kavallerie – Liebeslied
1936	– Die lustigen Weiber – Der Raub der Sabinerinnen – Savoy-Hotel 217 – Boccaccio – Männer vor der Ehe
1937	– Der Hund von Baskerville – Ritt in die Freiheit – Krach und Glück um Künnemann – Der Mann, der Sherlock Holmes war – Sieben Ohrfeigen – Pan – Zu neuen Ufern – Heimweh
1938	– Es leuchten die Sterne – Der unmögliche Herr Pitt – Gastspiel im Paradies – Liebelei und Liebe – Nanon
1939	– Zwischen Strom und Steppe – Frau am Steuer – D III 88 – Das Gewehr über – Ein ganzer Kerl
1940	– Angelika – Der Fuchs von Glenarvon – Meine Tochter tut das nicht – Die 3 Codonas
1941	– Kampfgeschwader Lützow – Das leichte Mädchen – Sechs Tage Heimaturlaub

EUGEN BURG

* 1871, Wien – † 1944, KZ Theresienstadt

Theater

1891	Bielitz, Stadttheater
1892	Wiener Neustadt, K.K. priv. Stadttheater
1893	Reichenberg/Böhmen, Stadttheater
1894	Troppau, Stadttheater
1895/96	Berlin, Deutsches Theater
1897	Brunn, Stadttheater
1898–1900	Wien, Raimund-Theater
1901–1904	Hamburg, Deutsches Schauspielhaus
1905	Berlin, Neues und Kleines Theater
1906	Hamburg, Carl Schultze-Theater
1908	New York, Deutsches Theater (auch Oberregisseur)
1909	New York, Neues Deutsches Theater (Direktion, Oberregisseur)
1910	Düsseldorf, Schauspielhaus (auch Spielleiter)
1911/12	Berlin, Neues Schauspielhaus
1913–1919	Berlin, Berliner Theater (zeitweise auch Spielleiter)
1920/21	Berlin, Trianon-Theater
1922	Berlin, Residenz-Theater

1923	Berlin, Residenz-Theater, Trianon-Theater
1925	Berlin, Rotter-Bühnen
1927	Berlin, Deutsches Künstlertheater (auch Spielleiter)
1928	Berlin, Kleines Theater, Theater am Kurfürstendamm
1929	Berlin, Theater in der Behrenstraße (auch Spielleiter)
1931	Berlin, Theater in der Behrenstraße (auch Spielleiter)
1932	Berlin, Komische Oper
1933	Berlin, Theater in der Behrenstraße (auch Oberspielleiter)
1934	Berlin, Theater in der Behrenstraße (auch Spielleiter)

Der Schauspieler Eugen Burg ist nach Anfängerjahren in der österreichischen Provinz am Deutschen Theater Berlin unter Otto Brahm engagiert, gemeinsam mit dem fast gleichaltrigen Schauspieler Max Reinhardt. Nach Zwischenstationen in Wien, Hamburg, New York und Düsseldorf läßt sich Eugen Burg um 1910 endgültig in Berlin nieder. Er entwickelt sich zu einem der begehrtesten Bonvivants der Berliner Theaterwelt, schreibt Theaterstücke und führt Regie. Auch im Stummfilm wird er oft beschäftigt, zum erstenmal 1915, führt 1919/20 auch einige Male Regie. In den Zwanziger Jahren spielt er in Dutzenden von Produktionen, u.a. mit Olga Tschechowa, Tilla Durieux, Bruno Kastner, Albert Steinrück, Otto Gebühr, Paul Wegener, Hans Albers und Harry Liedtke. Er arbeitet mit Regisseuren wie Hans Behrendt, Alexander Korda, Harry Piel und Wilhelm Dieterle. Mühelos gelingt ihm der Übergang zum Tonfilm. 1933 blickt der erfolgreiche Schauspieler auf eine über vierzigjährige Tätigkeit am Theater zurück. Allerdings ist der beliebte Darsteller seriöser älterer Herren Jude – seine Karriere ist damit beendet. Er verläßt Deutschland – aber er emigriert nicht weit genug, um dem Imperialismus Hitlers zu entgehen. Fast erblindet, bringt man ihn im Zweiten Weltkrieg in das KZ Theresienstadt.
Hier kommt der Schauspieler, Spielleiter und Autor Eugen Burg 1944 ums Leben.

Stummfilme

1915	– Nur eine Lüge – Die Marketenderin – Nahira – Das dunkle Schloß – Der möblierte Herr – Robert und Bertram
1916	– Gräfin Lukani (Regie) – Ein helles Mädchen
1917	– Der Fall Hirn
1919	– Kaiser Wilhelms Glück und Ende – Das Hexenlied (Regie)
1920	– Ninon de Lenclos – Die Schmugglerin (Regie, Darsteller)

1921 – Die Diktatur der Liebe
– Der Erbe von Skialdingsholm (Regie, Darsteller)
– Die große und die kleine Welt
– Mutter Erde (Regie, Darsteller)
– Die schwarze Pantherin
– Violet

1922 – Friedericus Rex
– Die vom Zirkus
– Die Lüge eines Sommers
– Wenn die Maske fällt
– Marie Antoinette

1923 – Alt-Heidelberg
– Mignon
– Ein Kind – ein Hund
– S O S Die Insel der Tränen

1924 – Hotel Potemkin
– Clown aus Liebe
– Gobseck
– Das schöne Abenteuer

1926 – Die dritte Eskadron
– Achtung Harry! Augen auf!!
– Die Flucht in den Zirkus
– Die lachende Grille

1927 – Eine Dubarry von heute
– Die Geliebte
– Das edle Blut
– Rinaldo Rinaldini
– Der Zigeunerbaron
– Sein größter Bluff
– Glanz und Elend der Kurtisanen
– Das tanzende Wien
– Der Mann ohne Kopf
– Schwere Jungens – leichte Mädchen

1928 – Herkules Maier
– Mädchen, hütet Euch!
– Panik
– Es zogen drei Burschen
– Wer das Scheiden hat erfunden
– Mann gegen Mann
– Mädchenschicksale
– Der erste Kuß
– Gaunerliebchen

1929 – Der Adjutant des Zaren
– Ja, ja, die Fraun sind meine schwache Seite
– Flucht in die Fremdenlegion
– Morgenröte
– Jennys Bummel durch die Männer
– Spiel um den Mann
– Ohne Geld durch die Welt

1930 – Spielereien einer Kaiserin
– Ludwig der Zweite, König von Bayern
– Liebeskleeblatt

Tonfilme

1930 – Der Greifer

1931 – 1914, die letzten Tage vor dem Weltbrand
– Mary
– Elisabeth von Österreich
– Der Herzog von Reichstadt
– Der Draufgänger
– Mein Leopold

1932 – Der Stolz der 3. Kompanie
– Holzapfel weiß alles
– Der Sieger
– Teilnehmer antwortet nicht
– Der weiße Dämon
– Unmögliche Liebe

Kurzfilme

1933 – Meine Frau, seine Frau
– Streichquartett

WILLY BUSCHOFF

* 1888, Worms – † ca. 1944, KZ

Theater

1909	Meiningen, Herzoglich Sächsisches Hoftheater
1910	Eisenach, Stadttheater
1911	Lodz, Deutsches Theater
1912	Tilsit, Stadttheater
1913–1919	Düsseldorf, Schauspielhaus (unterbrochen durch Militärdienst als Einjährig-Freiwilliger 1915/16)
1920/21	Breslau, Vereinigte Theater
1922/23	Wiesbaden, Staatstheater
1924	Aachen, Stadttheater
ab 1933	Jüdischer Kulturbund

Der Schauspieler Willy Buschoff wird 1925 Lehrer für Stimmbildung und Sprechtechnik an Max Reinhardts Schauspielschule in Berlin. Nach 1933 kann er nur noch im Jüdischen Kulturbund arbeiten, wirkt hier als Schauspieler und vor allem als Rezitator.
Der Schauspieler und Pädagoge Willy Buschoff kommt gegen Ende des Zweiten Weltkrieges in einem KZ um.

ERICH CONRADI

* ?, ? – † ?, KZ Auschwitz

Theater

1921	Berlin, Lustspielhaus
1922/23	Berlin, Theater am Kurfürstendamm
1927	Berlin, Berliner Theater
1928	Berlin, Theater in der Kommandantenstraße
1932	Dresden, Albertheater, Centraltheater (auch Spielleiter)

Der Schauspieler, Inspizient und Spielleiter Erich Conradi, der nach 1933 nicht mehr in seinem Metier arbeiten darf, stirbt während des Zweiten Weltkrieges in Auschwitz.

TERKA CSILLAG

* 1867, ? – † ca. 1942, KZ Theresienstadt

Theater

bis 1900	Provinztheater
1901–1903	Dresden, Königliches Hoftheater
1912	Chemnitz, Vereinigte Stadttheater
1913–1915	Essen, Stadttheater

Die Schauspielerin Terka Csillag feiert im Juli 1932 in Bochum ihr fünfzigjähriges Bühnenjubiläum, gleichzeitig nimmt sie Abschied vom Theater.

1916–1918	Aachen, Stadttheater
1919	Brüssel, Deutsches Theater
1920–1932	Bochum, Stadttheater

Während des Zweiten Weltkrieges wird die beinahe fünfundsiebzigjährige Schauspielerin Terka Csillag ins KZ Theresienstadt gebracht, wo sie sich bald darauf das Leben nimmt.

ALICE DORELL (recte Dröller)

* 1907, Mannheim – † 1942, KZ Auschwitz

Die Schauspielerin und Kabarettistin Alice Dorell emigriert 1933 aus Deutschland nach Holland. Dort gründet sie das »Dorell's Drie Dames-Cabaret«, kurz »DDD« genannt. Nach dem Einmarsch der deutschen Truppen interniert man sie im Lager Westerbork. Von dort in das KZ Auschwitz deportiert, wird die Schauspielerin und Kabarettistin Alice Dorell 1942 vergast.

TEMPO, TEMPO, TEMPO!

Man hört heutzutage sehr oft die Frage:
Wie finden Sie eigentlich unsere Zeit?
Und die meisten sind sehr geneigt zur Klage
Und schimpfen bei jeder Gelegenheit:
Die früheren Zeiten, das waren Zeiten!
Heut ist die Welt aus dem Gleichgewicht...
Wer ist daran schuld? Gibt die Zeit dem Menschen
Oder gibt der Mensch seiner Zeit das Gesicht?
Unsre Zeit ist sehr sachlich, und hastig und laut.
Ihr Rhythmus ist Jazz, ihr Atem Benzin.
Manchmal scheint's, daß es ihr vor sich selber graut,
Weil sie's so eilig hat, sich selbst zu entfliehn.
Tempo, Tempo, Tempo, Fußball, Boxen, Jazz.
Tempo, Tempo, Tempo, heute Hausse, morgen Baisse.
Tempo, Tempo, Tempo,
Immer sprungbereit.
Tempo, Tempo, Tempo
Ist die Seele unsrer Zeit.

Man hat keine Zeit mehr für Ideale.
Wer am schnellsten rennt, geht als erster durchs Ziel.
Man hat heute keine Zeit für Liebe,
Dafür erfand man den Sex-Appeal.
Man hat Geschäfte, man hat Interessen,
Man hat Tag und Nacht auf dem Sprung zu sein.
Man hat beinahe keine Zeit zu essen,
Demnächst nimmt man nur noch Nährpillen ein.
Man hat Hast und Eile, man hat Sorgen,
Man hat Ärgernisse, Prozesse, Streit,
Man hat Angst vor dem ungewissen Morgen,
Man hat alles mögliche, nur keine Zeit.
Tempo, Tempo, Tempo, Fußball, Boxen, Jazz.
Hältst du nicht das Tempo, gibt es eine Baisse...
Hunger, Hunger, Hunger,
Arbeitslosigkeit!
Angst und Ungewißheit
Sind Gespenster unserer Zeit.

Nicht daß man der Alten Verdienste verkleinert,
Sie erfanden das Pulver, das ist auch etwas!
Aber unsre Zeit ist äußerst verfeinert,
Ihr Parfum ist nicht Pulverdampf, sondern Gas.
Die Folter ist heute längst Legende:
Man sagt es, und niemand widerspricht.
Wir verachten das finstere Mittelalter,
Wir sind erleuchtet. Durch elektrisches Licht.
Unser Tempo gereicht der Menschheit zum Segen.
Im Tempo gedeihen Haß, Lüge und Neid.
Im Tempo geht's abwärts, dem Chaos entgegen,
Doch wenn's Frieden und Wahrheit gilt, dann hat man Zeit.
Tempo, Tempo, Tempo wär hier angebracht.
Tempo, Tempo, Tempo, daß man's besser macht!
Um uns zu befreien
Von all dem Selbstbetrug,
Dazu ist das Tempo
Niemals schnell genug!

(Alice Dorell)

FRANZ ENGEL

* 1898, Wien – † 1944, KZ Auschwitz

Theater

1923 Wien, Chat Noir

1924–1926 Wien, Raimund-Theater

Stummfilme

1925 – Zwei Vagabunden im Prater

Tonfilme

1930 – Der falsche Feldmarschall

1931 – Die große Liebe

Franz Engel beginnt seine Laufbahn nach dem Ersten Weltkrieg. Er spielt in Wien an verschiedenen Bühnen und Kabaretts, schreibt Sketche, spricht im Rundfunk Parodien, ist Doppelconférence-Partner von Karl Farkas, nimmt etliche humoristische Schallplatten auf. 1938 muß er Österreich verlassen, emigriert nach Holland, spielt dort anfangs bei Rudolf Nelson, schreibt mit Willy Rosen eine Franz Engel-Revue. 1944 wird er im Lager Westerbork interniert, im September nach Theresienstadt und von dort im Oktober nach Auschwitz deportiert.
Hier wird Mitte Oktober 1944 der Autor, Schauspieler und Kabarettist Franz Engel vergast.

Erlebnis bei meinem Friseur

Also ich komme mittags zu meinem Friseur, wie jeden Tag. Plötzlich sehe ich, wie aus der Türe ein Mann herausfliegt. Ich hab mir das nicht erklären können. Sag ich zu meinem Friseur: »Herr Nußbaumer, was ist los? Warum haben Sie diesen Mann rausgeschmissen?« Sagt der zu mir: »Passen S' auf, der Mann kommt zu mir ins Lokal und sagt: Rasiern! I maan, der Binkel, der lausige, kann doch wie jeder andere Mensch sagen: Sind S' so freundlich und rasieren S' mich! Net? No, i hab weiter nix gredt – is ja mei Geschäft net? – i mach mir mei Saf an und fang ins Einsafen an. Auf einmal sagt der da zu mir: Herr, da stinkt's! Sag i: Entschuldigen Sie, das muß ein Irrtum sein. Ich wüßte nicht, von was hier stinken sollte! – Hab weiter nix gredt. – Na, i ziag ma mei Messer ab, fang's Rasieren an. Sagt der zu mir: Und es stinkt aber doch! Sie, jetzt bin i langsam schiach wordn, net? Sag i: Ich mach Ihnen das letzte Mal aufmerksam, Herr! Mein Lokal wird täglich desinfaziert, ich wüßte nicht, von was hier stinken sollte. Na, i rasier weiter, sagt der zu mir: und es stinkt aber doch!
Jetzt bin i haaß wordn! Sag i: Passen S' auf, Herr! I mach Ihnen das letzte Mal aufmerksam. Ich hau Ihnen ausse – von was soll's denn hier stinken?!? Vielleicht stinkt's bei Ihna daham! Sagt der zu mir: I waaß schon, von was stinkt! Stinkt wahrscheinlich von die Judn, die was hier verkehrn!
No, jetzt hätten S' mich hörn solln, was i dem gsagt hab: Passen S' auf, Herr! I hab lauter Judn als Kundschaften! Lauter feine, lauter ehrliche, lauter brave Gschäftsleut, den Herrn Weiß, den Herrn Blau, den Herrn Kohn – hab i ihm gsagt –, wer einen Jud beleidigt, beleidigt mich auch! Sagt er zu mir: Na, tuan S' ihna net so aufpudeln, wahrscheinlich san's selber a Jud!
Also wissen S': Er mir das sagen! Eine Watschen haben und drausd liegn, war das Werk eines Augenblicks – beleidigen laß i mi net!«

(Franz Engel)

Max Ehrlich

* 1892, Berlin – † 1944, KZ Auschwitz

Theater

1912	Berlin, Deutsches Theater
1913/14	Märkisches Wandertheater
1915	Berlin, Theater der Neuen Freien Bühne
1916–1920	Breslau, Schauspielhaus
1925–1928	Berlin, Theater am Admiralspalast
1929	Berlin, Saltenburg-Bühnen
1931	Berlin, Theater im Admiralspalast
1932	Berlin, Kabarett der Komiker

Max Ehrlich ist ab Herbst 1932 an Wilhelm Bendows Bunter Bühne beschäftigt. Er befindet sich auf dem Höhepunkt seines bewegten Lebens. Noch während des Besuchs der Schauspielschule Max Reinhardts spielte er schon als Neunzehnjähriger unter dessen Regie. In den Zwanziger Jahren ist er einer der besten Komiker Berlins, bekannt und beliebt durch die berühmten Haller-Revuen. Am Kabarett ist er begehrt als Conférencier, der Kabarettkritiker Max Herrmann-Neiße zählt ihn zu den »Elitekomikern«. 1928 erscheint sein Buch »Von Adalbert bis Zilzer«, eine Sammlung von Theateranekdoten. 62 seiner Kollegen sind in dem Werk vertreten, werden von ihm mit dem liebevollen Humor eines Kabarettisten geschildert. Selbstverständlich kann der Tonfilm auf diesen Komiker von Format nicht verzichten, von 1930–1933 dreht er 17 Filme, desweiteren zehn Kurzfilme, davon sechs als Regisseur. Anfang 1933 wird diese kontinuierliche Karriere jäh unterbrochen. Der in Berlin geborene Max Ehrlich darf in Deutschland nicht mehr arbeiten und geht nach Österreich, wo er mit der Nelson-Revue im Ronacher auftreten will. Mit dem Motto »Juden raus aus Wien« zetteln antisemitische Kreise während der Aufführung einen Skandal an. Die Nelson-Revue geht über die Schweiz nach Holland. Von dort aus kehrt Max Ehrlich 1935 nach Nazi-Deutschland zurück, er hat Heimweh. Außerdem gibt es hier mittlerweile für jüdische Schauspieler eine Möglichkeit, wieder in ihrem Metier tätig zu sein. Im Jüdischen Kulturbund dürfen sie spielen – für ein ausschließlich jüdisches Publikum. Hier leitet Max Ehrlich die Kleinkunstabteilung, außerdem spielt und inszeniert er Komödien wie »Arm wie eine Kirchenmaus« und »Spiel im Schloß«. Er gestaltet mit Willy Rosen Revuen wie »Vorhang auf« und »Bitte einsteigen«. Nach den Pogromen vom November 1938 entschließt sich Max Ehrlich endgültig zur Emigration. Seine beiden Abschiedsvorstellungen sind sofort ausverkauft, eine dritte muß anberaumt werden. Am 2. 4. 1939 tritt Max Ehrlich zum letzten Mal vor sein Berliner Publikum. Er geht wieder nach Holland und wird von

Stummfilme

1926 – In der Heimat, da gibt's ein Wiedersehn

1927 – Familientag im Hause Prellstein

1928 – Herkules Maier
– Es zogen drei Burschen (Zwischentitel)
– Flitterwochen (Drehbuch)
– Fräulein Chauffeur (Zwischentitel)
– In Werder blühen die Bäume (Zwischentitel)
– Die blaue Maus
– Die Wochenendbraut (Zwischentitel)
– Die tolle Komtess (Drehbuch, Darsteller)
– Das Haus ohne Männer (Zwischentitel)

1929 – Ihr dunkler Punkt
– Liebfraumilch

Tonfilme

1930 – In Wien hab' ich einmal ein Mädel geliebt
– Wien, du Stadt der Lieder
– Hokuspokus
– Die vom Rummelplatz
– Der Korvettenkapitän
– Der Greifer (Drehbuchmitarbeit)
– Susanne macht Ordnung
– Leutnant warst Du einst bei den Husaren

1931 – Die Marquise von Pompadour
– Der Liebesarzt
– Schatten der Unterwelt
– Der Tanzhusar
– Um eine Nasenlänge
– Der Storch streikt
– Die schwebende Jungfrau
– Der Hochtourist
– Der Schlemihl

1932 – Goldblondes Mädchen, ich schenk' Dir mein Herz
– Wenn die Liebe Mode macht

Willy Rosen, der ihn an seinem »Theater der Prominenten« gut gebrauchen kann, mit offenen Armen empfangen. »Tempo, Tempo« heißt die erste gemeinsame Revue der beiden Berliner Künstler, die auch weiterarbeiten, nachdem die deutschen Truppen die Niederlande besetzt haben. 1944 sperrt man Max Ehrlich, wie so viele seiner Kollegen, ins Lager Westerbork. Hier ist er der Leiter der »Bühne Lager Westerbork«, einer Kabarettbühne, die für Erheiterung der Gefangenen sorgen soll. Im Sommer 1944 werden vermehrt Transporte in die Vernichtungslager des Ostens zusammengestellt. In einem der letzten, der Westerbork verläßt, ist auch Max Ehrlich. Der »berlinischste Conférencier«, wie er genannt wird, der Schauspieler, Regisseur und Autor Max Ehrlich hat, nach Augenzeugenberichten, »das Unglück, von einem Hauptsturmführer als Komiker erkannt zu werden. Das bedeutet für ihn ein besonderes Martyrium vor seiner Auslöschung: er mußte, angesichts des sicheren, schrecklichen Todes, der entmenschten SS vor geladenen Revolvern jämmerliche Späße vorführen«.
Max Ehrlich wird Ende 1944 in Auschwitz vergast.

Kurzfilme

1931 – Kabarettprogramm Nr. 2
– Kabarettprogramm Nr. 6

1932 – Wer zahlt heute noch?
– Die erste Instruktionsstunde (Regie)
– Revierkrank (Regie)

1933 – Der falsche Hund (Drehbuch, Regie)
– Herr Direktor engagiert
– Kaczmarek als Rosenkavalier (Regie)
– Mord im Kohlenkeller (Regie)
– Hugos Nachtarbeit (Drehbuch, Regie)

Herta Felden

* 1897, Berlin – † 1942, KZ Ravensbrück

Theater

1916–1919	Berlin, Deutsches Theater
1923	Berlin, Wallner-Theater
1928	Berlin, Thalia-Theater
1931	Berlin, Saltenburg-Bühnen

Die Schauspielerin Herta Felden, die in jungen Jahren des öfteren unter Max Reinhardts Regie spielte, kommt im KZ Ravensbrück um.

Jakob Feldhammer

* ?, ? – † ?, ?

Theater

1905	Czernowitz, Volkstheater
1906–1912	Berlin, Deutsches Theater
1913	Leipzig, Städtische Theater
1914–1916	Wien, Neue Wiener Bühne
1917	Wien, Wiener Kammerspiele
1918–1922	Frankfurt/Main, Schauspielhaus
1923	Berlin, Theater am Kurfürstendamm
1924–1926	Wien, Deutsches Volkstheater
1928	Wien, Kammerspiele
1929	Düsseldorf, Vereinigte Städtische Theater
1930/31	Wien, Neues Wiener Schauspielhaus (Direktion, Oberspielleiter)
1934	Wien, Die Komödie (zeitweilig verpflichtet)

Der Schauspieler Jakob Feldhammer gehört zwischen 1906 und 1913 zu den Stützen des Reinhardt-Ensembles in Berlin. Im Jahre 1919 ist er einer der Gründer der Schauspielschule des Frankfurter Schauspielhauses.
Der von Kritikern als »vortrefflich, ergreifend, vollendet« bezeichnete Schauspieler Jakob Feldhammer stirbt im »Dritten Reich« während der Verfolgung durch Nazis.

Maria Forescu

* 1875, Czernowitz – nach 1943 verschollen

Stummfilme

1912	– Krone und Fessel – Die Pflicht – Ihr Strandgut
1915	– Märtyrerin der Liebe
1916	– Seltsame Köpfe

Maria Forescu beginnt ihre Laufbahn im Alter von 19 Jahren als Sängerin. Sie wirkt bis zum Ersten Weltkrieg an bedeutenden Bühnen in Wien, Berlin, Hamburg und München. Schon 1912 hat sie beim Film gearbeitet, um 1918 gibt sie ihre Laufbahn als Sängerin zugunsten der Filmkarriere auf. In diesen Stumm-

1918 – Dida Ibsens Geschichte
– Colomba
– Die Tochter des Rajah
– Der Weg, der zur Verdammnis führt
1. Das Schicksal der Aenne Wolter

1919 – Veritas vincit, Eine Filmtrilogie
1. Teil: Rom zur Zeit des Decius
– Gepeitscht
– Der Tänzer
– Nachtasyl
– Phantome des Lebens

1920 – Der Mann auf der Flasche
– Die entfesselte Menschheit
– Das Medaillon der Lady Sington

1921 – Marizza, genannt die Schmuggler-Madonna
– Die Fremde aus der Elstergasse
– Terpsichore, Die Macht des Tanzes
– Tanja, die Frau an der Kette
– Die Bettelgräfin vom Kurfürstendamm

1922 – Hanneles Himmelfahrt
– Jimmy, ein Schicksal von Mensch und Tier
– Sie und die Drei
– Die fünf Frankfurter
– Der Graf von Charolais
– Der Ruf des Schicksals
– Tabea, stehe auf!
– Frauenschicksal

1923 – Königin Karoline von England
– Die Marionetten der Fürstin
– Der Großindustrielle

1924 – Gefährliche Freundschaft
– Nju

1925 – Der König und die kleinen Mädchen
– Die Verrufenen
– Das Abenteuer der Sibylle Brant
– Götz von Berlichingen zubenannt mit der eisernen Hand
– Hanseaten

1926 – Fedora
– Die Wacht am Rhein/Aus des Rheinlands Schicksalstagen
– Dürfen wir schweigen?

filmjahren bis 1930 dreht sie fast 80 Filme. Oft verkörpert sie halbseidene Charaktere, z.B. eine Bordellbesitzerin oder eine »Engelmacherin«. Auch im jungen Tonfilm hat sie einigen Erfolg. Sie engagiert sich gewerkschaftlich, was ihr 1933 den öffentlichen Vorwurf einbringt, sie sei »...stark kommunistisch eingestellt«. Da sie Jüdin ist, findet sie in ihrem Beruf keine Arbeit mehr. Sie bleibt trotzdem bis 1943 in Berlin. Danach verliert sich ihre Spur. Zu dieser Zeit sind die Deportationen der in Berlin verbliebenen Juden in vollem Gange.
Da man nie wieder etwas von ihr gehört hat, muß davon ausgegangen werden, daß die Schauspielerin Maria Forescu in einem Vernichtungslager ums Leben kam.

– Menschen untereinander
– Die Wiskottens
– Kubinke, der Barbier, und die drei Dienstmädchen
– Spitzen
– Der gute Ruf
– Die schwarze Hanne
– Der Liebe Lust und Leid
– Die Piraten der Ostseebäder
– Eine tolle Nacht
– Schenk mir das Leben

1927 – Laster der Menschheit
– Der Zigeunerbaron
– Der Sieg der Jugend
– Arme kleine Colombine
– Einbruch
– Die Frauengasse von Algier
– Valencia
– Frühere Verhältnisse
– Bigamie
– Die Hölle der Jungfrauen
– Wer wirft den ersten Stein?
– Der falsche Prinz

1928 – Anastasia, die falsche Zarentochter
– Der Mann mit dem Laubfrosch
– Emerald of the East (GB)

1929 – Das Mädel aus der Provinz
– Vererbte Triebe
– Der Sittenrichter § 218
– Madame X, die Frau für diskrete Beratung
– Der Teufelsreporter
– Männer ohne Beruf
– Zwei Brüder
– Die Kaviarprinzessin

1930 – Liebeskleeblatt

Tonfilme

1930 – Im Kampf mit der Unterwelt
– Das alte Lied
– Susanne macht Ordnung
– Er oder ich

1931 – Der Weg nach Rio
– Danton
– Schatten der Unterwelt
– Verklungene Träume
– Zwischen Nacht und Morgen
– Ein ausgekochter Junge
– Bobby geht los

1932 – Der Frechdachs
– Das erste Recht des Kindes

KARL FOREST (recte Obertimpfler) * 1874, Wien – † 1944, Wien

Theater

1894	Passau, Stadttheater
1895	Karlsruhe, Reichshallen-Theater
1896	Aschaffenburg, Stadttheater
1897	Heilbronn, Aktien-Theater
1898	Czernowitz, Stadttheater
1899	Reichenberg/Böhmen, Stadttheater
1900	München, Vereinigte Theater
1901	Hamburg, Deutsches Schauspielhaus
1903/04	Berlin, Deutsches Theater
1905–1913	Berlin, Lessing-Theater
1914–1916	Berlin, Deutsche Künstler-Theater-Sozietät
1917	Berlin, Residenz-Theater
1918	Wien, Deutsches Volkstheater
1919–1921	Wien, Burgtheater
1922	Wien, Raimund-Theater
1923	Wien, Raimund-Theater, Renaissance-Bühne, Kammerspiele, Chat Noir
1925–1933	Wien, Deutsches Volkstheater (zeitweise auchOberspielleiter)

Der Schauspieler Karl Forest ist ab Ende 1902 in Berlin für mehr als zehn Jahre an Theatern unter der Leitung von Otto Brahm tätig. 1913/14 gehört er zu den Gründungsmitgliedern der »Deutsche Künstler-Theater-Sozietät«. Gegen Ende des Ersten Weltkrieges geht er in seine Heimatstadt Wien zurück und spielt dort u.a. am Burgtheater. Ab 1925 ist er am Deutschen Volkstheater engagiert, wirkt dort zeitweise auch als Oberspielleiter. Er filmt seit 1919 und dreht seinen letzten Film im Jahre 1940. Gegen Ende des Zweiten Weltkrieges wird der altersschwache Künstler Opfer einer Euthanasieaktion.
Der Schauspieler und Spielleiter Karl Forest wird Mitte 1944 durch eine Luftinjektion ums Leben gebracht.

Stummfilme

1919 – Der letzte Knopf
– Der Schriftmagier

1921 – Der Schlüssel zur Macht

1922 – Olga Frohgemut
– Der Dämon des »Grand Hotel Majestic« (Regie, Darsteller)
– Die Maske der Schuld

1923 – Hoffmanns Erzählungen

1924 – Der Geldteufel

1925 – Pension Groonen

1926 – Der Rosenkavalier
– Der Gardeoffizier
– Der Feldherrnhügel
– Die Königin vom Moulin Rouge

1929 – Vater Radetzky
– Unschuld

Tonfilme

1930 – Der falsche Feldmarschall

1931 – Der Zinker
– Die Fledermaus (Drehbuchmitarbeit)

1932 – Mamsell Nitouche
– Wehe, wenn er losgelassen
– Die grausame Freundin
– Der Hexer

1933 – Leise flehen meine Lieder

1935 – Lockspitzel Asew
– Eva

1936 – Heut ist der schönste Tag in meinem Leben

1937 – Florentine
– Musik für Dich

1939 – Unsterblicher Walzer
– Frau im Strom

1940 – Donauschiffer

Dora Gerson

* 1899, Berlin – † 1943, KZ Auschwitz

Dora Gerson besucht Anfang der Zwanziger Jahre Max Reinhardts Schauspielschule in Berlin. Ihr erstes Engagement bekommt sie 1922 an der Volksbühne, wo sie den Schauspieler Veit Harlan kennenlernt und heiratet, sich aber bald darauf wieder von ihm trennt. Sie spielt bis 1928 an der Volksbühne, anschließend hauptsächlich in Berliner Kabaretts, z.B. Katakombe, Die Wespen, Die Brücke u.a. Mit dem Kabarettunternehmen »Ping Pong« geht sie 1933/34 in die Schweiz und tritt dort auch im »Cornichon« auf. Sie folgt dem Ping Pong 1934 nach Holland, wo sie auch nach Auflösung des Kabaretts bleibt. Die als »grandios« bezeichnete Chansonsängerin tritt weiterhin in Kabaretts auf. Sie heiratet einen Holländer und bekommt zwei Kinder. Während des Zweiten Weltkrieges versucht die Familie illegal von Frankreich aus in die Schweiz zu gelangen. Hierbei werden durch das Weinen der Kinder Grenzpatrouillen auf die Flüchtenden aufmerksam.
Sie werden in das Durchgangslager Drancy gebracht, von dort nach Auschwitz, wo die jüdische Schauspielerin und Sängerin Dora Gerson 1943 mit ihrer Familie vergast wird.

Heinz Gordon

* 1871, Tarnowitz – † ca. 1943, KZ

Theater

1893	Aurich, Emden, Leer, Jever (Reisende Gesellschaft)
1894	Mülhausen/Elsaß, Thalia-Theater
1895	Neiße, Stadttheater
1896	Frankfurt/Oder, Stadttheater
1898	Zittau, Stadttheater
1899	Oldenburg, Großherzogl. Hoftheater
1900/01	Milwaukee, Vereinigte Deutsche Theater
1902	Köln, Residenz-Theater
1903	Berlin, Intimes Theater
1904	Berlin, Belle Alliance-Theater
1905	Berlin, Belle Alliance-Theater, Thalia-Theater
1907	Berlin, Neues Theater
1908	Berlin, Theater an der Spree
1910	Berlin, Apollo-Theater (Dramaturg, Oberregisseur)
1911–1913	Dresden, Central-Theater (Direktion, Oberregisseur)
1914	Berlin, Residenz-Theater
1916	Berlin, Deutsche Volksoper
1932	Berlin, Theater in der Behrenstraße
1933	Berlin, Komödienhaus

Stummfilme

1913 – In Vertretung (Drehbuch, Darsteller)

1915 – Wie werde ich Amanda los? (Drehbuch)

1917 – Eine Walzernacht

1926 – In der Heimat, da gibt's ein Wiedersehn (Drehbuchmitarbeit)

1927 – Gustav Mond ... Du gehst so stille (Drehbuchmitarbeit)

1928 – Don Juan in der Mädchenschule (Drehbuch)

1929 – Peter, der Matrose (Drehbuchvorlage)

Tonfilme

1930 – Drei Tage Mittelarrest

1932 – Eine Nacht im Paradies (Dialogregie)
– Zwei in einem Auto
– Das schöne Abenteuer
– Wie sag' ich's meinem Mann (Drehbuch, Darsteller)
– Kampf (Drehbuchmitarbeit)

1933 – Kind, ich freu mich auf Dein Kommen (Drehbuchmitarbeit)

Der Schauspieler beginnt seinen Werdegang als jugendlicher Komiker. In den Zwanziger Jahren ist er als Schriftsteller tätig, schreibt vorrangig leichtere Bühnenstücke, wie z.B. »Das bißchen Ruhm«. 1923/24 ist er außerdem Leiter des paritätischen Stellennachweises der Genossenschaft Deutscher Bühnen-Angehörigen. Beim Film arbeitet er als Autor und auch als Darsteller. 1933 ist die Laufbahn des vielseitigen Künstlers beendet.
Heinz Gordon kommt ca. 1943 in einem KZ ums Leben.

PAUL GUTTMANN

* ?, ? – † ca. 1942, Minsk

Der Schauspieler und Spielleiter Paul Guttmann, der hauptsächlich in der österreichischen Provinz sowie an führenden Wiener Theatern wirkt, wird Ende 1941 nach Minsk deportiert, von wo er nicht mehr zurückkehrt.

ALFRED HEINEN (recte Levy)

* 1880, Mönchengladbach – † 1943, KZ Sobibor

Alfred Levy beginnt seine Bühnenlaufbahn um 1900 als Statist an einem Kölner Theater, nennt sich fortan Alfred Heinen, wird Varietésänger, tritt u.a. am Hamburger Hansa Theater und im Berliner Wintergarten auf. Mitte 1933 verläßt der Unterhaltungskünstler Deutschland und arbeitet in Holland. Zehn Jahre später wird Alfred Heinen von dort aus in das Vernichtungslager Sobibor deportiert, wo er Mitte 1943 umkommt.

Fritz Hirsch

* 1888, Mannheim – † 1942, KZ Mauthausen

Theater

1909	Landsberg a. d. Warthe, Actientheater
1910	Stendal, Rathenow, Stargard, Vereinigte Stadttheater
1911–1914	Königsberg, Neues Schauspielhaus
1915	Hamburg, Thalia-Theater
1916–1919	Hamburg, Stadttheater
1917/18	Militärdienst
1921–1925	Berlin, Staatstheater, Schauspielhaus
1927	Berlin, Künstlertheater
1929–1932	Den Haag, Princesse Schouburg (Fritz-Hirsch-Operette)
1933	Berlin, Schillertheater (Direktion, Oberspielleitung)

Stummfilme

1922 – Die fünf Frankfurter
– Der böse Geist Lumpaci Vagabundus
– Die Heimkehr des Odysseus

1928 – Das Fräulein von Kasse 12

Fritz Hirsch, den 1932 das Heimweh und die Gelegenheit, das Schillertheater zu übernehmen, nach Berlin zurückgeführt hatten, wird nach der Machtergreifung der Nazis als einer der ersten seines Postens enthoben. Er geht wieder in die Niederlande, wo er lebt und arbeitet, bis die deutschen Truppen ihn dort einholen.
Im KZ Mauthausen wird der Schauspieler und Spielleiter Fritz Hirsch, der, wie Ludwig Berger es ausdrückt, »ein ganzes Haus von Menschen beglücken konnte«, im Jahre 1942 umgebracht.

Helmuth Kionka

* ?, ? – † 1937, Berlin

Filme

1932 – 8 Mädels im Boot
– Die unsichtbare Front

1933 – Liebesfrühling

Der Schauspieler Helmuth Kionka spielt seit 1926 an führenden Berliner Theatern, z.B. am Staatstheater, Deutschen Künstlertheater, Theater am Kurfürstendamm und den Saltenburg-Bühnen, ohne sich an ein Haus zu binden. Unter der Regie von Jürgen Fehling ist er 1928 in der Erstaufführung von Lion Feuchtwangers »Die Petroleum-Inseln« zu sehen. Ab Anfang der Dreißiger Jahre beschäftigt man ihn auch im Tonfilm. Nach 1933 übernimmt der engagierte Künstler Kurierdienste zwischen der deutschen Widerstandsbewegung und Widerstandskreisen in Frankreich. Als er von einer dieser Reisen längere Zeit nicht ins Deutsche Reich zurückkehrt, lockt man ihn mit einem Vertragsangebot der neuen Dietrich-Eckart-Bühne nach Berlin.
Seine Tätigkeit ist entdeckt worden, er wird wegen Hochverrates angeklagt und zum Tode verurteilt.
Der Schauspieler Helmuth Kionka wird 1937 hingerichtet.

Charlotte Klinder-Otto * ?, ? – † 1943, Berlin

Theater

1908	Sondershausen, Fürstliches Theater
1909	Thorn, Stadttheater
1910/11	Stettin, Stadttheater
1912	Bremen, Bremer Schauspielhaus
1913–1918	Köln, Vereinigte Theater
1919–1921	Hamburg, Thalia-Theater
1922	Berlin, Residenz-Theater
1930	Berlin, Trianon-Theater

Stummfilme

1919 – Der Tod und die Liebe

1924 – Ich hatt' einen Kameraden

1925 – Frauen, die nicht lieben dürfen

Die Schauspielerin Charlotte Klinder-Otto nimmt sich im November 1943 gemeinsam mit ihrem Mann, dem Schauspieler Paul Otto, das Leben.

Tonfilme

1938 – Eine Frau kommt in die Tropen

Kurt Lilien (recte Lilienthal) * 1882, Berlin – † 1943, KZ Sobibor

Theater

1903	Berlin, Intimes Theater
1904	Wesel, Stadttheater
1905–1907	Berlin, Berliner Vaudeville Ensemble
1908	Leipzig, Neues Operettentheater
1909–1920	Hamburg, Carl Schultze-Theater
1922/23	Berlin, Theater am Nollendorfplatz
1924–1929	Berlin, Theater im Admiralspalast
1931	Berlin, Theater in der Behrenstraße
1932/33	Berlin, Komische Oper

Stummfilme

1922 – Maciste und die Tochter des Silberkönigs

Der Schauspieler Kurt Lilien hat sich seit Ende 1904 Herman Haller und dessen diversen Theaterunternehmen verschrieben, die vorrangig Operetten, Possen und Schwänke spielen. Prominent wird der Komiker jedoch erst in den Revuen des Herman Haller, die ab 1923 über die Bühne des Berliner Admiralspalastes gehen. So ist er zum Beispiel allein in acht Bildern der Revue »Schön und schick« vertreten. Er spielt bereits im Stummfilm und ab 1930 in etlichen Tonfilmen. Seine letzte bedeutende Rolle hat Kurt Lilien im November 1932 in der Uraufführung von Eduard Künneckes Operette »Glückliche Reise«. Ende 1933 gibt es nur noch ein einziges Angebot, ein für Sommer 1934 geplantes Gastspiel am Rose-Theater. Der Vertrag wird kurz nach Abschluß bereits zu Makulatur, da der Jude Kurt Lilien nicht in die Reichskulturkammer aufgenommen wird. Er emigriert nach Holland, wo er u.a. bei Rudolf Nelson Beschäftigung

1923 – Harry Hill, der Herr der Welt

1924 – Harry Hills Jagd auf den Tod

1927 – Eine tolle Nacht
– Die schönsten Beine von Berlin

Tonfilme

1930 – Hokuspokus
– Lumpenball
– Die zärtlichen Verwandten
– Nur Du
– Bockbierfest
– Dolly macht Karriere
– Susanne macht Ordnung
– Flachsmann als Erzieher

1931 – Kopfüber ins Glück
– Grock
– Fra Diavolo
– Jede Frau hat etwas
– Gefahren der Liebe
– Wenn die Soldaten
– Das Geheimnis der Roten Katze
– Mein Herz sehnt sich nach Liebe
– Die schwebende Jungfrau
– Der Herr Finanzdirektor
– Weekend im Paradies
– Ich bleib' bei Dir
– Einer Frau muß man alles verzeih'n
– Bobby geht los
– Der verjüngte Adolar
– Mein Leopold

1932 – Zwei Herzen und ein Schlag
– Skandal in der Parkstraße
– Gitta entdeckt ihr Herz
– Jonny stiehlt Europa
– Strafsache van Geldern
– Drei von der Kavallerie
– Liebe, Scherz und Ernst
– Der Diamant des Zaren
– Das Testament des Cornelius Gulden
– Ich bei Tag und Du bei Nacht
– Baby

1933 – Und wer küßt mich?
– Manolescu, der Fürst der Diebe

findet. Bald nach dem Einmarsch der deutschen Truppen in Holland gibt es für den Schauspieler keine Arbeitsmöglichkeit mehr. Man bringt ihn ins Lager Westerbork und von dort weiter nach Sobibor. Hier wird der Berliner Komiker Kurt Lilien 1943 vergast.

– Was Frauen träumen
– Die Nacht im Forsthaus
– Gruß und Kuß Veronika

Kurzfilme

1932 – Fasse Dich kurz
– Vergessen Sie bitte nicht, die Antenne zu erden

1933 – Hugos Nachtarbeit
– Was gibt's Neues heut?

HANNE MERTENS

* 1909, ? – † 1945, KZ Neuengamme

Theater

1933	Düsseldorf, Städtische Theater
1934	Düsseldorf, Schauspielhaus
1935	Berlin, Theater am Nollendorfplatz
1936/37	Berlin, Volksbühne
1939–1943	München, Kammerspiele
1944	Hamburg, Thalia-Theater

Filme

1939	– Ich verweigere die Aussage
1941	– Alarmstufe V

Die Schauspielerin Hanne Mertens, die ihre Gegnerschaft zum Hitler-Regime nur schwer verheimlichen kann und sich aktiv am Widerstand beteiligt, wird 1944 denunziert und festgenommen. Nach Folterungen durch die Gestapo bringt man sie ins KZ Neuengamme, wo sie 1945, knapp drei Wochen vor Kriegsende, hingerichtet wird.

HANS MEYER-HANNO

* 1906, Hannover – † 1945, Bautzen

Theater

1931–1933	Truppe 31
1935	Berlin, Theater am Nollendorfplatz, Theater am Schiffbauerdamm
1936	Berlin, Theater am Schiffbauerdamm, im Sommer: Städtisches Naturtheater Friedrichshagen
1937	Berlin, Komische Oper

Hans Meyer, gebürtiger Hannoveraner, kommt über die Malerei zur Beschäftigung als Bühnenbildner am Reußischen Theater in Gera. Er wechselt Ende der Zwanziger Jahre zum Schaupielerberuf und geht nach Berlin. Es folgen erste Auftritte am Kabarett »Larifari« 1929, 1930 gehört er dann zu Werner Fincks Katakombe. Von 1931–1933 spielt er in Gustav von

1939–1944 Berlin, Schillertheater

Filme

1934 – Pechmarie

1935 – Die törichte Jungfrau
– Das Mädchen vom Moorhof
– Schwarze Rosen

1936 – Inkognito
– Blinde Passagiere
– Verräter

1937 – Togger
– Menschen ohne Vaterland
– Versprich mir nichts
– Starke Herzen

1938 – Der Maulkorb
– Die kleine und die große Liebe
– Skandal um den Hahn
– Fortsetzung folgt
– Du und Ich
– Steputat & Co

1939 – Die fremde Frau
– D III 88
– Kennwort Machin

1940 – Ihr Privatsekretär
– Die unvollkommene Liebe
– Jud Süß
– Der Kleinstadtpoet
– Blutsbrüderschaft

1941 – Männerwirtschaft
– Pedro soll hängen
– Kameraden
– Jakko

1942 – Der große König
– G.P.U.
– Der große Schatten
– Andreas Schlüter

1943 – Liebesgeschichten
– Ich vertraue Dir meine Frau an
– Die Gattin
– Gefährlicher Frühling

Wangenheims »Truppe 31«, einem proletarisch revolutionären Theaterkollektiv, das mit den Stücken »Da liegt der Hund begraben« und »Die Mausefalle« beachtliche Erfolge erzielt. Als dieses Ensemble sich im Frühjahr 1933 auflöst und die meisten Mitglieder emigrieren, bleibt der überzeugte Kommunist Hans Meyer-Hanno in Deutschland und beginnt seine politische Tätigkeit im Untergrund. Beruflich kommt er vorerst beim Film unter, hat erste Komparsenrollen schon 1933, seine erste größere Rolle 1934 in Erich Engels »Pechmarie«. Außerdem macht er viel Synchronarbeit und spricht im Rundfunk. Man schätzt seine markante Stimme, die »etwas von dem tiefen, warmen Metall einer behäbigen Kichenglocke« hat. Meyer-Hanno hat eine jüdische Ehefrau, die Pianistin Irene Sager, mit ihr zwei kleine Söhne. Da ihm die Aufnahme in die Reichskulturkammer versagt ist, spielt er mit einer Sonderauftrittserlaubnis an verschiedenen Berliner Theatern. Ab Ende 1938 ist er am Schillertheater engagiert und wird 1939 in die Reichskulturkammer aufgenommen. Auch beim Film wird er häufig eingesetzt, man schätzt ihn als ideale Besetzung wichtiger Nebenrollen. Dabei bleibt dem auf seine Tarnung bedachten Regimegegner die Mitwirkung an nationalsozialistischen Propagandafilmen nicht erspart. Als überzeugter Kommunist betreibt er die Untergrundarbeit unvermindert weiter, während des Krieges in der »Widerstandsgruppe Beppo Römer«. Infolge eines Verrates fliegt die Gruppe schließlich auf. Meyer-Hanno wird 1944 während der Dreharbeiten zu dem Veit Harlan-Film »Kolberg« festgenommen. Man ermittelt lediglich, er habe Propagandamaterial erhalten und es vernichtet, statt die Verantwortlichen zu denunzieren. Er wird zu drei Jahren Haft verurteilt. Die durch die Rassegesetze ohnehin gefährdete Familie taucht zeitweise unter, heimlich unterstützt durch einige furchtlose Kollegen vom Schillertheater. Meyer-Hanno wird im Zuchthaus Bautzen während der Endkämpfe zum Schanzen, Ausheben von Gräben und dergleichen herangezogen.

Ende April 1945 wird der Schauspieler Hans Meyer-Hanno, der Deutschland nicht verließ, um »seinen Parteiauftrag« weiter zu verfolgen, bei einem Fluchtversuch in Bautzen erschossen.

1944 – Der Verteidiger hat das Wort

1945 – Die Brüder Noltenius
– Das fremde Leben

Kurzfilme

1937 – Der vertauschte Hund

1939 – Das Lauffeuer

PAUL O'MONTIS (recte Wendel)

* 1894, Budapest – † 1940, KZ Sachsenhausen

Paul Wendel, der sich als Vortragskünstler Paul O'Montis nennt, entwickelt sich nach dem Ersten Weltkrieg zu einem Chansonnier allerersten Ranges, interpretiert mit unvergleichlicher, einschmeichelnder Stimme Chansons, Schlager und Parodien, ist begehrt an allen Kabaretts und beim Rundfunk. Der Künstler wird zur Inkarnation des eleganten, charmanten Sängers, dem die Damenwelt zu Füßen liegt. Nach einem letzten Gastspiel in der Berliner Scala verläßt er Ende 1933 Deutschland und tritt in Österreich, Holland und der Schweiz auf. Der populäre Sänger und Parodist, der über 130 Schallplatten aufnahm, ist homosexuell. Nach dem Einmarsch deutscher Truppen in Prag wird er festgenommen.
Mitte 1940 kommt Paul O'Montis im KZ Sachsenhausen ums Leben.

Paul Otto (recte Schlesinger) * 1878, Berlin – † 1943, Berlin

Theater

1897	Cottbus, Stadttheater
1898	Bochum, Stadttheater
1899	Rudolstadt, Fürstliches Theater
1900	Bautzen, Stadttheater
1901	Halle, Thalia-Theater
1902–1904	Wiesbaden, Residenz-Theater
1905	Hannover, Residenz-Theater
1906/07	Berlin, Schillertheater
1908–1910	Berlin, Hebbel-Theater
1911	Berlin, Neues Theater
1913	Berlin, Deutsches Schauspielhaus
1914	Berlin, Deutsches Schauspielhaus (auch Regisseur)
1915	Berlin, Kleines Theater
1916	Militärdienst
1917–1919	Berlin, Berliner Theater
1926–1929	Berlin, Deutsches Theater
1930	Berlin, Berliner Theater
1931	Berlin, Deutsches Theater
1936–1943	Berlin, Deutsches Theater (auch Spielleiter)

Der Schauspieler Paul Otto ist seit Ende 1905 an Berliner Theatern tätig. Seit 1910 filmt er, beginnend mit der Hauptrolle in dem Streifen »Arsène Lupin contra Sherlock Holmes«. 1911 führt er zum ersten Mal im Film Regie, im Jahr darauf entsteht das erste eigene Drehbuch. Zumeist aber ist der Künstler als Darsteller begehrt, filmt mit Asta Nielsen und Erna Morena, Harry Liedtke und Henny Porten, Pola Negri, Elisabeth Bergner, Olga Tschechowa, Lil Dagover, Werner Krauß, Albert Steinrück, Fritz Kortner, den Regisseuren Urban Gad, Lupu Pick, Richard Oswald, Paul Czinner und vielen anderen. Seit 1924 ist er mit kurzen Unterbrechungen am Deutschen Theater Berlin engagiert, wird zu einem anerkannten Gentleman-Darsteller, Alfred Kerr bezeichnet ihn als »erstrangig«. Anfang der Dreißiger Jahre macht Paul Otto auch im jungen Tonfilm Karriere, gastiert gelegentlich am Theater. Ab Ende 1935 ist er wieder am Deutschen Theater in Berlin, als Darsteller und auch als Spielleiter. Anfang 1937 erfolgt seine Ernennung zum »Staatsschauspieler«. Ende 1942 wird Paul Otto außerdem noch Leiter der Fachschaft Bühne in der Reichstheaterkammer. Als ihn im November 1943 ein Kollege am Deutschen Theater mit den Worten »Heil Hitler, Herr Schlesinger« begrüßt, fliegt die beinahe perfekte Tarnung des jüdischen Schauspielers auf.
Gemeinsam mit seiner Frau, der Schauspielerin Charlotte Klinder-Otto, nimmt sich Paul Otto kurz darauf in seiner Berliner Wohnung das Leben.

Stummfilme

1910
- Arsène Lupin contra Sherlock Holmes
- Entsühnt

1911
- Sherlock Holmes contra Professor Moryarty
- Die Diebin (Regie)

1912
- Der Fluch der Sünde
- Das Brandmal ihrer Vergangenheit (Regie)
- Rätsel des Herzens (Regie)
- Selbstgericht (Drehbuch, Regie)

1913
- Der Flug ums Leben (Drehbuch, Regie)
- Schuldig (Regie)
- Die Sphinx
- In der Dämmerung (Regie, Darsteller)
- Die Filmprimadonna

1915
- Guido der Erste oder Der getäuschte Wurstfabrikant (Regie)
- Guido im Paradies (Regie)

- Dorrits Chauffeur (Regie)
- Das achte Gebot. Du sollst nicht falsch Zeugnis reden wider deinen Nächsten
- Vordertreppe und Hintertreppe

1916
- Der Sumpf
- Dorrits Eheglück (Regie)
- Florians Tante (Regie)
- Maria (Regie, Darsteller)

1917
- Die Spinne (Drehbuch)
- Das Mädel von nebenan (Drehbuch, Regie)
- Die Faust des Schicksals (Drehbuch)
- Der Fremde (Drehbuch)
- Der Geigenspieler
- Das Spiel vom Tode (Drehbuch)
- Die Zwillingsschwestern (Regie)

1918
- Die Kraft des Michael Argobast (Drehbuch)
- Katinka (Drehbuchmitarbeit, Regie)

1919
- Kreuziget sie! (Drehbuch)
- Das ewige Rätsel
- Der Tod und die Liebe (Drehbuch, Regie)
- Moral und Sinnlichkeit
- Erdgift (Drehbuchmitarbeit, Regie)

1920
- Das Skelett des Herrn Markutius
- Der Staatsanwalt (Regie)
- Arme Violetta
- Judith Trachtenberg

1921
- Aschermittwoch
- Die schwarze Rose von Cruska
- Die Insel der Glücklichen
- Die Sonne Asiens
- Scherben
- Letze Liebe
- Die Erbin von Tordis
- Der Mann ohne Namen
- Seine Exzellenz von Madagaskar

1922
- Schminke
- Man soll es nicht für möglich halten oder Maciste und die Javanerin
- Macht der Versuchung
- Die Schneiderkomtess
- Die Flucht in die Ehe
- Tabea, stehe auf!

1923
- Das Abenteuer von Sagossa
- Ihr Fehltritt
- Inge Larsen

1924
- Thamar, das Kind der Berge
- Mädchen, die man nicht heiratet
- Komödianten des Lebens

1925
- Die Frau von vierzig Jahren
- Husarenfieber
- Frauen, die nicht lieben dürfen
- Frauen, die man oft nicht grüßt
- Das alte Ballhaus
- Der Herr ohne Wohnung

1926
- Frauen der Leidenschaft
- Die Straße des Vergessens

1927
- Liebe
- Verbotene Liebe
- Potsdam, das Schicksal einer Residenz
- Die Achtzehnjährigen
- Die Lorelei
- Die Frauengasse von Algier
- Primanerliebe
- Grand Hotel...!
- Die rollende Kugel
- Der Kampf des Donald Westhof
- Höhere Töchter
- Benno Stehkragen
- Das Schicksal einer Nacht

1928
- So küßt nur eine Wienerin
- Der Zarewitsch
- Die Sandgräfin
- Die geheime Macht
- Die Rothausgasse
- Der fesche Husar
- Der Raub der Sabinerinnen

1929
- Nachtgestalten
- Die Liebe der Brüder Rott
- Die Flucht vor der Liebe
- Blutschande § 173 St.G.B.
- Heilige oder Dirne
- Trust der Diebe

Tonfilme

1930 – Zärtlichkeit
– Ein Tango für Dich
– Drei Tage Mittelarrest

1931 – Tänzerinnen für Süd-Amerika gesucht
– Die Blumenfrau von Lindenau
– Kinder vor Gericht
– Elisabeth von Österreich
– Der Ball
– Die andere Seite
– Kadetten
– Der Hauptmann von Köpenick
– York

1932 – Es wird schon wieder besser
– Rasputin
– Kitty schwindelt sich ins Glück
– Hasenklein kann nichts dafür
– Kavaliere vom Kurfürstendamm
– Ja, treu ist die Soldatenliebe
– Die Tänzerin von Sanssouci
– Die – oder Keine
– Kiki
– Das Geheimnis um Johann Orth
– Glück über Nacht
– Die unsichtbare Front

1933 – Der Choral von Leuthen
– Liebelei
– Spione am Werk
– Sag' mir, wer Du bist
– Kind, ich freu' mich auf Dein Kommen
– Roman einer Nacht
– Fräulein Hoffmanns Erzählungen
– Der Sonnenstrahl

1934 – Der Polizeibericht meldet
– Zwischen zwei Herzen
– Der Zarewitsch
– Du bist entzückend, Rosmarie!

1936 – Schlußakkord
– Das Schloß in Flandern
– Eskapade

1937 – Togger
– Unternehmen Michael

1938 – Das Geheimnis um Betty Bonn
– Frau Sylvelin
– Was tun, Sybille?
– Kleines Bezirksgericht
– Pour le Mérite

1939 – Aufruhr in Damaskus
– Ich verweigere die Aussage
– Der Gouverneur
– Die Frau ohne Vergangenheit
– Die Geliebte
– Robert Koch, der Bekämpfer des Todes
– D III 88

1940 – Leidenschaft
– Stern von Rio
– Der Fuchs von Glenarvon
– Falstaff in Wien

Willy Rosen (recte Rosenbaum) * 1894, Magdeburg – † 1944, KZ Auschwitz

Wenn Du 'mal in Hawaii bist

Wenn Du 'mal in Hawaii bist
und wenn Dein Herzchen frei ist,
und wenn es g'rade Mai ist,
dann komm' zu mir!

Im Lande der Guitarren,
da will ich auf Dich harren,
ach, halt' mich nicht zum Narren
und komm' zu mir!

Hier rauscht das blaue Meer,
hier ist ein schöner Küstenstrich,
wann kommst Du endlich her,
mein Liebling, ich erwarte Dich!

Wenn Du 'mal in Hawaii bist
und wenn Dein Herzchen frei ist,
und wenn es g'rade Mai ist,
dann komm' zu mir!

(Text: Willy Rosen, Kurt Schwabach – Musik: Willy Rosen)

»Text und Musik von mir«, verkündet der Komponist und Kabarettist Willy Rosen strahlend, wenn er seine eigenen Werke der leichten Muse am Flügel intoniert und dazu singt. In fast allen Berliner Kabaretts der Zwanziger Jahre vom »Schwarzen Kater« bis zum »Kabarett der Komiker« ist dieser geistreiche Klavierunterhalter anzutreffen, singend, parodierend, andere Künstler begleitend, immer »mit unwiderstehlicher Eindringlichkeit«, wie der Kabarettkritiker Max Herrmann-Neiße befindet. Schlager wie »Wenn Du einmal Dein Herz verschenkst«, »Wenn Du 'mal in Hawaii bist«, »Im Rosengarten von La Plata«, »Ich schick' Dir ein paar Veilchen« entstammen seiner Feder. Er schreibt Musik für den Tonfilm und das Kabarett, tritt oft im Rundfunk auf. Die Machtergreifung der Nazis bereitet der Karriere des beliebten Künstlers ein jähes Ende. Der Erfolgverwöhnte weicht 1933 vorerst in einige Nachbarländer aus, gastiert in Österreich und der Schweiz, in Holland und der Tschechoslowakei. Zwischendurch kehrt er nach Deutschland zurück und komponiert die Musik zu Max Ehrlichs Revuen beim Jüdischen Kulturbund. Schließlich läßt sich Willy Rosen 1936 endgültig in Holland nieder, wo er mit anderen Emigranten das »Theater der Prominenten« gründet. Hier gehen wieder etliche Revuen von und mit Willy Rosen über die Bühne. Doch bald nach dem Einmarsch der deutschen Truppen in Holland ist auch diese zweite Karriere des vielseitigen Künstlers beendet. Im KZ Westerbork erheitert er, zusammen mit Max Ehrlich u.a., noch einmal sein Publikum, spielt auf der »Bühne Lager Westerbork«, die den Mitgefangenen beste Kleinkunst zeigt. »Total verrückt« heißt das letzte Programm im Juli 1944, anschließend werden fast alle Beteiligten in die Vernichtungslager im Osten deportiert. Angesichts seines bevorstehenden Abtransportes schreibt Willy Rosen ein letztes Lied mit »Text und Musik von mir« unter dem Titel »Abschied von Westerbork«.
Im Oktober 1944 wird der Unterhaltungskünstler Willy Rosen in Auschwitz vergast.

Lina Salten (recte Salamon)

* ?, ? – nach 1942 verschollen

Theater

1911/12 Hagen i. W., Städtisches Schauspielhaus
1913 Berlin, Rose-Theater
1914 Saarbrücken, Neues Theater
1915 Berlin, Thalia-Ensemble
1916/17 Berlin, Berliner Theater
1927 Pommersche Landesbühne und Kunstbühne

Die Schauspielerin Lina Salten wird Ende 1942 gewaltsam in eine Synagoge gebracht und ist seitdem verschollen.

Stummfilme

1915 – Freundinnen
1917 – Der Richter
1918 – Die Geisterjagd
1919 – Eine unbedeutende Frau
– Wenn ein Mädchen hübsch ist
1920 – Die Schreckensnacht auf Schloß Drachenegg
– Dein ist mein ganzes Herz
1921 – Tscherkessenblut
– Das gestohlene Millionenrezept
– Die kleine Midinette
1922 – Bummellotte
1923 – Herbstzauber

Jenny Schaffer-Bernstein

* ?, ? – † 1943, KZ Auschwitz

Theater

1911 Berlin, Deutsches Theater
1912/13 Frankfurt/Main, Neues Theater
1914–1919 Dresden, Königl. Hoftheater
1920–1933 Dresden, Schauspielhaus
ab Ende 1933 Jüdischer Kulturbund

Nach fast 20 Jahren am renommiertesten Theater Dresdens wird Jenny Schaffer-Bernstein jede Weiterbeschäftigung durch die neu geschaffenen Gesetze unmöglich gemacht. Die beliebte Schauspielerin gehört ab Ende 1933 zu den ersten Kräften des Jüdischen Kulturbundes. Hier spielt sie häufig tragende Rollen, bis nach fast acht Jahren der Jüdische Kulturbund aufgelöst wird.
Die Deportationen in die Vernichtungslager nehmen zu, unter den Opfern ist auch die Schauspielerin Jenny Schaffer-Bernstein, die gemeinsam mit ihrem Mann Otto Bernstein 1943 in Auschwitz vergast wird.

LUTZ MARTIN SCHEIN

* 1902, ? – † ca. 1944, KZ Auschwitz

Der Schauspieler, Spielleiter und Schriftsteller Lutz Martin Schein wird gegen Ende des Zweiten Weltkrieges in Auschwitz vergast.

FRITZ SCHÖNFELD

* 1895, Berlin – † 1944, KZ Auschwitz

Theater

1919	Libau, Kurland, Deutsches Theater
1920	Minden, Stadttheater
1923	Stettin, Bellevue-Theater
1924/25	Bremerhaven, Stadttheater
1926/27	Saarbrücken, Stadttheater (auch Spielleiter)
1929	Berlin, Lustspielhaus
1930	Berlin, Deutsches Volkstheater
1932	Potsdam, Schauspielhaus
ab 1934	Jüdischer Kulturbund

Der Schauspieler und Spielleiter Fritz Schönfeld wird 1944 in Auschwitz vergast.

WILLY SCHÜRMANN-HORSTER

* 1900, ? – † 1943, Berlin

Theater

1929/30	Bad Godesberg, Schauspielbühne (auch Spielleiter)

Willy Schürmann-Horster besucht die Schauspielschule von Louise Dumont in Düsseldorf. In den Zwanziger Jahren gründet und leitet er verschiedene linksorientierte Theatergruppen: 1920 »Truppe im Westen«, 1921 »Freie Volksbühne Groß Düsseldorf«, 1924–1926 »Die junge Aktion«, 1927/28 »Notgemeinschaft Düsseldorfer Schauspieler«. Von Ende 1928 bis 1930 ist Willy Schürmann-Horster in Bad Godesberg an der Schauspielbühne engagiert, anschließend gehört er bis 1933 zu den führenden Köpfen der »Truppe im Westen«. 1934 arbeitet der Kommunist als Regisseur am Düsseldorfer Kabarett »Klimperkasten«, als er verhaftet und der Vorbereitung zum Hochverrat angeklagt wird. Nach seinem Freispruch übersiedelt Willy Schürmann-Horster 1936 nach Berlin. Er bemüht sich während der folgenden Jahre vergeblich um Arbeit als Schauspieler oder Spielleiter beim Theater, als Drehbuchautor beim Film, ist zu dieser Zeit ohne Einkünfte. Um 1938 schließt er sich der Widerstandsgruppe Schulze-Boysen/Harnack an. Ab Herbst 1941 hat er beim Grenzlandtheater in Konstanz wieder ein Theaterengagement.

Hier wird Willy Schürmann-Horster im Herbst 1942 verhaftet, im Herbst 1943 vom Volksgerichtshof in Berlin zum Tode verurteilt und kurz darauf in Plötzensee hingerichtet.

JESSIE SCHWAMBORN * 1888, Wien – † 1942, KZ Ravensbrück

Die Schauspielerin und Tänzerin Jessie Schwamborn wird 1942 im KZ Ravensbrück umgebracht.

JULIUS SEGER * ?, ? – † 1944, KZ Auschwitz

Theater

1898	Bad Reichenhall
1899	Budweis, Stadttheater
1900	St. Pölten, Stadttheater
1901–1904	Hermannstadt, Stadttheater
1905	Breslau, Stadttheater
1906	Klagenfurt, Stadttheater
1907	Nürnberg, Intimes Theater
1908	München, Vereinigte Theater
1913–1916	München, Münchner Schauspielhaus
1917/18	Militärdienst
1919–1925	München, Münchner Schauspielhaus
1926–1936	München, Münchner Kammerspiele im Schauspielhaus

Der Schauspieler Julius Seger wird 1944 im KZ Auschwitz vergast.

BEN SPANIER * ?, ? – † 1944, KZ Auschwitz

Theater

1911	Mühlhausen/Elsaß, Stadttheater
1912	Bern, Stadttheater
1913	München, Kammerspiele
1914	Altona, Gastspiel-Tournee »Die Schiffbrüchigen«
1915–1917	Militärdienst
1918	Berlin, Residenz-Theater (auch Spielleiter)
1919–1931	Frankfurt/Main, Schauspielhaus
1933	Berlin, Schillertheater (aushilfsweise tätig)
ab Ende 1933	Jüdischer Kulturbund

Der vielseitige Schauspieler Ben Spanier wirkt ab Mitte der Zwanziger Jahre mit großem Erfolg am Frankfurter Schauspielhaus, auch als Spielleiter sowie als Lehrer an der dortigen Schauspielschule. Ab Ende 1933 ist er Mitglied im Jüdischen Kulturbund, spielt und inszeniert. So ist auch die allerletzte Aufführung des Jüdischen Kulturbundes im August 1941, Molnars »Spiel im Schloß«, eine Inszenierung von Ben Spanier. Anschließend wird der Jüdische Kulturbund aufgelöst, seine Mitglieder größtenteils deportiert. Im KZ Theresienstadt angekommen, darf der Künstler Molnars Stück noch einmal zur Erbauung seiner Mitgefangenen auf der Lagerbühne in Szene setzen.
Bald darauf wird der Schauspieler und Regisseur Ben Spanier in das Todeslager Auschwitz geschickt, wo er 1944 ums Leben gebracht wird.

FRITZ SPIRA * 1879, Wien – † 1943, KZ Ruma

Theater

1897	Olmütz, Königl. Städt. Theater
1898	Troppau, Stadttheater
1899	Olmütz, Königl. Städt. Theater
1900	Breslau, Stadttheater
1901	Wien, Theater in der Josefstadt
1902/03	Berlin, Residenz-Theater
1904	Berlin, Neues und Kleines Theater
1905	Berlin, Lustspielhaus
1906	Hamburg, Deutsches Schauspielhaus
1908/09	Frankfurt/Main, Residenz-Theater
1911/12	Berlin, Lustspielhaus
1913/14	Berlin, Trianon-Theater
1915–1918	Militärdienst
1919	Stadt Berndorf, Niederösterreich Kaiser Franz Josef Jubiläums-Theater
1922	Berlin, Walhalla-Theater (Sommerdirektion)
1923	Berlin, Komische Oper
1925	Hamburg, Deutsches Schauspielhaus
1927	Berlin, Residenz-Theater
1930/31	Berlin, Metropol-Theater
1932	Berlin, Metropol-Theater, Theater im Admiralspalast
1933	Berlin, Metropol-Theater
1935	Bielitz (Bielsko i. Polen), Stadttheater (auch Oberspielleiter)

Der Schauspieler und Sänger Fritz Spira spielt seit Ende 1901 in Berlin am Theater. 1903/04 gehört er zum jungen Ensemble Max Reinhardts. Der gutaussehende junge Mann entwickelt sich zu einem begehrten Bonvivant. Er heiratet 1906 die Schauspielerin Lotte Andresen und hat mit ihr zwei Kinder, Camilla und Steffie, die in den Zwanziger Jahren ebenfalls zur Bühne gehen. Fritz Spira spielt schon früh im Stummfilm, ab 1930 auch in etlichen Tonfilmen. 1933 ist er am Berliner Metropol-Theater, einer der ersten Operettenbühnen, engagiert. Seine letzte bedeutende Rolle hat er in der Uraufführung von Eduard Künneckes »Die lockende Flamme« Weihnachten 1933 im Berliner Theater des Westens. Nach der Scheidung von seiner Frau geht Fritz Spira 1934 nach Bielitz in Polen, wo er am Stadttheater als Schauspieler und Oberspielleiter arbeitet. Ab Mitte 1935 lebt er in Wien, wo er noch einmal in einem Film eine kleine Nebenrolle bekommt. Danach ist er ohne Beschäftigung und Einkünfte. Während des Zweiten Weltkrieges erhält er ein Visum für Shanghai und versucht über Jugoslawien zu entkommen. Dabei wird er gefaßt und in das KZ Ruma verschleppt.
Hier bringt man den Schauspieler und Sänger Fritz Spira 1943 ums Leben.

Stummfilme

1920 – Elexiere des Teufels

1925 – Liebe und Trompetenblasen
– Gräfin Mariza
– Die rote Maus

1926 – Nanette macht alles
– Frauen der Leidenschaft
– Wir sind vom K. und K. Infanterie-Regiment
– Die dritte Eskadron

- Wien – Berlin
- Ledige Töchter

1927 – Der fesche Erzherzog
- An der Weser
- Familientag im Hause Prellstein

1928 – Wenn die Mutter und die Tochter…
- Gefährdete Mädchen
- Spitzenhöschen und Schusterpech

1929 – Die Vierte von rechts

1930 – Wer hat Robby gesehen?
- Die Jugendgeliebte (nachsynchronisiert)

Tonfilme

1930 – Am Rande der Sahara
- Die vom Rummelplatz
- Zwei Welten
- Va Banque
- Liebling der Götter

1931 – Kasernenzauber
- Ihre Hoheit befiehlt
- In Wien hab' ich einmal ein Mädel geliebt
- Wiener Liebschaften
- Der Schrecken der Garnison
- So lang' noch ein Walzer von Strauß erklingt
- Dienst ist Dienst

1932 – Rasputin
- Der Frauendiplomat
- Der Feldherrnhügel
- Gitta entdeckt ihr Herz
- Jonny stiehlt Europa
- Ja, treu ist die Soldatenliebe
- Johann Strauß K. und K. Hofballmusikdirektor

1933 – Kaiserwalzer
- Der Choral von Leuthen
- Die Nacht im Forsthaus

1935 – Das Tagebuch der Geliebten

Mathilde Sussin

* ca. 1875, ? – † 1943, KZ Theresienstadt

Theater

1896	Innsbruck, Stadttheater
1897	Aachen, Stadttheater
1898	Preßburg, Königl. freist. Theater
1899	Wiener Neustadt, Stadttheater
1900	Aachen, Stadttheater
1901–1906	Graz, Vereinigte Theater
1907–1911	Berlin, Lessing-Theater
1912	Berlin, Lessing-Theater, Kleines Theater

Mathilde Sussin gehört 1913/14 zu den Gründungsmitgliedern der »Deutsche Künstler-Theater-Sozietät«. Einige Jahre später ist sie »Königliche Schauspielerin« an den Berliner Königlichen Schauspielen, aus denen 1919 die Staatstheater werden. 1916 dreht sie ihren ersten Film, in den Zwanziger Jahren arbeitet sie mit Regisseuren wie Lupu Pick, Ludwig Berger, Gerhard Lamprecht, Robert Wiene, Alexander Korda, Richard Oswald und Wilhelm Dieterle. Im Frühjahr 1933 erhält die Schauspielerin nach über fünfzehnjähriger erfolgreicher Tätigkeit an den Staatstheatern ihre Kündigung. Ein Vertrag mit dem Theater in der Stresemannstraße ermöglicht ihr ledig-

1913/14 Berlin, Deutsche Künstler-Theater-Sozietät

1918/19 Berlin, Königliche Schauspiele

1920–1933 Berlin, Staatstheater

1934 Berlin, Theater in der Stresemannstraße

Stummfilme

1917 – Der letzte eines alten Geschlechtes

1920 – Das Fest der schwarzen Tulpe
– Die Nacht der Prüfung

1921 – Die Nackten
– Die Schuld des Grafen Weronski
– Der Unheimliche

1922 – Zum Paradies der Damen

1923 – Das Haus ohne Lachen
– Die Buddenbrooks
– Seine Frau, die Unbekannte
– I.N.R.I.

1924 – Tragödie im Hause Habsburg

1925 – Die Frau mit dem schlechten Ruf
– Ein Walzertraum

1926 – Menschen untereinander
– Man spielt nicht mit der Liebe!

1927 – U 9 Weddigen
– Feme
– Die berühmte Frau
– Das brennende Schiff

1928 – Violantha
– Ich hatte einst ein schönes Vaterland
– Zuflucht
– Die Heilige und ihr Narr

1929 – Die Vierte von rechts
– Frühlings Erwachen

Tonfilme

1930 – Ein Tango für dich
– Flachsmann als Erzieher

1932 – Das Blaue vom Himmel

lich einen sechswöchigen Auftritt in einem Erfolgsstück im Spätsommer 1933. Da sie nicht in die Reichskulturkammer aufgenommen wird, entläßt man sie auch an diesem Theater. Damit endet nach fast vierzig Jahren die glanzvolle Karriere der Schauspielerin, die Siegfried Jacobsohn in der »Weltbühne« als »eine Erlesenheit« bezeichnete und die Herbert Ihering »köstlich« fand.
Im Jahre 1943 kommt die Schauspielerin Mathilde Sussin im KZ Theresienstadt ums Leben.

Anni Vara

* ?, ? – † ?, KZ

Theater

1903	Görlitz, Stadttheater
1904	Nürnberg, Stadttheater
1905	Magdeburg, Stadttheater
1907	Berlin, Figaro-Theater
1908–1910	Hamburg, Stadttheater
1911	Berlin, Original Parisiana-Ensemble
1913	New York, Deutsches Theater
1914	New York, Irving Place Theatre
1917	Hannover, Deutsches Theater
1918	Berlin, Lustspielhaus
1919	Reval (Estland), kaiserl. subv. deutsches Theater (auch Oberspielleiterin)
1922	Königsberg, Neues Schauspielhaus
1928–1930	Berlin, Staatstheater
1931	Berlin, Englisches Theater Deutscher Schauspieler

Die Schauspielerin und Spielleiterin Anni Vara kommt während des »Dritten Reiches« in einem KZ ums Leben.

Dr. Manfred Voss

* 1900, ? – † 1942, KZ Buchenwald

Theater

1926	Lübeck, Stadttheater
1927	Hannover, Deutsches Theater
1928	München, Münchner Volkstheater
1930/31	Berlin, Theater in der Behrenstraße
1933	Nürnberg, Intimes Theater
1934	Kolberg, Landestheater im Sommer: Bad Oeynhausen, Staatl. Kurtheater
1935	Cottbus, Stadttheater im Sommer: Kolberg, Kurtheater
1936	Cottbus, Stadttheater
1938	Luckenwalde, Kurmärkisches Landestheater

Der Schauspieler Dr. Manfred Voss stirbt 1942 im KZ Buchenwald.

Tonfilme

1930 – Dolly macht Karriere

Geza Weisz

* 1904, Berlin – † 1944, KZ Auschwitz

Theater

1932 Berlin, Komische Oper

Stummfilme

1926
- Junges Blut
- Der Feldherrnhügel
- Das süße Mädel
- Die Abenteuer eines Zehnmarkscheines
- Das Panzergewölbe

1927
- Die elf Teufel
- Der fröhliche Weinberg

1928
- Schenk mir das Leben
- Deutsche Frauen – Deutsche Treue
- Freiwild
- Flitterwochen

Tonfilme

1930
- Hokuspokus
- Dolly macht Karriere

1931
- Schachmatt
- Schatten der Manege
- Der Tanzhusar
- Der Scheidungsgrund

Der Schauspieler Geza Weisz spielt ab Mitte der Zwanziger Jahre an Berliner Theatern, gelegentlich auch unter der Regie von Heinz Hilpert und Max Reinhardt. Ab Anfang der Dreißiger Jahre hat er als »dicker Komiker« einige Tonfilmrollen, tritt auch im Kabarett auf, so 1931 in Werner Fincks Katakombe. 1933 emigriert Geza Weisz nach Holland und schließt sich dem Emigrantenkabarett »Ping Pong« an. Später verdient er seinen Lebensunterhalt notdürftig mit Übersetzungen und dem Verkauf von Theaterfotos. Während des Zweiten Weltkrieges wird der Kabarettist und Schauspieler Geza Weisz über Westerbork nach Auschwitz gebracht und dort 1944 vergast.

Max Zilzer

* 1868, Budapest – † 1943, Berlin

Theater

1889 Budapest, Deutsches Theater

1890 Halle, Viktoria Theater

1891 Marburg/Hessen, Stadttheater

1892 Heilbronn, Aktientheater

1893 Essegg, Aktientheater

1895 Marburg a. d. Drau, Stadttheater

1896 Wien, Rudolfsheimer Volkstheater

1898/99 Hermannstadt, Stadttheater

Der Schauspieler Max Zilzer ist seit 1887 am Theater tätig. Seit 1910 filmt er, um 1911 bei Gaumont in Paris, ansonsten in Berlin, wo er außerdem an verschiedenen Theatern beschäftigt ist. Seine letzte bedeutende Filmrolle hat der mittlerweile Sechzigjährige in dem Fritz Lang-Film »Die Frau im Mond«. Danach setzt sich der weitgereiste Schauspieler langsam zur Ruhe. Er bleibt auch nach 1933 in Berlin, während sein Sohn Wolfgang, der ebenfalls ein bekannter Schauspieler ist, Nazi-Deutschland 1937 endgültig den Rücken kehrt und in die USA emi-

1900–1904	Cincinnati, Grand Opera House
1905–1908	Berlin, Gebr. Herrnfeld-Theater
1909	Köln, Residenz-Theater
1910	Essen, Lustspielhaus
1911	Berlin, Modernes Theater
1912	Berlin, Neues Schauspielhaus
1913	Berlin, Neues Theater am Nollendorfplatz
1915–1918	Berlin, Berliner Theater
1919	Berlin, Residenz-Theater
1921	Berlin, Trianon-Theater
1922	Berlin, Residenz-Theater, Trianon-Theater

griert, wo er sich um ein Einreisevisum für seinen betagten Vater bemüht – ohne Erfolg. Wolfgang Zilzer spielt unter dem Pseudonym John Voigt in dem Anti-Nazifilm »Confessions of a Nazi Spy« einen Nazi-Agenten. Der in Berlin zurückgebliebene Vater wird zur Gestapo vorgeladen und dort mit einem Bild aus diesem Film konfrontiert, auf dem er seinen Sohn erkennt.

Diesem Verhör folgt die Einlieferung in ein Krankenhaus, wo der Schauspieler Max Zilzer kurz darauf unter ungeklärten Umständen stirbt.

Stummfilme

1913	– Die Wittenberger Nachtigall
1914	– Er rechts, sie links
1915	– Frau Annas Pilgerfahrt – Carl und Carla – Die Erben des Geizhalses
1917	– Der Blusenkönig
1918	– Die Töchter des Herrn von Dornberg
1919	– Das Ende vom Liede
1920	– Die Ehrenreichs – Die Frau im Delphin oder 30 Tage auf dem Meeresgrund
1921	– Aus dem Schwarzbuch eines Polizeikommissars – Der Stier von Olivera
1922	– Sie und die Drei
1924	– Soll und Haben – Frühlingsfluten
1925	– Der Hahn im Korb
1926	– Luther
1928	– Panik
1929	– Die Frau im Mond

Anhang: Filmographien

- Die chronologische Anordnung der Filme orientiert sich am Datum der Uraufführung, ersatzweise am Zensurdatum bzw. am Produktionsjahr.
- Soweit nicht anders angegeben, handelt es sich um deutsche Produktionen.
- Wenn nicht anders angegeben, war der Betreffende als Darsteller eingesetzt.
- Bei den Tonfilmen ist darüber hinaus die Art der Rolle in Klammern aufgeführt.

ROBERT DORSAY

Tonfilme

1936 – Flitterwochen
R.: Carl Lamac
(Alex, Rechtsanwalt)

– Es geht um mein Leben
R.: Richard Eichberg
(Ilja Bogroff)

1937 – Ein Mädel vom Ballett
R.: Carl Lamac
(Max, Komiker des Theaters)

– Meine Frau, die Perle
R.: Dr. Alwin Elling
(Heinz)

– Liebe geht seltsame Wege
R.: Hans H. Zerlett
(Pedro, Chauffeur)

– Karussell
R.: Dr. Alwin Elling
(Otto Petersen)

– Der Scheidungsgrund (D/CS)
R.: Carl Lamac
(Spargel, Bürovorsteher)

– Zu neuen Ufern
R.: Detlef Sierck
(Bobby Wells)

– Spiel auf der Tenne
R.: Georg Jacoby
(Anton Kübler, Schauspieler)

– Die Fledermaus
R.: Paul Verhoeven
(Franz, Chauffeur)

1938 – Abenteuer in Warschau
R.: Carl Boese
(?)

– Wie einst im Mai
R.: Richard Schneider-Edenkoben
(Gustav Bolze)

– Das Mädchen mit dem guten Ruf
R.: Hans Schweikart
(Lorenzo)

– Kautschuk
R.: Eduard von Borsody
(Photograph an Bord)

– Tanz auf dem Vulkan
R.: Hans Steinhoff
(Nebenrolle)

– Liebesbriefe aus dem Engadin
R.: Luis Trenker, Werner Klingler
(Jack, Diener)

1939 – Robert und Bertram
R.: Hans H. Zerlett
(Jack, Diener)

Kurzfilme

1936 – Du bis so schön, Berlinerin
R.: Eduard von Borsody

– Wie ein Wunder kam die Liebe über Nacht
R.: Hans Fritz Köllner

1937 – Wiederseh'n macht Freude
R.: Phil Jutzi

– Der glückliche Finder
R.: Jürgen von Alten

– Die Unterschlagung
R.: Phil Jutzi

– Bluff
R.: Charles Klein

– Psst, ich bin Tante Emma
R.: Charles Klein

1938 – Das verlorene Lächeln
R.: Jürgen von Alten

– Familie auf Bestellung
R.: Jürgen von Alten

– Andere Länder, andere Sitten
R.: Kurt Hoffmann

1939 – Wie werd' ich bloß die Perle los
R.: Max Krüger

– Der Mann mit dem Psst
R.: Alfred Stöger

– Mann im Schrank
R.: Georg Zoch

Schallplatten

– Ein Mann, der die Frauen erobert (Robert Dorsay, Wilfried Sommer)
– Fräulein, wann sind Sie geboren?
– Heut bin ich verliebt
– Ich bring Dich um die Ecke zum Autobus
– Ich tanz' mit Fräulein Dolly Swing
– Komm, tanz' mit mir Swingtime
– Schönes Fräulein Wanda
– Das Schönste an der Liebe ist die Heirat (Robert Dorsay, Baby Gray)
– Wenn ein Mädchen keinen Herrn hat

Die Aufnahmen entstanden in den Jahren 1937/38

Kurt Gerron

Stummfilme

1920 – Spuk auf Schloß Kitay
R.: Paul Legband

– Die Präriediva
R.: Carl Boese

1921 – Die Apotheke des Teufels
R.: Bruno Eichgrün

– Der Held des Tages
R.: Rudi Bach

1922 – Wege des Lasters
R.: Franz Hofer

– Frau Sünde
R.: Fred Sauer

– Fräulein Puppe, meine Frau
R.: ?

1924 – Die Schmiede
R.: Martin Berger

1925 – O alte Burschenherrlichkeit
R.: Helene Lackner, Eugen Rex

– Varieté
R.: Ewald André Dupont

– Halbseide
R.: Richard Oswald

– Vorderhaus und Hinterhaus
R.: Richard Oswald

1926 – Der goldene Schmetterling (A/D)
R.: Michael Kertesz

– Die Tragödie eines Verlorenen
R.: Hans Steinhoff

– Wien–Berlin
R.: Hans Steinhoff

– Die drei Mannequins
R.: Jaap Speyer

– Die Kleine und ihr Kavalier
R.: Richard Löwenbein

– Annemarie und ihr Ulan
R.: Erich Eriksen

– Im weißen Rößl
R.: Richard Oswald

– Der Soldat der Marie
R.: Erich Schönfelder

– Der Liebe Lust und Leid
R.: Kurt Gerron
(Darsteller)

– Mädchenhandel
R.: Jaap Speyer

– Eine tolle Nacht
R.: Richard Oswald

1927 – Die schönsten Beine von Berlin
R.: Willi Wolff

– Einbruch
R.: Franz Osten

– Die Dame mit dem Tigerfell
R.: Willi Wolff

– Üb' immer Treu und Redlichkeit
R.: Reinhold Schünzel

– Sein größter Bluff
R.: Harry Piel

– Glanz und Elend der Kurtisanen
R.: Manfred Noa

– Pique Dame
R.: Alexander Rasumny

– Feme
R.: Richard Oswald

– Gefährdete Mädchen
R.: Hans Schall

– Die weiße Spinne
R.: Carl Boese

– Ein Tag der Rosen im August ... da hat die Garde fortgemußt
R.: Max Mack

– Ein schwerer Fall
R.: Felix Basch

– Gehetzte Frauen
R.: Richard Oswald

– Die Pflicht zu schweigen
R.: Carl Wilhelm

– Das Frauenhaus von Rio
R.: Hans Steinhoff

– Ramper. Der Tiermensch
R.: Max Reichmann

– Das tanzende Wien
R.: Friedrich Zelnik

– Der große Unbekannte
R.: Manfred Noa

– Wer wirft den ersten Stein
R.: Erich Eriksen

– Dr. Bessels Verwandlung
R.: Richard Oswald

– Benno Stehkragen
R.: Trude Santen

– Manege
R.: Max Reichmann

1928 – Liebe und Diebe
R.: Carl Froelich

– Heut tanzt Mariett
R.: Friedrich Zelnik

– Vom Täter fehlt jede Spur
R.: Constantin J. David

– Casanovas Erbe
R.: Manfred Noa

Die Jacht der sieben Sünden
R.: Jacob Fleck, Luise Fleck

– Unmoral
R.: Willi Wolff

– Daughter of the Regiment/
Die Regimentstochter
(GB/D)
R.: Hans Behrendt

1929 – Wir halten fest und treu zusammen
R.: Herbert Nossen

– Nachtgestalten/The Alley Cat (D/GB)
R.: Hans Steinhoff

– Aufruhr im Junggesellenheim
R.: Manfred Noa

– Die Flucht vor der Liebe
R.: Hans Behrendt

– Die weiße Hölle vom Piz Palü
R.: Arnold Fanck, Georg Wilhelm Pabst

– Tagebuch einer Verlorenen
R.: Georg Wilhelm Pabst

1930 – Menschen am Sonntag
R.: Robert Siodmak, Edgar G. Ulmer
(Auftritt)

– Liebe im Ring
R.: Reinhold Schünzel
[teilweise nachsynchronisiert]

Tonfilme

1930 – Der blaue Engel
R.: Josef von Sternberg
(Kiepert, Direktor)

– Die vom Rummelplatz
R.: Carl Lamac
(Schaubudenbesitzer)

– Die Drei von der Tankstelle
R.: Wilhelm Thiele
(Dr. Kalmus, Rechtsanwalt)

– Dolly macht Karriere
R.: Anatol Litvak
(Silbermann, Theaterdirektor)

– Einbrecher
R.: Hanns Scharz
(1. Polizeikommissar)

1931 – Die Marquise von Pompadour
R.: Dr. Willi Wolff
(Ludwig V., König von Frankreich)

– Ihre Majestät die Liebe
R.: Joe May
(Hornberg)

– Der Weg nach Rio
R.: Manfred Noa
(Barera, Direktor des »Casino-International«)

– Salto Mortale
R.: Ewald André Dupont
(Grimby)

– Bomben auf Monte Carlo
R.: Hanns Schwarz
(Direktor des Spielcasinos)

– Meine Frau, die Hochstaplerin
R.: Kurt Gerron

– Eine Nacht im Grandhotel
R.: Max Neufeld
(Achaz)

– Man braucht kein Geld
R.: Carl Boese
(Binder, Bankdirektor)

1932 – Es wird schon wieder besser
R.: Kurt Gerron

– Zwei in einem Auto (F/D)
R.: Joe May
(Niedlich, Agent)

– Vater geht auf Reisen
R.: Carl Boese
(Der Kommissar)

– Ein toller Einfall
R.: Kurt Gerron

– Der weiße Dämon
R.: Kurt Gerron

1933 – Heut' kommt's drauf an
R.: Kurt Gerron

– Kind, ich freu' mich auf Dein Kommen
R.: Kurt Gerron, Erich von Neusser

– Une femme au volant (F)
R.: Kurt Gerron, Pierre Billon

– Incognito (F)
R.: Kurt Gerron

1935 – Bretter, die die Welt bedeuten (A)
R.: Kurt Gerron

– Het mysterie van de Mondscheinsonate (NL)
R.: Kurt Gerron

1936 – Merijntje Gijzen's jeugd (NL)
R.: Kurt Gerron

– Een dag bij de A.V.R.O. (NL)
R.: Kurt Gerron

1937 – I tre desideri (I)
R.: Kurt Gerron, Giorgio Ferroni

– Drie wenschen (I/NL)
R.: Kurt Gerron
(Chargenrolle)
Niederländische Version von »I tre desideri«

1944 – Der Führer schenkt den Juden eine Stadt
R.: Kurt Gerron
Drehbuch

Kurzfilme

1931 – Der Stumme von Portici
R.: Kurt Gerron

– 1. Kabarett-Programm
R.: Kurt Gerron

– Kabarett-Programm Nr. 2
R.: Kurt Gerron

– 3. Kabarett-Programm
R.: Kurt Gerron

– 4. Kabarett-Programm
R.: Kurt Gerron

– 5. Kabarett-Programm
R.: Kurt Gerron

– Kabarett-Programm Nr. 6
R.: Kurt Gerron

Schallplatten

– Ballade vom Seemann Kuttel Daddel Du I + II

– Boxerlied
Kurt Gerron, Max Schmeling, Hugo Fischer-Köppe

– Die Großstadtinfanterie

– Herr Doktor! Herr Doktor!

– Kanonen-Song
Kurt Gerron, Willy Trenk-Trebitsch

– Mein Bruder macht beim Tonfilm die Geräusche

– Moritat und Ballade vom angenehmen Leben

– Moritat von Mackie Messer

– Das Nachtgespenst

– Der rote Faden (Potp. I + II)
Kurt Gerron, Camilla Spira, Gretl Berndt,
Arthur Schröder, Nelson-Revue-Ensemble

Die Aufnahmen entstanden in den Jahren 1929/30

Joachim Gottschalk

Filme

1938 – Du und ich
R.: Wolfgang Liebeneiner
(Johann Uhlig)

1939 – Aufruhr in Damaskus
R.: Gustav Ucicky
(Keller, Leutnant)

– Flucht ins Dunkel
R.: Arthur Maria Rabenalt
(Engelbrecht)

– Eine Frau wie Du
R.: Viktor Tourjanski
(Dr. Manfred Thiele)

1940 – Ein Leben lang
R.: Gustav Ucicky
(Hans von Gallas)

1941 – Das Mädchen von Fanö
R.: Hans Schweikart
(Ipke, Fischer)

– Die schwedische Nachtigall
R.: Peter Paul Brauer
(Hans Christian Andersen)

Fritz Grünbaum

Tonfilme

1930 – Die Csikosbaroneß
R.: Jacob Fleck, Luise Fleck
Drehbuch

1931 – Der Raub der Mona Lisa
R.: Geza von Bolvary
(Der angebliche Bilderdieb)

– Meine Frau, die Hochstaplerin
R.: Kurt Gerron
(Silbermann, Agent)

– Jeder fragt nach Erika
R.: Friedrich Zelnik
Drehbuch

– Der brave Sünder
R.: Fritz Kortner
(Klapka)

– Arm wie eine Kirchenmaus
R.: Richard Oswald
(Schünzl, Buchhalter)

– Liebeskommando
R.: Geza von Bolvary
Drehbuch

1932 – Es wird schon wieder besser
R.: Kurt Gerron
(Justizrat Feldacker)

– Einmal möcht' ich keine Sorgen haben
R.: Max Nosseck
(Der Chef des Konfektionshauses)

– Ein Lied, ein Kuß, ein Mädel
R.: Geza von Bolvary
Drehbuch
(Adolph Münzer, Prokurist)

– Mädchen zum Heiraten
R.: Wilhelm Thiele
(Sigurd Bernstein, Heiratsvermittler)

– Mensch ohne Namen
R.: Gustav Ucicky
(Gablinsky, Winkeladvokat)

Kurzfilme

1931 – Das Publikum singt mit
R.: Günther Schwenn, Peter Schaeffers

– Der Durchschnittsmann
R.: Günther Schwenn, Peter Schaeffers

1932 – Rosmarin im Glück
R.: Richard Löwenbein

Schallplatten

– Das Cabarett ist mein Ruin I + II

– Fritz Grünbaum conferiert

– Fritz Grünbaum erzählt von den Räubern

– Fritz Grünbaum telefoniert

– Ich hab einen Haß auf das Publikum I + II

– Klein Elschen und die Viere

– Die Kunst zu lieben, oder wie fange ich ein Verhältnis an

– Wer zahlt heutzutage
Fritz Grünbaum, Max Ehrlich

Die Aufnahmen entstanden zwischen 1908 und 1932

Bücher

– Liebe? – Mumpitz!
Berlin 1908

– Meine Sorgen
Wien und Leipzig 1917

– Menschen und Viecher · Ein philosophisches System
Wien und Berlin 1917

– Vierweiberei
Wien und Berlin 1918

– Von an-, un- und ausgezogenen Damen
Wien und Berlin 1919

– Nieder mit mir!
Wien 1920

– Grünbaum contra Grünbaum · Altes und Neues
Wien und Leipzig 1930

– Die Liebe, der Tod und der Teufel und anderes
Selbstverlag, o.O., o.J.

– Vom seligen Zensor · Demobilisierte Gedichte
Wien und Leipzig, o.J.

PAUL MORGAN

Stummfilme

1913 – Die Feuerprobe (A)
R.: ?
Drehbuch

1915 – Der Herr ohne Wohnung (A)
R.: Fritz Freund

1916 – Einen Jux will er sich machen (A)
R.: Emil Leyde

1917 – Viererzug (A)
R.: Carl Wilhelm

– Der Mann ohne Kopf (A)
R.: Fritz Freisler

– Wenn die Liebe auf den Hund kommt (A)
R.: Richard Löwenbein

1918 – Lenas noble Bekanntschaft (A)
R.: ?

– Das Nachtlager von Mischli-Mischloch (A)
R.: Fritz Freisler

– Wem gehört das Kind? (A)
R.: Emil Leyde

– Der Weg zum Reichtum (A)
R.: ?

– Willibald wird Millionär (A)
R.: ?

1919 – Der falsche Schein
R.: Emil Justitz

– Halbblut
R.: Fritz Lang

– Die sich verkaufen
R.: Richard Oswald

– Das Spiel von Liebe und Tod
R.: Urban Gad

– Der goldene See
R.: Fritz Lang

– Unheimliche Geschichten
R.: Richard Oswald

– Comtesse Doddy
R.: Georg Jacoby

– Die Herrin der Welt
R.: Joe May

– Die Puppe
R.: Ernst Lubitsch

1920 – Die Spinnen
R.: Fritz Lang

– Die 999. Nacht
R.: Fred Sauer

– Kurfürstendamm
R.: Richard Oswald

– Anständige Frauen
R.: Carl Wilhelm

– Die Geheimnisse der Nachtbar
R.: ?

– Die Kwannon von Okadera
R.: Carl Froelich

– Die Insel der Gezeichneten
R.: Joseph Delmont

1921 – Götzendämmerung
R.: Manfred Noa

– Kämpfende Herzen
R.: Fritz Lang

– Der Mann ohne Namen
R.: Georg Jacoby

1922 – Die große Lüge
R.: Carl Boese

– Der schwarze Harlekin
R.: Franz Seitz

– Kauft Mariett-Aktien
R.: Alexander von Antalffy

1925 – Liebe und Trompetenblasen
R.: Richard Eichberg

– Das Mädchen mit der Protektion
R.: Max Mack

– Elegantes Pack
R.: Jaap Speyer

– Die Blumenfrau vom Potsdamer Platz
R.: Jaap Speyer

– Der Hahn im Korb
R.: Georg Jacoby

– Die rote Maus
R.: Rudolf Meinert

1926 – Der Bankkrach Unter den Linden
R.: Dr. Paul Merzbach

– Der Stolz der Kompagnie
R.: Georg Jacoby

– Die Brüder Schellenberg
R.: Karl Grune

– Familie Schimeck
R.: Alfred Halm

– Der dumme August des Zirkus Romanelli
R.: Georg Jacoby

– Wehe, wenn sie losgelassen
R.: Carl Froelich

– Trude, die Sechzehnjährige
R.: Conrad Wiene

– Harry Hill auf Welle 1000
R.: Valy Arnheim

– Wir sind vom K. und K. Infanterie-Regiment
R.: Richard Oswald

– Die drei Mannequins
R.: Jaap Speyer

– Die dritte Eskadron
R.: Carl Wilhelm

– Wien--Berlin
R.: Hans Steinhoff

– Die geschiedene Frau
R.: Victor Janson

– Schatz' mach' Kasse
R.: Felix Basch

– Der lachende Ehemann
R.: Rudolf Walther-Fein
Zwischentitel

– Parkettsessel 47
R.: Gaston Ravel

– Die Königin des Weltbades
R.: Victor Janson

– In der Heimat, da gibt's ein Wiedersehn!
R.: Reinhold Schünzel, Leo Mittler

– Die Piraten der Ostseebäder
R.: Valy Arnheim
Zwischentitel, Darsteller

1927 – Eine tolle Nacht
R.: Richard Oswald
Zwischentitel

– Venus im Frack
R.: Robert Land

– Einbruch
R.: Franz Osten

– Der Himmel auf Erden
R.: Alfred Schirokauer

– Ein schwerer Fall
R.: Felix Basch

– Funkzauber
R.: Richard Oswald
Zwischentitel

– Die Welt ohne Waffen
R.: Gernot Bock-Stieber

– Schwester Veronika
R.: Gerhard Lamprecht

– Die glühende Gasse
R.: Paul Sugar

– Die raffinierteste Frau Berlins
R.: Franz Osten

– Steh ich in finstrer Mitternacht
R.: Max Mack

– Der Geheimtresor
R.: Eddy Polo

– Eine kleine Freundin braucht ein jeder Mann
R.: Paul Heidemann

– Familienalltag im Hause Prellstein
R.: Hans Steinhoff

– Der fröhliche Weinberg
R.: Jacob Fleck, Luise Fleck

1928 – Moral
R.: Dr. Willi Wolff

– Dyckerpotts Erbe
R.: Hans Behrendt

– Mikosch rückt ein
R.: Rolf Randolf
Zwischentitel, Darsteller

1929 – Der Herr vom Finanzamt
R.: Siegfried Philippi
Zwischentitel

– Fräulein Else
R.: Paul Czinner

– Mascottchen
R.: Felix Basch

– Sündig und süß
R.: Carl Lamac

– Wer wird denn weinen, wenn man auseinandergeht
R.: Richard Eichberg
[teilweise nachsynchronisiert]

Tonfilme

1930 – Zwei Herzen im 3/4 Takt
R.: Geza von Bolvary
(Novotny, Notar)

– Wien, Du Stadt der Lieder
R.: Richard Oswald
(Pokorny, Schneidermeister)

– Das Kabinett des Dr. Larifari
R.: Robert Wohlmuth
(Paul Morgan, als er selbst;
Sebaldus Krönninger;
Der Ehemann)

– Zweimal Hochzeit
R.: E.W. Emo
(Der Notar)

– Die vom Rummelplatz
R.: Carl Lamac
(Nebenrolle)

– Komm' zu mir zum Rendezvous
R.: Carl Boese
(Weber, Portier)

– Nur Du
R.: Dr. Willi Wolff
(Der Revuedirektor)

1931 – Die Königin einer Nacht
R.: Dr. Fritz Wendhausen
(Der Gesandte)

– Wir schalten um auf Hollywood (D/USA)
R.: Frank Reicher
(Paul Morgan als Berichterstatter)

– Menschen hinter Gittern (D/USA)
R.: Paul Fejos
(Putnam)

– Arm wie eine Kirchenmaus
R.: Richard Oswald
(Quapil)

– Strohwitwer
R.: Georg Jacoby
(Dove, Filmautor und Regisseur)

– Einer Frau muß man alles verzeih'n
R.: Eugen Thiele
(Kühn)

– Liebeskommando
R.: Geza von Bolvary
(Der Regimentsarzt)

1932 – Casanova wider Willen (D/USA)
R.: Edward Brophy
(Jonny Jackson)

– Ehe m.b.H.
R.: Franz Wenzler
(Dr. Springer, Rechtsanwalt)

– Holzapfel weiß alles
R.: Viktor Janson
(Emil)

– Der Frauendiplomat
R.: E.W. Emo
(Ahab Machulla)

– Ein Lied, ein Kuß, ein Mädel
R.: Geza von Bolvary
(Kurländer, Theaterdirektor)

– Zwei glückliche Tage
R.: Rudolf Walther-Fein
(Nebenrolle)

1933 – Ich und die Kaiserin
R.: Friedrich Hollaender
(Erfinder)

1936 – Katharina, die letzte (A)
R.: Hermann Kosterlitz
(Stephan, Diener)

Kurzfilme

1929 – Treppenwitze von Wilhelm Bendow und Paul Morgan
R.: ?

– Alte Kleider
R.: Dr. Johannes Guter

– Cafe Kalau
R.: Dr. Johannes Guter

1931 – Das Publikum singt mit
R.: Günther Schwenn, Peter Schaeffers

1932 – Bist Du mein Freund?
R.: ?

1933 – Welle 4711
R.: ?

Schallplatten

Paul Morgan – Solo

- Bei feinen Leuten
- Erlebnisse
- Meine militärische Vergangenheit
- Morgan erzählt Witze I + II
- Neujahrsmorgen
- Paul Morgan kommt aus Hollywood I + II
- Das Rothschildlied
- Silvesterfeier
- So mit zwanzig und mit dreißig
- Verschiedene Tischreden I + II
- Wenn man 20 oder 30
- Zeitungsparodie I + II

Paul Morgan – mit anderen

- Achtung Tonfilmaufnahme
  Paul Morgan, Wilhelm Bendow
- Anna, was ist denn mit dir
  Paul Morgan, Moritz Harlan, Rosel Gilles
- Das geht so nicht mehr weiter
  Paul Morgan, Alice Hechy
- Ein Besuch im Haus Vaterland
  Paul Morgan, Siegfried Arno
- Familienleben
  Paul Morgan, Max Hansen
- Faust in der Garderobe
  Paul Morgan, Wilhelm Bendow
- In der Bar
  Paul Morgan, Max Hansen
- In der Oper I + II
  Paul Morgan, Wilhelm Bendow
- Die Keuschheitskommission
  Paul Morgan, Wilhelm Bendow
- Nur nicht unterkriegen lassen I + II
  Paul Morgan, Wilhelm Bendow
- Paul Morgan kauft Platten I+ II
  Paul Morgan, ?
- Prosit Neujahr I + II
  Paul Morgan, Wilhelm Bendow
- Rennbahngespräche I + II
  Paul Morgan, Wilhelm Bendow
- Schlagersalat (Potp. I + II)
  Paul Morgan, Alice Hechy
- Sei nur ein kleines bißchen verrückt nach mir
  Paul Morgan, Alice Hechy
- Valencia Fieber
  Paul Morgan, Charlie Roellinghoff
- Wo steht denn das geschrieben
  Paul Morgan, Irene Eisinger, Rosel Gilles

Die Aufnahmen entstanden zwischen 1926 und 1932

Bücher

- Mein Magen und andere Beschwerden
  Wien–Berlin 1917
- Mein Onkel Sigmund – und andere Familienschwächen
  Wien–Berlin 1917
- Die einsame Träne · Das Buch der guten Witze
  (Hrsg.: Paul Morgan, Kurt Robitschek)
  Berlin 1927

– Heulen und Zähneklappern · Das Buch der faulen Witze (Paul Morgan, Max Ehrlich)
Berlin 1927

– Stiefkind der Grazien · Tagebuch eines Spaßmachers
Berlin 1928

– Pillen, Krach und Karokönig
Berlin 1927

– Promin-Ententeich · Abenteuer und Erlebnisse mit Stars, Sternchen und allerlei Gelichter
Berlin–Leipzig–Wien 1934

– Von der Schmuse geküßt
o.O., o.J.

OTTO WALLBURG

Stummfilme

1926 – Die keusche Susanne
R.: Richard Eichberg

– Derby
R.: Max Reichmann

– Die Abenteuer eines Zehnmarkscheines
R.: Berthold Viertel

– In der Heimat, da gibt's ein Wiedersehn!
R.: Reinhold Schünzel, Leo Mittler

1927 – Der Himmel auf Erden
R.: Alfred Schirokauer

Die leichte Isabell
R.: Eddy Busch, Arthur Wellin

– Grand Hotel …
R.: Johannes Guter

– Die Geliebte des Gouverneurs
R.: Friedrich Feher

– Dr. Bessels Verwandlung
R.: Richard Oswald

– Mein Freund Harry
R.: Max Obal

1928 – Die Vierte von rechts
R.: Konrad Wiene

– Liebe im Kuhstall
R.: Carl Froelich

– Das letzte Souper
R.: Mario Bonnard

– Der moderne Casanova
R.: Max Obal

– Der rote Kreis
R.: Friedrich Zelnik

1929 – Die Frau, die jeder liebt, bist du
R.: Carl Froelich

– Das närrische Glück
R.: Johannes Guter

– Der lustige Witwer
R.: Robert Land

– Kolonne X
R.: Reinhold Schünzel

– Männer ohne Beruf
R.: Harry Piel

– Der Narr seiner Liebe
R.: Olga Tschechowa

– Trust der Diebe
R.: Erich Schönfelder

– Sein bester Freund
R.: Harry Piel

– Ehe in Not
R.: Richard Oswald

1930 – Der Witwenball
R.: Georg Jacoby

– Es gibt eine Frau, die Dich niemals vergißt
R.: Leo Mittler
[teilweise nachsynchronisiert]

Tonfilme

1929 – Die Nacht gehört uns
R.: Carl Froelich
(Vater Bang)

1930 – Heute Nacht – eventuell
R.: E. W. Emo
(Rechtsanwalt)

– Hokuspokus
R.: Gustav Ucicky
(Dr. Schüler, Rechtsanwalt)

– Das Lied ist aus
R.: Geza von Bolvary
(Der Baron)

– Der Hampelmann
R.: E. W. Emo
(Clamotte, Kaufhausdirektor)

1931 – Ihre Majestät die Liebe
R.: Joe May
(Othmar von Wellingen)

– Die Königin einer Nacht
R.: Dr. Fritz Wendhausen
(Gaston Moineau)

– Seitensprünge
R.: Stefan Székely
(Onkel Emil)

– ...und das ist die Hauptsache
R.: Joe May
(Klöppel, ein Maler)

– Wenn die Soldaten...
R.: Jacob Fleck, Luise Fleck
(General von Plessow)

– Opernredoute
R.: Max Neufeld
(Herr von Arnolds)

– Salto Mortale
R.: Ewald André Dupont
(Der Pressechef)

– Die Frau, von der man spricht
R.: Viktor Janson
(Guido Greven, Bankier)

– Der kleine Seitensprung
R.: Reinhold Schünzel
(August Wernecke, Fabrikant)

– Bomben auf Monte Carlo
R.: Hanns Schwarz
(Der Ministerpräsident)

– Wer nimmt die Liebe ernst?
R.: Erich Engel
(Bruno)

– Weekend im Paradies
R.: Robert Land
(Regierungsrat Dittchen)

– Der Kongreß tanzt
R.: Erik Charell
(Bibikoff, Adjutant des Zaren)

– Hilfe! Überfall!
R.: Johannes Meyer
(Karl Matthes)

– Der Hochtourist
R.: Alfred Zeisler
(Theodor Mylius, Stadtrat)

– Ronny
R.: Reinhold Schünzel
(Intendant des Hoftheaters)

– York
R.: Gustav Ucicky
(Graf Diebitsch-Sabalkanskij, Feldmarschall)

1932 – Lügen auf Rügen
R.: Viktor Janson
(Abeles, Inhaber der Dändarin-Gesellschaft)

– Zwei Herzen und ein Schlag
R.: Wilhelm Thiele
(Herzog von Auribeau)

– Das Lied einer Nacht
R.: Anatol Litvak
(Pategg, Kurdirektor)

– Das schöne Abenteuer
R.: Reinhold Schünzel
(Valentin Le Barroyer)

– Der schwarze Husar
R.: Gerhard Lamprecht
(Gouverneur Darmont)

– Wie sag ich's meinem Mann
R.: Reinhold Schünzel
(Hugo Brickner)

– Strich durch die Rechnung
R.: Alfred Zeisler
(Gottfried Paradies, Manager)

– Friederike
R.: Fritz Friedmann-Frederich
(Wagner, ein ewiger Student)

– Wenn die Liebe Mode macht
R.: Franz Wenzel
(Philippe Guilbert, Pelzhändler)

– Madame wünscht keine Kinder (A/D)
R.: Hans Steinhoff
(Herr Balsam, kein diskreter Herr)

– Der große Bluff
R.: Georg Jacoby
(Otto Pitt, Generaldirektor)

– Marion, das gehört sich nicht
R.: E. W. Emo
(Sartorius, Fabrikant)

1933 – Die Tochter des Regiments (A/D)
R.: Carl Lamac
(Sergeant Bully)

– Die kleine Schwindlerin
R.: Johannes Meyer
(Earl of Denver)

– Was Frauen träumen
R.: Geza von Bolvary
(Detektiv Kleinsilber)

– Sag' mir, wer Du bist
R.: Georg Jacoby
(Harry Reimers)

– Wege zur guten Ehe
R.: Adolf Trotz
(Ein Redakteur)

– Kind, ich freu' mich auf Dein Kommen
R.: Kurt Gerron, Erich von Neusser
(Konsul)

– Gruß und Kuß Veronika
R.: Carl Boese
(Herr Becker)

– Das häßliche Mädchen
R.: Hermann Kosterlitz
(Der Direktor)

– Inge und die Millionen
R.: Erich Engel
(Conrady, Geschäftsfreund des Bankiers Seemann)

1934 – Konjunkturritter
R.: Fritz Kampers
(Untermeier)

– Der Zarewitsch
R.: Viktor Janson
(Graf Narkyn)

– Peter (A/H)
R.: Hermann Kosterlitz
(Zöllner, Garagenbesitzer)

1935 – Ball im Savoy (A/H)
R.: Martin Vincze
(Haller, Verleger)

– Bretter, die die Welt bedeuten (A)
R.: Kurt Gerron
(Direktor)

– Alles für die Firma (A)
R.: Rudolf Meinert
(Emmerich Liebling, Schauspieler)

– Kleine Mutti (A/H)
R.: Hermann Kosterlitz
(Max Berkhoff)

– Viereinhalb Musketiere (A/H)
R.: Ladislaus Kardos
(Bender)

1936 – Katharina, die Letzte (A)
R.: Hermann Kosterlitz
(Sixtus Braun)

– Heut' ist der schönste Tag in meinem Leben (A)
R.: Richard Oswald
(Paul Kaspar)

1937 – Bubi (A/H)
R.: Bela Gaal
(Muck)

1938 – Carrefour (F)
R.: Kurt Bernhardt
(Breithaupt, der deutsche Arzt)

Kurzfilme

1930 – Es gibt noch Kavaliere
R.: Siegfried Dessauer

1931 – 1. Kabarett-Programm
R.: Kurt Gerron

– Das verlorene Paradies
R.: Philipp Lothar Mayring

Schallplatten

- Die eiserne Jungfrau
  Otto Wallburg, Heinz Sarnow
- Es liegt in der Luft (I + II)
  Otto Wallburg, Mischa Spoliansky, Marlene Dietrich, Käthe Lenz, Margo Lion, Ida Wüst, Oskar Karlweis, Hubert von Meyerinck, Willy Prager
- Lachst Du mich aus, mein Schatz?
  Otto Wallburg, Olly Gebauer

Die Aufnahmen entstanden zwischen 1929 und 1932

Abbildungs- und Quellenverzeichnis

Abbildungen:

Curt Bois (1); Deutsches Institut für Filmkunde (1); Pierre Genée (3); Wolfram Gottschalk (6); Ruth Hellberg (4); Stiftung Deutsches Kabarettarchiv Mainz (5); Edritha Regetté (1); Filmfotoarchiv Serkis (26); Stadtarchiv Frankfurt/ Main (2); Volkrat Stampa (4); Ellen Steinhauser-Wallburg (3); Stiftung Deutsche Kinemathek (2); Theatermuseum München (1); René Wasserzug (5)
Sonstige Fotos: Kulturhistorische Sammlung Ulrich Liebe

Texte:

Alice Dorell: Tempo, Tempo, Tempo; Volker Kühn »Deutschlands Erwachen. Kabarett unterm Hakenkreuz 1933–1945«. Quadriga Verlag, Weinheim/Berlin
Kurt Gerron: Nachtgespenst; ebd.
Kurt Gerron: Theresienstadtdokumente; Verlag C. B. Mohr, Tübingen
Joachim Gottschalk: Brief von Stöhr; Stadtarchiv Frankfurt
Fritz Grünbaum: Löcker Verlag, Wien
Paul Morgan: Passage über Stresemann aus »Stiefkind der Grazien«; Universitas Verlag
Otto Wallburg: Tucholsky; Rowohlt Verlag, Reinbek

Trotz intensiver Recherchen konnte für einige Abbildungen und Texte der Verbleib der Urheberrechte nicht geklärt werden. Berechtigte Ansprüche werden selbstverständlich abgegolten.

Literaturverzeichnis

- Adler, Gusti
  Max Reinhardt ... aber vergessen sie nicht die chinesischen Nachtigallen
  München – Wien 1980
- Adler, H. G.
  Theresienstadt 1941–1945. Das Antlitz einer Zwangsgemeinschaft
  Tübingen 1960
- Adler, H. G.
  Die verheimlichte Wahrheit. Theresienstädter Dokumente
  Tübingen 1958
- Albrecht, Gerd (Hrsg.)
  Film im Dritten Reich
  Karlsruhe 1979
- Ambesser, Axel von
  Nimm einen Namen mit A
  Frankfurt – Berlin 1985
- Aufricht, Ernst Josef
  Erzähle, damit Du Dein Recht erweist
  Frankfurt – Berlin 1966
- Bauer, Alfred (Hrsg.)
  Deutscher Spielfilm-Almanach 1929–1950
  Berlin 1950, erw. Neuausg. München 1976
- Bemmann, Helga
  Berliner Musenkinder-Memoiren
  Berlin 1987
- Bemmann, Helga
  Mitgelacht – dabeigewesen
  Berlin 1984
- Benz, Wolfgang (Hrsg.)
  Die Juden in Deutschland 1933–1945
  München 1988
- Berger, Ludwig
  Wir sind vom gleichen Stoff, aus dem die Träume sind. Summe eines Lebens
  Tübingen 1953
- Bergner, Elisabeth
  Bewundert viel und viel gescholten...
  München 1978
- Bienert, Gerhard
  Ein Leben in tausend Rollen
  Berlin 1989
- Bock, Hans-Michael (Hrsg.)
  Cinegraph. Lexikon zum deutschsprachigen Film
  München 1984 (fortl. Erg.)
- Bois, Curt
  Zu wahr, um schön zu sein
  Berlin 1982
- Borgelt, Hans
  Grethe Weiser. Herz mit Schnauze
  Berlin 1971
- Budzinski, Klaus
  Das Kabarett. 100 Jahre literarische Zeitkritik
  Düsseldorf 1985
- Budzinski, Klaus
  Die Muse mit der scharfen Zunge.
  Vom Cabaret zum Kabarett
  München 1961
- Budzinski, Klaus
  Pfeffer ins Getriebe.
  So ist und wurde das Kabarett
  München 1982
- Colpet, Max
  Sag mir wo die Jahre sind
  Frankfurt 1978
- Deißner-Jenssen, Frauke (Hrsg.)
  Die zehnte Muse. Kabarettisten erzählen
  Berlin 1982
- Deutsches Bühnen-Jahrbuch. Theatergeschichtliches Jahr- und Adressenbuch Jg. 1890–1950
  (Hrsg.: Genossenschaft Deutscher Bühnen-Angehöriger)
- Dittrich, Kathinka / Würzner, Hans (Hrsg.)
  Die Niederlande und das deutsche Exil 1933–1940
  Königstein 1982
- Drewniak, Boguslaw
  Das Theater im NS-Staat. Szenarium deutscher Zeitgeschichte
  Düsseldorf 1983

- Ehrlich, Max
  Von Adalbert bis Zilzer
  Berlin 1928
- Finck, Werner
  Witz als Schicksal
  Hamburg 1966
- Frank, Rudolf
  Spielzeit meines Lebens
  Heidelberg 1960
- Freeden, Herbert
  Jüdisches Theater in Nazideutschland
  Frankfurt – Berlin – Wien 1985
- Fritz, Walter
  Die österreichischen Spielfilme der Tonfilmzeit 1929–1938
  Wien 1968
- Greul, Heinz
  Bretter, die die Welt bedeuten. Die Kulturgeschichte des Kabaretts (2 Bd.)
  München 1971
- Grünbaum, Fritz
  Die Hölle im Himmel und andere Kleinkunst
  (Hrsg.: Pierre Genée, Hans Veigl)
  Wien – München 1985
- Grünbaum, Fritz
  Die Schöpfung und andere Kabarettstücke
  (Hrsg.: Pierre Genée, Hans Veigl)
  Wien – München 1985
- Günther, Ernst
  Geschichte des Varietés
  Berlin 1978
- Harlan, Veit
  Im Schatten meiner Filme
  Gütersloh 1966
- Herrmann-Neiße, Max
  Kabarett. Schriften zum Kabarett und zur bildenden Kunst
  Frankfurt 1988
- Hilchenbach, Maria
  Kino im Exil. Die Emigration deutscher Filmkünstler 1933–1945
  München – New York – London – Paris 1982
- Hippen, Reinhard
  Es liegt in der Luft. Kabarett im Dritten Reich
  Zürich 1988
- Hippen, Reinhard
  Das Kabarett-Chanson.
  Typen – Themen – Temperamente
  Zürich 1986
- Hippen, Reinhard
  Satire gegen Hitler. Kabarett im Exil
  Zürich 1986
- Hörbiger, Paul
  Ich hab für euch gespielt
  (aufgezeichnet von Georg Markus)
  München – Berlin 1979
- Hösch, Rudolf
  Kabarett von gestern (Bd. 1, 1900–1933)
  Berlin 1967
- Hösch, Rudolf
  Kabarett von gestern und heute
  (Bd. 2, 1933–1970)
  Berlin 1972
- Hollstein, Dorothea
  Jud Süß und die Deutschen
  Frankfurt – Berlin – Wien 1983
- Horak, Jan-Christopher
  Fluchtpunkt Hollywood. Eine Dokumentation zur Filmemigration nach 1933
  Münster 1986
- Huesmann, Heinrich
  Welttheater Reinhardt. Bauten, Spielstätten, Inszenierungen
  München 1983
- Ihering, Herbert
  Von Reinhardt bis Brecht (3 Bde.)
  Berlin 1958–1960
- Jameson, Egon
  Am Flügel: Rudolf Nelson
  Berlin 1967
- Jansen, Wolfgang
  Glanzrevuen der zwanziger Jahre
  Berlin 1987
- Jansen, Wolfgang
  Das Varieté
  Berlin 1990
- Jaray, Hans
  Was ich kaum erträumen konnte...
  Wien – München 1990

- Kerr, Alfred
  Mit Schleuder und Harfe. Theaterkritiken aus drei Jahrzehnten
  München 1985
- Kirst, Hans Hellmut
  Heinz Rühmann. Ein biographischer Report
  München 1969
- Klaus, Ulrich J.
  Deutsche Tonfilme. Lexikon der abendfüllenden deutschsprachigen Spielfilme (3 Bde.)
  Berlin – Berchtesgaden 1988–1990
- Knorr, Günter
  Deutscher Kurzspielfilm 1929–1940
  Ulm o.J.
- Knuth, Gustav
  Mit einem Lächeln im Knopfloch
  Hamburg 1974
- Kothes, Franz-Peter
  Die theatralische Revue in Berlin und Wien 1900–1938. Typen, Inhalte, Funktionen
  Berlin 1977
- Kortner, Fritz
  Aller Tage Abend
  München 1959
- Kühn, Volker
  Das Kabarett der frühen Jahre
  Weinheim – Berlin 1988
- Kühn, Volker
  Kleinkunststücke 3, Deutschlands Erwachen. Kabarett unterm Hakenkreuz 1933–1945.
  Weinheim – Berlin 1989
- Lamprecht, Gerhard
  Deutsche Stummfilme 1903–1930 (9 Bde.)
  1 Reg.-Bd. Berlin 1969–70
- Leimbach, Berthold (Hrsg.)
  Tondokumente der Kleinkunst und ihre Interpreten
  Göttingen 1991
- Lingen, Theo
  Komiker aus Versehen
  (aufgezeichnet von Willibald Eser)
  München – Wien 1986
- Maisch, Herbert
  Helm ab – Vorhang auf
  Emsdetten 1968
- Markus, Georg
  Karl Farkas. »Schau'n Sie sich das an«
  Wien – München 1983
- Mierendorff, Marta / Wicclair, Walter
  Im Rampenlicht der »dunklen Jahre«
  Berlin 1989
- Morgan, Paul
  Promin-Ententeich. Abenteuer und Erlebnisse mit Stars, Sternchen und allerlei Gelichter
  Berlin – Leipzig – Wien 1934
- Otto, Hans
  Gedenkbuch für einen Schauspieler und Kämpfer
  (Hrsg.: Armin G. Kuckhoff)
  Berlin 1948
- Otto, Rainer / Rösler, Walter
  Kabarettgeschichte. Abriß des deutschsprachigen Kabaretts
  Berlin 1977
- Pacher, Maurus
  Sehn Sie, das war Berlin. Weltstadt nach Noten
  Frankfurt – Berlin 1987
- PEM
  Heimweh nach dem Kurfürstendamm
  Berlin 1962
- PEM
  Und der Himmel hängt voller Geigen
  Berlin 1955
- Reimann, Hans
  Mein blaues Wunder
  München 1961
- Reinhardt, Gottfried
  Der Liebhaber
  München – Zürich 1973
- Richter, Renate
  Das Deutsche Künstler-Theater unter Victor Barnowsky (1915–1924)
  Berlin 1970
- Riess, Curt
  »Sein oder Nichtsein« Schauspielhaus Zürich
  Scheuren-Forch bei Zürich 1963
- Rühle, Günther
  Theater für die Republik 1917–1933. Im Spiegel der Kritik
  Frankfurt 1967

- Schaeffers, Willi
  Tingel Tangel. Ein Leben für die Kleinkunst
  (aufgezeichnet von Erich Ebermayer)
  Hamburg 1959

- Schirmer, Lothar (Hrsg.)
  Theater im Exil 1933–1945
  Berlin 1979

- Schneider, Hansjörg
  Exiltheater in der Tschechoslowakei 1933–1938
  Berlin 1979

- Schneider, Magda
  Wenn ich zurückschau...
  München 1990

- Schneidereit, Otto
  Berlin wie es weint und lacht
  Berlin 1968

- Schütte, Wolfgang U.
  Mit Stacheln und Stichen...
  Leipzig 1987

- Siedhoff, Thomas
  Studien zur Frankfurter Geschichte. Das Neue
  Theater in Frankfurt am Main 1911–1935
  Frankfurt 1985

- Sternberg, Josef von
  Ich Josef von Sternberg
  Velber 1967

- Trepte, Curt / Wardetzky, Jutta
  Hans Otto. Schauspieler und Revolutionär
  Berlin 1970

- Treuner, Hermann (Hrsg.)
  Filmkünstler. Wir über uns selbst
  Berlin 1928

- Uhlig, Anneliese
  Rosenkavaliers Kind
  München 1967

- Veigl, Hans
  Lachen im Keller. Kabarett und Kleinkunst in Wien
  Wien 1986

- Wangenheim, Gustav von
  Da liegt der Hund begraben und andere Stücke
  Hamburg 1974

- Wardetzky, Jutta
  Theaterpolitik im faschistischen Deutschland.
  Studien und Dokumente
  Berlin 1983

- Weinschenk, H. E.
  Unser Weg zum Theater
  Berlin 1941

- Wendtland, Karlheinz
  Geliebter Kintopp. Sämtliche deutsche Spielfilme
  von 1929–1945 (9 Bde.)
  Berlin teilw. o.J., teilw. 1987–1990

- Weys, Rudolf
  Cabaret und Kabarett in Wien
  Wien – München 1970

- Wisten, Fritz
  Drei Leben für das Theater
  (Hrsg.: Akademie der Künste Berlin)
  Berlin 1990

- Wulf, Joseph
  Theater und Film im Dritten Reich.
  Eine Dokumentation
  Gütersloh 1964

Danksagung

Herzlich danken möchte ich all jenen Personen, die mir im Laufe meiner Recherchen in vielfältiger Weise geholfen haben, sei es durch persönliche Gespräche, Anregungen und Hinweise oder mit Informationen, Dokumenten und Fotos:

Erhart H. Albrecht † und Irmgard Albrecht, Hamburg
Jürgen von Alten, Bremen
Paul Andor (Wolfgang Zilzer) †, Berlin
Bruno Arno, Berlin
Peer Baedeker, Bayreuth
Serkis Bagdikian, Berlin
Curt Bois †, Berlin
Klaus Budzinski, München
Volker von Collande †, Freiburg
Charlotte Dyjers, Zwolle
Pierre Genée, Wien
Iska Geri, Stuttgart
Heinrich Goertz, Auetal
Wolfram Gottschalk, Chemnitz
Ery Grünfeldt, Chappaqua
Otto Guttmann, New York
Dolly Haas, New York
Karin Hardt, Berlin
Ruth Hellberg, München
Hans Holt, Wien
Anni Hrusa, Wien
Kriemhilde Ihering, Berlin
Fritz Kleinmann, Wien
Helmar Klier, München
Jacques Klöters, Amsterdam
Klaus Krüger, München
Volker Kühn, Schmitten
Berthold Leimbach, Göttingen
Trude Lieske, Bad Ischl
Eduard Linkers, München
Ruth Lommel, Mönchengladbach
Toni Mackeben, Berlin
Karel Margry, Utrecht
Hans-Günter Martens, München
Prof. Dr. Andreas Meyer-Hanno, Frankfurt/Main
Georg Meyer-Hanno, Schwabenheim
Inge Meysel, Bullenhausen
Orel Mikes †, Berlin
Fritz Muliar, Groß Enzersdorf
Gerd Oswald †, Berverly Hills
Fritz Reiff, Vancouver
Hans Richter, Heppenheim
Ruth Ruhm, New York
Elisabeth Scheerer, Dansweiler
Marion Schmidt, Köln
Werner Siebe, Lübbecke
Jo Spiers, Amsterdam
Steffie Spira, Berlin
Hans Stadtmüller †, München
Volkrat Stampa, Achim
Ellen Steinhauser-Wallburg, Alexandria
Jane Tilden, Kitzbühel
Jochen Trennt, Kiel
Anneliese Uhlig, Santa Cruz
David Walker, London
René Wasserzug, Marsac sur l'Isle
Karlheinz Wendtland, Berlin
Charlotte E. Zernik, New York

Außerdem danke ich folgenden Instituten:

Akademie der Künste Berlin
Bundesarchiv Koblenz
Deutsches Institut für Filmkunde, Frankfurt (insbesondere Eberhard Spiess und B. Capitain)
Dokumentationsarchiv des österreichischen Widerstandes, Wien
Germania Judaica, Köln
Internationaler Suchdienst, Arolsen
Jüdische Gemeinde Berlin
Stiftung Deutsches Kabarettarchiv Mainz (Reinhard Hippen)
Nationalbibliothek Wien
Niederländisches Theater-Institut, Amsterdam
Stadtarchiv Frankfurt
Stiftung Deutsche Kinemathek Berlin (insbesondere Oskar von Törne)
Theatermuseum München (insbesondere Dr. Eckehart Nölle, Dr. Heinrich Huesmann, Birgit Pargner)

Last not least war mir in jeder Phase meiner Arbeit meine Frau Heidi besonders behilflich. Ihr danke ich mit Anerkennung und Respekt.

Personenregister